Russlands Angriff auf die Ukraine

Paul J. J. Welfens

Russlands Angriff auf die Ukraine

Ökonomische Schocks,
Energie-Embargo,
Neue Weltordnung

Paul J. J. Welfens
Europäisches Institut für Internationale
Wirtschaftsbeziehungen (EIIW)/Universität
Wuppertal und Schumpeter School
of Business and Economics
Universität Wuppertal
Wuppertal, Deutschland

ISBN 978-3-658-38854-6   ISBN 978-3-658-38855-3 (eBook)
https://doi.org/10.1007/978-3-658-38855-3

Die Deutsche Nationalbibliothek verzeichnet diese Publikation in der Deutschen Nationalbibliografie; detaillierte bibliografische Daten sind im Internet über http://dnb.d-nb.de abrufbar.

© Der/die Herausgeber bzw. der/die Autor(en), exklusiv lizenziert an Springer Fachmedien Wiesbaden GmbH, ein Teil von Springer Nature 2022
Das Werk einschließlich aller seiner Teile ist urheberrechtlich geschützt. Jede Verwertung, die nicht ausdrücklich vom Urheberrechtsgesetz zugelassen ist, bedarf der vorherigen Zustimmung des Verlags. Das gilt insbesondere für Vervielfältigungen, Bearbeitungen, Mikroverfilmungen und die Einspeicherung und Verarbeitung in elektronischen Systemen.
Die Wiedergabe von allgemein beschreibenden Bezeichnungen, Marken, Unternehmensnamen etc. in diesem Werk bedeutet nicht, dass diese frei durch jedermann benutzt werden dürfen. Die Berechtigung zur Benutzung unterliegt, auch ohne gesonderten Hinweis hierzu, den Regeln des Markenrechts. Die Rechte des jeweiligen Zeicheninhabers sind zu beachten.
Der Verlag, die Autoren und die Herausgeber gehen davon aus, dass die Angaben und Informationen in diesem Werk zum Zeitpunkt der Veröffentlichung vollständig und korrekt sind. Weder der Verlag, noch die Autoren oder die Herausgeber übernehmen, ausdrücklich oder implizit, Gewähr für den Inhalt des Werkes, etwaige Fehler oder Äußerungen. Der Verlag bleibt im Hinblick auf geografische Zuordnungen und Gebietsbezeichnungen in veröffentlichten Karten und Institutionsadressen neutral.

Planung/Lektorat: Carina Reibold
Springer ist ein Imprint der eingetragenen Gesellschaft Springer Fachmedien Wiesbaden GmbH und ist ein Teil von Springer Nature.
Die Anschrift der Gesellschaft ist: Abraham-Lincoln-Str. 46, 65189 Wiesbaden, Germany

Gliederung

Abbildungsverzeichnis.. IX
Tabellenverzeichnis... XI
Vorwort... 1

1. Der Start des Ukraine-Russland-Krieges 25
2. Zeitenwenden im Ukraine-Russland-Krieg 49
2.1 Cyberkrieg und digitaler Kampf via Internet 63
2.2 Führende OECD-Geberländer: Eine verwirrende Debatte...................64
2.3 Bilaterale Perspektiven zum Deutschland-Russland-Handel 67
2.4 Internationale Perspektiven..68
3. Der Westen und Russland – Beziehungsstille zwischen
   Großbritannien und Russland über Jahrzehnte 75
4. Energie-Perspektiven 83
4.1 Energie-Importfragen 83
4.2 Politikoptionen zur Verminderung der Importe von Gas aus Russland
    gemäß Internationale Energieagentur und Leopoldina.......................87
5. Russland-Energieimport-Boykott durch Deutschland und die EU
   als Politikoption? 99
6. Russischer Gas-Lieferboykott gegen europäische Länder................... 103
7. Asien- und Global-Effekte eines EU-Energieimport-Boykotts
   gegen Russland 119
8. EU-China-Russland: Makroökonomische Aspekte,
   multinationale Unternehmen 127
8.1 Makroökonomische Aspekte 129
8.2 Multinationale Unternehmen mit Blick auf Russland....................... 146
8.3 Russland-Effekte verminderter russischer Öl- und Gasexporte 150

9. Ukraine-Flüchtlinge und ukrainische Gastarbeiter in EU-Ländern sowie Effekte für die Ukraine und die Europäische Union 155

10. Wichtige Ukraine-Emigrationsaspekte und EU-Erweiterungsrisiken bei der Ukraine 167

11. Hilfszusagen für die Ukraine: Erfassung, Effekte, Problemperspektiven 181

11.1 Unterstützung der Ukraine durch ausgewählte OECD-Länder 185

11.2 Weitere internationale Perspektiven zu Flüchtlingen 200

11.3 Schlussfolgerungen und weitere Forschung 203

12. Szenario-Perspektiven 207

13. Neue Weltwirtschaftsordnung 217

14. Freihandel, Freiheit, Rechtsstaat und Demokratie gehören zusammen ... 265

Literatur 285

Anhang 295

Anhang 1: Deutsch-russische Wirtschaftsbeziehungen in 2021 (Statistisches Bundesamt, 24.2.2022) 295

Anhang 2: NATO-Flugzeuge für die Ukraine? 298

Anhang 3: Kommentar: Das Neo-Nazi-Problem der Ukraine (Cohen, 2018); Text, der bei der britischen Nachrichtenagentur REUTERS am 19. März 2018 erschien (Übersetzung PJJW) 300

Anhang 4: EU-Sanktionen gegen Russland (von EU-Website zur Ukraine-Unterstützung, März 2022) 301

Anhang 5: OECD Interim Economic Outlook, March 2022 (Ökonomische Modell-Analyse zum Russland-Ukraine-Krieg/ Hauptannahmen und ausgewählte Ergebnisse) 302

Anhang 6: Gemeinsame Erklärung der Führungen internationaler Finanzorganisationen mit Programmen für die Ukraine und benachbarte Länder (17. März, 2022) 306

Anhang 7:	Intra-EU-Solidaritätserfordernisse der Mitgliedsländer gemäß EU-Richtlinie für den Gas-Versorgungsnotfall (Auszüge; 2017)	309
Anhang 8:	Größte Exporteure von Rohöl, Erdgas und Kohle	317
Anhang 9:	Zu den wichtigen Branchen mit hoher Stromintensität der Produktion (Gutachten für das Bundesministerium für Wirtschaft, 2015).	321
Anhang 10:	Sanktionen gegen Russland (gemäß Spisak (2022), Tony-Blair-Institut)	327
Anhang 11:	Auszug aus dem Notfallplan Gas für die Bundesrepublik Deutschland (2019)	330
Anhang 12:	Indirekte Arbeitsplatzeffekte wichtiger Sektoren in Deutschland (pro 100 direkte Jobeffekte im jeweiligen Sektor)	333
Anhang 13:	Konzeptioneller Rahmen – Schlüsselgrößen im Modell von Bachmann et al.	334
Anhang 14:	Zitierhäufigkeit (2018 bis 10. April 2022) von Eltchaninoff, M. (2018), Inside the Mind of Vladimir Putin, C. Hurst & Co. Publishers, London	336
Anhang 15:	IWF World Economic Outlook Projections, April 2022	339
Anhang 16:	Importzoll auf EU-Gas-Markt in traditioneller Betrachtung	342
Anhang 17:	Von der Website der EU-Kommission zur Ukraine im Frühjahr 2022 (Europäische Kommission, 2020b)	346
Anhang 18:	Britisch-russische Beziehungen aus Sicht des Sonderausschusses für auswärtige Angelegenheiten des House of Commons (Stand 2017)	351
Anhang 19:	Karte – Ukraine und Russland zwischen US, EU und China	355
Anhang 20:	IWF World Economic Outlook Projections, Juli 2022	356
Anhang 21:	Hintergrund zu den politisch-wirtschaftlichen Beziehungen zwischen der Ukraine und Russland	357

Abbildungsverzeichnis

Abb.1: Karte – Exklave Kaliningrad, Baltische Staaten, Polen und weitere Länder 29

Abb.2: Google-Trend-Analyse für Deutschland: „Krieg Russland", „Inflation", „Rezession", „Benzinpreis" 39

Abb.3: Google-Trend-Analyse für die USA: „War Russia" (Krieg Russland), „Inflation" (Inflation), „Recession" (Rezession), „Gasoline price" (Benzinpreis) 40

Abb.4: Entwicklung der Rohölpreise auf Tagesbasis, 01.01.2021 bis 21.03.2022 42

Abb.5: Konjunkturzyklen 1970-2020 in USA, Deutschland, Frankreich, Italien, Großbritannien und Japan: Jährliche Änderungsrate des realen Bruttoinlandproduktes in % (1970-2020), ausgewählte Industrienationen 44

Abb.6: Ausgewählte Aktienkurs-Entwicklungen 2019-2022 (Tageswerte): Deutschland, USA, Eurozone, Großbritannien, Japan, China 47

Abb.7: Reales Wirtschaftswachstum (jährliche Wachstumsrate in %): Aufsteigende Marktwirtschaften und Entwicklungsländer, Welt, Ukraine, Russland, Polen 59

Abb.8: EU-Gas-Importe von Haupthandelspartnern (Nicht-EU), 2020 und erstes Halbjahr 2021 84

Abb.9: EU-Öl-Importe von Haupthandelspartnern (Nicht-EU), 2020 und erstes Halbjahr 2021 85

Abb.10: Russland-Anteile bei Gesamt-Energieimportangebot für ausgewählte Länder, relativ zum inländischen Verbrauch, 2019 100

Abb.11: Erwarteter Realeinkommensverlust bei einem 20%-Rückgang der Energieimporte (basierend auf OECD, 2022) 107

Abb.12: CISS-Indikator der Europäischen Zentralbank zur Erfassung von Finanzmarkt-Systemstress in der Eurozone, Januar 2007 bis 25. März 2022 111

Abb.13: CISS-Indikatorentwicklung in den USA und in der Eurozone (Tageswerte, 2019 bis 30. März 2022) 112

Abb.14: Vergleich der staatlichen Hilfe für die Ukraine in Prozent des Bruttoinlandsprodukts von Antezza et al. (IfW Kiel, 2022) und Welfens (EIIW, 2022) – die Rolle der Flüchtlinge 199

Abb.15: Lieferkettenprobleme in der Eurozone und den USA, 2020-2022 (Januar und Februar) 232

Abb.16: CO_2-Preis im EU-ETS, März 2008-Dezember 2021 234

Abb.17: Überweisungen (Remittances) von Gastarbeiter:innen nach Ländern in Osteuropa, dem Kaukasus und Zentralasien in Prozent des Bruttoinlandsproduktes 244

Abb. A1. Indirekte Arbeitsplatzeffekte wichtiger Sektoren in Deutschland (indirekte Jobs in anderen Industrien in absoluten Zahlen pro 100 direkte Jobs in den Sektoren selbst) 333

Abb. A2. Übersicht über die Prognosen zum World Economic Outlook 339

Abb. A3. Überblick über die Prognosen des World Economic Outlook zu Marktwechselkursgewichten 341

Abb. A4. EU-Gas-Markt und Gas-Importzoll gegenüber Gazprom bzw. Russland 343

Abb. A5. Ukraine und Russland zwischen US, EU27 (+ UK) und China 355

Abb. A6. Wachstumsdynamik und Inflation in ausgewählten Ländern bzw. Regionen 2020-2022 nach IWF (Juli 2022) 356

Tabellenverzeichnis

Tab. 1: Anteil von Importen fossiler Energie aus Russland am inländischen Energiekonsum ausgewählter Länder, 2019 46

Tab. 2: Top 15 der führenden Länder bei Erdgas-Reserven, Stand Ende 2020 53

Tab. 3: Top 15 Erdgas-Exporteure (in Volumen), Schätzungen von 2017 54

Tab. 4: Länderranking in Prozent des Geber-BIP (bilaterale Zusagen an die Ukraine) 66

Tab. 5: Anteil von Russland in nationalen Nicht-EU-Importen jedes EU-Mitgliedsstaates, erstes Halbjahr 2021; Anteil (%) am wertmäßigen Handel, sortiert nach Gas-Anteil und alphabetisch 86

Tab. 6: Erwarteter Realeinkommensverlust bei einem deutschen Energieimport-Boykott gegenüber Russland (DE=Deutschland) 114

Tab. 7: Gesamte auswärtige Direktinvestitionsbestände (netto) ausgewählter OECD-Länder mit Russland als Partnerland in 2020 148

Tab. 8: Gesamte innengerichtete Direktinvestitionsbestände (netto) ausgewählter OECD-Länder mit Russland als Partnerland in 2020 149

Tab. 9: Fluchtbewegungen aus der Ukraine, Stand 30.03.2022 157

Tab. 10: Technische EU-Säulen: Cluster von Verhandlungskapiteln für die EU-Erweiterung (EU, 2020) (Übersetzung PJJW) 175

Tab. 11: Bewertung der Umsetzung der wichtigsten Bestimmungen der Assoziierungsabkommen und DCFTAs durch die Ukraine (Anfang 2022) (Übersetzung PJJW) 176

Tab. 12: Gesamtzusagen für Hilfe an die Ukraine durch ausgewählte europäische und andere Länder – Erweiterung von Antezza et al./ IfW Kiel (2022): Plus Zusagen für Flüchtlinge (in zwei Szenarien), sortiert nach minimaler Gesamtzusage in der vorletzten Spalte 187

Tab. 13: Gesamtzusagen für Hilfe an die Ukraine durch ausgewählte europäische und andere Länder – Erweiterung von Antezza et al. (2022): Plus Zusagen für Flüchtlinge (in 2 Szenarien) in % des BIP des Landes (2020), sortiert nach der minimalen Gesamtzusage in der vorletzten Spalte 191

Tab. 14: Gesamtzusagen der Hilfe für die Ukraine durch ausgewählte euroxpäische und andere Länder – Erweiterung von Antezza et al. (2022): Plus Zusagen für Flüchtlinge (in zwei Szenarien) in % als Anteil an den Gesamtzusagen, sortiert nach Anteil der Flüchtlingszusagen.. 195

Tab. 15: Verteilung politischer Macht in der EU27 und in einer EU28 inkl. Ukraine (nach dem Banzhaf-Index (BI)), auf Grundlage von Kirsch (2022).. 237

Tab. 16: Korruptionswahrnehmungsindex für ausgewählte Länder................ 241

Tab. 17: Reales Bruttoinlandsprodukt (in Kaufkraftparitäten) in 2020; in Millionen US-Dollar und als Anteil am Welteinkommen im Jahr 2020 257

Tab. A1: Top 15 Exportländer von Rohöl in 2020, exportierter Wert in Tausend US$ 317

Tab. A2: Top 15 Exportländer von flüssigem Erdgas in 2020, exportierter Wert in Tausend US$ 318

Tab. A3: Top 15 Exportländer von Kohle in 2020, exportierter Wert in Tausend US$ 319

Tab. A4: Top 15 Exporteure von Erdgas (in Volumen), Schätzungen von 2017.. 320

Vorwort

Der Ukraine-Russland-Krieg ist eine Zeitenwende für Europa und die Weltwirtschaft. Russlands Angriffskrieg gegen die Ukraine – gestartet am 24. Februar 2022 – steht für einen internationalen politischen Vertrauensbruch von Präsident Putin und einen von Kriegsverbrechen geprägten Angriff auf die Ukraine mit ihren 44 Millionen Einwohnern Ende Februar. Von denen waren binnen sechs Kriegswochen schon rund fünf Millionen ins Ausland geflüchtet: vor Zerstörung, Leid und Tod. Weder ist Russland der von Präsident Putin intern angekündigte schnelle Sieg über die Ukraine gelungen, noch hat sich dessen Erwartung erfüllt, dass Russlands Truppen als Befreier seitens der Bevölkerung der Ukraine begrüßt werden. Neben dem militärischen Ukraine-Russland-Krieg hat sich im Kontext der massiven westlichen Sanktionen und russischer Gegensanktionen ein neuer internationaler Wirtschaftskrieg entwickelt.

Welche Wirtschaftssanktionen dabei gerade im Energiebereich – Öl und Gas betreffend – optimal sind, ist in der ökonomischen Analyse in Deutschland und vielen anderen EU-Ländern sowie den USA und Großbritannien kontrovers. Speziell in Deutschland und der EU sowie in den Vereinigten Staaten werden Energieimport-Embargo-Fragen mit Blick auf Russland kritisch diskutiert. In den Medien wird immer wieder darauf hingewiesen, dass die EU-Energieimporte aus Russland dessen Kriegsausgaben weitgehend finanzierten. Was wie eine plausible Aussage klingt, ist in näherer Betrachtung nicht wirklich überzeugend. Wie wären die Effekte etwa eines Gas-Import-Boykotts der EU beziehungsweise eines denkbaren EU-Importzolls auf russische Gas-Exporte Richtung Europäische Union? Wenn Deutschland oder die EU insgesamt durch Gas-Embargo-Entscheidungen in Russland – den Export betreffend – oder in der EU – den Gas-Import aus Russland betreffend – von Gas-Engpässen bei Haushalten und Industrie betroffen wären, wie will man die Probleme eines kurzfristigen Gas-Engpasses beziehungsweise sehr starker Gas-Preiserhöhungen bewältigen? Das EU-Ölimport-Embargo vom Juni 2022 wird wenig bewirken, da Russland das in der EU nicht abverkaufte Öl in Asien wird verkaufen können.

Wenn man etwa den Gas-Einsatz bei der Stromerzeugung deutlich vermindern wollte, so müsste man mit einem Mehr an Kohleeinsatz in der Stromerzeugung dem Problem eines Gas-Engpasses entgegentreten. Damit aber käme es zu einer starken Erhöhung von CO_2-Emissionen im EU-Energiesektor, was doch gerade mit Blick auf das EU-Ziel von Klimaneutralität bis 2050 eigentlich zu verhindern wäre. Der Ukraine-Russland-Krieg bringt viele Probleme, darunter gleich ein wichtiges für die ganze Welt – jenseits einer denkbaren Kriegsgefahr: Dass nämlich das Ziel der Klimaneutralität nun viel schwerer erreicht werden kann als bisher. Das bedeutet, dass im weiteren Sinn die Kriegskosten nicht nur für die Ukraine und Russland sehr hoch sind, sondern für die ganze Weltwirtschaft. Wenn diese Kriegskosten – breit definiert – aber tatsächlich so hoch sind, wenn es globale Kriegseffekte gibt, warum hat man aus Sicht von Geheimdiensten und der Wissenschaft den möglichen Kriegsfall mit Blick auf Ukraine-Russland nicht viel früher vorhergesehen? Weshalb hat man den Krieg nicht verhindert – oder: Wer sind – jenseits von Putin und seinen Generälen - die Schuldigen an diesem Krieg?

Zu den interessanten Einsichten dieses Buches gehört nicht nur eine viele breitere Problemsicht des Ukraine-Russland-Krieges als dies gewöhnlich in den bislang erschienenen Publikationen der Fall ist. Vielmehr gibt es auch zusätzliche Erkenntnisse, die allerdings bisweilen auch sonderbarer Art sind: Etwa, dass man für 18 € schon 2015 in einem französischen Buch von Michel Eltchaninoff, eines Philosophie-Professors, Grundlegendes und Beunruhigendes zur Ideologieentwicklung von Wladimir Putin hätte lesen können (2015: Französische Fassung seines Buches über Putin: Dans la tête de Vladimir Poutine; deutsche Ausgabe, 2016: In Putins Kopf; 2. Auflage 2022; englische Ausgabe Inside the Mind of Vladimir Putin, 2018). Der Autor dieser Zeilen äußert im Übrigen seine Verwunderung darüber – wie vermutlich mehr als 90% der Leserschaft dieses Buches –, dass russisch-britische Staatsbesuche (etwas pointiert formuliert) nur alle 129 Jahre zustande kommen; und man das in London und Moskau offenbar für durchaus ausreichend hielt. Als Premierminister Cameron 2011 Moskau besuchte, gab es Anzeichen für eine gewisse Bereitschaft zur Verbesserung auf britischer Seite, aber dieses Tauwetter in den diplomatischen Beziehungen hatte sich bereits 2014 merklich abgekühlt, als Präsident Putin Anfang 2014 beschloss, Teile der Ukraine zu besetzen. Putin war sich offenbar nicht im Klaren darüber, wie viel auf dem Spiel stand, als er in jenem Jahr russische Truppen in die Ukraine beorderte.

Zu den ökonomischen internationalen Effekten des Krieges gehört der massive Anstieg der Öl-und Gaspreise – und in deren Windschatten eine Inflationserhöhung – und eine deutliche Abschwächung des Wirtschaftswachstums in den Industrie- und Schwellenländern. Russlands Wirtschaftsleistung wird mittelfristig um mehr als 10% einbrechen; mit Bremseffekten auch auf die Wirtschaft zentralasiatischer Länder via vermindertem Handel und reduzierter Gastarbeiterüberweisungen aus Russland in diese Länder. Länder mit schwachem Wirtschaftssystem wie Sri Lanka und einige weitere Länder in Asien, die mit Versorgungslücken bei Benzin und Brot sowie anderen Grundnahrungsmitteln kämpfen, stehen auch vor ernsten Problemen.

Der Analyse-Radius zum Ukraine-Russland-Krieg wird oft zu eng gezogen. Immerhin versteht man aber seit Mai 2022, dass bei diesem Krieg nicht nur die Frage der Energiemarkt-Entwicklungen auf der Agenda steht. Vielmehr geht es auch um Weizen-Exporte der Ukraine und um Weizen-Exporte von Russland, wobei der russische Präsident Putin faktisch bei beiden Ländern Exportbarrieren errichten kann. Die EU hat angekündigt, man werde bei Beschränkungen von Ukraine-Weizenexporten via Schwarzmeerhäfen der Ukraine zu verstärkten LKW- und Bahn-basierten Exporten Richtung Westen verhelfen; die im Mai 2022 sichtbaren sehr langen LKW-Schlangen in der Ukraine an deren Westgrenzen ließen allerdings von unbürokratischen EU-Maßnahmen zur Unterstützung der Ukraine wenig erkennen.

Der Westen, der schon in 2021 von erhöhter Inflation geprägt war – verursacht zum Teil durch gebrochene internationale Lieferketten (man denke etwa an das für eine Woche im Suez-Kanal feststeckende Container-Schiff „Ever Given") –, sieht sich Mitte 2022 im Kontext des Ukraine-Russland-Krieges vor Inflationsraten in fast zweistelliger Höhe gestellt. Zunächst spielen hier wieder unterbrochene internationale Lieferketten eine Rolle, da Chinas Null-Covid-Politik im Fall von Shanghai und anderen Hafenstädten für Wochen einige der größten Häfen der Welt und auch wichtige Produktionsstätten in China lahmlegte. Aber hinzukommen, diesmal wegen des Krieges, steigende Energiepreise und steigende internationale Getreidepreise. Hier kann Russlands Kriegsführung und dessen Außenwirtschaftspolitik in vielen Ländern des Westens, und nicht nur dort, zu einem ernsten Inflationsproblem beitragen.

Es besteht eine gewisse Gefahr für eine Lohn-Preis-Lohnspirale, die aber auch vorübergehend sein kann, wenn Geldpolitik und Einkommenspolitik sinnvoll zusammenwirken. Dass die Arbeitslosenzahlen vorübergehend in den EU-Ländern und den USA sinken, ist einem neuen Phillips-Kurvenphänomen zu verdanken: Unerwartet hohe Inflationsraten sorgen für ein Sinken des Reallohnsatzes bei den Beschäftigten und Arbeitgeber:innen stellen dann mehr Personal ein (solange die Nachfrageerwartung nicht einknickt). Putin mag hoffen, dass hier im Westen politische Unruhe entsteht und die Unterstützung für die Ukraine mittelfristig dann dort nachlässt. Allerdings versteht man in der EU, dass ein Fall der Ukraine Russlands militärische Aggressionneigung gegen osteuropäische Länder kritisch verstärken dürfte.

Russlands Überfall auf den Osten und Süden der Ukraine brachte einen vorläufigen russischen Erfolg, indem die Invasionstruppen vier Monate nach dem Angriff vom 24. Februar 2022 Mariupol, die zweitwichtigste Hafenstadt der Ukraine, besetzten. Der militärische Ansatz, die Ukraine vom Asowschen Meer abzuschneiden, scheint teilweise zu gelingen. Von einer breiten Einnahme der Ukraine ist Russlands Militär aber weit entfernt; die volle Einnahme des Donbas scheint jedoch möglich zu sein. Der Abwehrkampf der Ukraine ist über Monate relativ erfolgreich gewesen, sicher nicht zuletzt dank der Unterstützung des Westens in Form von Waffenlieferungen.

Der russische Überfall auf die Ukraine Ende Februar ist, so zeigen neuere Informationen und Reaktionen der Politik, ein seit mindestens Mitte 2021 erwarteter Angriff Russlands gewesen. Aber es hätte mindestens im Jahr 2016 gelten können, dass man nach Lektüre des Buches von Michael Eltchaninoff die ideologische Neuorientierung von Putin (nach 2012 spätestens, dem Jahr seiner Wiederwahl nach einer verfassungsmäßigen Pause als Präsident) klug aufgenommen hätte. Nicht ganz überraschend ist das Ausmaß an westlicher Unkenntnis und wohl frühen gefährlichen Politikentwicklungen im Verhältnis des Westens zu Russland, wenn man gelesen hätte, dass hohe Staatsbesuche aus Russland in London nur alle 129 Jahre stattfinden. Das ist mit einer Spur Zynismus eine Anspielung auf Putins Staatsbesuch in Großbritannien im Jahr 2003. Russland hat im Übrigen einen strukturellen Vorteil als großes Land – die schiere Größe macht es kaum angreifbar mit Aussicht auf Erfolg (Napoleon und Hitler gehörten zu jenen Politikern, die das mit einem hohen Preis lernen mussten). Die Größe ist aber auch ein struktureller Nachteil bei der Wahl der Staatsform: Ein so großes Land als Demokratie zu entwickeln ist denkbar, aber der Mangel an Auslandsreisen – als Folge der Größe – ist in der politischen Debatte ein Nachteil für die Demokratieverankerung in einem Land mit 144 Millionen Einwohnern.

Wer in den Niederlanden wohnt, hat nach maximal sechs Stunden Flug Dutzende Demokratien zu einem günstigen Preis erreicht. Wer innerhalb Russlands sechs Stunden fliegt, ist bei vielen Flügen immer noch in Russland, sofern man nicht in Nord-Süd-Richtung geflogen ist. Immerhin – nach 1991 entstanden neue Reisemöglichkeiten für die oberen 20 Millionen, etwa nach Athen, Paris, Berlin, London oder Lissabon; auch dank der neuen Billigflug-Anbieter aus Russland und aus EU-Ländern. Diese knapp 15% der russischen Bevölkerung konnten westliche Länder besuchen. Aber die Zeit war offenbar zu kurz, um eine große Mehrheit der russischen Bevölkerung für westliche Ideen zu gewinnen.

Die Länder, die man als Tourist aus Russland erreicht, sind auch nicht gerade Beispiele für Demokratien, von der Türkei, einem fragilen Libanon und Israel abgesehen. Das populistische Versprechen jeder Autokratie, dass man für Wohlstand und Stabilität – auch konservative Traditionen – sorgen werde, mag zudem attraktiv klingen in einem Land, das die eigene Entwicklung als relativ stabil einordnet und etwa den Übergang zur Marktwirtschaft in die Demokratie im Jahr 1998 in Form eines schockierenden Wirtschaftseinbruchs erlitt. Das war, bevor eine breite demokratiefreundliche Privatisierung erreicht worden war – wie dies etwa in Polen, Tschechien und der Slowakischen Republik sowie Bulgarien bis 1997 ansatzweise gelungen war. In der Ukraine und in Ungarn gab es wenig an breiter Privatisierung, die Ukraine realisierte wie Russland 1998/99 eine Oligarchen-Privatisierung, was eine sehr starke Konzentration des Reichtums in den Händen sehr weniger bedeutet. In Ungarn gab es eine nur schwache einheimische Unternehmerschaft in vielen Sektoren, weil Ungarn die Privatisierung der Wirtschaft zunächst in einer Art internationaler Ausschreibung für ausländische Multis als Großinvestoren organisierte.

Auf dem Balkan behielt Russland in einigen Ländern einen Teil seiner alten Einflussmöglichkeiten, Serbien ist – nicht erst seit dem Kosovo-Krieg – ein wichtiger Partner, der aber gleichzeitig ökonomisch Richtung Europäische Union (EU) strebt. All diese Änderungen betrachtete die Trump-US-Administration in 2016-2020 als relativ uninteressant – überliefert ist der Satz, dass die USA sich für die Ukraine nicht interessiert. Den Afghanistan-Abzug erlebt der Westen 2021 in einem schmählichen Abgang, der militärisch gesehen nur wenig besser als der Abzug Russlands aus Afghanistan 1989 war. Auf die Instabilität der teilweisen westlichen Besatzung Afghanistans war der Sieg der militärtechnologisch unterlegenen Taliban gefolgt, was weder für Russland noch die USA als militärische Supermächte einfach zu verstehen ist.

Russland verstand den US-Abzug aus Afghanistan sicher als Zeichen militärischer Schwäche des Westens. Im Übrigen sorgte Präsident Putins Hilfe für Syriens Autokraten Assad, dass dieser sich 2020/2021 an der Macht halten konnte und die vom Westen unterstützten Gegner als Verlierer dastanden; dazwischen noch die Terror-Gruppe des Islamischen Staates, dessen Geburt man in Russland seitens der politischen Führung der chaotisch wirkenden Intervention der USA im Irak zuschrieb. 2022 schien aus Präsident Putins Sicht eine gute Gelegenheit, das „ukrainische Brudervolk" (in „Klein-Russland") heim nach Russland zu führen.

Zu der Sicht, dass die Ukraine eigentlich klar zu Russland gehöre, kam Putin im Verlauf etwa eines Jahrzehntes: mit einer Putin-Ideologie, die auf wenigen russischen Philosophen aufbaute, die Michel Eltchaninoff in seinem Buch zitiert; und aus Putin-Sicht war die Nutzung des russischen Militärs für eine Intervention in der Ukraine relativ attraktiv, vor deren Abspaltung von Russland der Philosoph Iwan Iljin schon früh gewarnt hatte – mit der Ankündigung, dass dies von Seiten des Westens geschehen werde unter den Überschriften Befreiung der Ukraine und Demokratie.

Schon 2014 war die Krim-Intervention im Handstreich gelungen und Putins Argument, dass die Krim politisch-kulturell schon immer Teil Russlands war, schien man nicht leicht von der Hand weisen zu können; zumal wohl eine demokratische Abstimmungsmehrheit der regionalen Volksabstimmung eine Mehrheit für den Anschluss an Russland erbrachte. Für Putin steigerte der Krim-Anschluss die Versuchung, mit seinem Militär neue „Erfolge" zu erreichen. Der aus Sicht des Westens überraschende Ukraine-Russland-Krieg von 2022 ist eine Zeitenwende und droht die gewachsene Weltwirtschaftsordnung zu zerstören. Für Deutschland beziehungsweise die Europäische Union sowie die Ukraine, Russland, die USA und China steht in diesem Konflikt viel auf dem Spiel. Die gewachsene Weltwirtschaftsordnung als breit akzeptiertes Regelwerk, mit Einbeziehung von China und Russland in der Welthandelsorganisation, steht auf dem Spiel. Der Wirtschaftskrieg des Westens gegen Russland ist ein ernster Konflikt.

Die folgende – im Kern – ökonomische Analyse richtet den Blick zunächst auf die Handels- beziehungsweise Wirtschaftsbeziehungen zwischen der EU und Russland. Fragen eines möglichen EU-Energie-Import-Embargos – mit Fokus auf Öl- und Gaslieferungen aus Russland – betreffen wichtige sektorale und gesamtwirtschaftliche Aspekte: ökonomische Effekte weltweit, die man im ersten Halbjahr 2022 gerade auch in Deutschland und der EU sowie den USA kontrovers diskutierte. Wichtige Fragen zu den Effekten großer Flüchtlingsbewegungen aus der Ukraine Richtung Ost- und Westeuropa werden thematisiert; auch Aspekte von Integration und Migration sowie Probleme einer möglichen Ukraine-Erweiterung der Europäischen Union stehen im Fokus der Betrachtung.

Geben Deutschland und andere EU-Länder sowie Großbritannien und die USA genug an humanitärer, finanzieller und militärischer Unterstützung für die Ukraine? Eine hierzu entstandene kontroverse Debatte aus der ersten Hälfte von 2022 wird kritisch reflektiert, bevor das Schlusskapitel Perspektiven für eine neue Weltordnung nach dem Ukraine-Russland-Krieg ausleuchtet. Fragen der Neuen

Politischen Ökonomie der internationalen Wirtschaft richten sich hier auf die Entwicklungen des nächsten Jahrzehntes.

Auch wenn man naturgemäß bei einigen wichtigen Punkten nur eine Szenario-Analyse vornehmen kann, so ist dennoch nicht zu übersehen, dass es ernste Gefahren gibt: dass das bestehende System regelgebundener internationaler Politik in Verbindung mit wirkungsmächtigen Internationalen Organisationen untergehen könnte. Aber auch der „Politikclub" der BRICS-Länder – Brasilien, Russland, Indien, China und Südafrika – steht vor neuartigen Spannungen. Dabei nutzt Russland in einer historischen Abkehr der Exportpolitik der Sowjetunion die Energie-Exportpolitik als politische Waffe, was Russlands Position kurzfristig stärken mag, aber die Verlässlichkeit des Landes international auf viele Jahre in Zweifel stellen wird. Dass man in Teilen der EU-Politik Energieimportsanktionen gegen Russland als Mittel sehen will, um Russlands Kriegsfinanzierung zu schwächen, ist im Übrigen bei näherer Betrachtung globaler Anpassungsvorgänge vor allem Wunschdenken. Zugleich ist festzustellen, dass Russland kein Rechtsstaat mehr ist, da das wichtige Prinzip der Verhältnismäßigkeit von Strafen nicht mehr gilt: Wer Putins Einmarsch in die Ukraine Krieg nennt, wird zu mehrjährigen Freiheitsstrafen verurteilt.

Deglobalisierung und Chaos in vielen Teilen der Welt – mit und ohne militärische Konflikte – sind als Negativszenario denkbar. Selbst wenn man ein Negativszenario vermeiden kann, so sind doch kritische und schwierige Fragen zu beantworten, nämlich wie man zunächst nach einem Friedensschluss eine gewisse ökonomische Stabilisierung erreichen kann; und welche Reformen für einen global einflussreichen und kooperativen „Westen+" unabdingbar sind. Dabei bezeichnet Westen+ die Erweiterung der Länder der Organisation für wirtschaftliche Zusammenarbeit und Entwicklung (OECD) um bestimmte G20-Länder, etwa Indien und Brasilien; ob man mit China und Russland die frühere hohe Expansionsdynamik in den Wirtschaftsbeziehungen nach einem Friedensschluss zwischen der Ukraine und Russland seitens des Westens beibehalten kann und will, ist eine offene Frage. Die Globalisierung dürfte selektiver werden, wobei die USA und die EU im neuen TTC-Ansatz (EU-US Trade and Technology Council; Handels- und Technologierat EU-USA) hier schon seit 2021 – schon vor dem Ukraine-Russland-Krieg – auf mehr Kooperation etwa im sicherheitsrelevanten Bereich der Informations- und Kommunikationstechnologie setzen. Aus westlicher Sicht gibt es Argumente, dass man die globalen Lieferketten flexibler organisieren und damit gerade auch autokratischen Lieferländern weniger politische Macht geben sollte; diese Macht ist oft mit staatlichen

Unternehmen verbunden. Die USA fordern die EU auf, ein Friendship-Shoring einzuführen; dass man industrielle Vorprodukte nur aus verbündeten Ländern einführt.

Auf die EU kommt eine besondere Herausforderung zu, da sich die Frage einer Ukraine-Erweiterung stellen wird. Eine solche Erweiterung brächte einen Konflikt in der Frage der Reihenfolge von Kandidaten- beziehungsweise Mitgliedsländern. Es gibt zahlreiche Kandidatenländer, unter anderem die Türkei und Länder des Balkans, die zeitlich quasi vor der Ukraine stehen. Dass letztere wiederum in besonderer Weise geltend machen will, die für einen EU-Beitritt geforderten Kopenhagen-Kriterien zu erfüllen und dass im Übrigen die bisherigen EU-Länder ohne Weiteres einen Ukraine-Beitritt problemlos verkraften könnten, ist kaum als realistisch zu sehen. Ein rascher Ukraine-Beitritt könnte wiederum für die EU ernste Probleme bringen, nämlich den nächsten BREXIT; oder mehrere solche Fälle. Der Beitritt der Ukraine mit rund 40 Millionen Menschen zur EU könnte wiederum erhebliche Verteilungskonflikte innerhalb der Europäischen Union bringen, wo westliche EU-Mitgliedsländer und auch einige osteuropäische Mitgliedsländer dann kaum noch EU-Finanzmittel erhalten dürften (1993 hatte die Ukraine noch 52 Millionen Einwohner). Im Übrigen wird Deutschland eine besondere Rolle spielen, die auch auf eine militärische Stärkung Deutschlands hinausläuft; ob das zur Stabilität in Europa dauerhaft beiträgt, bleibt abzuwarten.

Der Europäischen Kommission kommt eine besondere Funktion bei den anstehenden EU-Erweiterungen zu; natürlich auch bei Beitrittsverhandlungen mit der Ukraine, was die Kommission bereits im Vorfeld im Mai und Juni 2022 sichtbar unterstützt hat; der Europäische Rat hat Mitte 2022 grünes Licht für die Ukraine als EU-Kandidatenland gegeben. Sonderbar ist allerdings, dass ausgerechnet Eurostat die Ukraine-Bevölkerungszahlen seit einigen Jahren ohne die Krim-Einwohnerschaft aufführt beziehungsweise eine geringere Bevölkerungszahl für die Ukraine ausweist als die Weltbank. Letztere weist für das Jahr 2018 44,6 Millionen aus, Eurostat als Statistikamt der EU aber nur 42,3 Millionen als Bevölkerung der Ukraine in 2018 (Demographic Statistics for the European Neighbourhood Policy-East Countries, 2019 edition, Brussels: Es gibt dort einen Hinweis auf einen statistischen Bruch, der – sic! - wohl Russlands Annexion der Krim meint). Die Bevölkerungszahl von Ländern spielt unter anderem bei gewichteten Abstimmungen im Ministerrat eine wichtige Rolle; und natürlich ist es eine politische Frage, wie die EU beziehungsweise die Weltbank die

Bevölkerungszahl der Ukraine ermittelt. Der ungelöste Krim-Konflikt sollte, so steht zu hoffen, eines fernen Tages wohl diplomatisch zu lösen sein.

Es ist dabei eine ernste Herausforderung seitens des Westens insbesondere zu China und Russland längerfristig bessere Beziehungen aufzubauen, die nachhaltig sein können. Dass Demokratien des Westens Probleme haben werden, mit einem autokratisch regierten China und einem autokratischen oder gar totalitären Russland gute Beziehungen aufzubauen, wird man als nicht überraschend ansehen. Gelingt es nicht, friedliche kooperative Beziehungen – zunächst mit einem Fokus auf der Wirtschaft – zu entwickeln, so könnte eine Serie von neuen gefährlichen internationalen Konflikten im 21. Jahrhundert entstehen; Konflikte, die womöglich schwer zu kontrollieren sein werden. Chinas Interesse an Russland ist geostrategisch und ideologisch begründet, der Westen ist der im Vergleich zu Russland viel größere Markt. Zudem kommen aus dem Westen moderne Technologien (auch in Form von Direktinvestitionen multinationaler Unternehmen).

Was die Herausforderung zwischen dem Westen und Russland angeht, so kann man exemplarisch auf die zwischen 1991 und 2021 bestehenden Beziehungen zwischen Großbritannien und Russland verweisen, die sich über verschiedene Phasen nach 1991 hinweg fast kontinuierlich verschlechtert haben: Teilweise, weil Russland eine wenig realistische Außenpolitik mit Blick auf das Vereinigte Königreich entwickelt hat; aber auch weil London sich relativ wenig Mühe gegeben hat, mit Russland bessere Beziehungen im Zeitablauf aufzubauen. Außer der gemeinsamen Bekämpfung von Piraten in Asien – ein Problem im Gefolge der Asien-Krise 1997/98 – haben London und Moskau kaum kooperative Projekte entwickelt.

Die USA und die EU haben mit Russland immerhin ein gemeinsames Weltraum-Projekt realisiert, aber ob die Internationale Raumstation nach dem Ukraine-Russland-Krieg noch ein lebensfähiges wissenschaftliches Projekt mit Beteiligung der USA und Russlands sein wird, bleibt abzuwarten. Zur Zeit soll die Kooperation gemäß Putins Erklärung nicht fortgesetzt werden. Dass der Ukraine-Russland-Krieg die Reihen in den Ländern des Westens plus Japans geschlossen hat, kann man vorübergehend feststellen; aber auf Dauer wohl kaum.

Aus Sicht der EU-Länder ist seit 2016 eine neue Unsicherheitsphase entstanden:

1. Weil in den USA mit Donald Trump ein populistischer Präsident ins Amt kam, der für politische Polarisierung steht, die den Zusammenhalt der US-Bevölkerung mindert – die traditionelle US-Führungsrolle im Westen schwächt; der nächste Trump ist mittelfristig zu erwarten (wie

das Buch Der globale Trump schlüssig zeigt). Die USA-EU-Harmonie unter Biden wird keine dauerhafte Charakteristik der transatlantischen Beziehungen sein.
2. Da die EU durch den BREXIT, in Brüssel und London weithin unverstanden als Ereignis (siehe das Buch BREXIT aus Versehen), ökonomisch geschwächt ist; ebenso wie das Vereinigte Königreich, wo Boris Johnson als Premier mit einer Neigung zur öffentlichen Unwahrheit das politische System des Landes geschwächt hat – und die Wirtschaft via BREXIT mit, als dessen großer Befürworter er 2016 auftrat. Mit dem BREXIT hatte sich aus Sicht Russlands jedenfalls unverhofft eine Schwächung des Westens ergeben.
3. Zudem sind die ökonomischen Globalisierungschancen via Handel und Direktinvestitionen nach drei Jahrzehnten vermutlich an eine Grenze gestoßen – das Risiko der Globalisierung und auch einer regionalen Desintegration, siehe BREXIT und die Fragen nach weiteren EU-Austritten, ist am Horizont sichtbar.

Mit Putins Tabu-Bruch Krieg gegen die Ukraine ist der Krieg als Problem nach über 70 Jahren zurück in Europa. Es stellt sich gerade dann die Frage, ob es der EU gelingen wird, den EU-Integrationsprozess sinnvoll zu gestalten beziehungsweise zu stabilisieren. Wenn die Europäische Union nach dem Ukraine-Russland-Krieg in instabile neue Integrationsprojekte hineinstolpern sollte, so wird die EU schrittweise zerfallen und neben die schon destabilisierten USA wäre dann wohl eine destabilisierte Europäische Union getreten, an deren Seite sich wiederum ein Zerfall des Vereinigten Königreiches vollzöge. Dann droht der Abstieg des Westens mit seinen drei Pfeilern stabile Demokratie, Rechtsstaat und stabilisierungsfähige Wirtschaft. Eine global erfolgreiche Politik hin zur Klimaneutralität auf der Welt bis zur Jahrhundertmitte ist dann Illusion.

Für eine erfolgreiche Politik zur Klimaneutralität bis 2050 bräuchte man sicherlich alle G20-Länder, inklusive Russland. Letzteres ist unter Putin ein Land geworden, wo der Präsident sich teilweise zu Recht über eine Ostexpansion der NATO beklagen mag, wo dieser Präsident aber vor allem die von der NATO ausgehende Bedrohung Russlands deutlich übertreibt; bis hin zu der sonderbaren Behauptung vom 9. Mai 2022 auf der Militärparade in Moskau, dass die NATO vorhabe, die von Russland 2014 annektierte Krim-Region militärisch zu erobern.

Der Überfall Russlands auf die Ukraine entsprang einem militärischen und politischen Kalkül, das auf einen raschen militärischen Sieg Russlands und die Absetzung der legitimen Regierung in der Ukraine setzte, und deren Ersetzung durch russlandfreundliche Politiker:innen zum Ziel hatte. Dieser Plan war schon Anfang Mai 2022 sichtbar gescheitert. Das politische Erbe von Präsident Gorbatschow mit positiven Perspektiven für Demokratie, Marktwirtschaft und Rechtsstaat konnte nicht gewahrt werden (Gorbatschow traf ich selbst zwei Mal, einmal in Boston und einmal in Linz/Österreich – das war jeweils schon nach der Amtszeit von Gorbatschow; meine erste wissenschaftliche Begegnung mit Osteuropa – zu sozialistischen Zeiten – ergab sich auf einem Workshop junger Wissenschaftler:innen in Warschau (1982) und das Publikationsergebnis eines Folge-Workshops war einige Jahre später das Buch „Innovationsdynamik im Systemvergleich" (1988), herausgegeben zusammen mit Leszek Balcerowicz; auf Russisch erschien ein Tagungsband „Russlands Wirtschaft: Transformationserfahrung der 1990er Jahre und Entwicklungsperspektiven" von einem Workshop in Moskau und weitere Bücher zu Transformationsfragen auf Englisch).

In den 1980er Jahren, als die sozialistische Systemkrise der Sowjetunion und anderer sozialistischer Länder begann, hatte sich Russlands Position gegenüber dem Westen an einer Stelle im Außenhandel verbessert: nämlich beim Anteil von Öl und Gas an den westlichen Energieimporten. Russland konnte hier ökonomisch von der politisch verschlechterten Beziehung der EU und der USA zu den OPEC-Ländern im arabischen Raum profitieren.

Unter Gorbatschow verbesserten sich die Beziehungen Russlands zum Westen zeitweise. Nachdem Präsident Jelzin von Präsident Gorbatschow die Macht übernommen hatte, dauerte es noch bis 2003, bis der weitere Nachfolger, Wladimir Putin, dann Großbritannien besuchte – der erste Besuch eines russischen Staatsoberhauptes in London seit 1874. Dass man sich in London und Moskau auch schon 1875-1917 wenig Mühe in Sachen hoher Staatsbesuche gemacht hatte, ist offensichtlich. Der Zweite Weltkrieg brachte einige Begegnungen außerhalb Großbritanniens (Jalta, Potsdam) und nach 1997 gab es für einige Jahre Begegnungen auf G8-Ebene – das war dann 2014 schon wieder vorbei, als Russland die Krim besetzte. Das dünne UK-Russland-Beziehungsgewirr war ohnehin kein ernst zu nehmender Ersatz für das Pflegen bilateraler Beziehungen zwischen einem führenden westlichen Land und Russland.

Dass Putin die Mehrheit für den BREXIT 2016 bei der Volksbefragung im Juni im Vereinigten Königreich als einen persönlichen Erfolg seiner Politik ansah – erkennbar mit destabilisierender Beimischung von russischen Oligarchen (mit doppelter Staatsbürgerschaft und einer dabei sichtbaren Neigung, mit Spenden die Konservative Partei von Cameron, May und Johnson als Vorsitzende beziehungsweise Regierungschefs zu stärken) – ist offensichtlich: Öffentlich hat Putin mit Blick auf die britische Politikdebatte darauf hingewiesen, dass das BREXIT-Referendumsergebnis ja demokratisch verlange, dass ein BREXIT vollzogen werde. Ökonomisch lief das auf eine sichtbare Schwächung der EU, Großbritanniens und neue politische Konflikte im Vereinigten Königreich hinaus.

Die stärkste Einbindung Russlands in das Internationale System gelang 2012, als Russland Mitglied der Welthandelsorganisation (WTO) wurde. Die WTO aber war 2016 mit der Wahl des Populisten Trump schon auf der Abschussliste der US-Administration. 2020 war die WTO dann tatsächlich nicht mehr handlungsfähig, weil die USA unter Trump die Nachwahl von Richtern für das Berufungsgericht der WTO blockierten. Trump machte seiner Wählerschaft weis, dass die USA von einem aggressiven Handels-Bilateralismus mehr profitieren könnten als von einer multilateralen Ordnung mit wichten Aufgaben für die großen internationalen Wirtschaftsorganisationen; letztere doch dominiert von den Vereinigten Staaten, die als führende (digitale) Wirtschaftsmacht, plötzlich einen Wirtschaftskrieg mit China führen wollten.

Mit Präsident Biden kam eine zeitweise Politik-Normalisierung in den USA zustande und eine halbe Wiederbelebung der WTO gelang; aber auch die Biden-Regierung suchte Erfolg in einem neuen Bilateralismus: Statt klar auf geduldige WTO-Reformen zu setzen, wurde mit dem Trade and Technology Council eine neue USA-EU-Institution gegründet, die mit politischer Energie teilweise in 2021/2022 eine Art Ersatz-WTO von Demokratien für technologierelevante Wirtschaftszweige zu entwickeln suchte. Das Ärgernis aus US-Sicht bei vielen Internationalen Organisationen, von der UN über die WTO bis zur Weltbank, ist, dass dort auch undemokratische Länder mitwirken und autoritäre Länder nicht selten – man denke an Russland oder China – Lösungen von aus westlicher Sicht vernünftigen Ansätzen verhinderten. In der UN erbrachte die Abstimmung zum Ukraine-Russland Krieg zwar eine klare Mehrheit von Ländern auf der Seite der USA. Die Länder, die sich enthielten – darunter Indien und China – standen für fast die Hälfte der Weltbevölkerung. Realpolitik im 21. Jahrhundert könnte für den Westen viel schwieriger werden als in der zweiten Hälfte des 20. Jahrhunderts.

Der Westen, allen voran die USA, reagierte prompt auf die Invasion Russlands mit harten Sanktionen gegen die russische Wirtschaft und den russischen Staat – genauer gesagt gegen die russische Führung und die Eliten. Die EU hatte bis Mitte Juni 2022 sechs Sanktionspakete auf den Weg gebracht. Massive Erhöhungen der Öl- und Gaspreise, gern gesehen in Russland, haben den Inflationsdruck in den Industrie- und Entwicklungsländern zeitweise verstärkt und den Aufschwung in den Mitgliedsländern der OECD mittelfristig geschwächt – und das in einer Zeit, in der die Wirtschaft im Zuge der Corona-Rezession unter Druck steht. In der Tat liegt der Schwerpunkt der folgenden Analyse im Wesentlichen auf den wirtschaftlichen Aspekten bzw. Auswirkungen des russisch-ukrainischen Krieges.

Die vorliegende Studie wurde vor dem Hintergrund einer oft emotionalisierten Debatte in der EU und den USA verfasst, da die schrecklichen Bilder des Krieges jeden Fernseher, jede Zeitung, jeden Computer und jedes Smartphone erreichten. In vielen Fällen gab es laute Rufe nach einem sofortigen Energieimport-Boykott der europäischen Länder gegen Russland im Frühjahr 2022, und auch in den Parlamenten mehrerer EU-Länder waren Erklärungen zu hören, die die Lieferung schwerer Waffen an die Ukraine unterstützten.

Vor allem wurde in der politischen Debatte in Europa vielfach gefordert, dass Deutschland sich stärker als Führungsland bei den Sanktionen engagieren sollte. Ein Energieimport-Embargo wurde häufig mit der Begründung gefordert, dass auf diese Weise Russlands Finanzbasis für den Krieg gegen die Ukraine deutlich geschwächt werde; die EU finanziere ohne Boykott gegen Russland quasi den Krieg gegen die Ukraine. Diese Sichtweise ist jedoch aus ökonomischer Sicht kaum haltbar.

Die ökonomischen Effekte des Russland-Ukraine-Krieges betreffen Handel, Direktinvestitionen und Gastarbeiter-Überweisungen in Europa und weltweit. Zudem gibt es erhebliche Änderungen in den Öl- und Gaspreisen und darüber hinaus eine breite transatlantische Debatte über die Frage eines möglichen Energieimport-Embargos der EU gegenüber Russland und den damit verbundenen ökonomischen Effekten. Schließlich ist auch die Herausforderung großer Flüchtlingsbewegungen und der Hilfen der OECD-Ländergruppe für die Ukraine beziehungsweise das ukrainische Volk thematisiert worden – mit sehr irreführender Behauptung bezüglich der letzteren durch das Kieler Institut für Weltwirtschaft. Wenig angemessen ist auch die Bachmann et al.-Studie zur Frage eines deutschen Embargos gegenüber Russland, die wegen methodischer Schwächen die Rezessionsgefahren für Europa unterschätzt und das politische Konfliktfeld kaum vernünftig geheizter Haushalte mit Gas-Heizung in einem harten Winter nicht sieht.

Genauer betrachtet sind sinnvolle Strategien zu realisieren: unterschiedlich beim Gas- und beim Ölimport der Europäischen Union. Russlands Aggression gilt es in die Schranken zu weisen – auch durch eine gestärkte und handlungsfähige EU. In diesem Kontext ist jedoch eine rasche EU-Ukraine-Erweiterung bedenklich, ein Sprengsatz für den nächsten BREXIT. Wie man eine neue stabile und menschenfreundliche Weltordnung mit guten Perspektiven für Klimaneutralität herbeiführen kann, ist die große Frage am Ende: nicht durch einen dauerhaften Ausschluss Russlands, sondern eine Integration des Landes nach umfassenden politischen Reformen (und Putin wird nicht immer sein).

Die Frage, wie eine sinnvolle Sanktionsstrategie gegen Russland aussehen sollte, ist in der Tat kompliziert; das Ziel ist natürlich, Präsident Putin zu möglichst baldigen Friedensverhandlungen mit Kiew zu bewegen und ganz allgemein die Kriegsbereitschaft und fähigkeit Russlands (in der Ukraine oder anderswo) zu verringern. Es wäre wenig sinnvoll, eine rein symbolische Sanktionspolitik zu betreiben. In Deutschland wurde seit dem Einmarsch erheblicher politischer Druck in diese Richtung aufgebaut, mit dem Argument, dass Russland seine Kriegsanstrengungen nachlassen würde, wenn seine Energieexporte nach Westen reduziert würden. Dies ist kaum realistisch. Auch kann es bei einer Sanktionspolitik nicht nur darum gehen, der russischen Wirtschaft insgesamt maximalen Schaden zuzufügen – etwa mit dem Effekt, die russische Wirtschaft in eine schwere Rezession zu stürzen, die mehrere Jahre dauern könnte. Eine maximale Destabilisierung Russlands ist nicht im Interesse des Westens; dass Russland den Krieg in der Ukraine nicht gewinnt, allerdings schon.

Deutschland erlebte Anfang der 1930er Jahre eine dreijährige Rezession, in der das reale Volkseinkommen um insgesamt 16% sank – die Folge war eine völlige politische Destabilisierung und die massive Radikalisierung, die schließlich 1933 die Nazis an die Macht brachte. Deutschland sollte aus seiner eigenen Geschichte gelernt haben, Impulse für eine weitere politische Radikalisierung in Russland sind nicht im Interesse Europas; allerdings wird es auch schwierig sein, jene russischen Politiker zur Rechenschaft zu ziehen, die für den Angriff auf die Ukraine Verantwortung tragen und das Völkerrecht gebrochen haben. Die Aussicht auf einen Prozess vor dem Internationalen Strafgerichtshof in Den Haag dürfte jedoch sowohl für den weißrussischen Präsidenten Lukaschenko, der Tausende von Oppositionellen willkürlich inhaftiert und zugelassen hat, dass sein Land als Schauplatz für den Einmarsch in die Ukraine genutzt wurde, als auch für Präsident Putin ein reales Risiko darstellen.

Anstatt Russland erfolgreich und friedlich in eine Phase stabiler wirtschaftlicher Expansion zu führen, hat Präsident Putin einen völkerrechtswidrigen Angriffskrieg gegen die Ukraine begonnen – ohne nachvollziehbare Begründung. Damit hat Putin Russland faktisch aus der Weltwirtschaft entfernt; und wenn China naiverweise Russland weiterhin unkritisch unterstützt, könnte auch China fast die gleiche Wirtschaftskrise erleben wie Russland unter Wladimir Putin. Ein offensichtlicher Mangel an kompetenten Beratern hat den russischen Staatschef in eine gefährliche Sackgasse geführt.

Aus ökonomischer Sicht hat sich im Frühjahr 2022 eine Debatte über sinnvolle Möglichkeiten einer westlichen Sanktionsstrategie gegenüber Russland entwickelt. In Deutschland und der EU sowie den Vereinigten Staaten wurden auf Basis einer Studie von Bachmann et al. zur Option eines deutschen Energieimport-Boykotts gegenüber Russland Fragen nach sinnvollen weiteren Sanktionen gegen Russland diskutiert. Dabei gab es jedoch auch schon im März 2022 weitere Studien, die den Realeinkommensverlust Deutschlands deutlich höher einschätzten als die Analyse von Bachmann et al., die nur auf einen Rückgang beim Bruttoinlandsprodukt von 0,5 bis 2,2 Prozent kommen. Speziell ein Gasimport-Boykott gegenüber Russland wird in Deutschland beziehungsweise der EU die Sektoren Chemie, Stahl/Metallbau und den Lebensmittelsektor empfindlich treffen. Dabei kann es erhebliche negative Arbeitsplatzeffekte – via Lieferverflechtungen – auch in anderen Sektoren geben. Eine starke Erhöhung des Öl- beziehungsweise Benzinpreises wirkt im Übrigen dämpfend auf die Autoproduktion, die in vielen EU-Ländern eine wichtige ökonomische Aktivität ist.

Das von Ricardo Hausmann und Daniel Gros vorgeschlagene Sanktionsinstrument eines EU-Importzolls auf Russlands Gasexporte funktioniert nicht wirklich: Denn hier wird (bei Gros) angenommen, dass Gazprom als Russlands Exportfirma bei Gas sich als gewinnmaximierender Monopolist verhält, was im Kontext des Ukraine-Russland-Krieges eher wenig plausibel ist. Vielmehr dürfte Gazprom der Politiklinie des Kreml folgen und dessen Ziele aufnehmen; ohnehin ist ein Duopol-Modell der EU-Gas-Marktsituation mehr angemessen als ein Gazprom-Monopolmodell. Im Duopol ist kaum zu erwarten, anders als im Monopol-Fall, dass die staatlichen Einnahmen aus einer EU-Gas-Importsteuer auf russisches Erdgas ausreichen, um die Nachteile für die Verbraucherschaft – bei erhöhten Gaspreisen – durch erhöhte Transfers zu kompensieren. Dennoch kann unter bestimmten Umständen ein Gasimport-Zoll sinnvoll als Teil der Sanktionen gegen Russland sein.

Wenig bekannt ist im Übrigen offenbar, dass etwa ein Energieimport-Boykott der EU-Länder gegenüber Russland zur Konsequenz hätte, dass etwa Deutschland und Frankreich neben den eigenen nationalen Wirtschaftsproblemen auch noch Öl und Gas an osteuropäische EU-Mitgliedsländer zu liefern hätten: als Teil der Solidaritätsverpflichtungen in der EU im Krisenfall. Es käme im Zweifelsfall auch noch das Erfordernis hinzu, dass die EU-Länder und Großbritannien auch Gas an die Ukraine zu liefern hätten. Deren Präsident Selenskyj verteidigt die Interessen seines Landes und versucht offenbar in diesem Kontext, die Nato in den Ukraine-Russland-Krieg in verschiedener Weise hineinzuziehen – auch wenn das das Risiko eines dritten Weltkrieges zwischen Nato-Ländern und Russland mit sich bringt.

Umstritten ist, wie stark ein Energieimport-Embargo Deutschland oder von Seiten der EU Russlands Wirtschaftswachstum schwächen wird; und ob man über ein Embargo die Kriegsneigung von Präsident Putin wird deutlich vermindern können beziehungsweise ob die Fähigkeit Russlands zur Kriegsführung so erheblich eingeschränkt werden kann. Es besteht kein Zweifel, dass Russland sein Öl (möglicherweise nicht mehr absetzbar im Westen) mit einem Preisabschlag in Asien wird verkaufen können. Im Fall eines westlichen Gasimport-Boykotts gegenüber Russland oder eines russischen Gasexport-Boykotts wird es auch zu einem Angebotsüberschuss von Gas von Seiten Russlands kommen; überschüssiges Gas lässt sich kurzfristig eher schwer verkaufen, da ja Pipelines beim Gasexport dominieren und die Gastransportkapazitäten vieler Pipelines ausgebucht sind. Die Finanzsanktionen des Westens gegenüber Russland dürften schärfer wirken, wobei sie in manchen Punkten auch als fragwürdig erscheinen. Die Problematik eines Cyberkrieges zwischen Russland und den OECD-Ländern (oder NATO-Ländern) sollte man nicht unterschätzen als zusätzliche Stördimension. Dass der Westen Sanktionen gegen Russland verhängt, ohne dass von dort Gegensanktionen kämen, sollte man nicht annehmen. Auch ohne Energieimport-Boykott von EU-Ländern wird Russlands Wirtschaft mittelfristig deutlich schrumpfen; allein in 2022 um gut 10% und in den Folgejahren wird die Rezession weitergehen.

Ein Wirtschaftseinbruch in Russland wird vermutlich zunächst einen geringen Einfluss auf Russlands Kriegsneigung in der Ukraine haben; in jedem Fall wird es zu ökonomischen Destabilisierungseffekten in zentralasiatischen Ländern führen – zwei Länder verzeichneten 2021 einen Zufluss von Gastarbeiterüberweisungen aus Russland, die mehr als 15% des jeweiligen Nationaleinkommens ausmachten. Steigende Arbeitslosigkeit in Russland wird sicherlich gerade auch Gastarbeiter:innen aus zentralasiatischen Ländern treffen, der Wohlstand und die Importmöglichkeiten dieser Länder werden dann sinken. Schon jetzt bestehende Grenzstreitigkeiten zwischen einigen zentralasiatischen Ländern könnten sich in einer Phase schwacher Wirtschaftsentwicklung verstärken, wobei Russland als bisherige regionale Ordnungsmacht vorübergehend ausfällt; die EU ist gar nicht präsent, allenfalls die Türkei könnte ihre Rolle als Einfluss- und Ordnungsmacht in der Region ausbauen. Westliche Wirtschaftssanktionen gegen Russland haben sicherlich nicht nur einen Einfluss auf Russlands Regierung, sondern auf viele Länder in der Welt.

Da Russland und die Ukraine beide führende Exporteure von Weizen und wichtigen Rohstoffen sind, kann der Ukraine-Russland-Krieg auch zu erheblichen Problemen bei der Produktion von Industriegütern in den OECD-Ländern sowie zu massiven Preiserhöhungen und mehr Hunger in Entwicklungsländern führen. Hier dämpfend mit Hilfsfonds einzuwirken, ist eine wichtige Aufgabe von IMF, Weltbank und der UN-Organisation FAO (Welternährungsorganisation). Der internationale Währungsfonds wird auch seine Politiküberwachung gegenüber der Ukraine und auch gegenüber Russland weiterführen. Ich selbst war vom IMF 1998 in der Russland-Krise zu einem Experten-Meeting nach Washington DC eingeladen worden. Die damalige Diskussion unter den Expertinnen und Experten war in einigen Punkten wohl hilfreich. Aber die Russland-Krise war paradoxerweise damals mitverursacht worden durch den sonderbaren IMF-Rat an Russland, den Wechselkurs gegenüber dem Dollar zu fixieren. Das war ein klarer Widerspruch gegen die ökonomischen Standard-Ansätze in der Theorie optimaler Währungsräume, wonach ein Land wie Russland – mit Dominanz von wenigen Gütern im Export (hier: Energie-Exporten) – flexible Wechselkurse haben sollte.

In der von Stanley Fischer geleiteten Experten-Sitzung in Washington DC konnte ich auf eine breite Transformations- und Russlandforschung am EIIW Bezug nehmen; ich verwies im Übrigen auf das Problem, dass am Tisch kein Vertreter von BOFIT/Bank of Finland anwesend war: Obwohl doch die Analysen der Russland-Experten der Finnischen Zentralbank als führend in der Forschung anzusehen waren.

Man mag hoffen, dass die Kompetenz der IMF-Teams im Kontext des Ukraine-Russland-Krieges angemessen hoch ist. Über die Kompetenz westlicher und speziell deutscher Russland-Politik in den Jahrzehnten vor 2022 wird öffentlich gestritten. Nicht wenige Moderator:innen in TV-Diskussionsrunden stellen die Lage so dar, dass man immer schon hätte wissen können und sollen, dass Russland eines Tages militärisch gegen die Ukraine vorgehen wird; und dass die deutsche (und westeuropäische) Formel Wandel durch Annäherung – speziell: Handel bringt Wandel – einer Fehleinschätzung entsprach. Dabei haben dieselben Moderator:innen jedoch in den vergangenen Jahrzehnten erstens kaum kritischere Fragen zur Russland-Politik gestellt; vielleicht mit Ausnahme des Nord Stream 2-Gas-Pipelineprojektes.

Zweitens ist die Vorstellung, dass größere Handelsintensität zwischen Ländern dem Frieden dienlich sei, eine alte Sichtweise, die auf den britischen Ökonomen David Ricardo im 19. Jahrhundert zurückgeführt werden kann. Aber leider hat die Wirtschaftsgeschichte ja nicht selten gezeigt, dass ein Mehr an Handel nur eine notwendige Bedingung für Frieden ist; sonst hätte es ja zum Beispiel keine Balkan-Kriege nach dem Zerfall Jugoslawiens gegeben. Für Deutschland und andere EU-Länder brachte der Kosovo-Krieg 1999 eine erste Zeitenwende in Sachen großer Flüchtlingsbewegungen. Bodo Hombach, ehemals Chef des Kanzleramtes unter Bundeskanzler Schröder, hat in einem Vortrag vor Jahren in Washington darauf hingewiesen, dass Deutschlands Mitwirkung im Kosovo-Krieg motiviert war durch die Furcht vor einer unkontrollierbaren Flüchtlingswelle vom Balkan nach Deutschland, die im Fall einer fortgesetzten und ausgeweiteten Herrschaft des gegen viele Kosovaren und Bosnier gewalttätigen serbischen Präsidenten Milošević zu erwarten gewesen wäre.

Die massiven Flüchtlingsbewegungen aus der Ukraine im Frühjahr 2022 bedeuten für die Zufluchtsländer – vor allem Polen und andere osteuropäische EU-Länder, aber auch Deutschland, Italien und Frankreich – einen gesamtwirtschaftlichen Nachfrageschub und natürlich auch Probleme bei der Wohnungssuche, die kurzfristig zu Preissteigerungen auf dem Immobilienmarkt führen können. Mittelfristig, wenn ein Teil der Flüchtlinge in die jeweiligen Arbeitsmärkte integriert ist, wird es auch einen positiven Wachstumseffekt geben. Einige EU-Länder haben große Zusagen für Flüchtlinge aus der Ukraine gemacht: Polen und einige andere osteuropäische EU-Länder sowie Deutschland und Italien sind in diesem Zusammenhang führend. Eine genauere vergleichende Betrachtung der Hilfszusagen für die Ukraine – relativ zum Realeinkommen der Geberländer – zeigt interessante (und recht unterschiedliche) Rankings; es gibt ein IfW-Kiel-Ranking, das die Ausgaben für Flüchtlinge ignoriert, und ein alternatives EIIW-Ranking, das die Ausgaben für ukrainische Flüchtlinge einschließt.

Viele Länder der EU haben mit einer Erhöhung der Verteidigungsausgaben auf Russlands Angriff auf die Ukraine reagiert. Höhere Verteidigungsausgaben sind ein positiver Nachfrageimpuls in den OECD-Ländern. Zugleich ist zu bedenken, dass die Fülle westlicher Sanktionsmaßnahmen und russischer Gegenmaßnahmen auf eine erhebliche Schwächung der globalen Wirtschaftsintegration hinauslaufen kann.

Der Ukraine-Russland-Krieg wird sich wirtschaftlich stark negativ auswirken. Die Abschwächung des westlichen Wirtschaftsaufschwungs und der Anstieg der Verteidigungsausgaben in Deutschland und anderen westlichen Ländern werden die Defizitquote der öffentlichen Haushalte erhöhen. In einigen westlichen Ländern ist jedoch nicht mit einem Anstieg der Realzinsen zu rechnen – so gelten beispielsweise die USA, das Vereinigte Königreich, Deutschland und Frankreich aus Sicht internationaler Investoren als „sichere Häfen". Angesichts des Inflationsdrucks müssten die Zentralbanken der USA, des Vereinigten Königreichs und der Eurozone die Leitzinsen im Jahr 2022 eigentlich deutlich anheben, doch aufgrund der wirtschaftlichen Schwäche in den OECD-Ländern werden einige Zentralbanken solche Maßnahmen aufschieben. Es bleibt abzuwarten, ob sich daraus mittelfristig ernsthafte Stagflationsrisiken ergeben werden.

Die Weltwirtschaftsordnung könnte sich grundlegend ändern, wenn es nicht gelingt, den Ukraine-Russland-Krieg relativ rasch zu beenden und Russlands Rolle als aktives Mitglied wichtiger internationaler Organisationen wiederherzustellen. Dieser Prozess dürfte ohnehin rund ein Jahrzehnt dauern. Wenn allerdings China und Russland politisch und militärisch zusammenrücken sollten und eine Schwächung der Internationalen Organisationen nicht zu vermeiden wäre, dann droht der Zerfall der jetzigen internationalen regelbasierten internationalen Wirtschaftsordnung. Für durch Handel und Kapitalverkehr international stark positionierte Länder wie Deutschland, Großbritannien, Niederlande, Belgien, Schweiz und viele andere wäre dies eine strukturelle Verschlechterung; und eine Bedrohung des langfristigen Wohlstandes. Es droht dann wohl längerfristig eine Militarisierung der internationalen Wirtschaftsbeziehungen.

Die vorgelegte Studie greift frühere Analysen zur Systemtransformation in Russland, Polen, Ungarn und anderen osteuropäischen Ländern auf – bis hin zu einem Projekt noch in der Ära Gorbatschow, wobei zum Projekt-Team auch Wissenschaftler:innen aus St. Petersburg (Leontief Institut) und der Universität Charkiw gehörten. Die Systemtransformation ist mit Blick auf den Krieg Ukraine-Russland nur teilweise gelungen und die Frage, wie man Wohlstand, internationale Wirtschaftskooperation und Frieden in Europa dauerhaft sichern kann, beschreibt eine weiter bestehende Herausforderung. Der Wirtschaft in Deutschland und der Eurozone stehen nach 2022/2023 erhebliche strukturelle Anpassungen bevor, die Weltwirtschaft ist mit erhöhtem Inflationsdruck, Tendenzen zur Deglobalisierung und zu verlangsamtem Wirtschaftswachstum sowie verschlechterter Kooperation in der internationalen Klimapolitik konfrontiert. Die Corona-Krise in Europa und der Weltwirtschaft ist noch nicht wirklich überwunden, da hat der Ukraine-Russland-Krieg zu erheblichen Preisschocks in vielen Regionen der Weltwirtschaft geführt und dürfte die Finanzmärkte noch mehrere Jahre belasten; erhöhte Risiken in den Industrieländern werden sich in verstärkten Schwankungen unter anderem der Aktienmärkte niederschlagen.

Der Wiederaufbau der Ukraine wird die westlichen Länder besonders fordern. Die EU-Integration dürfte sich intensivieren, zugleich wird sie komplizierter, weil sich mit einer vermutlich beschleunigten EU-Erweiterung um einige Balkan-Länder die ökonomische Heterogenität in der Europäischen Union erhöht. Das erschwert das Finden eines politischen Konsenses. Im Fall einer Ukraine-Erweiterung der EU gilt das in ähnlicher Weise; ein rasche und wenig durchdachte EU-Erweiterung dürfte zu einem nächsten BREXIT-Fall führen. Bislang hat die EU aus dem BREXIT-Debakel keine wirklichen Folgerungen gezogen.

Es wird eine schwierige Aufgabe für die EU bleiben, gute Beziehungen zu Russland und China zu sichern und Sicherheit in ganz Europa wiederherzustellen. Die ökonomischen Debatten und die Hauptaspekte, die hier beleuchtet werden sind vielfältig, die Effekte des Ukraine-Russland-Krieges sind global und betreffen die Globalisierungsdynamik grundlegend. Mittelfristig ist von einer zumindest zeitweiligen Deglobalisierung der Wirtschaft auszugehen und der Einfluss der Internationalen Organisationen dürfte zurückgehen: eine schlechte Perspektive in einer Phase verstärkter internationaler Konfliktneigungen. Es werden im Kontext des Ukraine-Russland-Krieges in Europa, den USA, Asien und Afrika eine ganze Reihe von Entscheidungen zu treffen sein und die vorgelegten Analysebefunde sind in vielen Bereichen von grundlegender Bedeutung. Natürlich kann die vorliegende Studie nur ein begrenztes Problemfeld abarbeiten. Aber die Verbindung der aufgezeigten Fragen und die verwendete Forschungsmethodik zu wichtigen Themen dürfte den Leserinnen und Lesern hoffentlich eine Analysequalität bieten, die nachhaltig ansprechend sein sollte und vorgetragene Warnhinweise und empfohlene Politikoptionen neuer Art können nützlich sein.

Es ist im ersten Kriegsjahr grundsätzlich nicht möglich, Einzelheiten der weiteren Kriegsdynamik zu prognostizieren. Aber wesentliche ökonomische Gefahren und Risiken, ernste absehbare Veränderungen in der Weltordnung kann man gleichwohl absehen. Tatsächlich führt der relativ beschränkte Ukraine-Russland-Krieg zu weltweiten Problemen und gewichtigen Änderungen unter anderem in der Außenwirtschafts- und Kooperationspolitik. Kritische Wirtschaftsfragen, die im Westen seit diesem Krieg mit Blick auf Russland gestellt werden, stellen sich ansatzweise auch mit Blick auf China, das sich als politischer Verbündeter Russlands positioniert hat. Die neue globale Ordnung dürfte weniger durch Globalisierung und internationale weltweite Kooperation gekennzeichnet sein; und hier liegen dann erhebliche Risiken nicht nur für Wohlstand und Stabilität in den Industrieländern und weltweit, sondern auch für die globale Klimaschutzpolitik. Letztere kann man erfolgreich umsetzen nur in einer Kooperation des Westens mit Russland und China sowie anderen wichtigen Ländergruppen. Für einige Jahre dürfte hier die Kooperation deutlich schwerer werden; und ein absehbar verminderter globaler Technologiehandel – und vermutlich weniger Direktinvestitionen relativ zum Welteinkommen – wird es auch erschweren, über erhöhte globale Innovationdynamik schneller beziehungsweise optimal zur Klimaneutralität bis 2050 zu kommen. Fürs erste ist der schreckliche Krieg in der Ukraine die große internationale Herausforderung; und wie man ihn dauerhaft stoppen kann.

Eines der merkwürdigen Ergebnisse der hier vorgestellten Analyse ist, dass Wissenschaft und Politik im Westen bestimmte relevante und zeitgemäße Studien zu Russland bzw. zu Putins eigenem ideologischen Rahmen nicht wirklich aufgegriffen haben. Etwa das im Jahr 2015 von dem französischen Philosophen Michel Eltchaninoff veröffentlichte aufschlussreiche Buch, das ein Jahr später auch auf Deutsch erschien; auf Englisch erschien es jedoch erst 2018.

Die englische Ausgabe des Buches wurde in den folgenden drei Jahren nur sehr selten zitiert – wobei anzumerken ist, dass ein solches Zitat von einer US-amerikanischen Militäranalystin in ihrer Veröffentlichung stammt. Leider hat diese Autorin Eltchaninoffs Analyse missverstanden und kam zu dem Schluss, dass eine weitere militärische Aggression Russlands gegen die Ukraine nicht zu erwarten sei. Man kann sich nur fragen, inwieweit die Studie von Eltchaninoff rechtzeitig – oder überhaupt – von westlichen Geheimdiensten und Politikern aufgegriffen wurde. Im Übrigen ist die Medienberichterstattung über die Ukraine und verwandte Themen mitunter seltsam fehlerhaft (selbst die Weltbank veröffentlichte am 10. April 2022 eine Pressemitteilung, in der beispielsweise die Summe der Gastarbeiterüberweisungen aus Russland nach Kirgisistan und Tadschikistan doppelt so hoch angegeben wurde, wie sie tatsächlich war). Dass in bestimmten

Nachrichtensendungen des deutschen Fernsehens im März 2022 von Reportern auch immer wieder Millionen und Milliarden Euro an EU-Militärhilfe verwechselt wurden, ist übrigens besorgniserregend für die Qualität des Journalismus bei einem sehr wichtigen Thema und geradezu gefährlich im Hinblick auf eine mögliche Eskalation im Sinne eines EU-Russland-Konflikts.

Letztlich stellt sich für die Politik die große Frage, wie eine neue, stabile und humanitäre Weltordnung mit guten Aussichten auf Klimaneutralität erreicht werden kann – nicht durch einen dauerhaften Ausschluss Russlands aus der Weltgemeinschaft, sondern durch eine bessere Einbindung des Landes erst nach umfassenden politischen Reformen.

Wenn man die vier Wirtschaftsfelder Alterung der Gesellschaft, IKT-Expansion (IKT steht für Informations- und Kommunikationstechnologie), ökonomische Ungleichheit und Globalisierung (Handel und Direktinvestitionen) betrachtet und auf den Ukraine-Russland-Krieg bezieht, so ergeben sich wichtige Perspektiven für die Länder Russland, China, EU – plus UK, Ukraine – sowie Japan und China; je nach Ukraine-Russland-Szenario ergeben sich hier zwei alternative Szenarios auf mittlere Sicht, wobei mittelfristig ein Anstieg der nominalen und langfristig der realen Zinssätze zu erwarten ist. Der Ukraine-Russland-Krieg sorgt für eine internationale Abkühlung der Wirtschaftsentwicklung, was für China einen Dämpfungseffekt beim realen Wachstum und eine niedrigere Inflationsrate als in den USA und der Eurozone plus UK bringt. Im Vereinigten Königreich wird die Johnson-Regierung darauf drängen, dass im Windschatten des Ukraine-Russland-Krieges das auf Nordirland bezogene britische Abkommen mit der EU gekündigt werden wird. Die USA werden, so Parlamentssprecherin Pelosi, das jedoch ablehnen – ein USA-UK-Freihandelsabkommen könne es nicht geben, so ihre Aussage, wenn UK faktisch das Karfreitagsabkommen über Nordirland (an dem hatten die USA mitgewirkt) beerdigen wolle. Der britische Ansatz nach dem BREXIT, nämlich Global Britain, könnte dann nicht wirksam sein: also deutlich mehr globaler Handel nach dem EU-Austritt. Er wird auch deshalb kaum realisierbar sein, weil die USA die Welthandelsorganisation unter der Biden-Administration nur teilweise wieder aktiviert haben; Schwierigkeiten bei Reformen der Organisation haben die Biden-Regierung veranlasst, in 2021/2022 internationale Handelsfragen stärker über die neue US-EU-Institution Transatlantic Technology Council, TTC, zu organisieren, was für UK einen BREXIT-bedingten Nachteil bedeutet.

Die Ukraine wird auf eine schnelle EU-Mitgliedschaft nach einem Friedensschluss mit Russland drängen, aber dazu kann man der EU kaum raten, da die Risiken für den nächsten BREXIT dann relativ hoch sein werden, sofern man nicht eine wirklich durchdachte EU-seitige Aufnahmestrategie für die Ukraine entwickelt. Wenn die nächste übereilte EU-Osterweiterung nur den weiteren EU-Zerfall beschleunigen sollte, hätte Putin wohl sein Ziel der Schwächung des Westens in verschiedenen Bereichen doch erreicht. Aus EU-Sicht ist die US-Führung mit einem Fragezeichen auf mittlere Sicht zu sehen, denn die USA sind latent politisch instabil wegen der enormen ökonomischen Ungleichheit, die man durch Sozialpolitik europäischer Art überwinden könnte, während zugleich Umfragen in den USA zeigen, dass die Mehrheit der Wählerschaft eine solche Sozialpolitik nicht wünscht. Vielmehr will eine relative Mehrheit der Befragten (Welfens, Trump Global, 2020; Welfens, The Global Trump, 2019), dass die US-Großunternehmen die Ungleichheit durch veränderte Lohnstrukturen in den Unternehmen beseitigen soll: eine illusorische Erwartung in der US-Marktwirtschaft, was wiederum den Neuaufstieg des US-Populismus, also einen Trumpismus begünstigt (mitsamt politischer Polarisierung, die eine westliche Führungsrolle kaum ermöglichen wird).

Es liegt daher an der – schon teilweise überforderten – Europäischen Union, durch kluge Reform- und Politikprojekte zur Stabilisierung des Westens beizutragen und dabei letztlich auch die USA zu veranlassen, stärker auf eine Soziale Marktwirtschaft als Wirtschaftsordnung für das 21. Jahrhundert umzuschwenken. Eine mehrjährige Besetzung von Teilen der Ukraine durch Russland wird eine relativ instabile Situation mitten in Europa entstehen lassen. Die vorliegende Analyse zeigt insgesamt, wie der schreckliche Ukraine-Russland-Krieg entstehen konnte; politische Fehler in Teilen des Westens und sicher auch bei Russland sowie Schwächen der westlichen Russland-Forschung sind zwei wichtige Erklärungspfeiler. Es besteht im Übrigen nur wenig Anlass zu glauben, dass die Marktwirtschaft der USA inhärent stabil ist – schon die Transatlantische Bankenkrise hat enorme Schwachpunkte des anglo-amerikanischen Modells gezeigt. Der Westen ist aber in seinen Demokratien in wichtigen Feldern immer auch reformfähig geblieben, was die Kombination von Marktwirtschaft, Demokratie und Rechtsstaat langfristig attraktiv machen kann und vielleicht eines Tages ein Umdenken in China bewirken kann.

Meinen Mitarbeiterinnen und Mitarbeitern am Lehrstuhl für Makroökonomische Theorie und Politik und am EIIW an der Bergischen Universität Wuppertal danke ich sehr für die Unterstützung im Forschungsprozess, allen voran Julia

Bahlmann, Kaan Celebi, David Hanrahan, Alina Wilke, Tobias Zander und Tian Xiong; sowie Christina Wiens, Rebecca Addy und David Hanrahan für redaktionelle Hilfe. Für wertvolle Hinweise zu ökonomischen Aspekten eines deutschen Energieimport-Boykotts bin ich meinem Kollegen Werner Roeger sehr dankbar. Die Verantwortung für die Analyse liegt allein bei mir.

Wuppertal, 1. Juli 2022
Paul JJ Welfens, President of the European Institute for International Economic Relations (EIIW) at the University of Wuppertal, Chair of Macroeconomics at the Schumpeter School of Business and Economics and Jean Monnet Chair for European Economic Integration, University of Wuppertal; IZA Fellow, Bonn, Non-resident Senior Research Fellow at AICGS/Johns Hopkins University.

1
Der Start des Ukraine-Russland-Krieges

Der Ukraine-Russland-Krieg, der Ende Februar 2022 von Russlands Aggression begonnen wurde, hat zu beträchtlichen Waffenlieferungen durch Nato-Länder an die Ukraine plus Wirtschafts-Sanktionsmaßnahmen des Westens und dabei auch der EU geführt. Dazu gehören Eingriffe in die internationalen Finanzströme beziehungsweise die Fähigkeit einer erheblichen Zahl von Banken Russlands, am internationalen Zahlungsverkehr – etwa via SWIFT-Netzwerk – mitzuwirken. Hinzu kommt ein relativ umfassendes EU-Ölimport-Embargo gegenüber Russland, allerdings kein Embargo der EU bei Gas aus Russland. Hingegen hat Russland seinerseits Gas-Lieferungen bis Jahresmitte 2022 bei fünf EU-Ländern gestoppt und schrittweise Gas-Lieferkürzungen durch Russland an Deutschland und Italien im Juni dürften Ausdruck russischer Gegenmaßnahmen gegen EU-Sanktionen sein. Gas-Lagerstätten in Russland könnten Gazprom und andere Energiekonzerne Russlands für einige Zeit schließen, von russischen Exporten abhängige Länder wie Deutschland, Österreich und Italien sowie einige osteuropäische EU-Läder – und die Ukraine - könnten bei einem russischen Lieferboykott vor ernste Probleme gestellt sein.

Insgesamt gibt es eine Art Wirtschaftskrieg zwischen dem Westen plus Japan, Korea sowie Australien und Russland. Der Ukraine-Russland-Krieg selbst hat erhebliche Auswirkungen in der angegriffenen Ukraine, aber auch in Russland. Die Position Russlands als ein großer internationaler Exporteur von Öl, Gas, Weizen und Kunstdünger und eine ähnliche Rolle der Ukraine bei Weizen sorgt über steigende Preiserwartungseffekte bei Rohstoffen und Getreide für weltweite ökonomische Effekte, wobei die Vielzahl der politischen Gegnerländer Russlands unter den Industrieländern indirekt die Konfliktwirkung internationalisiert. In Russland selbst gibt es eine vermutlich kleine Opposition gegen den Krieg, vor allem unter jungen Menschen und Intellektuellen. Aber Präsident Putin geht – wie schon früher – hart gegen Protestierer und Kritiker vor. Die Sanktionen des Westens erschweren den wirtschaftlichen Alltag der Menschen in Russland. Aber in den vergangenen 40 Jahren hat Russland auch schon einen Realeinkommensrückgang von über 10% (in der Transformationskrise zum Ende der Sowjetunion) überstanden.

Für Russland ist zumindest kurzfristig der Rückgang der Energieimporterlöse relativ überschaubar, weil die Marktpreise für Öl und Gas in 2022 angestiegen sind: Geringere Exportmengen nach Europa gehen einher mit deutlich höheren Energiepreisen. Derweil gehen die scharfen militärischen Auseinandersetzungen in der Ukraine weiter. Der Überfall Russlands auf die Ukraine ist für die Menschen im Land ein Schockerlebnis und bringt enorm viel Leid und Zerstörung mit sich; zudem auch deutliche Rückgänge beim Export und in der Produktion. Der Internationale Währungsfonds (IMF, 2022d) schätzt den Rückgang des realen Bruttoinlandsproduktes der Ukraine in 2022 auf -35%. Das ist von der Größenordnung her deutlich mehr als die entsprechende Schätzung für Russland, die von Seiten des IWF (IMF, 2022e) bei -8,5% ist, während die Inflationsrate in Russland in 2022 bei einem hohen Wert von 21% erwartet wird. Wenn sich der Krieg länger hinzieht, werden die Verluste an Menschenleben und an ökonomischen Werten weiter steigen. Noch im Januar 2022 lag die IWF-Wachstumserwartung für das Jahr bei gut 2% für Russland. Durch den Wirtschaftskrieg mit dem Westen beziehungsweise verminderte Importe aus der EU, Großbritannien, den USA und anderen westlichen Ländern entstehen in Russland Produktionsausfälle und zugleich steigen die Importpreise. Die Arbeitslosenquote dürfte nach IWF-Schätzungen aus dem Juni 2022 im Jahresverlauf nahe 9% liegen.

Dennoch führt Russland seinen Angriffskrieg gegen die Ukraine vehement fort, trifft allerdings in vielen Fällen – außerhalb des Donbas – auf eine zum Teil mit guten Abwehrstellungen aufgebaute Armee der Ukraine; gestützt durch Waffenlieferungen aus den USA, Großbritannien und vielen EU-Ländern. Neben der militärischen, ökonomischen und humanitären Hilfe – inklusive Finanzierung von Flüchtlingen aus der Ukraine in europäischen Ländern und den USA – spielt die politische Unterstützung des Westens für die Ukraine eine wesentliche Rolle.

Die Logik der Unterstützung der Ukraine durch Waffenlieferungen des Westens beruht einerseits auf politischen Sympathien für dieses Land, das seit rund einer Dekade eine Pro-EU-Orientierung seitens Politik und der Mehrheit der Bevölkerung gezeigt hat. Zudem fürchten etliche EU-Länder, dass bei einer umfassenden Niederlage der Ukraine im Krieg gegen Russland dessen militärischer Expansionsdrang dann im nächsten Schritt westwärts gehen wird: etwa Richtung Baltische Staaten – mit ihren russischsprachigen Minderheiten.

Die Nato-Länder – und das heißt auch die Mehrzahl der EU-Länder – haben erklärt, dass sie keine Nato-Soldaten in den Ukraine-Russland-Krieg entsenden wollen; einen großen Krieg, womöglich gar ein Atomkrieg, gelte es unbedingt zu vermeiden. Vielmehr ist der Hauptfokus auf einer indirekten Unterstützung der Ukraine und einer umfassenden westlichen Sanktionspolitik gegen Russland, was auch ein Einfrieren von Russlands Devisen beinhaltet, die bei westlichen Zentralbanken gehalten werden.

Die EU hat ihre Sanktionspolitik dabei in einem wichtigen Punkt aber nicht sinnvoll aufgestellt, wie am 20. Juni 2022 durch internationale Nachrichtensendungen klar wurde: Litauen hat angekündigt, Züge aus Russland nach Kaliningrad (ehemals Königsberg) mit Kohle, Stahl und anderen Waren nicht mehr durchzulassen, was von russischer Seite aus sicherlich als massiver politischer Anschlag auf die russische Exklave Kaliningrad gesehen wird. Da im Oblast Kaliningrad 1 Million Russen leben, werden diese auf die Unterstützung durch ihre Landsleute setzen; da lässt die EU mit ihren undifferenzierten Sanktionen gegen Russland beziehungsweise hier das russische Kaliningrad in Russland mit seinen knapp 145 Millionen Einwohnern eine Solidarisierungswelle entstehen. Zugleich entsteht ein offenbar vorab seitens der EU wenig durchdachter Eskalationsimpuls, der EU- und Nato-Länder in den Krieg hineinziehen könnte. Man muss sich die geografische Lage der Exklave Kaliningrad vor Augen führen, um das Konfliktpotenzial sofort zu erkennen: Die Exklave liegt eingezwängt zwischen Litauen und Polen, sie entstand 1991 beim Zerfall der Sowjetunion, wobei das neue Russland im Oblast Kaliningrad erhebliche Waffenbestände, inklusive Raketen, stationiert hat. Durch Belarus und Litauen fahren normalerweise auf einer Hauptverbindungslinie Richtung Kaliningrad russische Transitzüge. Russland kann einen Teil ausfallender Zuglieferungen für Kaliningrad durch mehr Schiffstransporte über die Ostsee dorthin auffangen.

Russland dürfte jedoch eine solche Teil-Blockade seines Staatsgebietes so wohl nicht hinnehmen und hat umgehend gegen die Beschränkungen des Transit-Transports durch Litauen protestiert. Der Oblast Kaliningrad – im Weiteren kurz: Kaliningrad – ist durchaus bisher pro Europa seitens vieler Menschen orientiert und gilt für wohlhabende Russen aus verschiedenen Metropolen im Sommer als populärer Ferienort (ich selbst habe einige Jahre an der Klaus-Mehnert-Akademie an der Universität Kaliningrad im Rahmen eines Kooperationsprojektes in der Lehre unterrichtet). In der Kriegssituation, in der Putin den Nationalismus betont, steigt wiederum der Druck auf die Menschen im Raum Kaliningrad, sich hinter die Staatsführung in Moskau zu stellen.

Mit dem von der EU geschaffenen neuen Kaliningrad-Konflikt ergibt sich in unverantwortlicher Weise seitens der EU-Kommission die Gefahr, dass sich der Ukraine-Russland-Krieg zu einem Nato-Russland-Krieg – mehr oder weniger unbeabsichtigt beziehungsweise angestachelt durch unprofessionelle EU-Diplomatie – entwickelt (man könnte fast vermuten, dass die Mehrzahl der Brüsseler Entscheidungsträger das Kaliningrad-Problem bei der Sanktionspolitik nicht sorgfältig betrachtet haben). So sehr die Aggression Russlands gegen die Ukraine zu verurteilen ist, so wenig kann eine leichtfertige EU-Sanktionspolitik ohne Berücksichtigung der besonderen Kaliningrad-Lage als sinnvoll eingestuft werden.

Hier ist die EU-Kommission verantwortlich und man fragt sich, was das Europäische Parlament dazu sagt; und wieso Litauen einem solchen Sanktionsregime der EU offenbar still zugestimmt hat, dabei sicher wissend um die Konflikttächtigkeit einer Zug-Blockade-Politik gegen Russland. Litauen spielt sicherheitspolitisch eine Art Trittbrettfahrer-Position (free rider), wenn es sich so verhält – und Litauen hat ja den Sanktionen gegen Russland in der vorliegenden Form zugestimmt, wohlwissend, welche Konsequenzen das für den Zug-Transitverkehr haben wird. Zugleich hat Litauen die deutsche Bundeswehr mit mehreren Tausend Mann zur Stationierung im Land eingeladen: Die Bundeswehr führt das Nato-Truppenkontingent in Litauen, was Deutschlands Sicherheitsinteressen berührt. Riskante, wenig durchdachte EU-Sanktionspolitik schafft hier Gefahren für die EU, auch für Großbritannien und die USA.

Die EU hat auf Druck Deutschlands im Juli versucht, den Kaliningrad-Konflikt, der ja innerrussischen Handel betrifft, zu entschärfen, was eine Zeitlang zu gelingen schien. Mit der anstehenden Weigerung der einzigen litauischen Bank mit Zahlungsverkehr mit Russland, diesen Zahlungsverkehr fortzusetzen, droht Litauen indirekt wieder mit einer Blockade der Russland-Lieferungen auf dem Landweg nach Kaliningrad. Es ist unvernünftig, einen Kaliningrad-Konflikt künstlich aufzubauen und die EU sollte entsprechend für eine nachhaltige Problemlösung sorgen. Umgekehrt sind die Vereinbarungen zwischen der Türkei, Russland und der Ukraine sowie der UN, Weizen- und Maisexporte aus der Ukraine per Schiff zuzulassen, ein erster Schritt zu einer internationalen Verständigung im Ukraine-Russland-Konflikt.

Abb. 1. Karte – Exklave Kaliningrad, Baltische Staaten, Polen und weitere Länder

Quelle: Eigene Darstellung; erstellt mit Datawrapper https://www.datawrapper.de.

Der Ukraine-Russland-Krieg hat geografisch große Dimensionen und der Kaliningrad-Fall ist nur ein besonders anschauliches Beispiel für die komplizierte Geografie des Konfliktes. Dass Russland bei der Gas-Pipeline Nord Stream 1 im Juni 2022 meldet, dass die West-Gasexporte wegen eines aus der Reparatur bei Siemens Energy nicht zurück gekommenen Turbinenverdichters reduziert werden müssten, zeigt ein weiteres Stück widersprüchlicher und letztlich selbstschädlicher westlicher Sanktionspolitik: Der besagte Turbinenverdichter wurde von Siemens Energy nach Kanada zur Überholung geschickt, wegen der westlichen Russland-Sanktionen kann die reparierte Turbine aber nicht ohne Weiteres aus Montreal nach Russland zurückgeliefert werden. Das mag im Übrigen Russland einen Vorwand zum Herunterfahren der West-Gasexporte liefern. Schon im Sommer 2022 ist wiederum in Deutschland und Italien zu erkennen, dass man bei einem harten Winter in eine ernste Gasversorgungskrise geraten könnte; Inflationsraten in EU-Ländern könnten weiter ansteigen, die Gewinne in der Industrie und die industrielle Beschäftigung könnten sinken. Vorläufig wird die Beschäftigung in vielen Ländern der OECD durch die erhöhten Inflationsraten in 2022/2023 gestützt. Bei wegen der hohen Inflation sinkenden Reallöhnen lohnt es sich aus Unternehmenssicht mehr, Arbeit einzusetzen. Aber bei Inflationsraten, die zeitweise in UK und der Eurozone nahe an 10% kommen, geht die reale Kaufkraft der Haushalte deutlich zurück, die Konsumnachfrage sinkt – ein Rezessionsimpuls. Letzterer dürfte durch die Zinssteigerungspolitik der Zentralbanken, gedacht als Anti-Inflationspolitik in den USA, Großbritannien, der Eurozone und anderen Ländern, mittelfristig noch verstärkt werden.

Dass der Westen umfassende Sanktionen insgesamt verhängt hat, ist gut nachzuvollziehen angesichts des militärischen Anschlages auf die Ukraine. Aber erstaunliche handwerkliche Mängel sind doch festzustellen. Auch wenn der Ukraine-Russland-Krieg noch Monate und Jahre andauern sollte, so gilt es die Ursachen des Krieges und seine kurz-, mittel- und langfristigen Effekte in wesentlichen Feldern zu verstehen; und letztlich auch Perspektiven für einen neuen Frieden in Europa mitzubedenken.

Mit dem am 24. Februar 2022 erfolgten Angriff Russlands auf die Ukraine endet die Nachkriegsordnung in Europa durch eine Aggression, die der russische Präsident Putin zu verantworten hat. Damit kam auch das Ende einer Phase zeitweise verdeckter Entfremdungsdynamik zwischen Russland und dem Westen, auf die Präsident Putin in einer im Westen weithin als befremdlich und unkooperativ eingestuften Rede auf der Münchener Sicherheitskonferenz schon 2007 – unter Vorsitz von Horst Teltschik – aufmerksam gemacht hatte. Putin hatte die NATO-Osterweiterungen als Bedrohung Russlands eingestuft und betont, dass Russland keine unipolare Welt akzeptieren werde. US-Senator McCain auf der Konferenz warnte seinerseits vor einer Entwicklung Russlands hin zu einem autoritären System. 15 Jahre nach der Münchener Sicherheitskonferenz hat Russland eine militärische Invasion der Ukraine von mehreren Seiten her realisiert, wobei Belarus Teil der Aufmarschzone für das russische Militär war. Wolfgang Ischinger, langjähriger Chef der Münchener Sicherheitskonferenz, sagte im TV-Interview Ende März in Deutschland, dass er die Rede Putins 2007 so eingeordnet hätte, dass der Präsident Russlands einen schlechten Tag erwischt hätte. Diese Fehleinschätzung gibt zu denken.

Zu denken gibt allerdings auch der große Widerspruch zwischen Kriegszustand im Mai 2022 und Russlands Kriegszielen im Februar 2022, die man unter der Überschrift Zurückdrängen des NATO-Einflusses in Nord- und Osteuropa, Regimewechsel in Kiew und Installation einer Russland-freundlichen neuen Regierung sowie Macht- und Prestigegewinn Russlands zusammenfassen kann (unter anderem auch im Kontext eines den russischen Befreiertruppen geltenden freundlichen Beifalls großer Teile der Bevölkerung in der Ukraine). Wesentliche den russischen Invasionstruppen zujubelnde Bevölkerungsteile der Ukraine waren im Frühjahr 2022 nicht zu sehen, einen Regimewechsel gab es nicht und das Ansehen Russlands ist sicherlich weltweit enorm gesunken. Zur Jahresmitte 2022 hat Russlands Militär seine Position im Osten und Südosten der Ukraine befestigen können.

Finnlands Antrag auf Mitgliedschaft in der NATO im Mai 2022 steht sicherlich tendenziell für eine Ausweitung der Macht des NATO-Bündnisses, also gerade das Gegenteil dessen, was man in Moskau angestrebt hatte (ähnliches gilt für den Fall einer Aufnahme Schwedens in die NATO). Dass im selben Monat fünf der 80 Regionalgouverneure in Russland zurücktraten beziehungsweise zum Rücktritt gezwungen wurden, kann man als Hinweise auf erste Risse im politischen Netzwerk von Putins internem Machtgefüge betrachten. Putins offensichtliche Erwartung, die Ukraine rasch zu erobern – und mit viel Beifall in vielen Städten – ist wohl eine von seinen eigenen Echokammern Geheimdienst und willfährigen Untergebenen mitverursachte Illusion. Zugleich ist nicht zu übersehen, dass Russland Optionen hat, Gaslieferungen an EU-Länder kurzfristig abzustellen. Bis Ende Mai 2022 erlebte neben Polen und Bulgarien auch das neue NATO-Beitrittskandidatenland Finnland die entsprechenden Probleme, während viele Ökonom:innen vor allem das Thema eines Gasimport-Embargos diskutiert hatten.

Einen Hinweis auf politische Auffassungsunterschiede zeigt auch der Dissens zwischen Russlands Außenminister Lawrow und Präsident Putin, der sich Anfang Mai für die Darstellung von Lawrow bei Israels Regierungschef entschuldigte, wonach die schärfsten Verfolger von Juden in der Geschichte Juden gewesen seien (dabei ging es um Lawrows Narrativ, dass die Regierung in Kiew wesentlich aus Nazi-Gruppierungen bestehe). Mutige und gut organisierte ukrainische Verteidiger der Ukraine sind sehr viele Bürger und Bürgerinnen gewesen, die sicherlich häufig auch von der Unterstützung des Westens durch militärische Aufklärung und Waffenlieferungen profitiert haben. Nach einer kurzen Zeit politischer Schockstarre lieferten viele west- und osteuropäische Regierungen ab März 2022 Waffen an die Ukraine; zu groß war der Schock, der unmittelbar im Gefolge des russischen Angriffs in den EU-Hauptstädten entstand, dass man die Verteidigungsbemühungen der Ukraine nicht nach kurzer Zeit nicht doch hätte unterstützen wollen.

Umfragen unter Jugendlichen zeigen in 2021/2022, dass es eine gewisse Hoffnungslosigkeit im Blick auf die erwartete Zukunft gibt. Die Herausforderungen Klimaerwärmung, Corona-Pandemie und Ukraine-Russland-Krieg stehen für eine Art Überforderung: Trotz der vielen technischen Möglichkeiten im frühen 21. Jahrhundert scheint ein rechtzeitiger internationaler politischer Interessenausgleich in wichtigen Fragen kaum möglich und wichtige globale Herausforderungen wie das Erreichen von Klimaneutralität bis 2050 sowie die Bewahrung des Friedens (die Abwesenheit des Dritten Weltkrieges) könnten übermächtig sein. Eine positive Erwartung, dass die Weltbevölkerung bis 2050 ebenso weiter ansteigt wie das reale durchschnittliche Pro-Kopf-Einkommen auf lange Frist – bei Wahrung des Friedens –, ist bei der Jugend-Generation vieler Länder eine Minderheitssicht geworden.

Zu den wohlstandsgefährdenden Ansätzen „moderner Politik" gehört im Übrigen die Sichtweise jener, auch in der Bundesregierung, dass man von Russland und anderen Ländern für die Zukunft nicht mehr bei Rohstoffen und anderen Gütern abhängig sein will. Dabei ist seit Adam Smith und David Ricardo bekannt, dass internationale Arbeitsteilung und damit gegenseitige Abhängigkeit via Außenhandel eine wichtige Basis von Wohlstand sind. Außenhandelsseitige Verflechtung kann allerdings eine durchdachte regionale international Sicherheitsarchitektur nicht ersetzten. Ein Weniger an Außenhandelsintensität ist langfristig wenig vernünftig; das schließt natürlich eine sinnvolle Diversifizierung beim Bezug von Rohstoffen, Computerchips und Medikamenten nicht aus.

Auch die interne nationale Konsensfähigkeit ist in manchen Ländern sichtbar geschwächt, am meisten bei den OECD-Ländern wohl in der alten Weltmacht USA. In Europa ist die EU-Integration nicht ein wirklich umfassendes Friedensprojekt, da das Nichtaufnehmen des neuen Russlands in die EU (oder die NATO) in einer Welt nach dem Ende des Kalten Krieges, nicht wirklich funktioniert; wie man am Ukraine-Russland-Krieg sehen kann, der faktisch in hohem Maße die EU-Länder in einen großen Kriegsfall in Europa hineinzieht und neue Kriegsängste in vielen EU-Ländern entstehen lässt; zumal man in der EU nicht mehr sicher sein kann, dass die politische Stabilität der USA hinreichend groß ist, um ein sicheres US-Angebot eines Nuklearen Schutzschildes für die EU-Länder beziehungsweise die NATO-Länder in den nächsten Dekaden sicher erwarten zu können.

Dass Russland für den Westen seit 2012, als dort die Massendemonstrationen gegen Putin sichtbar wurden, eine zunehmende Bedrohung auf sonderbare digitale Weise wurde, hat Mikhail Zygar in einem SPIEGEL-Beitrag im Mai 2022 betont (Zygar, 2022): Seit 2012 wurde das Internet in Russland zunehmend durch Trolle und Bots in Richtung auf eine Echokammer für konservativ-nationalistische-militaristische Ansichten manipuliert (und vermutlich haben ja Trolle und Bots aus Russland bei Wahlen in Großbritannien im Umfeld der BREXIT-Entscheidungen und in den USA im Kontext der Präsidentschaftswahlen 2016 und 2020 eine wichtige Rolle gespielt). Das Internet bietet viele wertvolle Informationen, aber eine digitale Stärkung der Demokratien in der Welt ergibt sich nicht automatisch.

Der Ukraine-Russland-Krieg bedeutet, dass sich kurzfristig starke Erhöhungen der relativen Preise fossiler Energien ergeben werden. Das gilt wegen Erwartungen in Sachen Verknappung beim mittelfristigen Angebot von Öl und Gas; und auch mit Blick auf die Diskussionen zu einem EU-Importenergie-Embargo gegenüber Russland oder eines russischen Lieferboykotts bei Gas. Die starken Preiserhöhungen bei Öl und Gas sollte man in den EU-Ländern zum Anlass nehmen, erhöhte Ausgleichszahlungen an private Haushalte und gegebenenfalls auch zeitlich begrenzte Subventionszahlungen an einige Unternehmen zu zahlen. Transferzahlungen könnten im Wesentlichen aus erhöhten Einnahmen aus CO_2-Steuern und dem staatlichen Verkauf von CO_2-Zertifikaten finanziert werden. Dabei sollte man allerdings die Erhöhung der relativen Preise mittelfristig und langfristig wirken lassen, sodass eine effiziente Ressourcenallokation erfolgen kann. Subventionszahlungen sollten, abgesehen von der Forschungsförderung, daher immer zeitlich begrenzt sein.

Zwischen 1991 und 2013 gab es rund 15 Jahre an teilweiser politischer Stabilität im Verhältnis zwischen dem Westen und Russland. Allerdings ist aus theoretischer Sicht die Kriegsneigung von autoritären Systemen größer als die von Demokratien anzusehen und fast nie führen Demokratien gegeneinander Krieg. Lake (1992) hat in seinem Beitrag *Democratic States and War* deutlich darauf hingewiesen, dass man die Nachfrage nach Sicherheit beziehungsweise nach einem Staat mit einem relativ einfachen Monopol-Modell erklären kann. Ökonomische Extraeinkommen (*economic rents*), die der Staat oder staatliche Akteure sich aneignen können, führen zu einem unnormal großen Staat – oder einem unnormal großen Militärbudget. Ein solches ergibt sich auch, wenn der Staat selbst die Bedrohung von außen künstlich in der Wahrnehmung der Bürgerschaft aufbläht.

Dieser Ansatz lässt sich in der Tat auch auf das neue Russland anwenden, wo Präsident Putin die westlichen Länder immer wieder neu als Aggressoren gegen Russland bezeichnet: Auch am 9. Mai 2022, dem Tag der Militärparade aus Anlass des Sieges gegen Nazi-Deutschland, konnte man eine ausgedachte Bedrohung vernehmen, wonach die NATO-Länder eine Invasion der Krim geplant hätten und Russlands Militärinvasion in der Ukraine quasi einem westlichen Angriff zuvorgekommen sei.

Folgt man dem Lake-Ansatz, so ergibt sich, dass demokratische Staaten – mit geringerer Neigung zur Kriegsführung als Autokratien – sich in großen Verteidigungskoalitionen zusammenfinden werden; und dann im Kriegsfall gegen eine Autokratie auch eine größere Wahrscheinlichkeit eines Sieges auf ihrer Seite haben. Die im Mai 2022 vorgelegten NATO-Mitgliedschaftsanträge von Schweden – über 200 Jahre neutral – und von Finnland mit seiner langen Grenze zu Russland zeigen, dass Putins Angriff auf die Ukraine als massives weitreichendes Bedrohungssignal in Nordeuropa begriffen wurde.

Die Erwartung des Westens, dass Grenzen nach dem Zerfall der Sowjetunion nicht mehr durch militärische Gewalt verändert werden, hatte sich schon 2014 als zu optimistisch erwiesen, als Russland die Krim besetzte und nach einer für einen Anschluss an Russland positiven Volksabstimmung dem russischen Staatsgebiet einverleibte. Die Frage nach einer Fortsetzung eines russischen Pachtvertrages für ukrainische Krim-Häfen am Schwarzen Meer hatte sich aus der Sicht Russlands damit erledigt. Als nicht durchsetzbar erwies sich nun auch das 1994 verabschiedete Budapester Memorandum von USA, Großbritannien, Russland und Ukraine, wonach die Ukraine die auf ihrem Gebiet stationierten sowjetischen Atomwaffen an Russland abgeben werde, während die anderen Länder die territoriale Unversehrtheit der Ukraine – also letztlich die bestehenden ukrainischen Grenzen – garantieren sollten. Es mochte einige historische Argumente dafür geben, dass die Krim eher zu Russland als zur Ukraine gehörte, sodass Russlands Besetzung der Krim womöglich als eine akzeptable gewaltsame Korrektur der südöstlichen Grenze der Ukraine zu Russland hinnehmbar zu sein schien. Das Gegenargument war natürlich, dass Russland quasi das Münchener Abkommen von 1938 im Umfeld einer französisch-britischen weichen Appeasement-Politik nachmachte, als Hitler sich am Verhandlungstisch einen Teil der Tschechoslowakei holte und 1939 mit Waffengewalt die „Rest-Tschechei" an sich riss.

Man kann im Vorfeld des Ukraine-Russland-Krieges – in den Jahren 1991 bis 2021 – einige Entwicklungen im Verhältnis zwischen Russland und dem Westen als sonderbar einstufen, obwohl sie in der Wahrnehmung der Öffentlichkeit kaum eine größere Rolle spielten. Mit dem Zerfall der Sowjetunion und des Warschauer Militärpaktes 1991 konnte der Westen einen historischen Sieg am Ende des Kalten Krieges beobachten und das neue Russland musste sich über mehrere Jahre mit hohen Inflationsraten und einer stark rückläufigen Produktion auseinandersetzen. Der Reformpräsident Gorbatschow versuchte einige Reformen in der Endphase der Sowjetunion. Als die Sowjetunion 1991 zerfiel, stellte sich die Frage, wie der Westen Russland in das „westliche Weltsystem" integrieren wollte: Eine Mitgliedschaft in wichtigen internationalen Organisationen schien ein sinnvoller Teilansatz zu sein. Gespräche zwischen Deutschland, Italien, Frankreich und Großbritannien mit dem neuen Russland konnten vermutlich auch ein wichtiges politisches Brückenelement sein.

Deutschland, das Russland beziehungsweise Gorbatschow für die Möglichkeit zur Deutschen Wiedervereinigung dankbar war, entwickelte Impulse für ein deutliches Wachstum des deutsch-russischen Außenhandels. Frankreich war bemüht, mit Russlands Führung breite Gesprächskanäle aufzubauen und sah dabei auch die Möglichkeit, das Wachstum des Außenhandels mit Russland deutlich zu erhöhen. Präsident Putin gelang es auch, eine Vielzahl von großen Unternehmen aus Frankreich zu veranlassen, in Russland zu investieren. Deutschland lag allerdings in Russland in historischer Perspektive mit seinen Investitionen vor Frankreich. Putins Krieg in der Ukraine beendet allerdings für Hunderte innovativer Unternehmen aus den USA und Westeuropa fürs Erste das Thema Investitionen in Russland. Im Mai erklärte Siemens, dass man nach 159 Jahren Produzieren in Russland sich nunmehr aus dem Land verabschiede; ein exemplarisches Indiz, wie groß der wirtschaftliche Schaden des Ukraine-Krieges für Russland ist.

In Großbritannien, dem westeuropäischen Mutterland der Demokratie, war das politische Interesse an intensiveren Kontakten mit der politischen Führung Russlands überschaubar. Mit dem britischen BP-Ölkonzern und dem britisch-niederländischen Ölkonzern Shell gab es zwei große Energiemultis, die bereit waren, als Direktinvestoren in Russlands Öl- und Gassektor einzusteigen – beide Multis erklärten im Mai ihren Abzug aus Russland. Für russische Konzerne beziehungsweise Oligarchen war Großbritannien mit seinem liberalen Rechtsstaat ein attraktiver Investitionsstandort; speziell London bot hervorragende Investitionsmöglichkeiten im Immobilienbereich für wohlhabende Oligarchen aus Russland. Hat Großbritannien mit seinen politischen Beziehungen dazu beigetragen, Demokratie, Rechtsstaat und Marktwirtschaft in Russland zu verankern? Unter der Blair-Regierung kam es 2003 zu einem Staatsbesuch: Präsident Putin besuchte London und setzt hiermit einen historischen Akzent – der erste hohe Staatsbesuch seit 1874. Es blieb der einzige Besuch Putins, ein exemplarischer Negativbefund. Es stimmt wohl etwas nicht in der Politik des Westens (hier Großbritanniens) und von Russland, wenn hohe Staatsbesuche zwischen wichtigen Ländern nur alle 129 Jahre stattfinden. Zumindest gab es eine sichtbare Verbesserung der britisch-russischen Beziehungen, als Premierminister David Cameron 2011 Moskau besuchte, doch mit der Invasion der Krim 2014 beschloss Putin, die kurzfristige Verbesserung der britisch-russischen Wirtschaftsbeziehungen abrupt zu beenden.

Im Winter 2013/14 kam es in Kiew zu schweren politischen Unruhen, als der relativ russlandfreundliche Präsident Janukowitsch sich weigerte, das abgeschlossene Handelsabkommen (Assoziierungsabkommen) mit der EU zu unterzeichnen. Auf dem Kiewer Maidan-Platz kam es zu großen Protesten, bei denen der Präsident mit Gewalt gegen die Demonstranten vorging. Janukowitsch musste daraufhin nach Russland fliehen, und in der Folge kam eine eher prowestliche Regierung an die Macht, was Präsident Putin als politische Niederlage und Herausforderung ansah. Putin glaubte wahrscheinlich, dass Russland, Belarus und die Ukraine weiterhin eine historische, natürliche Staatengemeinschaft darstellten. Diese Ansicht mag von der Bevölkerung in Teilen der Ostukraine geteilt worden sein, aber offenbar nicht in den anderen Regionen der Ukraine. Putins Antwort auf die Veränderung des Kräfteverhältnisses in Kiew war die Besetzung und Annexion der Krim im Jahr 2014, und vermutlich hat die russische Regierung in den folgenden Jahren schrittweise Pläne für eine Besetzung der Ukraine entwickelt. Bei der Ukraine, wie auch bei anderen ehemaligen Sowjetrepubliken, kann Russland politische Verbindungen zu russischen Minderheiten nutzen, deren gezielte Ansiedlung oft noch zu Sowjetzeiten erfolgte, sodass Moskau einen handfesten Grund hätte, notfalls in den Republiken der ehemaligen Sowjetunion politisch zu intervenieren. Mit dem Zusammenbruch der Sowjetunion 1991 blieb dieses sowjetische Erbe als potenzieller Streitfaktor in den ehemaligen Sowjetrepubliken bestehen (man kann durchaus kritisch anmerken, dass in den baltischen Staaten die Regierungen „Ausländerpässe" nur an seit Jahrzehnten im Land lebende Russen ausstellten, was die Integration der russischen Einwohner sicherlich erschwerte).

Präsident Putin war eine ökonomische Stabilisierung Russlands binnen weniger Jahre gelungen. 1998 kam es in Russland zu einer schweren Wirtschaftskrise unter Staatspräsident Jelzin. Die USA und die westlichen Länder haben in gewissem Maße – und nicht überraschend – die wirtschaftliche Schwäche des neuen Russlands in der schweren Wirtschaftskrise von 1998 ausgenutzt. Es ist paradox, dass der IWF mit seiner merkwürdigen Unterstützung für Russlands Wunsch, den Rubelkurs in den Jahren vor der Krise in einem System fester Wechselkurse festzulegen, zu dieser Krise beigetragen hat. Es sei darauf hingewiesen, dass in der Literatur über optimale Währungsräume kein Argument angeführt wird, warum Russland – mit einem dominanten Energieexportsektor – einen festen Wechselkurs einführen sollte; vielmehr lautet die ökonomische Logik, dass ein Land mit wenig differenzierten Güterexporten auf ein System flexibler Wechselkurse setzen sollte.

Nachdem Putin 1999 als neuer russischer Präsident nach Boris Jelzin an die Macht kam, begann ein Jahrzehnt der wirtschaftlichen Konsolidierung. Aber die Rechtsstaatlichkeit blieb schwach, und die Dominanz des Öl- und Gassektors als wichtigste Einnahmequelle des russischen Staates erleichterte Modernisierungsansätze im Energiesektor, während viele andere Sektoren, darunter das Bildungs- und Gesundheitswesen und Teile des verarbeitenden Gewerbes, nur relativ bescheidene Produktivitätsgewinne verzeichneten. Die wissenschaftliche Zusammenarbeit der russischen Universitäten mit den Universitäten in der EU blieb eher schwach, und es gab nur eine begrenzte intellektuelle Debatte zwischen Westeuropa (und Gruppen führender Intellektueller aus osteuropäischen EU-Ländern) und der Zivilgesellschaft in Russland.

Bemerkenswert ist, dass stattdessen vergessene russische Philosophen aus dem 19. und frühen 20. Jahrhundert mit ihren Publikationen in politischen Gruppen in St. Petersburg und Moskau einflussreich wurden: darunter auch Iwan Iljin (er wurde 1883 geboren; er starb 1954 in der Schweiz, seinem letzten Exil) als wichtigem Philosophen, dessen Bücher erst nach 1991 in Russland in russischer Sprache veröffentlicht werden konnten und der oft in wichtigen Reden von Präsident Putin zitiert wurde. 2003, 2004 und 2005 zitierte Putin Iljin in seiner Rede vor dem Föderationsrat (Eltchaninoff, 2016).

Iljin war ein russischer Nationalist, der sich gegen die Oktoberrevolution von 1917 gewandt hatte und in seinen Veröffentlichungen einen spezifisch russischen und slawischen Nationalismus, die Betonung der orthodoxen Religion als Grundlage der russischen Werte sowie die Vorstellung vertrat, dass die Ukraine ein fester Bestandteil Russlands sei; und dass der Westen früher oder später in einem künftigen postsowjetischen Umfeld auf einen Zerfall und eine politische Scheidung zwischen Russland und der Ukraine drängen könnte. Diese Ideologie Putins sowie andere philosophische Einflüsse wurden schon früh von Michel Eltchaninoff skizziert Eltchaninoff, 2015).

Es scheint, dass sich nicht viele führende westliche Politiker der ideologischen Basis Putins bewusst waren, die auch andere Philosophen einschließt und deren politische Aggressivität gegenüber der Ukraine nach 2012 zunahm – wobei die Ukraine von Putin als ein Land betrachtet wurde, das von den Vereinigten Staaten und einigen ihrer westlichen politischen Verbündeten politisch manipuliert wurde. Leider war die internationale Verbreitung des Wissens und der Analyse von Eltchaninoff 2018-2021 sehr bescheiden, wenn man die englische Ausgabe des Buches und die von Google-Tools gefundenen kaum 25 Zitierungen betrachtet (siehe Anhang).

Für die Menschen in der Ukraine ist der von Russland entfesselte Krieg eine Katastrophe. Die USA und die EU haben wenig Möglichkeiten, sich der Aggression Russlands entgegenzusetzen und die EU-Länder sind in Sachen Energiesicherheit schlecht aufgestellt. Das gilt besonders für Deutschland, das fast 60% des Erdgases aus Russland – 50% der Kohle – bezieht und bis 2022 keinerlei Flüssiggas-Entladestationen (LNG-Terminals) gebaut hat, die Flexibilität bei der internationalen Beschaffung von Erdgas bieten könnten.

Die Entscheidung der Bundesregierung Ende Februar – verlautbart in der Bundestags-Rede von Bundeskanzler Scholz am 27.2.2022 – zwei solche Stationen zu bauen, geht in die richtige Richtung. In dieser Rede hatte Scholz auch erstmals das Erreichen und sogar Übertreffen des 2%-Ziels bei den Verteidigungsausgaben betont; für 2022 liefe das auf rund 30 Milliarden € Zusatzausgaben beim Verteidigungsetat von 47 Milliarden € hinaus, was eine enorme und kaum effizient realisierbare plötzliche Erhöhung des Etatpostens wäre.

Zudem hatte Bundeskanzler Scholz auch Defensiv-Waffenlieferungen an die Ukraine angekündigt – eine Abkehr vom langjährigen Prinzip des Nichtlieferns von Waffen in Spannungsgebiete. Denn Russland habe das Völkerrecht durch seinen Angriffskrieg auf die Ukraine massiv verletzt und die Ukraine befinde sich in einer Verteidigungssituation. Russlands Präsident verwies als Begründung für den Krieg darauf, dass er die in der Ukraine lebenden Russen vor einen Völkermord schützen, eine „Entnazifizierung" der Regierung in Kiew vornehmen und einer Osterweiterung der NATO auf die Ukraine hin vorbauen wolle. Im Übrigen hatte Putin in einer Veröffentlichung in 2021 eine historische Verbindung von Russland und der Ukraine beschworen und der Ukraine die Staatlichkeit abgesprochen (zur Geschichte der Ukraine und Russland siehe Kappeler, 2022; zu historischen Reflexionen des Staatspräsidenten siehe Putin, 2021).

Was die kurzfristigen weltwirtschaftlichen Auswirkungen des Ukraine-Russland-Krieges betrifft, so hat der IWF (IMF, 2022b) im Frühjahrs-World Economic Outlook vom April 2022 revidierte Prognosen vorgelegt: Nach den IWF-Simulationen sind die Wachstumsraten der realen Wirtschaftsleistung für 2022 und 2023 in der Eurozone deutlich zurückgegangen; z.B. auf 2,8% im Jahr 2022 und 2,3% im Jahr 2023. Dies ist dann die Referenzlinie, die für den Fall eines Energieimport-Embargos der EU gegenüber Russland zu berücksichtigen ist (für eine weitere Revision im Juli 2022 s. Anhang 20; IMF, 2022f).

Wenn man die Häufigkeit von Google-Suchanfragen in den USA und Deutschland für die Worte Krieg Russland, Inflation, Rezession und Benzinpreis vom 1. April 2017 bis Anfang April 2022 betrachtet, dann ist offenbar die Öffentlichkeit in Deutschland (Abb. 1) im März 2022 stärker über den Ukraine-Russland-Krieg besorgt als die Internetnutzer in den USA (Abb. 2). Zugleich sieht man, dass weder in den USA noch in Deutschland bis Ende März größere Rezessionsängste aufgekommen waren; allerdings in beiden Ländern häufigere Sorgen wegen der Inflation. Suchanfragen zum Thema Benzinpreis entwickeln sich in beiden Ländern – man kann sagen in den USA und in der Eurozone/Deutschland – parallel zur Kriegsbesorgnis mit Blick auf Russland. Die Inflationssorgen in den Vereinigten Staaten waren in 2021 stärker ausgeprägt als in Deutschland, wenn man die entsprechende Google-Trend-Entwicklung in den beiden Ländern betrachtet.

Abb. 2. Google-Trend-Analyse für Deutschland: „Krieg Russland", „Inflation", „Rezession", „Benzinpreis"

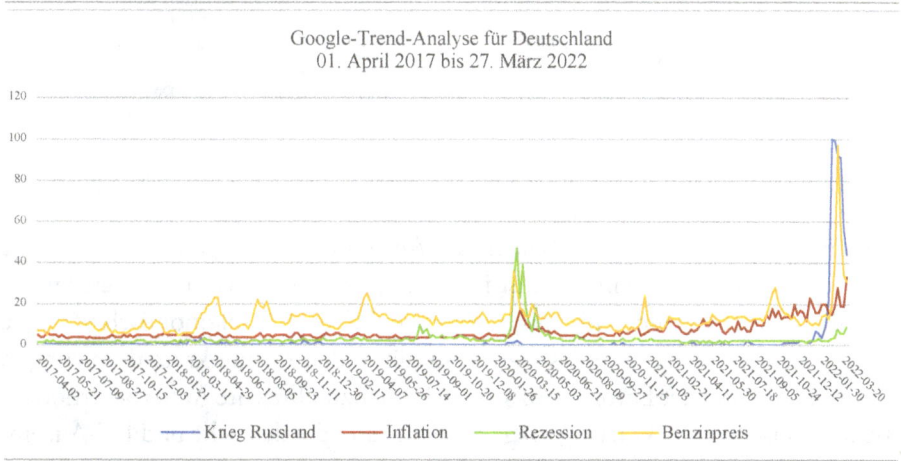

Anmerkung: Wöchentliche Daten liegen in ganzen Zahlen vor; niedrigster Wert „<1".
Quelle: Eigene Darstellung; Daten von Google Trends (https://www.google.com/trends).

Abb. 3. Google-Trend-Analyse für die USA: „War Russia" (Krieg Russland), „Inflation" (Inflation), „Recession" (Rezession), „Gasoline price" (Benzinpreis)

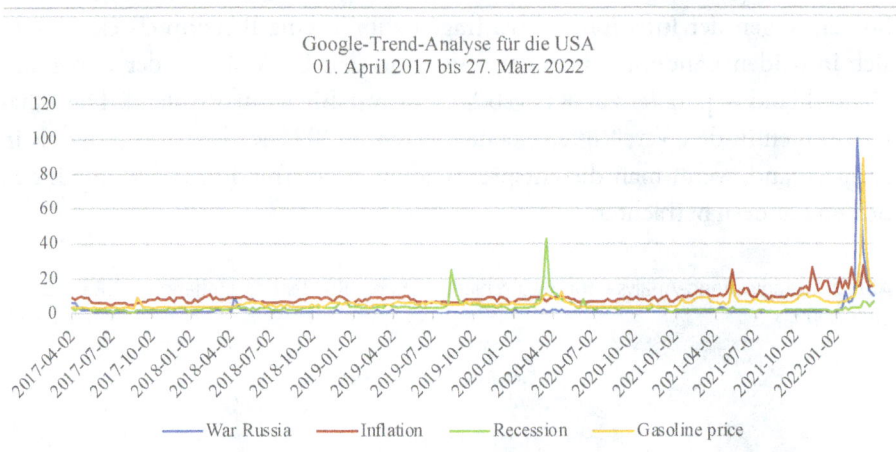

Anmerkung: Wöchentliche Daten liegen in ganzen Zahlen vor; niedrigster Wert „<1".
Quelle: Eigene Darstellung; Daten von Google Trends (https://www.google.com/trends).

Soweit der relative Preis von Benzin die Automobilnachfrage beziehungsweise die Autoproduktion beeinflusst, ist im März 2022 von einem negativen Impuls für die in Deutschland und einigen anderen EU-Staaten ökonomisch wichtige Autoindustrie auszugehen; das wiederum dürfte den Konjunkturaufschwung in Deutschland und der Eurozone dämpfen. Da benzineffiziente Autos bei erhöhten Benzinpreisen verstärkt nachgefragt werden, kann die deutsche und EU-Autoindustrie Vorteile im Exportgeschäft erwarten: auch auf den US-Absatzmärkten, wo immer noch relativ große und zum Teil besonders benzindurstige Fahrzeuge gefahren werden. Allerdings können in den USA – und in der EU – führende Stromauto-Produzenten in einer Situation mit steigenden Relativpreisen von Benzin und Diesel einen Wettbewerbsvorteil haben. Mit dem Angriffskrieg von Russland gegen die Ukraine wird sich mittelfristig die Wirtschaftsentwicklung vor allem in den EU-Ländern eintrüben.

Die vom Westen verhängten Sanktionen gegen Russland im März 2022 gehen weit über die 2014 im Kontext der russischen Krim-Annexion realisierten wirtschaftlichen Sanktionsmaßnahmen hinaus – damals hatte Russland gegenüber der EU mit Einfuhrbeschränkungen bei Agrarprodukten eine sichtbare Gegenmaßnahme getroffen. Westliche Industrieländer aus dem OECD-Raum sind von Russlands Wirtschaft als Exportziel unterschiedlich stark abhängig, wenn man die Russland-Wertschöpfungsexporte als Anteil am Nationaleinkommen beziehungsweise als Prozentsatz der Wertschöpfung in 2018 betrachtet: Für die Mehrheit der europäischen Industrieländer ging es um 3% bis 1% der Wertschöpfung (OECD, 2022), wobei auch Deutschland mit knapp 1% als relativ großes EU-Land verzeichnet ist. Eine kritisch hohe Exportabhängigkeit von Russland gibt es daher aus Sicht der meisten OECD-Länder auf den ersten Blick nicht.

Nicht nur aus deutscher Sicht stellen sich aber mit dem Ukraine-Russland-Krieg Enteignungsrisiken in Russland und neue Verlustrisiken bei Produktion in osteuropäischen EU-Ländern. Es gibt zum Beispiel Stahlunternehmen, die in Polen und anderen EU-Beitrittsländern aus Osteuropa Werke betreiben, die Vorleistungen aus Russland oder der Ukraine beziehen. Durch den Krieg der beiden Länder können erhebliche Störungen bei Lieferketten Richtung osteuropäische EU-Länder oder auch westliche Industrieländer in einigen Sektoren entstehen.

Warenexporte aus Russland und der Ukraine

Im Kontext des Ukraine-Russland-Krieges ist stark auf die Exportseite Russlands und der Ukraine zu achten, da hier in einigen Feldern hohe Größenordnungen beziehungsweise erhebliche globale Marktanteile bei Rohstoffen festzustellen sind: kritisch in vielen Fällen in der kurzen Frist, wenn man an Lieferstörungen oder denkbare russische Schritte hin zu einem selektiven Export-Boykott gegen westliche Länder, Japan und Australien denkt. So stehen Russland und die Ukraine für einen globalen Marktanteil von etwa 30% bei Weizen, 20% bei Mais, Dünger und Erdgas sowie 11% bei Öl.

Russland ist zudem ein wichtiger Exporteur von Palladium (nötig für Abgaskatalysatoren von PKWs) und Nickel, das in der Stahlerzeugung oft Verwendung findet. Russland und die Ukraine sind große Anbieter von Argon und Neon – nötig in der Chip-Produktion – und Titan, das unter anderem im Flugzeugbau genutzt wird. Zudem sind beide Länder durch international große Uran-Lagerstätten gekennzeichnet. Seit Kriegsbeginn in der Ukraine am 24. Februar 2022 sind die Preise gerade der hier genannten Produkte erheblich angestiegen; bei Rohöl nach einem steilen Anstieg vor Mitte März dann allerdings auch wieder leicht gefallen (das zeigen Refinitiv-Angaben beziehungsweise OECD, 2022). In 2022 könnte der Ölpreis um die Marke von 100 $ pro Fass schwanken.

Abb. 4. Entwicklung der Rohölpreise auf Tagesbasis, 01.01.2021 bis 21.03.2022

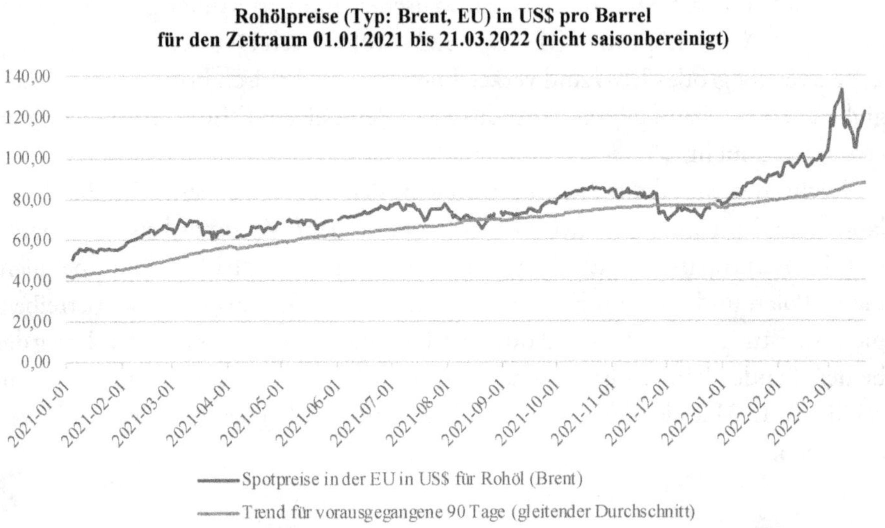

**Rohölpreise (Typ: Brent, EU) in US$ pro Barrel
für den Zeitraum 01.01.2021 bis 21.03.2022 (nicht saisonbereinigt)**

——— Spotpreise in der EU in US$ für Rohöl (Brent)
——— Trend für vorausgegangene 90 Tage (gleitender Durchschnitt)

Quelle: Eigene Darstellung und Berechnungen; Daten von Federal Reserve Economic Data (Stand 2022).

Die Biden-Administration der USA, wo im November 2022 Zwischenwahlen beim US-Kongress anstehen und wo in der ersten Hälfte 2022 eine hohe Inflationsrate, getrieben auch durch deutlich erhöhte Ölpreise, zu beobachten war, hat Teile der nationalen Ölreserven quasi als Anti-Inflationsmittel im Frühjahr des Jahres freigemacht.

Bei einem Gas-Embargo für russisches Erdgas könnte der Ölpreis allerdings noch weiter ansteigen. Beträchtliche Energiepreis- und Lebensmittelpreiserhöhungen gab es zwar schon im Vorfeld des Ukraine-Russland-Krieges in 2021. Aber dieser Krieg sorgt für weiteren Inflationsauftrieb in den westlichen Industrieländern. Bei Inflationsraten von über 5% in vielen Ländern der Eurozone im März 2022 droht in mittlerer Frist eine schärfere Auseinandersetzung in den Tarifverhandlungen: Erhöhter Lohnkostendruck könnte für die Wirtschaft eine Rückkehr zu Problemen bringen, die man in den 1970er Jahren in den westlichen Industrieländern und in Japan im Kontext der beiden OPEC-Ölpreisschocks erlebt hat.

Die Inflationsrate dürfte in der Eurozone und den USA auf 7-9% mittelfristig steigen, wobei der Inflationsdruck allerdings schon 2021 einsetzte. Es dauert bis zum Frühjahr 2022, dass in den USA die Zentralbank auf den Inflationsdruck reagierte und erste Zinserhöhungen vornahm. In der Eurozone sind solche Maßnahmen der Zentralbank erst für die Quartale nach der Jahresmitte 2022 von Seiten der EZB geplant. In Großbritannien hat die Bank of England im Frühjahr 2022 mit einer Anti-Inflationspolitik begonnen und zudem hat die Regierung mit einer Sondersteuer auf Extra-Gewinne etwa im Energiesektor Finanzmittel zu mobilisieren gesucht, die auf der Ausgabenseite für höhere Transferszahlungen an die Haushalte genutzt werden könnten. Ähnliche Maßnahmen wurden in Italien und Griechenland ergriffen.

Was den Produktionseinbruch im Fall eines deutschen Energieimport-Boykotts angeht – oder eines Lieferembargos bei Energieexporten gegen Deutschland –, so ist der zu erwartende Einkommenseinbruch höher als im Fall der OPEC-Preisschocks in den 1970er Jahren. Damals gab es Rezessionen mit einem Rückgang des realen Nationaleinkommens (und des Bruttoinlandsproduktes) um gut 2%. Energiepreisschocks im Kontext des Russland-Ukraine-Krieges haben für sich genommen allerdings einen geringeren ökonomischen Bremseffekt als in den 1970er Jahren, da die Energieintensität der Produktion in 2020 in den OECD-Ländern weniger als halb so groß wie in den 70er Jahren ist.

Die Einkommensschwankungen der 1970er Jahre und der folgenden Jahrzehnte sind nachfolgend dargestellt. Die OPEC-Preisschocks der 70er Jahre sind deutlich und diese brachten im Nachfolgejahrzehnt mit dem Nordseeöl aus Großbritannien und dem niederländischen Gas sowie Gas aus Norwegen wichtige neue EU-Anbieter ins Spiel auf den Energiemärkten. Hinzu traten neben diesen marktwirtschaftlichen Neuanbietern dann auch die Sowjetunion als ein verstärkt aktiver Exporteur von Öl und Gas. Dabei kam es dann nach den starken Konjunktureinbrüchen der Dekade 1973-1982 zum Konjunktureinbruch in 1992/93 in großen westlichen OECD-Ländern. 1997 folgte die Asienkrise, die dann auch in Japan einen relativ deutlichen Wachstumseinbruch brachte – zudem auch in Russland im Jahr 1998. Russland geriet durch Übertragungseffekte aus den ASEAN-Ländern (vor hohe Währungsabwertungen bei gleichzeitig hoher Auslandsverschuldung und mithin riesige Staatsfinanzierungsprobleme gestellt, als 1997 eine schwere Rezession eintrat; ausgehend von Thailand und einer massiven Bhat-Abwertung) und den 1997 noch großen Netto-Ölexporten von Indonesien. Indonesiens steigende Ölexporte sollten dem Staat helfen, die Staatseinnahmen zu stabilisieren, aber bei sinkenden Weltmarktpreisen war der Effekt unzureichend; zudem war da die Asien-Wirtschaftskrise, die in Asien die Nachfrage nach Öl stark schrumpfen ließ – eben dann auch die Preise drückte – und weil auch noch Mexikos Staat als großer Ölexporteur auf ein Mehr an Ölexporten setzte, fiel der Welt-Ölpreis 1997/98 erst recht. In dieser Situation war die Situation für Russlands Staatsbudget plötzlich kritisch, zumal auch hier bei sinkenden Ölexportpreisen nun eine starke Rubelabwertung anstand, was (wie in Thailand) die Last der Auslandsverschuldung von Staat und Unternehmen steigerte. Der Ölpreis sackte zeitweise auf unter 10 $ pro Barrel Öl durch.

Abb. 5. Konjunkturzyklen 1970-2020 in USA, Deutschland, Frankreich, Italien, Großbritannien und Japan: Jährliche Änderungsrate des realen Bruttoinlandproduktes in % (1970-2020), ausgewählte Industrienationen

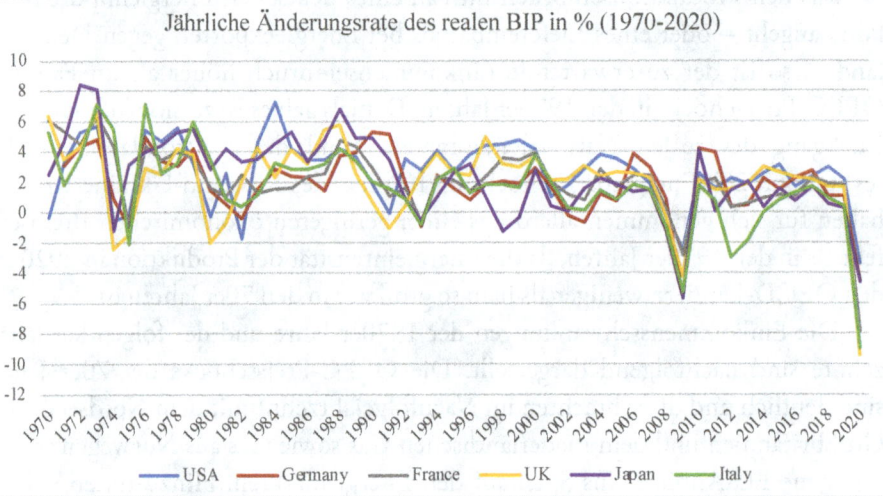

Quelle: Eigene Darstellung; Daten von der Weltbank (World Development Indicators, Stand 2022)

2008/09 ergab sich die Transatlantische Bankenkrise, die durch Unterregulierung der Banken in den USA, Großbritannien und einigen anderen EU-Ländern bedingt war. Die sonderbare Unterregulierung der Banken sorgte in Verbindung mit unzureichender Risiko-Bepreisung auf den Märkten in den USA und Westeuropa dafür, dass von Banken vor allem in den Immobilienmärkten viel zu große Risiken eingegangen wurden – mit einer paradoxen Entwicklung der Risikoprämie unter anderem in den USA, wo im Zeitraum 2003-2006 sonderbarerweise in der Phase eines späten Konjunkturaufschwungs die Risikoprämien (Differenz von Anleihezins für Unternehmensanleihen mit AAA-Rating und US-Staatsanleihezins) fielen.

Nur durch eine neuartige energische Geldpolitik des Quantitative Easing – große Ankäufe langfristiger Staatsanleihen durch die Zentralbanken – gelang es in einem Umfeld mit schon sehr niedrigen Zinssätzen und Inflationsraten, die westlichen OECD-Länder zu stabilisieren. Es ergaben sich allerdings nunmehr unnormal niedrige nominale und reale Zinssätze (Realzins gemessen als Nominalzins minus Inflationsrate), wobei das Quantitative Easing zunächst von der US-Zentralbank, dann der Bank of England und schließlich der European Central Bank realisiert wurde.

Diese Politik wurde unerwarteterweise relativ lange in verschiedenen Ländern fortgesetzt. Dies galt unter anderem deshalb, weil mit dem weltweiten Corona-Schock 2020/21 ein weltweiter schwerer Konjunkturbruch eingesetzt hatte. Der dann einsetzende Konjunkturaufschwung in der zweiten Jahreshälfte 2021 ging dann allerdings in wichtigen westlichen Industrieländern schon mit einem deutlichen Anstieg der Inflationsraten und der Öl- beziehungsweise Gaspreise einher; inflationsverschärfend wirkten wohl auch weltweite Lieferkettenstörungen – auch im Frühjahr 2022 noch, als eine radikale Corona-Lockdown-Politik von Chinas Regierung das von wenigen hundert Corona-Infektionen betroffene Handels-, Export- und Hafenzentrum Shanghai für Wochen quasi stilllegte. Ein deutlicher Anstieg der relativen Öl- und Gaspreise wirkte dabei nicht wirklich als starker Störimpuls in den westlichen Industrieländern – einfach deshalb, weil verglichen mit den 1970er Jahren die Energieintensität der Produktion sich mehr als halbiert hatte.

Am 23. März erklärte Präsident Putin, dass Russlands Energieexporte an „unfreundliche Länder" künftig in Rubel zu bezahlen sind, was ein Schachzug ist im internationalen Wirtschaftskonflikt Westen & Japan & Australien gegen Russland. Setzt Russland die Fakturierung in Rubel durch, so wird ein Teil der Sanktionen gegen Russland und dessen Zentralbank unterlaufen. Da in den Lieferverträgen Russlands in der Regel Euro und Dollar als Währung zur Bezahlung festgelegt ist, haben westliche Länder plus Japan beziehungsweise die G7 eine Rubel-Bezahlung abgelehnt. Russland erklärte daraufhin Ende März, dass man einen Gasliefer-Boykott realisieren will, wenn die Bezahlung von Gaslieferungen nicht in Rubeln erfolgen wird. Wie dieser Konflikt um die Fakturierung russischer Lieferungen ausgehen wird, dürfte sich erst nach einigen Monaten entscheiden; wenn Russland seine Gasexporte Richtung EU-Länder plötzlich stoppen wollte, wird das für Einnahmeausfälle und auch erheblichen Reorganisierungsaufwand im Gasfördersektor und im Gastransportsektor sowie bei russischen Kraftwerken sorgen. Zur Jahresmitte 2022 hatte Russland einen Gas-Lieferboykott gegen Polen, Bulgarien, Finnland, die Niederlande und Dänemark sowie gegen Shell verhängt.

Ein Blick auf die nachfolgende Tabelle zeigt, dass viele Länder mit Blick auf fossile Energielieferungen aus Russland mit erheblichen Abhängigkeiten konfrontiert sind. Tab. 1 weist besondere Abhängigkeiten von Litauen, Ungarn, der Slowakei und den Niederlanden auf, wo mehr als 60% der fossilen Energien aus Russland kommen. Bei den großen EU-Ländern sind Deutschland und Italien relativ abhängig: mit Russland-Anteilen von um 28% in 2019. Mit einem Russland-Anteil von 1,2% sind die USA von Lieferungen aus Russland bei fossilen Energien praktisch unabhängig gewesen, was den US-Import-Boykott bei Öl, Gas und Kohle gegenüber Russland Mitte März erleichtert hat; Großbritannien mit einem Anteil von 8,7% hat zum gleichen Zeitpunkt für Ende 2022 ein UK-Energieimport-Embargo angekündigt. Die insgesamt von Land zu Land feststellbaren erheblichen Abhängigkeits-Unterschiede im Einzelfall dürften bei Energie-Handelskonflikten mit Russland eine einheitliche westliche Aktionsfront nicht erleichtern.

Tab. 1. Anteil von Importen fossiler Energie aus Russland am inländischen Energiekonsum ausgewählter Länder, 2019

	Land	Abhängigkeit von Importen fossiler Energie aus Russland
1	Litauen	121,2%
2	Ungarn	76,3%
3	Slowakei	68,5%
4	Niederlande	65,6%
5	Finnland	50,4%
6	Bulgarien	40,4%
7	Griechenland	37,5%
8	Polen	36,7%
9	Lettland	35,5%
10	Belgien	30,5%
11	Deutschland	28,9%
12	Italien	28,1%
22	Frankreich	9,7%
25	Vereinigtes Königreich	8,7%
26	Spanien	7,2%
27	Japan	7,1%
34	USA	1,2%

Anmerkung: Der Indikator setzt sich zusammen aus der Summe der Importe aus Russland von Kohle, Öl und Erdgas im Verhältnis zum inländischen Energieverbrauch. Die Zahl kann größer als 100% sein, wenn mehr importiert als konsumiert wurde (ggf. Transitgeschäfte). Da nicht alle Zahlen aus 2020 vorliegen, wurde zum Zwecke der Vollständigkeit 2019 als Ausgangspunkt gewählt.
Quelle: International Energy Agency (IEA), online: https://www.iea.org/reports/reliance-on-russian-fossil-fuels-data-explorer (zuletzt am 30.03.2022).

Die Finanzmärkte – hier die Aktienkurse wichtiger Länder – haben auf den Ukraine-Russland-Krieg reagiert. Schon vor dem Kriegsjahr 2022 verlief (BREXIT-bedingt) in Großbritannien die Aktienkursentwicklung relativ schwach. Im März 2022 ging allerdings der Euro-Stoxx-Index deutlich zurück und näherte sich der schwachen britischen Kursentwicklung. Interessanterweise hat auch der führende Aktienindex Chinas einen deutlichen Rückgang in den Kriegsmonaten für Ukraine-Russland verzeichnet (Abb. 2).

Abb. 6. Ausgewählte Aktienkurs-Entwicklungen 2019-2022 (Tageswerte): Deutschland, USA, Eurozone, Großbritannien, Japan, China

Anmerkung: Diese Abbildung zeigt die Entwicklung der wichtigsten Aktienindizes der Welt vom 04. Januar 2019 bis zum 29. März 2022 (1/4/2019=100).
Quelle: Eigene Berechnungen; Daten von investing.com, onvista.de.

Am 30. März 2022 hat in Deutschland der Sachverständigenrat zur Begutachtung der gesamtwirtschaftlichen Entwicklung eine aktualisierte Konjunkturprognose veröffentlicht (SVR, 2022): Mit erwarteten Werten beim realen Wirtschaftswachstum für 2022 und 2023, die deutlich unter den Werten der Prognose im Jahresgutachten vom Herbst 2021 lagen; die Revision der Wachstumsrate für 2022 beträgt immerhin minus 2,8 Prozentpunkte, die Wachstumsrate wird bei knapp unter 2% erwartet. Dabei geht der Sachverständigenrat nicht davon aus, dass es zu einem Energieimport-Boykott gegenüber Russland oder einem russischen Energieexport-Embargo kommt. Für einen solchen Fall wären die Korrekturen der Wachstums-Prognosewerte nach unten für Deutschland und die Eurozone noch deutlich höher als die Revision der Prognosewerte für das Bruttoinlandsprodukt (BIP), die in der Grafik im Vergleich zu den Prognosewerten aus dem Herbst 2021 aufgezeigt werden. Erwartete internationale Handelsstörungen durch den Ukraine-Russland-Krieg sind in der Analyse des Sachverständigenrates nur teilweise enthalten.

Die folgende Analyse thematisiert zunächst die Zeitenwende-Perspektive im Rahmen des Ukraine-Russland-Kontexts, wobei der Cyberkrieg ein relativ neuer Aspekt des Konfliktes ist; zudem werden bilaterale Perspektiven zum Deutschland-Russland-Handel und multilaterale Perspektiven beleuchtet. Es folgt ein Blick auf grundlegende Energie-Fragen für Europa und den Westen, gefolgt von der Frage, inwieweit ein deutscher Energieimport-Boykott gegenüber Russland – oder ein EU-Embargo – sinnvoll ist beziehungsweise welche Effekte hier zu erwarten sind. Dann wird der Fokus auf die Möglichkeit eines russischen Lieferboykotts gerichtet. Es folgen die Analyse von Asien und von globalen Effekten eines EU-Energieboykotts gegen Russland sowie eine breitere Analyse zu EU-China-Russland. Schließlich werden Flüchtlings- und Immigrationsfragen sowie ausgewählte Szenario-Aspekte und Perspektiven für eine neue globale Wirtschaftsordnung thematisiert. Der Ukraine-Russland-Krieg führt insgesamt zu weltweiten Positionsverschiebungen auf längere Sicht; der Rückgang des deutschen Realeinkommens wird im Übrigen mit rund -6% für den Fall eines Energieimport-Boykotts gegen Russland eingeschätzt, was prozentual höher ist als der Rückgang des realen Bruttoinlandsproduktes in Russland als Folge des Boykotts (eine Sanktion, bei der man sich selbst stärker schädigt als den Adressaten der Sanktion, sollte man genau überdenken). Im Gegensatz zu einem umfassenden Energieimport-Boykott gegenüber Russland kann man aus EU-Sicht einen Importzollsatz für russische Gas-Exporte in die EU als sinnvoll empfehlen.

2
Zeitenwenden im Ukraine-Russland-Krieg

Die folgende Analyse befasst sich zunächst mit der „Wende"-Perspektive im russisch-ukrainischen Kontext, wobei insbesondere der Cyberwar ein relativ neuer Aspekt des aktuellen Konflikts ist; darüber hinaus werden bilaterale Perspektiven auf den deutsch-russischen Handel und multilaterale Perspektiven untersucht. Es folgt ein Blick auf grundlegende Energiefragen für Europa und den Westen und die Frage, inwieweit ein deutscher Energieimport-Boykott gegen Russland – oder ein EU-Embargo – sinnvoll ist bzw. welche Auswirkungen hier zu erwarten wären. Anschließend wird der Fokus auf die Möglichkeit eines russischen Lieferboykotts gelenkt. Es folgt eine Analyse Asiens und der globalen Auswirkungen eines EU-Energieboykotts gegen Russland sowie eine umfassendere Analyse des Verhältnisses EU-China-Russland. Schließlich werden die Flüchtlings- und Einwanderungsproblematik sowie ausgewählte Szenarioaspekte und Perspektiven für eine neue Weltwirtschaftsordnung angesprochen. Insgesamt führt der Russland-Ukraine-Krieg längerfristig zu globalen Positionsverschiebungen.

Drei Jahrzehnte lang ging man in den meisten EU-Ländern und den USA davon aus, dass militärische Gewalt in Europa nicht zur Änderung von Grenzen eingesetzt wird beziehungsweise, dass Krieg kein Mittel der Politik ist; und dass die Wirtschafts- und Politikbeziehungen mit Russland sich langfristig gut entwickelten (von Phasen mit politischen Störungen über einige Zeit abgesehen). Mit dem Krieg in der Ukraine in 2022 hat sich diese Sichtweise als nicht realistisch erwiesen und die seit dem Ende des Kalten Krieges 1991 von vielen OECD-Ländern realisierte Friedensdividende in Form niedriger Verteidigungsausgaben relativ zum Nationaleinkommen – oft unter 1,5% – ist nicht länger haltbar. Offenbar wird sich in den meisten NATO-Ländern und auch bei neutralen europäischen Ländern (wie etwa Finnland, Schweden, Österreich und – de facto – Irland) nach 2021 eine deutliche Erhöhung der Rüstungsausgaben ergeben, da militärische konventionelle Abschreckung nun prominent auf der politischen Agenda steht.

© Der/die Autor(en), exklusiv lizenziert an
Springer Fachmedien Wiesbaden GmbH, ein Teil von Springer Nature 2022
P. J. J. Welfens, *Russlands Angriff auf die Ukraine*,
https://doi.org/10.1007/978-3-658-38855-3_2

Mit dem Russland-Ukraine-Krieg ist eine europäische und internationale Zeitenwende eingetreten und binnen weniger Wochen hat man seitens des Westens – plus Japans und Australiens – eine Reihe von wichtigen Politikfragen neu diskutiert und teilweise auch rasch entschieden. Dazu gehörten abgestimmte wirtschaftliche Sanktionsmaßnahmen gegen Russland. Einige Fragen stehen allerdings vorläufig noch offen auf der Politikagenda, wobei dies auch für wirtschaftspolitische Gegenmaßnahmen gegen Konjunkturdämpfungs- und Inflationsverstärkungsimpulse im Kontext dieses Krieges gilt (ob sich etwa die US- und EZB-Geldpolitik für weitere Zinserhöhungen in kurzer Folge entscheidet, gilt seit dem Krieg als zweifelhaft, trotz erhöhtem Inflationsdruck). Rasch entschiedene Fragen im Westen betrafen:

- Eine Erhöhung der Verteidigungsausgaben und Verlegung von NATO-Truppen in die osteuropäischen NATO-Mitgliedsländer.
- Beschlüsse für wirtschaftliche Sanktionen gegen Russland.
- Politikschritte zur Stärkung der politischen Einigkeit des Westens.
- Erste Schritte zur Minderung der Energieimporte aus Russland; Fragen eines kurzfristigen totalen Energieimport-Boykotts gegenüber Russland wurden in diesem Kontext noch im März 2022 mit Blick auf Deutschland und die EU diskutiert (eine Boykott-Studie von Bachmann et al. (2022) spielte dabei eine Rolle).
- Politikmaßnahmen für die Aufnahme von Ukraine-Flüchtlingen.
- Humanitäre Hilfe für die Ukraine.
- Bei einigen Ländern auch militärische indirekte Unterstützung – vor allem Defensivwaffen-Lieferungen und Weitergabe von militärischen Aufklärungsbefunden – für die Ukraine.

Der Ukraine-Russland-Krieg wirft in einer breiteren Betrachtung allerdings eine ganze Reihe von weiteren, auch globalen Fragen – viele auch mit Wirtschaftsfokus – neu auf. Präzise Informationen zu relevanten Militär-, Wirtschafts- und Politikfragen sind gefordert, aber bisweilen eine gefährliche Mangelware. Klare Informationen in den Medien sind in internationalen Krisen offenbar wichtig. Gleichwohl: Im Fernsehen Deutschlands gab es im März 2022 eine Reihe erheblicher Fehlinformationen: Anne Gellinek, ZDF-Büroleiterin in Brüssel, verwechselte wiederholt Millionen und Milliarden und vergrößerte mit ihren falschen Milliarden-Angaben zur Ukraine-Militärhilfe der Europäischen Union die Hilfe zu Unrecht um den Faktor 1000 (es fällt der Zuschauerschaft offensichtlich weniger auf, als wenn eine Journalistin im TV behauptete, dass eine Person X mit dem Auto innerorts mit 80 000 km/Stunde von einer Radaranlage erfasst wurde, während die korrekte Zahl 80 km/Stunde wäre). Am 26. März 2020 sendete die ARD einen Werbespot für die Anne Will-Sendung am nächsten Abend – mit Bundeskanzler Scholz – und sprach auch die Militärhilfe Deutschlands an, wobei man die Entladung eines Panzers aus einem Flugzeug als Hintergrundfilm-Clip zeigte. Deutschlands Regierung hat damals ausdrücklich erklärt, dass man keine Panzer an die Ukraine liefern werde. Diese TV-Fehlinformationen aus dem Öffentlich-rechtlichen Fernsehen sind inakzeptabel und bergen das Risiko, dass sie in russischen Fernsehstationen in Übersetzung der Zuschauerschaft gezeigt werden: als Beleg für eine ungeheure Einmischung Deutschlands beziehungsweise des Westens in den Ukraine-Russland-Krieg. Das öffentlich-rechtliche Fernsehen mit seiner besonderen Verpflichtung zur Information der Zuschauerschaft ist offenbar gelegentlich von ernsten Qualitätsproblemen in der Berichterstattung geprägt.

Binnen Wochen nach der russischen Invasion der Ukraine kam im Westen die Frage nach einem Energieimport-Boykott gegenüber Russland auf, was auf Seiten der USA dann Mitte März positiv mit Blick auf die Vereinigten Staaten entschieden wurde. Deren Energieimporte sind aber verglichen mit denen Deutschlands und der EU viel geringer. Tatsächlich führte bei den USA die Abkehr von Russland als Energielieferant rasch dazu, dass sich erhebliche Änderungen in der US-amerikanischen Außenpolitik ergaben. Die Biden-Administration nahm sowohl mit dem zuvor über Jahre wirtschaftlich sanktionierten Venezuela – mit seiner staatswirtschaftlich-autoritären Regierung – Kontakte zwecks Erhöhung der Ölproduktion und des venezolanischen Ölexports in die USA auf und auch mit dem alten Gegner Iran versuchte man einen breiteren Neuanfang.

Die Biden-Administration versuchte im März 2022 auch mit dem Iran – Produzent von Öl und Erdgas – eine Verbesserung der Beziehungen einzuleiten und ein neues multilaterales Atomabkommen zu erzielen, was wiederum Russland offenbar zu verhindern suchte. Gegenüber Russland nahm der Westen in einer Reihe von Schritten umfassende Sanktionen vor, die sich vor allem gegen die Wirtschaftskraft des Landes und seine internationalen Wirtschaftsbeziehungen richtete. Dabei intensivierte man seitens der EU und der USA die seit der russischen Krim-Annexion 2014 verhängten Sanktionen.

Eine nicht einfach verständliche Sanktionierung der USA gegenüber Russland ist, dass US-Bürgern ab 24. Mai 2022 verboten sein wird, Zins- und Dividendenzahlungen aus Russland anzunehmen (nach Bekanntwerden des Massakers von Bucha in der Ukraine, das von russischen Soldaten verübt wurde, hat die Regierung Biden das kritische Datum sogar auf den 6. April vorgezogen). Damit treiben die USA auch solche russischen Unternehmen, die Anleihen international begeben haben – unter anderem in den Vereinigten Staaten – in eine künstliche Zahlungsunfähigkeit; zudem könnten bestimmte Staatsanleihen Russlands dann nicht mehr bedient werden, was Russland in einen Konkurs stürzen dürfte. Hier bahnt sich offenbar ein massiver Konflikt zwischen den USA und Russland an. Es stellt sich jedenfalls die Frage, ob der Westen glaubwürdig mit seiner traditionellen dreifachen Betonung institutioneller Qualitäten, nämlich der Verbindung von Demokratie, Marktwirtschaft und Rechtsstaat auftreten kann, wenn die USA derartige Sanktionen gegen Russland verhängen. Eine juristische Bewertung erfolgt hier nicht. Aber es mutet sonderbar, diskriminierend und riskant an, was die Biden-Administration hier als Politik verfolgt.

Deutschland wiederum, dessen Bundesregierung die Inbetriebnahme der Erdgas-Pipeline Nordstream 2 Ende Februar 2022 aussetzte (der Vertrag zu Nordstream 2 war von deutscher Seite in 2015 unterzeichnet worden, nur ein Jahr nach der Krim-Annexion durch Russland), suchte noch Mitte März verstärkt nach alternativen Energiehandelspartnern: Dabei kommt mittelfristig offenbar Katar eine erhebliche Rolle zu, wie neue Vereinbarungen zwischen Katar und Deutschland nahelegen. Durch den Ukraine-Russland-Krieg sah sich Wirtschafts- und Klimaminister Habeck vor die Aufgabe gestellt, vor allem neue Gaslieferanten-Länder zu gewinnen und insgesamt den Gasimport deutlich international zu diversifizieren. Drei schwimmende neue LNG-Terminals will die Bundesregierung schon in 2022/23 im Einsatz sehen, sodass für Deutschland Flüssiggas in erheblicher Menge binnen Jahresfrist verfügbar sein könnte; dazu müssten mindestens zwei LNG-Schwimmterminals in Betrieb gehen und die USA müssten hohe Lieferungen nach Deutschland erbringen. Trotz des Krieges in der Ukraine kann man wohl für 2022 davon ausgehen, dass russisches Erdgas durch die Ukraine als Transitland die EU-Länder erreicht.

Die neue langfristige Kooperationsvereinbarung zwischen Deutschland und Katar – in Sachen Menschenrechte von der EU über Jahre kritisch gesehen – ist strategisch für Deutschland wichtig: Während der Anteil Katars an den Welt-Gasreserven immerhin mit 13% angesetzt wird, liegt der Anteilswert Russlands bei 19,9% in 2020 (BP, 2021). Iran ist mit seinem Anteilswert an den Welt-Erdgas-Reserven fast so wichtig wie Russland (siehe Tab. 2).

Tab. 2. Top 15 der führenden Länder bei Erdgas-Reserven, Stand Ende 2020

	Land	Anteil an Welt-Erdgas-Reserven
1	Russland	19,88%
2	Iran	17,07%
3	Katar	13,11%
4	Turkmenistan	7,23%
5	USA	6,71%
6	China	4,47%
7	Venezuela	3,33%
8	Saudi-Arabien	3,20%
9	Vereinigte Arabische Emirate	3,16%
10	Nigeria	2,91%
11	Irak	1,88%
12	Aserbaidschan	1,33%
13	Australien	1,27%
14	Kanada	1,25%
15	Algerien	1,21%
Gesamt		**88,01%**

Quelle: Daten von BP Statistical Review of World Energy July 2021 (2021).

Die fünf wichtigsten Gas-Exportländer (siehe Tab. 3 für 2017) waren Russland, Katar, Norwegen, USA und Kanada, wobei der Marktanteil Russlands bei 18% lag, der der USA bei 8% und der Kanadas bei 7%. In Europa stehen die Niederlande mit einem Weltmarktanteil von 4,4% für einen wichtigen Gas-Exporteur. Aber die Gasförderung soll ab 2022 eigentlich deutlich zurückgehen.

Tab. 3. Top 15 Erdgas-Exporteure (in Volumen), Schätzungen von 2017

	Land	Erdgas-Exporte (in Millionen Kubikmeter), 2017	Anteil an Welt*
	Welt*	1.166.342	100,00%
1	Russland	210.200	18,02%
2	Katar	126.500	10,85%
3	Norwegen	120.200	10,31%
4	USA	89.700	7,69%
5	Kanada	83.960	7,20%
6	Australien	67.960	5,83%
7	Algerien	53.880	4,62%
8	Niederlande	51.250	4,39%
9	Malaysia	38.230	3,28%
10	Turkmenistan	38.140	3,27%
11	Deutschland	34.610	2,97%
12	Indonesien	29.780	2,55%
13	Nigeria	27.210	2,33%
14	Trinidad und Tobago	15.490	1,33%
15	Bolivien	15.460	1,33%
Gesamt		**1.002.570**	**85,96%**

Anmerkung: *Welt ist berechnet als Summe der 215 im Datensatz enthaltenen Länder; 56 Länder haben einen Erdgasexport größer null.
Quelle: Eigene Berechnungen (IV); Daten aus The World Factbook (CIA, 2022).

Wegen des Ukraine-Russland-Krieges möchte die deutsche Bundesregierung von Russlands Gaslieferungen möglichst rasch weitgehend unabhängig werden. Der Bundeswirtschaftsminister hat im März 2022 auf das Zieldatum Mitte 2024 hingewiesen, was man als diplomatisch ungeschickt ansehen kann, soweit dies Russlands Regierung mit für eigene Politik-Gegenmaßnahmen wichtigen Informationen versorgt und damit den Westen am internationalen Verhandlungstisch indirekt schwächt.

Der Überfall Russlands auf die Ukraine kommt nicht ganz unerwartet. Anne Applebaum hat in ihrem polnischen Buch „Wybór" auf die Möglichkeit eines Krieges zwischen Russland und der Ukraine hingewiesen. Die US-Geheimdienste schätzten die Kriegspläne Russlands offenbar ebenfalls weitgehend richtig ein – die Biden-Administration warnte noch während der Olympischen Spiele, dass Russland einen Einmarsch in die Ukraine plante.

Russlands Angriff auf die Ukraine mag einer sonderbaren Sicht Putins zuzuschreiben sein, insbesondere auch der Vorstellung, dass die Ukraine historisch quasi zu Russland als Brudervolk gehörte; eine Sichtweise, die einen freundlichen Empfang von Russlands Truppen in weiten Teilen der Ukraine hätte erwarten lassen, wovon indes im März 2022 keine Rede sein konnte. Auch Putins Sicht der russischen Sicherheitsinteressen spielte für den Krieg gegen die Ukraine offenbar eine Rolle; speziell hatte sich Russland über zwei Jahrzehnte diplomatisch vehement gegen eine NATO-Mitgliedschaft der Ukraine gewehrt, die 2008 von den USA erstmals angeboten worden war. Es sei hier angemerkt, dass man die seitens des Parlaments der Ukraine am 7. Februar 2019 vorgenommene Verankerung einer „Orientierung der Ukraine zur Mitgliedschaft in der EU und der NATO" als sonderbar ansehen kann. Das kann keine Rechtfertigung für Russlands Krieg gegen die Ukraine sein. Aber man fragt sich, wer im Westen auf hoher Politikebene damals etwas Kritisches zu dieser ungewöhnlichen – und politisch leichtfertigen – Verfassungsklausel der Ukraine gesagt hat (offenbar niemand).

Auch in 2019 wurde vom Parlament der Ukraine eine neue Sprachgesetzgebung, und zwar mit dreijähriger Übergangsfrist bis März 2022, verabschiedet, die Russisch als Sprache in den Druckmedien (russische Zeitungen müssen dieselbe Auflage in Ukrainisch drucken wie in Russisch, was offenbar sonderbar und ökonomisch ineffizient ist) und auch dessen Gebrauch in den Behörden faktisch einschränkte. Das war eine wenig freundliche politische Geste gegenüber den etwa acht Millionen Menschen in der Ukraine, die überwiegend Russisch als Alltagssprache verwenden. Hier entstanden nicht nur neue Spannungen in der Ukraine, sondern auch mit Russlands Regierung. Schon eine in den Vorjahren auf den Weg gebrachte – nicht dauerhafte – Sprachen-Gesetzgebung im Parlament der Ukraine zur Einschränkung unter anderem des Russischen hatte die Kritik der OSZE-Organisation und des Europarates erfahren. Auch nach EU-Standards dürfte hier eine Diskriminierung einer Minderheit kritisch zu sehen sein; man denke etwa an Regelungen zur Zweisprachigkeit in Südtirol, wo Italienisch und Deutsch beide als Amtssprachen unter anderem bei Gericht gelten.

Die NATO-Klausel in der Verfassung der Ukraine zu verankern, konnte man in einer einseitigen Sicht seitens der Regierung Russlands wohl als Provokation verstehen, da hier ein Widerspruch zu früheren Versprechungen des

Westens sichtbar zu werden scheint: Am Ende der Sowjetunion hieß es laut den Worten des damaligen deutschen Außenministers Genscher, dass keine Osteuropa-NATO-Erweiterung vorgesehen sei; auch der damalige NATO-Generalsekretär Wörner hatte sich am 19. Mai 1990 in Brüssel ähnlich geäußert. Es ist allerdings nicht bekannt, dass Russland in den 90er Jahren von der NATO für die Genscher-Zusicherung oder die Zusicherung von Wörner eine vertragliche Absicherung mit der NATO gesucht hätte. Die wirtschaftliche Russland-Krise 1997/98 ließ die russische internationale Position im Übrigen mehrere Jahre lang schwach aussehen. Immerhin verpflichtete sich die NATO, in osteuropäischen Neumitglieds-Ländern nur kurzfristig – maximal sechs Monate lang – und in begrenzter Zahl Militärpersonal zu unterhalten (NATO-Russland-Grundakte).

Unter dem russischen Präsidenten Jelzin, dem Nachfolger von Präsident Gorbatschow, kam dann eine aus akuter staatlicher Finanznot geborene Privatisierung in einem „Oligarchen-Modell": nur etwa drei Dutzend Familien kamen in den Besitz des größten Teils an bis dahin staatlichen Firmen. Präsident Jelzin stimmte 1997 der NATO-Russland-Grundakte zu, wonach Russland einer NATO-Osterweiterung nicht entgegenstehe – Jelzin hatte über Jahre gegen eine NATO-Osterweiterung argumentiert –, während zugleich die NATO zusagte, keine Atomwaffen in osteuropäischen NATO-Mitgliedsländern zu stationieren. Die Vertragspartner wollten die territoriale Unverletzlichkeit von Ländern anerkennen. Zudem sollte eine verstärkte Kooperation im Rahmen der Organisation OSZE (Organization for Security and Co-operation in Europe) erfolgen und mit dem NATO-Russland-Rat eine neue Institution helfen, Unstimmigkeiten zwischen Russland und NATO-Mitgliedsländern auszuräumen. 1997 erfolgte der Beitritt Polens, Ungarns und Tschechiens zur NATO.

Der durchsetzungsfähige Moskauer Beamte Putin kam nach Jelzins Rücktritt an die Macht und erreichte in nachfolgenden Wahlen große Mehrheiten; allerdings im Rahmen selten fairer Wahlen, da die politische Konkurrenz massiv unterdrückt wurde. Putins Wirtschaftsmodell ist nach 2016 gegenüber der demokratischen Ukraine beim realen Wachstum zurückgefallen – da erscheint die Ukraine auch als politisch-ökonomische Herausforderung für Putin. Es sei angemerkt, dass in Umfragen zur Popularität Putins dieser in Phasen schwachen Wirtschaftswachstums Verluste erlitt; nach der Besetzung der Krim, die Putin als Teil des historischen Russlands pries, verzeichnete der russische Präsident hingegen besonders hohe Zustimmungswerte in Umfragen.

Während die Regierung Russlands behauptet, der Krieg gegen die Ukraine sei notwendig, da man einen Völkermord in der östlichen Ukraine, im Donbas

– im Kontext des „Bürgerkrieges" in der Ukraine – verhindern müsse, in der Ukraine Chemie- und Biowaffenlabors betrieben würden und eine Regierung mit Neo-Nazis abgesetzt werden solle, ist die Realität offenbar eine andere: Auch wenn die staatlichen TV-Medien die Propaganda zur Rechtfertigung der „militärischen Spezialoperation in der Ukraine" immer neu wiederholen. Widerspruch zeigte sich in Russland selbst am 14. März anhand einer Protestaktion im 1. TV-Kanal in der Hauptnachrichtensendung: Es gibt selbst in den von Präsident und Regierung streng kontrollierten Staatsmedien Risse. Die Journalistin Marina Owsjannikowa, die bei diesem TV-Kanal ein Anti-Kriegs-Plakat hinter der Nachrichtensprecherin hochhielt und sich im Internet in einem Video entschuldigte, dass sie über Jahre die Propaganda des Kremls unterstützt habe. Das zeigt offenbar, dass in Russland keine klare Mehrheit der Bevölkerung für den Krieg in der Ukraine ist. Die jüngere Generation, die sich häufig im Internet informiert, ist vermutlich zu großen Teilen gegen Russlands Krieg eingestellt. Seit der Krim-Besetzung verzeichnet Russland jährlich eine Auswanderung von etwa 300 000 Bürgerinnen und Bürgern, im Frühjahr 2022 ist die Zahl der Russland-Auswanderer:innen deutlich gestiegen.

In den drei Jahrzehnten nach dem Ende des Kalten Krieges ist es in Europa nicht gelungen, eine stabile Sicherheitspartnerschaft aufzubauen. Russland wurde als achtes Land von der G7 im Jahr 1998 aufgenommen – nach der Krim-Annexion aber von der G8 dann ausgeschlossen. Die nach 1991 erfolgten Aufnahmen zahlreicher osteuropäischer Staaten durch die NATO wird im Westen als Ausdruck der Souveränität dieser Staaten gesehen. Aber je näher die NATO an Russland rückte, desto konfliktbeladener wurde der militärische Status der Ukraine. Es war den NATO-Ländern bekannt, dass eine NATO-Mitgliedschaft der Ukraine für Russland eine politisch-militärische Provokation sein dürfte (2008 hatten die USA der Ukraine – nach dem Georgien-Russland-Krieg – eine NATO-Mitgliedschaft angeboten, Deutschland und Frankreich hatten sich damals aber dagegen ausgesprochen). Zwischen 2008 und 2021 ist es den NATO-Ländern, der Ukraine und Russland nicht gelungen, verbindliche Vereinbarungen über die Ukraine-Militärfrage zu treffen; über viele Jahre hat man diese Thematik offenbar diplomatisch von Seiten der drei Akteure nicht forciert. Jenseits militärischer Fragen gibt es auch wichtige ökonomische und politische Aspekte zur Entwicklung in der Ukraine und Russland; und zum Angriffskrieg Russlands gegen die Ukraine.

Die Ukraine konnte zwar lange keine bessere Wirtschaftsentwicklung vorweisen als Russland. Aber die Unterstützung des Internationalen Währungsfonds und gerade auch der Bundesregierung – mit einem langjährigen Projekt zur Verbesserung der Wirtschaftsentwicklung der Ukraine via Regierungsberatung, umgesetzt zunächst wesentlich vom DIW, danach von Berlin Economics – ließ durchaus erwarten, dass die Ukraine im Zuge institutioneller Reformen und des Abbaus der Korruption sowie einer Befriedung des Konflikts in der Ostukraine höhere Wachstumsraten als Russland mittelfristig erreichen könnte. Die Ukraine war jedenfalls für den Autokraten Putin in Russland eine Herausforderung: Die Ukraine als Demokratie und Marktwirtschaft sowie Rechtsstaat – allmählich sich entwickelnd – stellt das autokratische Modell in Russland tendenziell infrage. Ob es eine sinnvolle Option für die Ukraine als neutrales Land mitten in Europa vor 2022 gegeben hätte, ist unklar. Bei kleinen Ländern ist Neutralität grundsätzlich eher eine realistische Option als bei großen Ländern, zu denen man die Ukraine von der Fläche und ansatzweise von der Bevölkerungszahl (44 Millionen in 2021) zählen könnte.

Der Ukraine-Krieg könnte zu einer erheblichen Belastung der Exportdynamik im Osteuropa-Export Deutschlands und der EU werden. Der Ostausschuss der deutschen Wirtschaft (2022) teilte am 10. Februar auf seiner Website mit Blick auf 2021 beziehungsweise den Ukraine-Krieg mit:

„Mit kräftigen Zuwächsen von fast 20 Prozent bei Export und Import markierte der deutsche Osthandel im Jahr 2021 ein neues Allzeithoch: Erstmals übertraf dabei der Gesamtumsatz die Marke von einer halben Billion Euro. Die deutschen Unternehmen und ihre Partner in der Region machen angesichts der weiterhin bestehenden Corona-Beschränkungen einen fantastischen Job", kommentiert der Vorsitzende des Ost-Ausschusses Oliver Hermes die Rekordzahlen. „Wir alle profitieren von einem engmaschigen Netz an Geschäftsverbindungen und Lieferbeziehungen mit unseren östlichen EU-Nachbarn, aber auch mit wichtigen Partnerländern wie Russland, der Ukraine und Kasachstan. Dass die Früchte dieser Arbeit nun durch ungelöste politische Konflikte erneut aufs Spiel gesetzt werden, ist völlig unverantwortlich", so Hermes. „Wir brauchen keine Kriegsplanungen und protektionistische Maßnahmen, sondern neue Perspektiven für die Intensivierung unserer Zusammenarbeit."

Was die ökonomischen Gewichte von Russland und der Ukraine angeht, so ist in Dollar gerechnet Russlands Nationaleinkommen 2020 etwas höher gewesen als das von Spanien. Allerdings, in Kaufkraftparitäten ausgedrückt – das bringt einen sinnvollen internationalen Vergleich der Wirtschaftsleistungen – ist Russlands ökonomisches Gewicht etwa zweimal so hoch wie das Spaniens. Das Nationaleinkommen der Ukraine in Dollar gerechnet ist etwa 1/10 so groß wie das in Russland, wobei letzteres 145 Millionen Einwohner hat (Ukraine 44 Millionen), sodass das durchschnittliche Pro-Kopf-Einkommen in Russland höher als in der Ukraine ist (etwa das 2,7-fache in 2020). In Kaufkraftparitäten verringert sich der Abstand, die Größenordnung ist jedoch ähnlich – das russische Nationaleinkommen beträgt etwa das 8-fache des ukrainischen, das Pro-Kopf-Einkommen das etwa 2,3-fache (Weltbank/WDI, 2022). Erst nach 2016 ist das reale Wachstum der Ukraine einige Jahre lang höher gewesen als in Russland (siehe Abb. 6). Durch den Russland-Ukraine-Krieg wird die Produktion 2022 deutlich zurückgehen; in der Ukraine durch Kriegszerstörungen und Flucht, in Russland wegen der internationalen Wirtschaftssanktionen und der Auswanderung von relativ jungen Fachkräften – sie nutzen die Möglichkeiten, etwa nach Finnland auszuwandern; in manchen Fällen wohl auch, um einer Einberufung ins Militär in Russland zu entgehen. Ende März wurde die Bahnverbindung St. Petersburg-Helsinki eingestellt. Die seit 2014 um 300 000 pro Jahr betragenden Fälle von Emigration russischer Bürger:innen wird somit massiv sinken. Russland veränderte sich unter Putin im Frühjahr 2022 zu einem Land, dessen Repressionsregime sich an das der ehemaligen Sowjetunion annähert. Unabhängige Medien gibt es seit Ende März 2022 nicht mehr, die Strafen für Demonstrationen gegen den Krieg sind drakonisch erhöht worden.

Abb. 7. Reales Wirtschaftswachstum (jährliche Wachstumsrate in %): Aufsteigende Marktwirtschaften und Entwicklungsländer, Welt, Ukraine, Russland, Polen

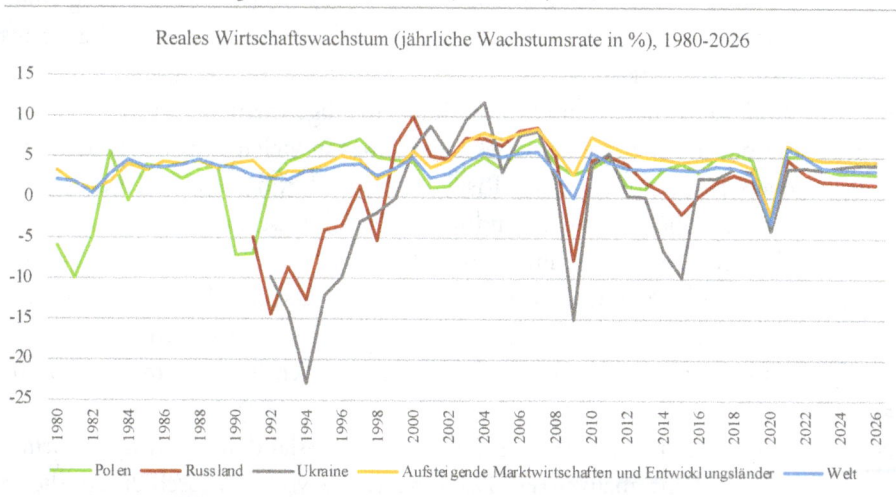

Quelle: Internationaler Währungsfond (World Economic Outlook, Stand Oktober 2021).

Der Westen hat zusammen mit Japan, Korea und Singapur Russlands Großbanken auf dem internationalen Finanzmarkt im Februar 2022 weitgehend blockiert, indem er diese aus dem Swift-Abkommen ausschloss. Die Sanktionen wurden seitens der EU-Länder – also auch Deutschlands – zunächst so gewählt, dass der Handel mit Öl und Gas aus Russland weiterbestehen konnte. Allerdings wurde Mitte März seitens der EU-Länder und der USA auch diskutiert, solche Importe aus Russland zu kürzen oder für eine gewisse Zeit ganz auszusetzen. Russland kündigte seinerseits am 7. März an, dass man Pläne überlege, die langjährig genutzte Erdgas-Pipeline Richtung EU nicht weiter mit Gas zu füllen, was auf einen russischen Gas-Boykott der EU-Länder als Gegenmaßnahme gegen westliche Sanktionen zu sehen wäre. Die EU hat auf ihrem Sondergipfel in Versailles im März 2022 beschlossen, dass man den USA nicht folgen werde, also keinen sofortigen Importboykott bei Kohle, Erdgas und Öl gegenüber Russland beschließen werde. Seitens der Europäischen Union gab es mehrere Sanktionsrunden gegen Russland; am 14. März wurde im Rahmen des vierten Sanktionspaketes ein Verbot von Investitionen in Russlands Energiesektor seitens der EU vorgestellt. Zugleich steigt seitens der USA der Druck auf China, westliche Sanktionen nicht durch chinesische Güterlieferungen an Russland zu unterlaufen. Ein fünftes Sanktionspaket hat die EU-Anfang April 2022 beschlossen. Großbritannien hat schon im März – da verhängten die USA ihr Energieimport-Embargo gegen Russland – angekündigt, dass man zum Ende des Jahres die Energieimporte aus Russland beenden will.

Die durch die führenden US-Anbieter Visa und Mastercard Anfang März erfolgten Suspendierungen internationaler Transaktionen für Karteninhaber aus Russland sowie die Ankündigung der führenden russischen Fluggesellschaft am 6. März 2022, dass man keine internationalen Flüge mehr durchführen werde (Hintergründe sind die Sperrung des Luftraumes in vielen Industrieländern für Flugzeuge aus Russland sowie das Risiko für Aeroflot, dass im Ausland geleaste Maschinen womöglich bei einer Landung außerhalb Russlands im Rahmen westlicher Sanktionen beschlagnahmt werden könnten), verdeutlicht wohl für viele Bürgerinnen und Bürger, dass Russland durch den Ukraine-Krieg international in eine Isolation geraten ist. Inwieweit dies mit Blick auf russische TV-Kriegspropaganda – sie geben ein anderes Bild der russischen Invasion in die Ukraine als unabhängige Medien (etwa in der EU, der Schweiz, Norwegen, UK, USA etc.) – bei der älteren Bevölkerungsmehrheit in Russland als wichtige Information ankommt, bleibt abzuwarten. Die jüngeren Bevölkerungsschichten, die in den ersten zwei Wochen von Russlands Angriffskrieg gegen die Ukraine vielfach digitale soziale Medieninfos nutzten, haben offenbar eine häufig kritische Sicht auf Russlands Invasion der Ukraine.

Russlands Führung hat im Übrigen in den ersten Kriegswochen als Kriegsziele unter anderem betont, dass man eine Entmilitarisierung und Entnazifizierung der Ukraine im Fokus hat; es gibt zwar in Teilen der ukrainischen Gesellschaft rechtsradikale Neo-Nazi-Strömungen (siehe Cohen (2018) und Kommentare in Anhang 3), aber sie repräsentieren nur eine kleine Minderheit. Diese als Begründung für einen Angriffskrieg gegen die Ukraine zu nehmen, wirkt als an den Haaren herbeigezogene Rechtfertigung.

Russlands Überfall der Ukraine und die Besetzung des Landes durch Russland dürfte einen neuen Kalten Krieg in Europa bedeuten. Für Deutschlands Exportwirtschaft ergeben sich im Zusammenhang mit den westlichen Sanktionen gegenüber Russland vorübergehende Probleme, die Exporte nach Russland dürften deutlich zurückgehen; vor allem im Hochtechnologie-Bereich. Der Wert der Importe aus Russland wird vorübergehend deutlich ansteigen, da sich die Öl- und Gaspreise weltweit kurzfristig erhöhen werden: Öl und Gas sowie Metalle sind die Hauptexportgüter Russlands. Was die Gaspreise in Deutschland für private Haushalte im Januar 2021 anging, so lag der Preis 80% über dem Preisniveau von 2008; hinzu kommen dann in den Folgemonaten weitere Preissteigerungseffekte, die sich – im weiteren Sinn – aus dem Ukraine-Russland-Krieg ergeben. Die Inflationsrate in Deutschland und der Eurozone dürfte in 2022 7% erreichen, was kurzfristig die Reallöhne senkt und die Arbeitsnachfrage der Unternehmen daher erhöht – hier könnten neue Arbeitsplätze entstehen, aber nur vorübergehend.

Der Westen wird seine Militärausgaben kurz- und mittelfristig erhöhen, was die gesamtwirtschaftliche Nachfrage mit stabilisieren könnte. Die Entscheidung der Bundesregierung, ein Sondervermögen Bundeswehr von 100 Milliarden € bereitzustellen, schafft für Deutschland eine Basis zur Finanzierung mittelfristig deutlich höherer Verteidigungsausgaben. Ob es dabei gelingt, die Schwächen der Bundeswehr in Sachen Beschaffungseffizienz zu mindern, bleibt abzuwarten.

Wenn Italien seine Militärausgabenquote von 1,6% auf 2% parallel zum Anstieg der deutschen und spanischen Militärausgabenquote von je 1,4% auf 2% erhöhte, so ergäbe sich daraus auf die EU27 bezogen ein fiskalischer Expansionseffekt von zunächst etwa 0,3% des Bruttoinlandsproduktes. Allerdings entfallen erhebliche Anteile erhöhter Militärausgaben auf Importe aus den USA, sodass der fiskalische Ausgabenmultiplikator und damit die Expansionswirkung auf das EU-Nationaleinkommen relativ gering bleibt.

Neben der Produktion in der Ukraine werden auch deren Exporte in 2022 kriegsbedingt sinken. Deutsche beziehungsweise westeuropäische Unternehmen, die aus der Ukraine Vorleistungen beziehen – etwa in der Automobilindustrie –, werden dadurch Produktionsstörungen verzeichnen. Das dürfte allerdings nur vorübergehend die Produktion in Westeuropa negativ betreffen. Indem Russland den wichtigen ukrainischen Exporthafen Mariupol massiv angegriffen hat, verschlechtern sich die Exportmöglichkeiten der Wirtschaft der Ukraine erheblich.

Deutschland dürfte wie die USA, Großbritannien und die Schweiz von sinkenden Zinssätzen bei Staatsanleihen profitieren, da in internationalen Krisenzeiten die Nachfrage nach „sicheren Häfen" beziehungsweise Finanzprodukten ansteigt; dieser Effekt ist separat von inflationsbedingten Zinserhöhungsimpulsen zu sehen. Die Verminderung der Zinssätze in westlichen Ländern stimuliert die Investitionen zumindest in einigen Sektoren. Dabei ist nicht ausgeschlossen, dass etwa ein Produktionsrückgang in energieintensiven Sektoren letztlich gesamtwirtschaftlich dämpfend wirkt. Zusätzliche Ausgaben auf staatlicher Seite könnten sich kurzfristig durch Flüchtlinge aus der Ukraine ergeben; mittelfristig werden diese Menschen zur Produktion in Deutschland beziehungsweise der EU (und anderen Ländern) positiv beitragen, sobald sie in den Arbeitsmarkt integriert sind. Kurzfristig könnte es durch die Flüchtlingsströme in den Aufnahmeländern zu einer Expansion der Schattenwirtschaft kommen.

Da ukrainische Flüchtlinge in den meisten EU-Ländern wegen der Kriegssituation in ihrer Heimat eine mehrjährige Aufenthalts- und Arbeitserlaubnis quasi automatisch erhalten, dürften mittelfristig viele Flüchtlinge beziehungsweise Arbeitskräfte aus der Ukraine auch verstärkt nach Deutschland kommen – in die Bereiche Bau und Pflegekräfte im häuslichen Bereich sowie in wenige andere Sektoren, soweit es um zahlenmäßig bedeutende Arbeitnehmerzahlen geht. Schon vor dem Ukraine-Russland-Krieg gab es in der EU erhebliche Zahlen von Arbeitnehmern aus der Ukraine: vor allem in Polen, wohin etwa ¾ (1,4 Millionen) der ukrainischen Arbeitskräfte hinströmten. Ein Teil der Zuwanderer und Flüchtlinge aus der Ukraine ist gut ausgebildet, wobei jüngere Arbeitskräfte häufig auch digitale berufliche Kompetenzen haben.

2.1 Cyberkrieg und digitaler Kampf via Internet

Schon einige Monate vor dem Angriffskrieg Russlands hatten die USA – oder die Ukraine – offenbar gute nachrichtendienstliche Quellen zur Politikorientierung von Russlands Präsident Putin. Einem Bericht der Financial Times vom 9. März 2022 nach (Tett, 2022) haben die Vereinigten Staaten US-Experten im Bereich der Cyber-Kriegsführung geschickt; Ziel war es, die kritische ukrainische Infrastruktur vor russischen internetbasierten Angriffen zu schützen. Die Ukraine war verstärkt seit 2014 zum Ziel russischer Cyber-Angriffe geworden – 2015 hatte ein Cyber-Angriff auf das Stromnetz in der Ukraine dazu geführt, dass die Stadt Kiew über mehrere Stunden ohne Strom war. Diese US-Hilfe dürfte die Verteidigungsfähigkeit in den ersten Kriegswochen in der Ukraine erheblich gestärkt haben und der FT-Beitrag berichtet, dass sowohl inoffizielle US-Unterstützung beim Kampf gegen Computerviren in der Ukraine hilfreich waren als auch etwa besondere Unterstützungsmaßnahmen, die Microsoft vornahm – Schritte, die die US-Regierung dann auch zur Übertragung auf NATO-Partnerländer empfahl.

In einem Blog Post des Präsidenten Brad Smith (Smith, 2022) von Microsoft vom 28. Februar heißt es, dass man wenige Stunden vor Russlands Angriff auf die Ukraine im Microsoft Threat Intelligence Center eine neue Welle an offensiven und zerstörerischen Cyber-Angriffen gegen die digitale Infrastruktur entdeckt habe. Microsoft kontaktierte umgehend die Regierung der Ukraine und gab Hinweise für die Bekämpfung der Cyber-Angriffe; ein Microsoft-Engagement, das auch fortgesetzt worden sei; es habe auch Hinweise auf Datendiebstahl-versuche bei ukrainischen Regierungsstellen gegeben. Der Microsoft-Präsident erklärte zudem seine Besorgnis, dass neuere Cyberattacken gegen ukrainische zivile digitale Ziele festzustellen waren, wobei dies den Finanzsektor, den Agrarsektor, Notfalldienste, Humanitäre Hilfsengagements und den Energiesektor sowie Unternehmen betroffen hätte. Microsoft kooperiere mit NATO-Dienststellen und auch den US-Behörden in Washington DC.

Der ukrainische Präsident Selenskyj hat sich mit Reden in Russisch während der ersten Kriegswochen wiederholt an die Menschen in Russland und auch die russischen Soldaten im Ukraine-Krieg gewandt. Zudem hielt er, digital aus Kiew zugeschaltet, Reden unter anderem vor den Parlamenten Kanadas, der USA, Deutschlands, Frankreichs, Italiens, Dänemarks, Israels und Japans. Das stärkt international die politische Unterstützung der Ukraine im Krieg gegen Russland.

Russlands Regierung und Präsident Putin wiederum haben in Russland Kreml-kritische Radio- und TV-Stationen sowie Internetdienste aus dem Westen (wie etwa Facebook und Twitter) blockiert. Für die jüngere Generation in Russland kommt ein solches Verhalten der Staatsführung wohl einer Kreml-Selbstanklage in Sachen Ukraine-Krieg gleich, der mit Blick auf Russlands Angriff offiziell nur als militärische Sonderoperation in der Ukraine benannt werden darf. Mit diesem Angriff haben sich die Perspektiven für wachsenden Deutschland-Russland-Handel auf viele Jahre sicherlich deutlich verschlechtert.

2.2 Führende OECD-Geberländer: Eine verwirrende Debatte

Wie bedeutend ist die finanzielle, humanitäre und militärische Unterstützung für die ukrainische Bevölkerung? Die Studie von Antezza et al. (2022) argumentiert – unter Berücksichtigung dieser drei Elemente der Hilfe für die Ukraine zusammengenommen –, dass die Unterstützung der EU-Länder (d.h. der EU27) für die Ukraine geringer ist als die der Vereinigten Staaten. Diese Aussage ist nicht zutreffend, wenn man die Zusagen der EU-Mitgliedstaaten für Flüchtlinge aus der Ukraine mit einbezieht. Bis Ende März 2022 hat Polen fast 3 Millionen ukrainische Flüchtlinge aufgenommen, was – auf der Grundlage von geschätzten 500 € Ausgaben pro Flüchtling und Monat – eine Zusage Polens in Höhe von 18 Mrd. € zusätzlich zu den von Antezza et al. erfassten Zahlen bedeutet; letztere haben weitere bilaterale Zusagen der EU27-Mitgliedstaaten in Höhe von 2,9 Mrd. € zu den Verpflichtungen der Europäischen Kommission und des Europäischen Rates in Höhe von 1,4 Mrd. € und der Europäischen Investitionsbank in Höhe von 2 Mrd. € (insgesamt also 6,3 Mrd. € für die EU/EU27) hinzugefügt. Für Deutschland mit schätzungsweise 300.000 Flüchtlingen – und geschätzten Ausgaben von 1.000 € pro Person und Monat – entspricht dies einer zusätzlichen Zusage Deutschlands in Höhe von rund 3 Mrd. €, die sich in einer „Brutto"-Zusage der EU27 widerspiegeln sollte. Italien würde mit schätzungsweise 200.000 Flüchtlingen für zusätzliche Ausgaben in Höhe von 2 Mrd. € aufkommen. Die kombinierten impliziten Ausgabenzusagen der anderen EU-Länder belaufen sich auf weitere 2 Mrd. EUR für die Unterstützung ukrainischer Flüchtlinge. Die von Antezza et al. ermittelte Deckungslücke beläuft sich für die EU auf rund 25

Mrd. €, sodass die vom Kieler Institut für Weltwirtschaft veröffentlichten Zahlen irreführend sind. Wenn man also die Ausgaben der EU-Mitgliedsländer, des Vereinigten Königreichs und der USA für Flüchtlinge aus der Ukraine als Zusagen berücksichtigt, haben die EU-Länder der ukrainischen Bevölkerung deutlich mehr effektive Hilfe zugesagt als die USA oder das Vereinigte Königreich. Die jeweiligen Ausgaben des Vereinigten Königreichs und der USA für Flüchtlinge sind viel geringer als die Ausgaben Deutschlands oder Italiens. In Europa übertrifft die Unterstützung Deutschlands für die ukrainische Bevölkerung die des Vereinigten Königreichs, Frankreichs und Italiens.

Die führenden OECD-Geberländer für die Ukraine sind in der folgenden Abbildung des Kieler Instituts für Weltwirtschaft (Antezza et al., 2022) dargestellt; die Zahlen basieren auf den Ausgaben für humanitäre, finanzielle und militärische Hilfe für die Ukraine. Die Rangfolge der führenden Geberländer sollte jedoch auch die Ausgaben für ukrainische Flüchtlinge berücksichtigen – z.B. 300 Mio. € pro Monat in Deutschland (auf der Grundlage von geschätzten 300.000 Flüchtlingen); für 2022 kommen etwa 3 Mrd. € an humanitären Ausgaben für Flüchtlinge aus der Ukraine zu den vom Kieler Institut für Weltwirtschaft erfassten Zahlen für Deutschland hinzu, wobei dieser Ansatz verzerrt ist, da er die Ausgaben für Flüchtlinge in den jeweiligen OECD-Ländern nicht berücksichtigt.

Tab. 4. Länderranking in Prozent des Geber-BIP (bilaterale Zusagen an die Ukraine)

Land	Gesamtzusagen (% des BIP)
Estland	78,97%
Polen	17,77%
Litauen	5,64%
Slowakei	4,99%
Schweden	4,56%
USA	3,99%
Tschechien	3,45%
Kroatien	3,38%
UK	2,87%
Frankreich	1,74%
Italien	1,52%
Deutschland	1,41%
Kanada	1,20%
Finnland	0,99%
Malta	0,86%
Griechenland	0,80%
Lettland	0,78%
Dänemark	0,71%
Niederlande	0,49%
Luxemburg	0,45%
Portugal	0,43%
Ungarn	0,43%
Belgien	0,42%
Österreich	0,33%
Japan	0,20%
Rumänien	0,18%
Zypern	0,16%
Slowenien	0,03%
Spanien	0,03%
Irland	0,00%
EU (Kommission und Rat)	1,02%

Anmerkung: Bilaterale Regierungsverpflichtungen gegenüber der Ukraine vom 24. Februar 2022 bis zum 27. März 2022, kollektive EU-Hilfe wird nicht den einzelnen Mitgliedsländern zugewiesen, sondern würde zusätzliche Hilfe darstellen
Quelle: Eigene Darstellung, Daten basierend auf Antezza et al. (2022), Ukraine Support Tracker, 1st (Beta Version), vom 14. April 2022.

2.3 Bilaterale Perspektiven zum Deutschland-Russland-Handel

Der Handel Deutschlands mit Russland ist auf der Importseite Deutschlands durch russische Metalle – davon einige mit kritisch hohen Marktanteilen russischer Anbieter – sowie die Lieferung von Gas, Öl und Kohle dominiert. Deutschland will gemäß Erklärung des Bundeswirtschaftsministers von Ende März 2022 bis zum Sommer 2024 den Energieimport aus Russland sehr deutlich zurückführen; also offenbar auslaufende Belieferungsverträge nicht mehr erneuern. Bei Erdgas will Deutschland zur Mitte 2024 bis auf Restmengen keine Gasimporte aus Russland mehr realisieren. Was die Abhängigkeit Deutschlands von Importen aus Russland angeht, so sind die russischen Erdgaslieferungen für Deutschland kritisch; auch für die EU insgesamt ist der Russland-Importanteil bei Gas mit 40% sehr erheblich.

Die Warenexporte Deutschlands sind vor der Krimkrise (2014) erheblich gewachsen und standen für zeitweise 3,5% der gesamten Exporte. Im Zuge der westlichen Sanktionen gegen Russland – und die Krimregion – und russischer Gegensanktionen ist der Anteil Russlands an den Exporten Deutschlands auf rund 2% gesunken (der Anteil der Ukraine an Deutschlands Warenexporten lag bei 0,4% in 2021). Bei einer Waren-Exportquote Deutschlands von 1/3 stehen die deutschen Exporte nach Russland für etwas weniger als 1% des Bruttoinlandsproduktes. Sektoral überdurchschnittliche Russland-Anteile beim Export erreichen die Sektoren Maschinenbau und Pharma mit 3,1% beziehungsweise 3,6%, der Automobilexport weist nur einen unterdurchschnittlichen Russland-Anteil auf; medizinische und pharmazeutische Erzeugnisse konnten 2021 mit einem Plus von gut 20% gegenüber 2013 eine deutliche Expansion im Export nach Russland – Exportwert 2,5 Milliarden € im Jahr – verzeichnen (Schrader und Laaser, 2022).

Ein massiver Einbruch beim Deutschland-Russland-Handel im Kontext des Ukraine-Krieges wird sich negativ für Russland und Deutschland auswirken, ein entsprechender EU-Russland-Handelsrückgang brächte sicherlich auch deutliche Wirtschafts-Dämpfungseffekte für osteuropäische EU-Länder. Wenn sich Deutschland und die EU auf der Gas-Importseite verstärkt auf Flüssiggas-Importe hin orientieren, wird das zu Preissteigerungen im Energiesektor führen, da LNG (Flüssiggas) rund 10% teurer als eine Gaslieferung über Pipelines ist.

Russland sähe sich wohl langfristig veranlasst, den Außenhandel mit China und anderen Ländern in Asien – sowie Afrika – verstärkt zu intensivieren. Allerdings wäre Russland offenbar bei diesem Außenhandel nach wie vor ein Juniorpartner, denn Chinas Wirtschaft ist viel größer als die von Russlands Volkswirtschaft (Größenordnung China-Russland etwa 5:1 auf mittlere Sicht). Der Vertrauensbruch, den Präsident Putins Einmarsch in die Ukraine markiert, dürfte auf viele Jahre die Perspektiven des Deutschland-Russland-Handels eintrüben.

Wenn Deutschland und die EU in einigen Jahren tatsächlich keinerlei Gas aus Russland mehr importierten, entfielen für die Ukraine im Übrigen die Einnahmen aus Pipeline-Transitgebühren. Russland wird Gas-Überschussmengen nur mit einem erheblichen Preisabschlag in anderen Ländern und Weltregionen verkaufen können. Dabei könnte durchaus über solche Preisabschläge energieseitig eine gewisse Abhängigkeit der belieferten Länder von Russland entstehen.

2.4 Internationale Perspektiven

Krieg zwischen der Ukraine und Russland bedeutet eine Zäsur in den internationalen Beziehungen. Generell wird hier das Vertrauen in die Zuverlässigkeit nationaler Grenzen und das Völkerrecht zumindest vorübergehend untergraben und die Konfliktneigung in vielen Teilen der Welt dürfte sich erhöhen. Am 12. März 2022 wurde im Programm einer russischen TV-Station von Experten diskutiert, welche Möglichkeiten Russlands Militär hätte, die Baltischen Länder und Teile Polens und Schwedens zu besetzen.

Wenige Stunden vor dem Angriff Russlands auf die Ukraine entkoppelte die Ukraine ihr Stromnetz von dem Russlands, was eigentlich – mit neuer Anbindung an das europäische Netz – als ein längerfristiges Projekt bis 2023 angelegt war; mit Testphasen im Winter und Sommer 2022 beziehungsweise einer allerersten Testphase am 24. Februar. An diesem russischen Angriffstag beantragte die

Ukraine eine Not-Zusammenschaltung mit dem europäischen Stromnetz (European Network of Transmission System Operators for Electricity/ENTSO-E). Diese Zusammenschaltung erfolgte in der Tat und nahm Russland die Möglichkeit zur Kontrolle des Stromnetzes der Ukraine (Sabadus, 2022).

Eine wichtige internationale Rolle wird das Verhalten von Chinas Führung spielen, welche im Fall von Russlands Ukraine-Angriff womöglich eine Ermutigung sehen könnte, Versuche zur Machtübernahme in Taiwan verstärkt anzugehen. Damit entsteht auch in Asien, dem Wachstumsmotor der Weltwirtschaft zusammen mit EU/UK und USA, neue Unsicherheit – ähnlich wie in Europa. Das wird die Investitionen in der EU und Asien schwächen. China könnte eine politische Unterstützung von Russlands Kriegspolitik teuer zu stehen kommen, da das Land sich bei einer deutlichen Hilfe für Russland sicherlich Sanktionen der USA und vermutlich auch der EU gegenübersehen wird; das Handelsvolumen Chinas mit den USA und der EU ist rund 10mal so hoch wie der China-Russland-Handel. Im Übrigen waren Chinas Aktienbörsen Mitte März deutlich eingebrochen; eine Wachstumsabschwächung durch den Ukraine-Russland-Krieg wird Chinas Exporte und damit auch das Nationaleinkommen vermindern und wohl auch das Erreichen der von der Kommunistischen Partei Chinas gesetzten Wachstumsziele verhindern.

Die Länder der EU werden sich stärker als bisher noch ökonomisch und auch militärisch zusammenschließen wollen, um sich besser vor weiteren Russland-Aggressionen schützen zu können. Deutschland, Frankreich und Italien dürften hierbei eine Führungsrolle spielen. Russlands digitaler Angriff auf Institutionen in der Ukraine ist dabei ein Warnhinweis, dass die EU-Länder Probleme einer digitalen Abwehr verstärkt in den Blick nehmen müssen. Die nationalen Staatshaushalte werden ebenso wie der EU-Haushalt mittelfristig aufgestockt werden müssen und die Industrie sollte Anreize bekommen, selbst verstärkt in IT-Sicherheit zu investieren. Die Frage einer deutlichen Erhöhung des EU-Haushaltes dürfte sich bald stellen: von gegenwärtig 1% das EU-Nationaleinkommens auf etwa 2%, wobei gemeinsame Verteidigungsausgaben Teil eines höheren EU-Budgets werden könnten.

Zu den kurz- und mittelfristigen Verlierern des Ukraine-Russland-Krieges gehören in Deutschland die Auto-, Chemie- und Maschinenbau-Industrie, für die Russland über viele Jahre ein wichtiger Absatzmarkt war. Ein Einbruch der Aktienkurse ist einerseits in Russland zu erwarten, aber auch in den westlichen Industrieländern. Wenige Tage nach Kriegsbeginn schloss Russland seine Aktienbörse – offenbar um massive Kurssenkungen im Kontext westlicher Sanktionen bzw. des Ukraine-Russland-Krieges nicht ausweisen zu müssen; die Wiedereröffnung für – nur – 30 Tage erfolgte vier Wochen nach Kriegsbeginn. Der Börsenwert der Aktien halbierte sich durch Russlands Angriff auf die Ukraine.

Sinkende (reale) Börsenkurse waren auch in Deutschland, Frankreich und anderen EU-Ländern im März 2022 festzustellen. Das Wirtschaftswachstum wird dann über verminderte Investitionszuwächse gedämpft. In Deutschland sollte man das für 2022 geplante Abschalten der letzten drei Atomanlagen überprüfen. Es gibt in Deutschland zu wenig Reservekapazitäten im Strommarkt, zumal erhöhte Gaspreise einige Gaskraftwerke unwirtschaftlich werden lassen. Auf den grünen Wirtschaftsminister kommen da schwierige Entscheidungen zu. Ein klimapolitisch gewünschter rascher Ausstieg aus der Kohleverstromung wird sich auch nicht machen lassen, wenn die Öl- und Gaspreise deutlich steigen.

Die USA haben am 9. März 2022 angekündigt, dass man den Bezug von Gas und Öl aus Russland einstellen werde. Zu beachten ist, dass die Vereinigten Staaten ein Netto-Exporteur von Gas seit 2017 sind. Ob wichtige EU-Länder auf russisches Gas und Öl in 2022 verzichten wollen, bleibt abzuwarten. Die Gas-Speicher in Deutschland sind Mitte März 2022 nur zu etwa 25% gefüllt, was weniger als in den Vorjahren ist. Ein neues Gesetz wird für 2022 seitens der Bundesregierung neue Vorgaben für eine Mindestbefüllung der Gasspeicher zum Herbst bringen.

Wirtschaftssanktionen gegen Russland können kurzfristig wenig bewirken; aber immerhin musste schon kurzfristig der Aktienkurshandel in Moskau ausgesetzt werden. Die Besetzung der Ukraine durch Russland lässt in der Ukraine eine Art DDR2 entstehen, denn Millionen Ukrainer werden das Land verlassen wollen und Russland wird nur mit einem harten Grenzregime dem entgegenwirken können. So wenig die DDR auf Dauer bestehen konnte, so wenig dürfte eine russische Ukraine-Besetzung langfristig realisierbar sein. Die Zeit wird nicht für Russland spielen, sondern eher für den Westen. Im Übrigen sind für Chinas Wirtschaftswachstum hohe Öl- und Gaspreise eine Belastung, ebenso für Japan und andere Länder in Asien. Die Wirtschaftsinteressen der großen Mehrzahl der Länder in der Welt fordern letztlich Stabilität, Frieden und Wohlstand. Putins Russland hat mit seiner militärischen Aggression in der Ukraine nicht nur den Frieden in Europa zerstört und Russlands Ansehen geschmälert, es wird sich auch international einer breiten politischen Abwehrfront gegenübersehen.

Dabei wird sich wohl der Schulterschluss zwischen den USA und der EU verstärken, die Rolle der NATO wird aufgewertet. Dass die langjährige NATO-Expansion Richtung Osteuropa in Russland verstärkte Bedrohungsängste aufkommen lassen würde, war wohl absehbar. Aber eine Rechtfertigung für Russlands Einmarsch in die Ukraine kann das nicht ernsthaft sein. Mit Blick auf die Baltischen EU-Länder Estland, Lettland und Litauen – jeweils mit russischen Minderheiten – ist wohl kein Einmarsch Russlands zu erwarten, aber Russland wird seine Macht nach dem Einmarsch in die Ukraine verstärkt in Europa auszuüben suchen. Russische Destabilisierungsversuche verschiedener Länder in Osteuropa sind durchaus zu erwarten. Für Deutschlands Exporterwartungen und die Möglichkeiten, profitabel in osteuropäischen Ländern zu investieren, sind das negative Perspektiven.

Im UNO-Sicherheitsrat hat die von den USA eingebrachte Resolution gegen Russlands Angriffskrieg gegen die Ukraine vom 25. Februar 2022 eine klare Mehrheit gefunden, bei einer Gegenstimme von Russland und Stimmenthaltung von China, Indien und den Vereinigten Arabischen Emiraten. Aus den Stimmenthaltungen kann man eine gewisse Missbilligung von Russlands Vorgehen erkennen, zugleich aber auch enge wirtschaftliche oder militärisch-politische Interessen im Verhältnis zu Russland. Am 2. März 2022 hat die Vollversammlung der Vereinten Nationen mit 141 Ja-Stimmen die Ukraine-Resolution angenommen, die eine Verurteilung von Russlands Überfall auf die Ukraine brandmarkte. Auf Seiten Russlands stellten sich nur vier kleine Länder, nämlich Belarus, Eritrea, Syrien und Nord-Korea, im Übrigen gab es 35 Enthaltungen, darunter auch von China, Indien und Pakistan.

Wenn die OECD-Länder, also im Wesentlichen die USA, die EU plus Japan und die Republik Korea Russland durch Wirtschaftssanktionen ganz massiv in die Defensive drücken, wird das Russland unter Putin zu einem kaum noch kalkulierbaren Politikakteur machen und Russland auf lange Zeit hin zu einer massiven Intensivierung der Beziehungen mit China veranlassen – wobei Russland bei einer Umarmung mit China politisch langfristig schlechte Karten hätte. In Russlands östlichen Gebieten – mit geringer Bevölkerungsdichte – könnten sich über viele Jahre immer mehr Chinesinnen und Chinesen ansiedeln, bis diese zu einer von China „politisch betreuten" wichtigen Minderheit werden. Dann könnten östliche Regionen Russlands zu einer Art Ukraine-Fall2 mit chinesischen Vorzeichen werden, was zu einem großen internationalen Krieg führen könnte.

Das Sanktionsregime des Westens könnte längerfristig auch einen Ausschluss Russlands aus den wichtigen internationalen Organisationen bringen. Besonders wichtig sind im ökonomischen Bereich der Internationale Währungsfonds, wo Russlands Mitgliedschaft im März 2022 noch nicht als Thema galt. Zudem die internationale Welthandelsorganisation, die Bank für Internationalen Zahlungsausgleich und weitere Organisationen mit wirtschaftlichem, politischem oder rechtlichem Bezug. Beim Thema Menschenrechte in Europa ist der Europarat besonders wichtig.

Am 11. März erklärte US-Präsident Biden, dass Russland in der Welthandelsorganisation die Meistbegünstigungsklausel verlieren wird, wobei die USA, Japan, Kanada und die EU parallel diesen Schritt zur Erschwerung russischer Exporte vollziehen werden (hier geht es letztlich um Zollerhöhungen auf Exportprodukte Russlands). Die bei der Welthandelsorganisation wichtigen Prinzipien der Meistbegünstigungsklausel und der Ausländergleichbehandlung sind mit Blick auf Russland damit massiv geschwächt. Russlands Regierung hat vor, Unternehmen aus „unfreundlichen Ländern" bevorzugt zu verstaatlichen und damit zu diskriminieren. Hinzu kam am selben Tag die Nachrichten-Meldung, dass Russland aus der Bank für Internationalen Zahlungsausgleich ausgeschlossen werden soll; diese Institution ist wichtig für die Kooperation der Notenbanken auf internationaler Ebene und auch für Vereinbarungen über Regeln im internationalen Bankgeschäft und damit für die Stabilität des globalen Finanzsystems. Der Ausschluss Russlands aus der Bank für Internationalen Zahlungsausgleich scheint ein verfrühter Schritt westlicher Sanktionsverschärfung gegen Russland; es bleiben dann nämlich kaum noch vernünftige Möglichkeiten auf einer letztlich endlichen Sanktionsliste gegen Russland. Auch bei der Osteuropa-Bank in London (EBWE/EBRD) dürfte ein Ausschluss Russlands erwogen werden.

Dass die USA gegenüber Russland die Meistbegünstigungsklausel widerrufen haben, ist nur ansatzweise begründbar. Bei der Welthandelsorganisation (WTO) sind die Vorgaben für Ausnahmen vom GATT-Regelwerk (GATT war die Vorgängerorganisation der WTO) wie folgt in Artikel 21 zum Schutz nationaler Sicherheitsinteressen beschrieben (Wissenschaftliche Dienste, 2019):

„Die Bestimmungen dieses Abkommens hindern eine Vertragspartei nicht daran,

- *a) Auskünfte zu verweigern, deren Preisgabe nach ihrer Auffassung ihren wesentlichen Sicherheitsinteressen zuwiderläuft;*
- *b) Maßnahmen zu treffen, die nach ihrer Auffassung zum Schutz ihrer wesentlichen Sicherheitsinteressen notwendig sind*
  - *i) in Bezug auf spaltbare Stoffe oder die Rohstoffe, aus denen sie erzeugt werden;*

ii) beim Handel mit Waffen, Munition und Kriegsmaterial sowie bei dem mittelbar oder unmittelbar zur Versorgung von Streitkräften dienenden Handel mit anderen Waren und Materialien;
iii) in Kriegszeiten oder bei sonstigen ernsten Krisen in den internationalen Beziehungen;
c) Maßnahmen auf Grund ihrer Verpflichtungen aus der Satzung der Vereinten Nationen zur Erhaltung des internationalen Friedens und der internationalen Sicherheit zu treffen."

Die Vereinigten Staaten – wie die EU-Länder oder etwa Länder in Asien – könnten darauf hinweisen, dass der Ukraine-Russland-Krieg eine ernste Krise der internationalen Beziehungen darstellt. Auch könnten die USA darauf verweisen, dass die Sanktionsmaßnahme gegen Russland letztlich der Erhaltung des Friedens und der internationalen Sicherheit dienen soll.

Die Mitgliedschaft im Europarat (47 Staaten als Mitglieder) hat Russland am 16. März 2022 – nach 26 Jahre Mitgliedschaft – verloren. Der Beschluss der Mitglieder, ohne Russland, war einstimmig. Der Ausschluss Russlands ist nicht unbedingt klug. Denn damit unterliegt das Land beziehungsweise die dortige Rechtsprechung nicht mehr der Überprüfung durch den Europäischen Menschenrechtsgerichtshof. Das schwächt tendenziell den Schutz von Angeklagten in Russland, und auch die Wiedereinführung der Todesstrafe in Russland ist so denkbar geworden. Russland hatte im Übrigen mehrfach angekündigt, dass das Land aus dem Europarat austreten wolle.

Am 16. März 2022 erging das Urteil des Internationalen Gerichtshofs in Den Haag, wonach Russland die Kampfhandlungen in der Ukraine umgehend einzustellen habe. Am 26. Februar hatte die Ukraine dem Gerichtshof als Fall vorgelegt, dass es einen Streit mit Russland gebe über die Interpretation, Anwendung und Erfüllung der Konvention gegen Völkermord. Russland hatte behauptet, dass die Ukraine in den unter dem Einfluss russischer Kämpfer stehenden abtrünnigen Regierungsbezirken Luhansk und Donetsk einen Genozid an der dortigen Bevölkerung verübe: Das war aus Sicht der Regierung Russlands mit als Grund für den Angriffskrieg gegen die Ukraine vorgebracht worden.

Dass Russlands Angriffskrieg gegen die Ukraine mit deutlichen wirtschaftlichen Sanktionen seitens der OECD-Länder zu beantworten sind, ist offensichtlich. Eine kluge Kooperation und Vorgehensweise der USA und der EU sowie anderer Länder ist hier unabdingbar.

Russland aus dem für den internationalen Zahlungsverkehr wichtigen Swift-Abkommen gänzlich auszuschließen, sollte wohl eine der letzten Sanktionsoptionen sein, da damit auf Dauer das internationale Vertrauen in die in Brüssel angesiedelte Organisation Swift als Abwickler internationaler Zahlungen beschädigt zu werden droht, was der weltwirtschaftlichen Integration – in West und Ost sowie Nord und Süd – sicher schaden wird. Das Abschneiden großer russischer Banken als Ende Februar 2022 beschlossene Sanktion setzt diese Banken beim internationalen Geschäft massiv unter Druck.

Ob das Einfrieren russischer Währungsguthaben bei westlichen Zentralbanken ein vernünftiger Schritt der Politik ist, kann man bezweifeln. Es ist mit Blick auf stabile internationale Währungsverhältnisse keine gute Idee, die Notenbanken der westlichen Welt in die Außen- und Sanktionspolitik aktiv einzubinden und es bestehen auch juristisch Probleme, Währungsguthaben eines anderen Landes ohne Weiteres zu beschlagnahmen. Dass Russland auf seine Währungsreserven angewiesen ist, um den Krieg gegen die Ukraine zu führen, ist nur mittel- und langfristig anzunehmen.

Russland hält selbst im eigenen Land bei der Zentralbank Währungsreserven, Währungsreserven im Ausland in Höhe von etwa 300 Milliarden € liegen unter anderem bei den Zentralbanken Frankreichs und Deutschlands. Die im Ausland von Russland gehaltenen Währungsreserven machen wohl fast die Hälfte der gesamten russischen Reserven aus. Wenn der Westen mit guten Gründen Demokratie, Freiheit, Frieden, Marktwirtschaft und Rechtsstaat betont, so sollte man bei der Wahl von Sanktionsmitteln entsprechend handeln. Wenn man Russland den Zugriff auf seine im Ausland gehaltenen Währungsreserven ohne klare Rechtsgrundlage nimmt, sollte sich der Westen nicht wundern, wenn Russland im Ausland gehaltene Staatsanleihen mittelfristig nicht mehr oder nur noch in Rubeln bei Zinszahlungen und Tilgungen bedient.

3
Der Westen und Russland – Beziehungsstille zwischen Großbritannien und Russland über Jahrzehnte

Seit dem Zusammenbruch der Sowjetunion und des Zerfalls des Warschauer Paktes 1991 hatten der Westen und Russland drei Jahrzehnte Zeit, in Europa eine gemeinsame Sicherheitsarchitektur zu entwickeln, wobei natürlich neben führenden europäischen NATO-Ländern auch die USA in entsprechende Verhandlungsprozesse einzubinden gewesen wäre. Der Ukraine-Russland-Krieg zeigt, dass das auf tragische Weise nicht gelungen ist. Besonders wichtig sind die US-Russland-Beziehungen, weil sich hier die alten Gegner des Kalten Krieges in veränderter Weise gegenüberstanden. Die Vereinigten Staaten sahen sich seit 1991 nicht mehr der Sowjetunion gegenüber, sondern einem neuen Russland, wobei es wichtige Fragen der Rüstungskontrolle gab, aber auch Kooperationsfragen: etwa beim Projekt einer internationalen Weltraumstation.

Die USA waren im Übrigen bis 2021 in Afghanistan aktiv, wohin die US-Truppen im Gefolge des Anschlages vom 11. September 2001 dorthin eingerückt waren; mitsamt einer Reihe von NATO-Bündnispartnern. Die USA und Russland gerieten in Syrien aneinander, wo sich im Gefolge des Arabischen Frühlings eine Widerstandsbewegung gegen das Assad-Regime entwickelt hatte. Der junge Präsident Assad suchte im Kampf gegen den Islamischen Staat, eine Terrororganisation, die sich im Nahen Osten über Jahre ausgebreitet hatte, die Unterstützung Russlands. Die Regierung in Moskau sah die Gelegenheit, sich im Nahen Osten als Einflussmacht sichtbar wieder festzusetzen und neben einer Luftwaffenbasis auch einen Militärhafen für sich in Syrien zu gewinnen. Der Islamische Staat war im Wesentlichen wegen der völkerrechtswidrigen US-Aktion im Irak entstanden. Diesen Staat eroberten und besetzten die USA unter Präsident Bush Junior, und zwar auf Basis der falschen Behauptung, dass das Saddam Hussein-Regime über Chemiewaffen verfügte. Russland hatte den Irak-Krieg der USA ebenso kritisch gesehen wie den NATO-Einsatz gegen Serbien im Kosovo-Krieg in 1999, wobei dieser Einsatz völkerrechtswidrig erfolgte. Vor einem

© Der/die Autor(en), exklusiv lizenziert an
Springer Fachmedien Wiesbaden GmbH, ein Teil von Springer Nature 2022
P. J. J. Welfens, *Russlands Angriff auf die Ukraine*,
https://doi.org/10.1007/978-3-658-38855-3_3

Chemiewaffen-Einsatz von Syriens Militär – im Windschatten russischer Militärberater in Syrien – hatte US-Präsident Obama gewarnt und einen solchen Fall als „rote Linie" bezeichnet; das blieb in der Realität ohne Konsequenzen seitens der USA.

Die USA-Russland-Beziehungen hatten eine Verbesserungschance unter Präsident Trump. Allerdings blieb das in Helsinki im Juli 2018 durchgeführte Treffen zwischen US-Präsident Trump und Russlands Präsident Putin wenig ergiebig. Unter Präsident Biden verschlechterten sich die USA-Russland-Beziehungen neuerlich, wobei die Biden-Administration von ihrem Vorgänger, der Trump-Administration, unter anderem das Problem bürgerkriegsähnlicher Auseinandersetzungen in Venezuela erbte. In diesem Land versuchten Russland, aber auch China, Einfluss zu gewinnen, indem sie den populistischen autoritären Herrscher Hugo Chávez durch verschiedene Ölkäufe in einer Situation stützten, in der die USA mit Wirtschaftssanktionen einen Regime-Austausch zu erreichen suchten. Aus Sicht der russischen Regierung steht die US-Invasion im Irak, die den Islamischen Staat hat entstehen lassen, für eine undurchdachte Politik, die letztlich neues Chaos im Nahen Osten entstehen ließ.

Großbritannien unter Premier Blair unterstützte die USA beim Irak-Krieg, während Deutschland und Frankreich hierbei nicht an der Seite der Vereinigten Staaten standen. Großbritannien und Frankreich stürzten zusammen mit den USA durch einen kurzen Luftkrieg gegen Libyen in 2011 den autoritären Machthaber Gaddafi, was in den Folgejahren dort zu bürgerkriegsähnlichen Zuständen führte; auch einige NATO-Länder waren unterstützend an der Seite von der USA, Frankreich und Großbritannien aktiv, nicht allerdings Deutschland. Die Militärintervention in Libyen erfolgte mit Zustimmung des UN-Sicherheitsrates. Im Ergebnis entstand ein Bürgerkrieg in Libyen. Neben den USA, Großbritannien und Frankreich waren dabei auch Russland und die Türkei auf einer der beiden Bürgerkriegsseiten aktiv. Zu den Russland-USA-Beziehungen ließe sich ein ganzes Buch, gerade auch im Blick auf ökonomische Aspekte, schreiben, was hier nicht beabsichtigt ist. Interessanter ist – dabei vereinfacht – beschreibbar und analysewert, die Beziehungs-Entwicklung Großbritannien-Russland zu thematisieren (dabei werden Großbritannien und Vereinigtes Königreich hier zur Vereinfachung als Synonyme verwendet).

Beziehungsentwicklung Großbritannien-Russland

Die Beziehungen Großbritanniens mit Russland sind einige Jahrhundert alt, wobei es gemeinsame vitale Interessen im Ersten Weltkrieg und im Zweiten Weltkrieg gab, als der militärische gemeinsame Gegner Nazi-Deutschland hieß. Zwischen zwei Großmächten beziehungsweise Atommächten sollte es regelmäßige Besuche der Top-Politiker:innen geben. War das im Verhältnis Großbritannien zu Russland der Fall? Der Besuch von Russlands Präsident Putin im Jahr 2003 in London, als Tony Blair als Regierungschef amtierte, war der erste hochrangige russische Staatsbesuch in Großbritannien – dem alten westlichen Führungsland – seit Zar Alexander II in 1874. Zwischen Ländern, deren Regierungschefs oder Präsidenten sich nur alle 129 Jahren besuchen wollten, kann es wohl keine vernünftigen politischen Beziehungen geben. Man kann hier durchaus von einem Politikversagen sprechen, das mit Blick auf die Zeit nach 1973 (als UK EU-Mitglied wurde) negative Übertragungseffekte auf andere EU-Länder hatte. Immerhin besuchte der britische Premierminister Cameron 2011 Moskau und setzte einen knappen Akzent, dass Großbritannien Interesse an guten Beziehungen zu Russland hat. Aber es vergingen immerhin acht wichtige Jahre ohne Top-Gegenbesuch. Es ist natürlich nicht sicher, ob eine intensive frühere Reise-Diplomatie im Verhältnis Westen-Russland viel genutzt hätte. Russlands Staatspräsident Putin wusste 2013 um die zahlreichen wirtschaftlichen Verbindungen auch von Russland zu Großbritannien und von Russland zu Deutschland und Frankreich beziehungsweise zur EU; und ordnete dennoch 2014 die Besetzung der Krim an.

Es gab damals vermutlich ein kurzes Zeitfenster, das der Westen und Russland hätten nutzen können, um ein gemeinsames Sicherheitskonzept in Europa zu entwickeln. Da ein solches nicht erreicht worden ist, stehen Großbritannien und die EU27 sowie die Ukraine und Russland in 2022 vor ernsten Problemen, am Rande eines neuen gefährlichen Militärkonfliktes. Großbritanniens und Russlands Regierungen im Zeitfenster 1991 bis 2021 könnte man einer gefährlichen Untätigkeit bezichtigen.

Der vermutlich von Regierungsstellen Russlands durchgeführte Mordanschlag auf den Russland-Überläufer und eingebürgerten britischen Staatsbürger Alexander Litwinenko – einen Ex-Spion Russlands – hat die Einstellung von Regierung und britischer Öffentlichkeit gegenüber Russland massiv negativ getroffen; Litwinenko wurde am 1. November 2006 offenbar Opfer eines Giftanschlages und starb drei Wochen später. Interessant ist es, die Sichtweise der Russischen Botschaft in London zu den britisch-russischen Beziehungen zu lesen (Botschaft der Russischen Föderation im Vereinigten Königreich, 2022), wobei auch der Litwinenko-Fall angesprochen wird. Die Russische Botschaft in London betont dabei, dass sich die Russland-UK-Beziehungen von einem Zustand guter Beziehungen zu offen feindschaftlichen Beziehungen verschlechtert hätten. Die bilateralen Kooperationsfelder UK-Russland seien von britischer Seite eingefroren worden, was den Strategischen Dialog „2+2" unter Beteiligung der Außen- und Verteidigungsminister betreffe; zudem den Hochrangigen Energie-Dialog, die russisch-britische Kooperation (Steering Committee) im Bereich Handel und Investitionen und das UK-Russia Joint Committee on Science and Technology (Wissenschaftskooperation); regelmäßige Treffen der Außenminister fänden nicht mehr statt. Großbritannien wird kritisiert wegen einer widersprüchlichen Politikhaltung: UK betone, dass die Internationale Weltordnung geschützt werden solle, trug aber mit seinen Interventionen im Irak und in Libyen zu einer regionalen Destabilisierung bei. Großbritannien habe nach dem BREXIT „Global Britain" als neuen Ansatz in der Wirtschaftspolitik betont, aber der internationale Konfrontationskurs wirke nicht so, dass dieser Ansatz verwirklicht werden könnte. Die bisherige UK-Russland-Kooperation im Bereich der Terrorismus-Abwehr sei von britischer Seite gestoppt worden. Die britische Darstellung des Litwinenko-Falls sei falsch. Nur der Kulturaustausch funktioniere noch.

Box 1: Russisch-britische bilaterale Beziehungen aus russischer Sicht

RUSSISCH-BRITISCHE BILATERALE BEZIEHUNGEN

Die Beziehungen zwischen Russland und dem Vereinigten Königreich waren in der Vergangenheit nie einfach. In den letzten Jahren waren unsere politischen Beziehungen durch Instabilität und Unbeständigkeit gekennzeichnet, durch abrupte Wechsel von relativ guten Beziehungen zu offener Feindschaft. Leider scheint dies den allgemeinen Zustand unserer Beziehungen mit dem historischen Westen widerzuspiegeln. Unfähig, seinen Anspruch auf eine universelle Wahrheit in internationalen Angelegenheiten aufzugeben, hat sich London an die Spitze solcher Komplikationen gestellt.

Heute machen die russisch-britischen Beziehungen schwere Zeiten durch. Ungeachtet der positiven Errungenschaften der letzten Jahre wurden diese durch Londons Projektion unserer Differenzen über die Ukraine, die Krim und Syrien auf bilaterale Angelegenheiten erheblich unterminiert.

Wir müssen zugeben, dass der russisch-britische politische Dialog im Moment nicht existiert. London hat alle bilateralen Formate der zwischenstaatlichen Zusammenarbeit, die sich bewährt haben, einseitig eingefroren: Der strategische Dialog „2+2" unter Beteiligung der Außen- und Verteidigungsminister, der hochrangige Energiedialog, der russisch-britische zwischenstaatliche Lenkungsausschuss für Handel und Investitionen und der gemeinsame britisch-russische Ausschuss für Wissenschaft und Technologie. Die regelmäßigen Konsultationen zwischen den Außenministerien sind faktisch eingestellt worden.

Die britische Regierung bedient sich einer feindseligen Rhetorik, die Teil der offiziellen britischen Dokumente ist. Die Behauptungen sind nicht ganz neu, aber der wichtigste gemeinsame Punkt dahinter ist die unverantwortliche und unbegründete Art der Anschuldigungen gegen Russland. Der Gedanke, die Weltordnung zu schützen, klingt aus dem Munde des britischen Premierministers besonders zynisch. Es genügt, an die aggressiven Aktionen des Vereinigten Königreichs im Irak und in Libyen zu erinnern, die nicht zur Stärkung des Völkerrechts, sondern zu zahlreichen Opfern und zum Leid von Millionen von Menschen und zur Destabilisierung ganzer Regionen geführt haben. Gleichzeitig zeigt London ein grundlegendes Unverständnis für die aktuellen Prozesse in der Welt und für das Wesen der auf der UN-Charta basierenden internationalen Rechtsordnung, die das Vereinigte Königreich zu schützen gelobt.

Die britische Gesellschaft erlebt derzeit aufgrund des laufenden Austrittsprozesses aus der EU und interner Spaltungen nicht ihre schönste Stunde. Es ist verständlich, dass ein äußerer Feind dringend benötigt wird, um die öffentliche Aufmerksamkeit abzulenken, und für diese Rolle wurde Russland ausgewählt. Es ist zutiefst bedauerlich, vor allem jetzt, da das Vereinigte Königreich in Anbetracht seiner Ambitionen, ein „Global Britain" zu werden, von einer multidirektionalen, pragmatischen und effizienten Außenpolitik profitieren würde. Ein solcher Ansatz würde dem Vereinigten Königreich zusätzliche Chancen auf den aufstrebenden Märkten eröffnen und sein globales Ansehen durch die Entwicklung eines Dialogs mit anderen Ländern stärken. Der von London gewählte Weg der Konfrontation wird wahrscheinlich nicht zur Erreichung dieser Ziele beitragen.

Die Unterstützung Großbritanniens für die EU-Sanktionen gegen Russland, die von britischen Unternehmern, die in Russland Geschäfte machen, scharf kritisiert wird, ist nicht nur sinnlos, sondern kontraproduktiv. Mit der Aufnahme der Vorsitzenden der Föderalversammlung und anderer Vertreter der russischen Legislative in die Sanktions-liste haben die Briten die Aufrechterhaltung regelmäßiger interparlamentarischer Kontakte unmöglich gemacht.

Vor dem Hintergrund der EU-Gespräche über die Notwendigkeit, „der russischen Propaganda entgegenzuwirken", werden nun antirussische Sanktionen gegen unsere Medien verhängt. London ist auch nicht bereit, seine früher eingeführten Sanktionen in Bezug auf Visa für russische Beamte aufzuheben. Die Briten weigern sich nach wie vor, die Kontakte zwischen den Sonderdiensten vollständig wiederherzustellen, was der russisch-britischen Zusammenarbeit bei der Terrorismusbekämpfung geschadet hat.

Das russische Untersuchungskomitee beendete seine Teilnahme an der „öffentlichen Untersuchung" mit der alleinigen Begründung, dass die Untersuchung intransparent sei und die eingeleiteten rechtlichen Schritte letztlich politisiert würden. Diese Befürchtungen haben sich bewahrheitet.

Wir halten den Fall Litwinenko und die Art und Weise, wie er gelöst wurde, für eine eklatante Provokation der britischen Behörden. Die russische Seite wird niemals etwas akzeptieren, was im Geheimen und auf der Grundlage von Beweisen, die nicht vor einem offenen Gericht geprüft wurden, zustande gekommen ist. Wir betrachten die ganze Situation als einen Versuch, im Zusammenhang mit bestehenden Differenzen über eine Reihe von internationalen Fragen zusätzlichen Druck auf Russland auszuüben. Für uns ist es absolut inakzeptabel, dass der Bericht zu dem Schluss kommt, dass der russische Staat in irgendeiner Weise am Tod von Herrn Litwinenko auf britischem Boden beteiligt war...

Die Kontakte im Bereich der kulturellen Zusammenarbeit haben einen positiven Beitrag zu unseren bilateralen Beziehungen insgesamt geleistet. Der Erfolg in diesem Bereich hat bestätigt, dass die britische Öffentlichkeit und die Kulturgemeinde trotz der vorherrschenden politischen Mutmaßungen zu einem direkten und unvoreingenommenen Dialog bereit sind. Die Ausstellung „Russland und die Künste. Das Zeitalter von Tolstoi und Tschaikowsky" in der National Portrait Gallery, die ein großer Erfolg war, gab der britischen Öffentlichkeit die Möglichkeit, Meisterwerke zu sehen, die als Leihgaben der Staatlichen Tretjakow-Galerie in Moskau zur Verfügung gestellt wurden. Einige von ihnen wurden noch nie außerhalb des Landes gezeigt.

Quelle: Botschaft der Russischen Föderation (2022, Website; eigene Übersetzung aus dem Englischen).

Das britische Parlament hat 2017 eine umfassende Bestandsaufnahme zu den Beziehungen zwischen Großbritannien und Russland vorgenommen (Ausschuss für auswärtige Angelegenheiten des Unterhauses, 2017). Zu diesem Zeitpunkt stellt der Bericht des Parlamentes bereits fest, dass zwischen Großbritannien und Russland ein Tiefpunkt bei den Beziehungen nach dem Ende des Kalten Krieges bestehe. Allerdings sei es notwendig, mit Russland Beziehungen zu pflegen, da das Land eine Nuklearmacht sei – mit Sitz im UN-Sicherheitsrat. Starke Spannungselemente kämen aus dem Verhalten Russlands in der Ukraine und in Syrien. Der Verletzung von Menschenrechten dort gelte es nachzugehen, auch mit finanziellen Sanktionen gegen die Verantwortlichen. Das Putin-Regime wird als verantwortlich angesehen; ein freundschaftlicher Kontakt der Menschen in Großbritannien mit denen in Russland sei allerdings möglich und wünschenswert.

Die Position Großbritanniens wird bei der Johnson-Regierung in einem Bereich in Sachen Glaubwürdigkeit vermutlich problematisch werden können, da die Johnson-Regierung angekündigt hat, dass das Vereinigte Königreich aus der UN-Menschenrechtskonvention aussteigen wolle (die Regierung betont dieses Ziel im Blick darauf, dass dann juristische Einwände von in Asylverfahren abschlägig beschiedenen Asylbewerbern nicht länger möglich wären).

Die russisch-britischen Beziehungen haben seit 1900 nur relative kurze Phasen einer politischen Kooperation erlebt, wobei die Phase der militärischen Allianz mit Großbritannien – und den USA – im Zweiten Weltkrieg wichtig war (für mehr zum Thema russisch-britische Beziehungen, siehe Lucas, 2009; Smith, 2012; German, 2016 and David, 2018).

Dass Großbritannien und das neue Russland im Bereich der Energiewirtschaft zeitweise starke Beziehungen und Verflechtungen – über Direktinvestitionen – entwickelten, mag man als für beide Staaten nützlich angesehen haben. Besser noch wäre es sicherlich gewesen, wenn man in Russland eine sinnvolle Privatisierung von russischen Staatsunternehmen hätte entwickeln können und sich die Verflechtung britischer Energiekonzerne mit privaten russischen Energiefirmen entwickelt hätte. Ordnungspolitisch entstehen jedenfalls Widersprüche, wenn auf der einen Seite nur russische Staatsfirmen stehen, auf der anderen nur private Energiefirmen in Großbritannien. Wenn man Russland im Übrigen stärker von den Problemen einer Dutch-disease-Wirtschaft hätte wegbekommen wollen – insbesondere mit massiven Korruptionsproblemen –, dann hätte man seitens des Westens verstärkt auch auf eine Kooperation außerhalb des Energiesektors setzen sollen. Es überrascht zumindest, dass ausgerechnet aus Großbritannien nur wenige Anbieter aus dem leistungsfähigen britischen Finanzsektor in Russland als Direktinvestoren aufgetreten sind; gerade hier hätte es einen Ansatzpunkt gegeben, um Russland Impulse für eine Entwicklung hin zu einer normalen Marktwirtschaft zu geben. Vor dem Hintergrund historischer Russland-Entwicklungen der 1880er Jahre waren dabei allerdings durchaus auch Risiken zu sehen, dass ein erstarktes Russland die ausländischen Investoren nach wenigen Jahrzehnten wieder aus dem Land hätte verdrängen wollen. Die Frage nach den marktwirtschaftlichen Grundüberzeugungen in Russland sind von Seiten des Westens – aber auch von den Internationalen Organisationen her: etwa der EBWE (Osteuropa-Bank in London) und dem IWF – zu wenig gestellt worden. Wenn man eine postsozialistische Wirtschaft mit massiven Korruptionsstrukturen zu einer Marktwirtschaft mit Rechtsstaat und Demokratie ernsthaft hätte umbauen wollen, wäre diese Frage sorgfältig zu stellen gewesen. Man fragt sich hier, welche Rolle insbesondere auch die EBWE in London über Jahrzehnte gespielt hat; keine wirklich positive, so scheint es mit Blick auf die Realitäten in Russland. Auch wurden Fragen nach den Einstellungen der Bürger:innen – etwa im World Values Survey – zu wenig mit einem entsprechenden Fokus gestellt; Forschung in dieser Richtung wurde von der EBWE unter anderen nicht maßgeblich auf den Weg gebracht.

4
Energie-Perspektiven

4.1 Energie-Importfragen

Wenn man sich für die EU27 die Importe bei Gas und Öl mit Blick auf die wichtigsten Lieferländer in 2020 beziehungsweise im ersten Halbjahr 2021 ansieht, so sieht man, dass bei Gas in 2021 der Anteil Russlands mit 46,8% (bezogen auf Drittländer-Importe von Gas) noch um 2,9 Prozentpunkte höher ausfiel als 2020. Norwegen, Algerien, die USA und Katar folgten mit Anteilswerten in 2021 von 20,5%, 11,6%, 6,3% beziehungsweise 4,3% (Abb. 8). Durch die Inbetriebnahme der North-Stream2-Gaspipeline zu Russland wäre der EU-Anteil bei Gas wohl auf über 50% bei Russland gestiegen. In der Wettbewerbspolitik der EU gilt ein Marktanteil von über 50% als Marktbeherrschungsproblem und man kann von daher schlecht nachvollziehen, warum Deutschland, Österreich, die Niederlande und andere EU-Länder das Projekt North-Stream 2 über viele Jahre politisch forciert haben.

Für eine gasseitige internationale Diversifizierung braucht man vor allem Entladestationen für Flüssiggas in entsprechend ausgestatteten Häfen, wobei die Preise für Flüssiggas etwas höher als für Gas aus Lieferungen durch regionale Pipelines ist. Die Dominanz der regionalen Pipeline-Lieferungen bei Erdgas bedeutet, dass die internationalen Preisunterschiede in einzelnen Ländern beziehungsweise Regionen viel größer sind als bei Erdöl, wo der Preisunterschied zwischen europäischem „Nordseeöl" Brent und US-Öl (West Texas-Notierung) geringfügig ist und im Wesentlichen nur die Transportkosten zwischen USA und EU widerspiegelt.

EU-Importe von Energie-Produkten – Entwicklungen 2020/2021

Abb. 8. EU-Gas-Importe von Haupthandelspartnern (Nicht-EU), 2020 und erstes Halbjahr 2021

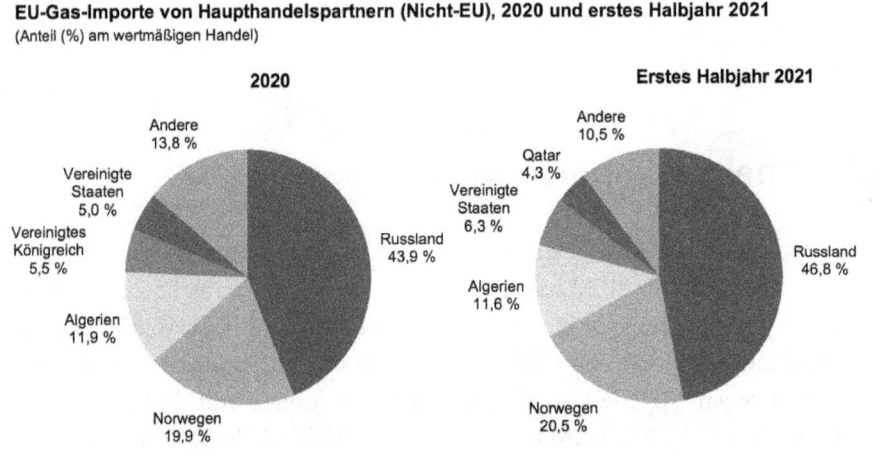

Quelle: Eurostat-Datenbank (Comext) und Eurostat-Schätzungen; eigene Darstellung.

Bei Pipelinenetzen gibt es zudem ein mögliches politisches Störpotenzial in Transitländer, wie es die Ukraine etwa bei der alten Gaspipeline von Russland nach West- und Südosteuropa sein könnte und wie man es offenbar beim gesamteuropäischen Gas-Netz als verbreitetes Ineffizienzproblem vorfindet: Die regionale Pipeline-Struktur ist nicht optimal (Hubert und Cobanli, 2015).

In der EU ist Bulgarien bei Erdgas zu 100% von Russland in 2021 abhängig gewesen. Aber die bulgarische Regierung hat im März 2022 erklärt, dass man Bestellverträge bei Gazprom nicht verlängern werde. Vielmehr will Bulgarien Gas aus Aserbaidschan künftig stark nutzen, wobei die Trans Adriatic Pipeline (TAP) genutzt werden soll, die von Aserbaidschan über die Türkei bis nach Italien Gas leitet. Der Ausbau der TAP-Lieferkapazitäten in größerem Umfang wird sicherlich einige Jahre in Anspruch nehmen.

Bei den EU-Ölimporten aus Drittländern stand Russland mit einem Anteil an den wertmäßigen Ölimporten im ersten Halbjahr 2021 bei 24,7% – etwas weniger als die 25,5% in 2020 –, während Norwegen, Kasachstan, die Vereinigten Staaten, Libyen und Nigeria 9,1%, 8,8%, 8,4%, 8,3% beziehungsweise 6,8% als EU-Anteilswerte verzeichneten (Abb. 9).

Abb. 9. EU-Öl-Importe von Haupthandelspartnern (Nicht-EU), 2020 und erstes Halbjahr 2021

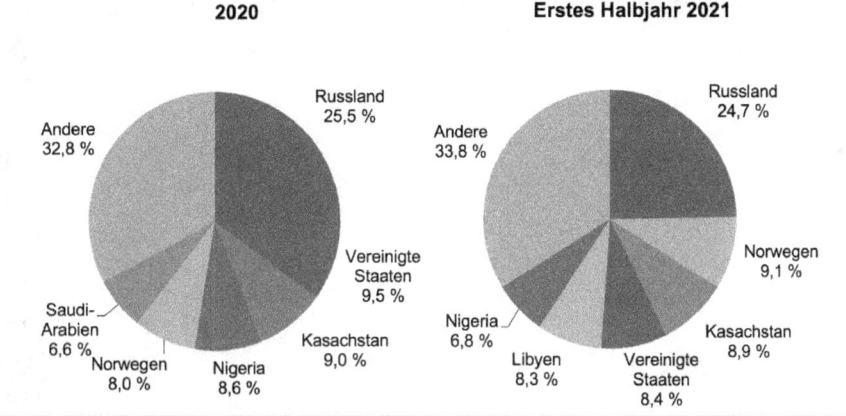

Quelle: Eurostat-Datenbank (Comext) und Eurostat-Schätzungen; eigene Darstellung.

EUROSTAT (2021) gab zur EU-Importabhängigkeit von Russland bei Gas und Öl im Fall einzelner EU-Länder nur Wertebereiche an, um dem Erfordernis der Vertraulichkeit bei der Datenveröffentlichung gerecht zu werden (Tab. 1). In der ersten Jahreshälfte 2021 hatten sechs Länder bei Gas und Öl aus Russland einen höheren Anteil als 5% an den wertmäßigen Gesamtimporten aus Drittländern; und zwar Belgien, Deutschland, Spanien, Frankreich, Italien und die Niederlande. Bei Deutschland und den Niederlanden galt sowohl bei Gas als auch bei Öl, dass Russland mehr als 5% der wertmäßigen Lieferungen von Drittländern ausmachte.

Tab. 5. Anteil von Russland in nationalen Nicht-EU-Importen jedes EU-Mitgliedsstaates, erstes Halbjahr 2021; Anteil (%) am wertmäßigen Handel, sortiert nach Gas-Anteil und alphabetisch

Land	Öl	Gas
	Anteil (%) von Russland in nationalen Nicht-EU-Importen	
Bulgarien	75-100	75-100
Finnland	75-100	75-100
Slowakei	75-100	75-100
Ungarn	75-100	75-100
Rumänien	25-50	75-100
Tschechien	25-50	75-100
Estland	0-25	75-100
Österreich	0-25	75-100
Lettland	n.a.	75-100
Slowenien	n.a.	75-100
Polen	50-75	50-75
Deutschland	25-50	50-75
Schweden	0-25	50-75
Litauen	50-75	25-50
Frankreich	0-25	25-50
Griechenland	0-25	25-50
Italien	0-25	25-50
Niederlande	25-50	0-25
Belgien	0-25	0-25
Irland	0-25	0-25
Kroatien	0-25	0-25
Malta	0-25	0-25
Portugal	0-25	0-25
Spanien	0-25	0-25
Dänemark	0-25	n.a.
Zypern	0-25	n.a.
Luxemburg	n.a.	n.a.

Quelle: Eurostat-Datenbank (Comext) and Eurostat-Schätzungen, EIIW-Darstellung.

Im ersten Halbjahr 2021 lag bei vier Mitgliedsländern der Anteil der Ölimporte aus Russland bei mehr als 75% der Ölimporte aus Drittländern, und zwar Bulgarien, Slowakei, Ungarn und Finnland. Zehn Mitgliedsländer importierten aus Russland mehr als 75% der Gasimporte aus Drittländern, und zwar Bulgarien, Tschechien, Estland, Lettland, Ungarn, Österreich, Rumänien, Slowenien, Slowakei und Finnland. Dabei handelt es sich bei besonders hohen Russland-Anteilen jeweils um Länder, die von Russland relativ wenig entfernt sind.

4.2 Politikoptionen zur Verminderung der Importe von Gas aus Russland gemäß Internationale Energieagentur und Leopoldina

Eine neuere Erdgas-Import-Analyse der Internationalen Energieagentur mit Bezug auf die EU und Russland (IEA, 2022a) und eine ähnliche Studie der Akademie Leopoldina (2022) zu Fragen der Option einer starken Gas-Importkürzung aus Russland durch Deutschland beziehungsweise die EU – als Protest gegen Russlands Angriffskrieg gegen die Ukraine und als Einschränkung russischer Kriegsfinanzierungsmöglichkeiten – werden nachfolgend zusammengefasst, wobei auch einige Inkonsistenzen erkennbar werden. Zunächst ist festzustellen, dass verschiedene EU-Länder stark vom Import von Erdgas aus Russland abhängig sind. Im Übrigen könnte auch ein breiter Energieimport-Boykott gegen Russland aus Sicht von EU-Ländern erwogen werden, was dann neben Gas auch Öl und Kohle umfasste.

Die Internationale Energieagentur (IEA, 2022a) hat am 3. März eine Studie veröffentlicht, die besagt, dass die EU-Länder im Lauf eines Jahres ihre Russland-Gasimporte um mehr als ein Drittel vermindern könnten. Offenbar hat EU-Vizepräsident Timmermans (2022) am 8. März 2022 in seiner Presse-Darstellung zu Möglichkeiten der EU-Energiepolitik auf wichtige Punkte dieser Studie Bezug genommen; Timmermans betonte, dass die EU kurzfristig den Erdgasbezug aus Russland um 30% vermindern könnte und die IEA-Studie nimmt auch im Text Bezug auf die EU und deren Energiepolitik beziehungsweise den European Green Deal. Die obige Studie der Internationalen Energieagentur stellt ein Zehn-Punkte-Programm vor:

1. Die EU sollte keine neuen Gasbezugs-Verträge mit Russland schließen, was die Diversifikationsmöglichkeiten der Europäischen Union beim Gasbezug erhöht.
2. Russland-Lieferungen sollten durch alternative Lieferquellen ersetzt werden (erhöht Nicht-Russland-Lieferung um 30 Milliarden m3).
3. Es soll eine neue Regulierung zur Mindestbefüllung von Gasspeichern beschlossen werden (damit soll das Gasangebot im nächsten Winter gesichert werden).
4. Beschleunigung der Realisierung von neuen Wind- und Solarprojekten (vermindert den Gasimport aus Russland um 6 Milliarden m3).
5. Maximierung der Stromerzeugung durch Bioenergie und Nuklearenergie (Vermindert den Gasimport aus Russland um 13 Milliarden m3).
6. Einführung kurzfristiger Steuermaßnahmen zur Besteuerung von Sondergewinnen – auf Basis der Zusatzeinnahmen des Staates könnten ärmere Verbraucherschichten für die Belastungen durch erhöhte Energiepreise kompensiert werden.
7. Beschleunigtes Ersetzen von Gasthermen durch Wärmepumpen (Importminderung um 2 Milliarden m3).
8. Beschleunigung von Schritten zur Erhöhung der Energieeffizienz bei Gebäuden und der Industrie (Importminderung um 2 Milliarden innerhalb eines Jahres).
9. Ermutigung der privaten Haushalte, die Heizungen durch Thermostat-Absenkung um 1 Grad Celsius (Vermindert Gasimport um 10 Milliarden m3) abzusenken.
10. Intensivierung der Bemühungen um eine Diversifizierung und Dekarbonisierung von verstärkt flexibleren Stromerzeugungssystemen (vermindert die starken Verbindungen zwischen Gasangebot und der Sicherheit europäischer Stromversorgung).

Es ist in der Tat in jedem Fall erwägenswert, den CO_2-Zertifikatehandel – dem erfolgreichen japanischem Vorbild folgend (Welfens, 2019) – auf den Bereich von Bürogebäuden auszudehnen; in einer ökonomischen EU-Dämpfungsphase wäre es durchaus angebracht, politisch angestrebte CO_2-Minderungen zu minimalen Kosten zu erreichen: indem nämlich der CO_2-Zertifikatehandel in der EU über die bisherigen Bereiche Energie und Industrie hinaus ausgedehnt wird; allerdings nicht unter Einschluss des Sektors private Wohnungsvermietung (Welfens, 2022). Im Übrigen ist klar, dass die bisherige EU-weite Abdeckung der Industrie (Großbetrieb im Wesentlichen) und des Energiesektors durch den CO_2-Zertifikatehandel bedeutet, dass die wohl notwendige Mobilisierung von Kohlekraftwerken für die Sicherung der gewünschten Stromproduktion trotz einer politisch verfügten Minderung des Gasbezuges aus Russland keine Erhöhung der CO_2-Emissionen in der EU mit sich bringt. Wenn die CO_2-Emissionen im Energiesektor steigen, dann müssen eben die CO_2-Minderungen in der Industrie ansteigen; das ist wegen der politisch jährlich vorgegebenen CO_2-Emissionsminderungen unvermeidbar. Das wiederum dürfte mit einer Erhöhung der CO_2-Zertifikatepreise einhergehen und dämpft tendenziell damit die gesamtwirtschaftliche Produktion über eine verminderte Rentabilität bei vielen Industrieunternehmen.

Die Analyse der Leopoldina (2022) „Wie sich russisches Erdgas in der deutschen und europäischen Energieversorgung ersetzen lässt" kommt zu der Schlussfolgerung, dass ein kurzfristiger Lieferstopp von russischem Erdgas für Deutschlands Wirtschaft durchaus abzufedern ist. Die Leopoldina verweist dabei insbesondere auf freie Anlandekapazitäten für Flüssiggas in mehreren EU-Ländern; nicht richtig einbezogen wird allerdings das Problem, wie angelandetes zusätzliches Flüssiggas dann nach Deutschland weitertransportiert werden kann. Hier fehlt es an Intra-EU-Pipelinekapazitäten: vor allem in Süd-Nord-Richtung.

Verschiedene Überlegungen zu westlichen Sanktionen und einer deutlichen Kürzung der EU-Energieimporte sowie der US-Importe plus der Energieimporte Großbritanniens aus Russland bringen interessante Befunde. Allerdings kann Russland natürlich auf verschiedene Weise selbst mit Sanktionen gegen den Westen arbeiten und einem westlichen Gasbezugsboykott könnte Präsident Putin mit einem Gaslieferboykott zuvorkommen. Die Verstaatlichung von Tochterfirmen aus westlichen Industrieländern beziehungsweise OECD-Ländern (darunter auch Japan, die Republik Südkorea, Australien) ist eine der Möglichkeiten Russlands, ausländischen Investoren und letztlich den Bürgerinnen und Bürgern in den Industrieländern zu schaden: Es entstehen in diesen Ländern bei den multinationalen Unternehmen mit Direktinvestitionen in Russland nämlich Abschreibungen auf Investitionen in Russland, was verminderte Gewinne und damit auch geringere Aktienkurse in den OECD-Ländern bedeutet. Wer auf dem Aktienmarkt direkt oder indirekt – etwa über eine Lebensversicherung – investiert hat, wird also Verluste realisieren.

Dass die Verstaatlichung ausländischer Unternehmen in Russland der Wirtschaftsdynamik dort erheblich schadet, steht auf einem anderen Blatt. Die Qualität der Unternehmensführung und die Innovationsdynamik wird nach der

Verstaatlichung deutlich sinken, womit sich auch schlechtere Perspektiven für reale Lohnzuwächse in Russland ergeben. Im Übrigen tragen westliche Sanktionen nicht nur zu einer Schwächung der Wirtschaft in Russland bei, sondern auch die fünf asiatischen Länder Kasachstan, Turkmenistan, Usbekistan, Tadschikistan und Kirgisien – sie sind mit der Wirtschaft in Russland eng verbunden – werden mit neuen Wirtschaftsproblemen konfrontiert. Diese fünf Länder erhalten hohe Zahlungen von Gastarbeitern, die in Russland arbeiten; und zudem bedeutet die Verminderung des Realeinkommens in Russland, dass dessen Importe aus fast allen Ländern abnehmen werden. Die globale Flucht von Anleger:innen in sichere Anlegerländer (eine typische Reaktion in internationalen Krisenzeiten) verstärkt den sich aus der Exportminderung der fünf Länder ergebenden Abwertungsdruck bei der jeweiligen Währung. Währungsabwertungen bedeuten erhöhte Inflation und insbesondere einen starken Anstieg der Importpreise.

Was den Erdgasbedarf in Deutschland bis 2030 angeht, so wird ein Rückgang um lediglich 6 bis 17% erwartet (BCG, 2021; dena, 2021; Prognos et al., 2021). Erdgas könnte mittelfristig ein wichtiger, dominanter Energieträger bei der Wärmeversorgung bleiben und wird zunächst auch in der Industrie kaum einfach zu ersetzen sein; in der Stahlherstellung etwa soll Erdgas übergangsweise beim Verfahren der Direktreduktion genutzt werden – bis dann langfristig grüner Wasserstoff genutzt werden kann, der auf Basis Erneuerbarer Energien erzeugt wird. Jenseits der Wärmemärkte spielt Erdgas im Strommarkt eine wichtige Rolle, da mit Erdgas betriebene Kraftwerke rasch hochgefahren werden können; diese Kraftwerke könnten langfristig mit Biogas oder auch mit grünem Wasserstoff betrieben werden. In diesem Kontext wird offenbar zumindest eine Verdoppelung bestehender Kapazitäten notwendig sein. Die Bundesnetzagentur in Deutschland (BNetzA, 2021) geht davon aus, dass es einen Ausbaubedarf von 32 Gigawatt auf 59 bis 88 Gigawatt in 2045 gibt.

Von daher stand bislang der stabile Gasbezug aus Russland für eine wichtige Säule der Energieversorgung in Deutschland und ein denkbares (politisch gewolltes) massives Herunterfahren der Gas-Importe aus Russland wirft eine Reihe von ernsten ökonomischen Herausforderungen auf; indem man kohlebetriebene Reservekraftwerke verstärkt in die Stromproduktion einbezieht, könnte man in Deutschland Erdgas in nennenswerter Menge für die Industrie und die Heizzwecke in privaten Haushalten frei machen (Fischer und Küper, 2022). Das dies klimapolitisch problematisch wäre, versteht sich von selbst, wäre aber in einer Gasversorgungs-Krisensituation wohl so vorübergehend hinzunehmen.

Bei Deutschland betrug 2021 der Anteil der Russland-Gasimporte an den gesamten Gasimporten 59% (Statistisches Bundesamt, 2022; siehe Anhang 1). Für Russlands Exporterlöse und auch für die Finanzierung des Staatshaushaltes ist allerdings weniger der Gasexport entscheidend, sondern vor allem Russlands Ölexport.

Ein optimaler Gasenergie-Importtarif der EU gegenüber Russland

Mehrere Wirtschaftswissenschaftler haben vorgeschlagen, Importzölle auf russische Energielieferungen in die EU bzw. in die westliche Welt zu erheben (siehe z.B. Hausmann (2022), der einen Importzoll von 90% befürwortet hat). Daniel Gros (2022) hat das Problem in einem verfeinerten theoretischen Rahmen betrachtet, in dem die EU-Länder einem russischen Monopolexporteur gegenüberstehen. Was ist der wohlfahrtsmaximierende optimale Einfuhrzoll aus Sicht der EU? Diese Frage wird in einer impliziten Drei-Länder-Perspektive mit der EU, Russland und Asien gestellt – wobei letzteres einen Teil der weltweiten Energienachfrage darstellt. Die wichtigsten Ergebnisse der Analyse von Gros (2022), der ein lineares Modell zur Analyse der Erdgasmärkte verwendet – mit Gazprom als russischem Monopolexporteur – lauten wie folgt:

- Die Hälfte des Importzolls führt zu höheren Preisen für die EU-Verbraucher, während die Zolleinnahmen mehr als ausreichend wären, um die Verbraucher für diesen Verlust zu entschädigen.
- Der EU-Zoll, der die Wohlfahrt für die Europäische Union maximiert, läge bei etwa einem Drittel des Preises, zu dem die EU ihre Importe aus Russland einstellen würde, und dies würde die Nettoeinnahmen von Gazprom um etwa die Hälfte verringern.
- Wenn der Einfuhrzoll als Sanktionsinstrument zur Verringerung der Einnahmen Russlands eingesetzt werden soll, sollte der Zoll höher sein – etwa 60%. Damit würden die Einnahmen von Gazprom auf ein Viertel des Freihandelsniveaus sinken.

Aus dieser Perspektive hätte ein EU-Importzoll auf russisches Gas erhebliche Auswirkungen auf die Einnahmen Russlands aus dem Erdgasexport und würde die Handelsbedingungen (Terms of Trade) der EU verbessern. Nach dieser

Schlussfolgerung wäre es für die EU-Länder angemessen, einen Einfuhrzoll auf russische Gaslieferungen zu erheben. Es gibt allerdings zwei gewichtige Gegenargumente gegen einen Importzoll auf Gas aus Russland:

- Gazprom ist nicht wirklich ein Monopolanbieter und dürfte in der Kriegssituation Ukraine-Russland auch nicht ohne Weiteres als Gewinnmaximierer auftreten. Eher ist es sinnvoll anzunehmen, dass das Staatsunternehmen Gazprom der Zielsetzung der Regierung Russlands folgt, nämlich einen möglichst hohen Schaden in der EU hervorzurufen – eine „Netto-Preissenkung" (Preis ohne Importzoll) sollte man von daher nur in begrenztem Umfang erwarten.
- Der Markt für Erdgas in der EU ist nicht wirklich durch eine Monopol-Angebotssituation (mit Gazprom als Monopolist) gekennzeichnet, sondern viel eher durch ein Oligopol mit wenigen Anbietern. Falls das mengenmäßige Gasangebot durch Gazprom für Deutschland/die EU sich vermindern sollte, wird der Gewinnaufschlag (mark-up) bei den anderen Anbietern mittelfristig ansteigen: für zusätzliche Mengenlieferungen; und die anderen großen Anbieter werden wohl auch versuchen, langfristige Verträge anzupassen und letztlich höhere Preise durchzusetzen, sodass der Gaspreis in der Tat ansteigt und parallel dazu auch die Gewinnaufschläge. Letzteres bringt ökonomische Vorteile für Länder wie Norwegen, Niederlande, Algerien plus USA und Katar – die beiden letzteren als Produzenten von LNG.
- Betrachtet man ein Duopol-Modell des EU-Gasmarktes, also mit den zwei Anbietern Gazprom aus Russland und Anbieter X, in dem vor 2022 Gazprom Stackelberg-Marktführer ist (andere Firmen orientieren sich dann an der Produktionsentscheidung von Gazprom als dem führenden russischen Gas-Exporteur), ergibt sich eine bestimmte Marktkonstellation im Ausgangspunkt. Betrachtet wird im Weiteren eine Änderung der Marktstruktur nach Einführung eines Gas-Importzolls auf dem EU-Gasmarkt durch die EU-Kommission als denkbare Politikantwort des Westens (Roeger und Welfens, 2022b). Dabei ist denkbar, dass Gazprom die Marktführerschaft weiterhin behält; oder aber, dass der neue (Stackelberg-)Marktführer dann ein neuer Anbieter ist – etwa ein Flüssiggas-Anbieter aus den USA. Ein EU-Importzoll auf Gas aus Russland führt zu einem Preisanstieg für Gas in der EU, der ¼ des Importzolls beträgt und zudem ¼ der Kostendifferenz beim neuen Marktführer Flüssiggas zum alten Marktführer Gazprom. Beim Monopolisten-Ansatz von Groß – er betrachtet Gazprom als eine Art Quasi-Monopolist im EU-Gasmarkt – beträgt

der Preisanstieg nach der Zolleinführung die Hälfte des Zollbetrages und die Zolleinnahmen sind ausreichend, um private Haushalte und Unternehmen für den Wohlfahrtsverlust zu kompensieren. Letzterer ergibt sich dadurch, dass der Importzoll zu Preiserhöhungen führt. Die Absatzmenge nach Zolleinführung von Gazprom sinkt im Duopol-Marktansatz aber relativ stark (auch stärker als im Fall eines Gas-Importzolls und unveränderter Marktführerschaft von Gazprom), was die Zolleinnahmen tendenziell dämpft. Die Zolleinnahmen im Röger-Welfens-Modell sind nicht ausreichend, um die Wohlfahrtsverluste von privaten Haushalten und Unternehmen wegen der zollbedingten Preiserhöhung zu kompensieren. Es ist nicht einfach nur eine theoretische Frage, welcher Modell-Rahmen denn sinnvoll ist, wenn die EU einen Import-Zollsatz einführt. Vielmehr ist es wichtig, eine angemessene Modellierung zu wählen, damit man seitens der Politik klar abschätzen kann, was die Zoll-Effekte mit Blick auf Gazprom einerseits (also den „Netto-Durchschnittserlös") und die privaten Haushalte und Unternehmen andererseits angeht. Die Leistungsbilanzposition Russlands verschlechtert sich bei einem EU-Gas-Importzoll wegen der verminderten Gasexporterlöse von Gazprom. Dieser Effekt ist dennoch mit Blick auf die Einnahmeseite des russischen Staatshaushaltes relativ gering; der Staatshaushalt Russlands wird jenseits der Steuern vom Ölsektor stark geprägt (zu Details siehe Yermakov und Kirova, 2017). Der Ölsektor dürfte etwa viermal so wichtig wie der Gassektor sein.

Ein Importzoll von Seiten der EU bei Erdgas aus Russland wäre letztlich also teilweise als Zusatzlast von den Verbraucherinnen und Verbrauchern sowie teilweise von der Erdgas-nutzenden Industrie zu tragen; die Vorschläge im Analyse-Rahmen von Hausmann/Gros für einen Gas-Importzoll sind daher nicht sinnvoll. Angemessen scheint jedoch der Duopol-Lösungsansatz zu sein.

Man könnte mit Blick auf den Fall eines EU-Importzolls gegenüber Gas aus Russland hinzufügen, dass die Vorteile für die EU deutlich geschmälert werden könnten, wenn die russische Regierung Gegenzölle auf EU-Exporte erheben oder z.B. mit einer Welle von Cyberangriffen auf EU-Regierungen, Unternehmen und andere Einrichtungen reagieren würde. Russland würde aber natürlich Gefahr laufen, sich digitalen Gegenangriffen des Westens auszusetzen. Es besteht in der Tat ein gewisses Risiko, dass all dies in einer Eskalationsspirale enden könnte, die sowohl Russland als auch dem Westen massive wirtschaftliche Verluste zufügen würde, einschließlich einer großen Rezession sowohl für die westlichen Länder als auch für Russland.

Dass Russland bis Mai 2022 gegenüber Polen, Bulgarien und Finnland die Gaslieferungen beendet hat, erscheint als illegal insofern, als Russland die Gaslieferungen ja nicht gekündigt hat, sondern im Fall von Polen und Bulgarien darauf hinwies, dass beide Länder der von Präsident Putin geforderten Zahlung in Rubel nicht nachgekommen seien; und dass Finnland quasi bestraft werde dafür, dass das Land der Nato beitreten will. Einseitige Vertragsverletzungen sind im internationalen Handel nicht hinnehmbar; Russland, aber natürlich auch die EU-Länder sollten sich an Verträge und internationale Regeln halten.

Ein Teil der ganzen Energieimport-Embargo-Debatte – inklusive Diskussion über EU-Importzölle gegenüber Gas-Exporten aus Russland – rührt letztlich daher, dass die EU-Länder nach den OPEC-Schocks der 1970er Jahre über drei Jahrzehnte lang den Energieimport aus Russland verstärkt ausgebaut haben und Russland die Energieproduktion und den -export entsprechend verstärkt hat. Es wäre aber schon in den 1990er Jahren sinnvoll gewesen, wenn Russland seine Exportproduktion im Industriebereich und im Bereich digitaler Dienstleistungen ausgebaut hätte. Russlands Regierung hat nur wenig auf die Möglichkeiten gesetzt, etwa durch den verstärkten Export von Industriegütern und von digitalen Diensten beziehungsweise Dienstleistungen die historisch starke Abhängigkeit vom Rohstoffsektor herunterzuschrauben; damit dann aber auch die damit verbundenen „Dutch-Disease-Probleme" (holländische Krankheits-Probleme) zu vermindern – inklusive massiver Korruptionsprobleme. In gewisser Weise hat der Westen zu wenig die Problematik der Neuen Politischen Ökonomie Russlands unter Putin beziehungsweise im traditionellen Wirtschaftsansatz in Russland betrachtet.

Eine stärker auf Industrie, Software- und Dienstleistungsexport sowie Innovationen ausgerichtete russische Wirtschaft – nach Möglichkeit auch mit mehr Wettbewerb und mehr privatem Eigentum an Produktionsmitteln (und nur wenigen Großunternehmen beziehungsweise Oligarchen) – hätte auch ein anderes Politiksystem entstehen lassen können. Das in vielen Bereichen sehr korrupte Putin-Wirtschaftsmodell war notwendigerweise wachstumsschwach und wenig auf den Rechtsstaat sowie das internationale Rechtssystem hin orientiert gewesen; damit war für den Populisten Putin die Versuchung um so größer, durch militärische Abenteuer im Ausland seine Popularität zu vergrößern versuchen. Derlei strategische Überlegungen sind offenbar weder in Berlin, Paris, London und Washington DC entwickelt worden. Hätte man solch eine strategische Neusicht versucht umzusetzen, so wäre dies in Russland sicherlich auf enorme Widerstände gestoßen; selbst dann, wenn der Westen für eine andere Modernisierung Russlands auch mit finanzieller Unterstützung eingetreten wäre. Die im Energiesektor sich ergebende Pfadabhängigkeit der ökonomischen Entwicklung Russlands als großer Energieexporteur sollte man als Problem mindestens klar sehen.

Es besteht im Übrigen nicht unbedingt das von Hans Werner Sinn bezeichnete Ölpreis-Paradoxon, wonach große Anstrengungen des Westens zur Verminderung des Öl- und Gasverbrauches – etwa mit Blick auf das Problem Klimaschutzpolitik – den Weltmarktpreis stark werde fallenlassen, was die ärmere Hälfte der Weltwirtschaft dann zu einem umso größeren Verbrauch an fossilen Brennstoffen anreizen werde. Wenn man eine kritische Mindestmasse an erneuerbaren Energien in der Weltwirtschaft – und ggf. auch zusätzliche Atomstromerzeugung – auf den Weg gebracht hat, lohnen sich ab einem bestimmten Punkt weitere Ausgaben für teure Exploration und den Transport von fossilen Brennstoffen nicht mehr. Allerdings, die zum Teil wenig kluge strategische Wirtschaftspolitik des Westens auf internationaler Ebene findet nun durch den Ukraine-Russland-Krieg einen Zusatzimpuls für eine zeitweise verstärkte Nutzung fossiler Energien – eben damit etwa die EU-Länder russischen Gas-Lieferungen weitgehend ausweichen könnten; bis 2023/2024 könnte das weitgehend gelingen. Eine grundlegende ökonomische Logik spricht in einem neuen Frieden natürlich gleichwohl auch für einen erheblichen Energiehandel zwischen Russland und der EU.

Mit dem Ukraine-Russland-Krieg ergab sich in der öffentlichen Debatte rasch auch die Frage, ob nicht die EU-Länder – und natürlich auch Deutschland – über Energieimporte aus Russland den Krieg wesentlich finanzierten. Umgekehrt, ein Energieimport-Embargo der EU (oder Deutschlands) gegenüber Russland könnte demnach die Kriegsfinanzierung Russlands massiv erschweren, Russlands Kriegsführung beenden helfen. Stimmt diese Argumentation? Dazu einige Punkte:

- Ein Energieimport-Embargo der EU wird den Öl- und Gaspreis auf dem Weltmarkt weiter ansteigen lassen und wird Russland helfen, im Zuge einer Umlenkung der Öl- und Gasexporte von Europa Richtung Asien weiterhin hohe Öl- und Gasexporteinnahmen zu erzielen. Nicht auszuschließen ist, dass es EU-Ländern gelingen könnte, vor allem die wichtigen Öleinnahmen des russischen Staates zu vermindern, sofern etwa Öltanker-Schiffe unter der Flagge von EU-Ländern (z.B. Griechenland, Malta, Zypern) für Ölexporte Russlands nach Asien nicht gechartert werden könnten; oder weil die entsprechenden Schiffe keine Versicherungspolicen mehr erhielten, sodass sie in vielen wichtigen Häfen Asiens ihre Fracht nicht anlanden könnten. Ob das politisch machbar ist, müssen Verhandlungen der EU-Länder in Brüssel im Wesentlichen zeigen; dass etwa griechische Ölreeder sich hier leicht große Geschäfte werden verbieten lassen, ist kaum anzunehmen – denkbar ist es schon. Den Gedanken gilt es weiterzuführen: Wenn aber EU-Länder aus Russland kein Öl mehr importieren wollten, so heißt das nicht, dass sie auf die entsprechenden Ölmengen verzichten wollen. Vielmehr sollen die entstehenden Fehlmengen durch höhere Öl- und Gaslieferungen aus den OPEC-Ländern und den USA ersetzt werden. Sofern diese aber nicht einfach kurzfristig erhöhte Produktionsmengen realisieren können und damit die Zusatzlieferungen nach Europa vornehmen wollen, werden diese Länder den Absatz Richtung Asien vermindern. Dort entsteht dann gerade eine Lücke, die Russland durch verstärkte Exporte Richtung Asien im Fall eines EU-Importboykotts schließen will. Der Westen könnten natürlich via US-Druck auf Länder in Asien zu verhindern versuchen, dass Russland sein in der EU (und den USA und Großbritannien) nicht länger verkäufliches Öl in Asien verkaufen kann. Dann entsteht aus einem EU-Energieimport-Boykott gegenüber Russland so etwas wie ein Welt-Wirtschaftskrieg. Ein Teil von Russlands Öl- und Gasproduktion wird im Lauf der Zeit durch fehlende westliche Ersatzteile Jahr für Jahr entfallen; etwa 5-10% pro Jahr.

- Wenn Russland tatsächlich etwa 20% seiner staatlichen Budgeteinnahmen durch verminderte Öl- und Gasexporte fehlen sollten, dann wird Russlands Regierung wohl den staatlichen Reservenfonds anzapfen, der in früheren Jahren aus hohen Öl- und Gasexporten finanziert wurde. Zudem wird Russland dann eine noch weiter verstärkte inflationäre Kriegsfinanzierung anschieben, was dem Ansehen von Präsident Putin schaden dürfte; aber selbst eine Inflationsrate von 50% oder 70% ist keine Garantie, dass Putin den Krieg gegen die Ukraine stoppen wird. Dies könnte wohl eher schon im Fall einer anhaltenden militärisch erfolgreichen Gegenwehr der Ukraine der Fall sein. Es ist kaum vorstellbar, dass der Westen zulassen wird, dass Russland den Krieg gegen die Ukraine gewinnen könnte. Denn der aggressiven Expansionslogik von Putins Ideologie folgend, besteht dann nämlich ein sehr großes Risiko, dass Russland einfach im Weiteren in andere Ex-Republiken der Sowjetunion einmarschiert; und womöglich gar auf Nato-Gebiet vordringen möchte.

- Je länger der Krieg andauert, umso größer dürften die Risiken sein, dass unabsichtlich Nato-Länder in den Ukraine-Russland-Krieg hineingezogen werden. Dass Russland auf längere Zeit Gebiete in der Ukraine problemlos besetzt halten könnte, ist eher nicht zu erwarten. Denn in den besetzten Donbas-Gebieten dürfte die Unterstützung für Russland zum Teil recht gering sein und auch in Russland selbst dürfte bei einer Wiederzulassung freier Meinungsäußerung kaum eine Mehrheit für eine Ukraine-Besetzung durch Russland sein. Meinungsfreiheit in Russland muss widerhergestellt werden, wenn Russland als akzeptiertes Mitglied der Weltgemeinschaft und der G8 nach einem Friedensschluss – vermutlich unter veränderter politischer Führung – auftreten will. Das alles heißt im Übrigen nicht, dass die Führung der Ukraine im internen Sprachenstreit (Russisch als 2. Amtssprache in bestimmten Regionen) – der ins Jahrzehnt vor 2014 zurückreicht – nicht neue Kompromisse anbieten sollte. Tatsächlich heißt Frieden schließen, eine schwierige Aufgabe im Verhältnis Ukraine-Russland zu bewältigen, aber auch interne Konflikte in der Ukraine zu lösen.
- Wenn von Seiten der Ukraine her immer wieder betont wird, wie wichtig Deutschland in der EU sei – besonders auch vom Botschafter der Ukraine, Andrij Melnyk, öffentlich immer wieder unterstrichen –, so ist hier die Ukraine-Interessenpolitik klar zu sehen: Die Ukraine möchte von Deutschland möglichst viele Waffen haben und mobilisiert seitens Herrn Melnyk immer wieder auch die Erinnerung an den Zweiten Weltkrieg und die besondere Verantwortung, die Deutschland in historischer Sicht habe. Man kann aber durchaus zweifeln, dass massive deutsche Waffenlieferungen kluge deutsche und europäische Politik darstellt. Aus Sicht Deutschlands ist es wichtig, dass man eine solide Verankerung in der EU-Politik in diesen Fragen sucht. Dass die Bundesregierung plötzlich in vielen Medien verbreiteten Zweifeln folgen sollte, wonach *Wandel durch Handel* im strategischen Interesse Deutschlands und Europas sind, ist eine wenig überzeugende Sicht (anders ist die Sache bei der Frage nach einer vernünftigen internationalen Diversifizierung von Öl- und Gaslieferländern, die nicht mehr gewahrt wurde, als der Marktanteil Russlands am Gasmarkt in Deutschland auf über 50% anstieg. Das konnte man schon kartellrechtlich als paradoxes selbstgeschaffenes Problem auf deutscher Seite betrachten, wobei in der Großen Koalition jedoch insgesamt merkwürdig wenig Vorbehalte gegen eine kritisch steigende Rolle Russlands bei den Gaslieferungen sichtbar wurden).

Wenn man sich eher auf die ökonomischen Fragen nach einem Energieboykott Deutschlands oder der EU bezieht – als regierungsseitige Maßnahmen im Kontext des Ukraine-Russland-Krieges –, so sind es zunächst vor allem makroökonomische Fragen, auf die sich die Analyse richten wird. Darüber hinaus geht es um Differenzierungsaspekte: Ob man etwa ein Gasimport-Embargo von Seiten Deutschlands vornehmen sollte, was einige wichtige technische Aspekte, aber vor allem eben wirtschaftliche Fragen und Aspekte beeinhaltet. Soweit man einen Importzoll auf Gas aus Russland vornehmen will, so sollte der offenbar von Seiten der EU27 vorgenommen werden, da ja die EU eine Zollunion ist; diese sollte nicht ausgerechnet auch noch durch Regierungsmaßnahmen in den EU27-Ländern unterminiert werden. Ein EU-Ölimport-Boykott der EU wäre ein spezieller Fall von westlichen Sanktionen gegenüber Russland, den man aber keineswegs unter der einfachen Überschrift behandeln sollte: „Wir beenden die Finanzierung von Russlands Krieg in der Ukraine". Wer etwa mit einer wenig durchdachten Boykott-Politik dazu beträgt, den Weltmarktpreis für Öl oder den regionalen Gaspreis deutlich zu erhöhen, der könnte am Ende Russland die Finanzierung des Krieges gegen die Ukraine zu erleichtern. Was die Größenordnung der ökonomischen Effekte bei einem Öl- oder Gasimport-Boykott durch Deutschland beziehungsweise die EU angeht, so lagen bis Anfang Juni 2022 bereits verschiedene Analysen und Studien vor.

5
Russland-Energieimport-Boykott durch Deutschland und die EU als Politikoption?

Seitens mehrerer Wissenschaftler ist in einer Studie vom März 2022 untersucht worden, wie sich ein denkbarer Russland-Energieimport-Boykott durch Deutschland auf die Wirtschaft in Deutschland auswirken werde (Bachmann et al., 2022) – ein Rückgang des realen Bruttoinlandsproduktes um 0,5 bis (quasi gerundet) 3% wird dabei erwartet. Gegenüber dem Rückgang des Bruttoinlandsproduktes um 4,5% in Deutschland in der Corona-Rezession 2020 erscheint das zunächst als ein erträglicher Preis für eine intendierte Schwächung der Wirtschaft Russlands und seiner Fähigkeit, die Militärausgaben zu erhöhen und den Angriffskrieg gegen die Ukraine fortzuführen. Man sollte allerdings bedenken, dass Russland einem Boykott bei den Energieimporten durch Deutschland seinerseits durch einen teilweisen oder vollständigen Lieferboykott bei Öl, Gas, Kohle und Getreide zuvorkommen könnte und Russland im Übrigen nicht länger in Deutschland absetzbare Mengen an Öl, Gas und Kohle mit Preisabschlägen im Rest der Weltwirtschaft verkaufen kann. Im Übrigen ist die bei Bachmann et al. vorgenommene Modellierung weniger ein makroökonomisches Standardmodell, sondern basiert eher auf einer für die behandelte Problematik nicht wirklich adäquaten Wachstumszerlegung. Von besonderem analytischem Interesse könnte etwa ein modifiziertes DSGE-Makromodell mit Handel- und Direktinvestitionen sein (Roeger und Welfens, 2021; 2022a), das komplexe internationale Effekte beziehungsweise Anpassungspfade konsistent abdeckt. Die Deutsche Bundesbank (2022) kommt für den Fall eines Energieimport-Boykotts in einer Simulation auf einen Realeinkommensverlust von bis zu 5%; zudem wäre schon in 2022 mit 1,5 Prozentpunkten höherer Inflationsrate zu rechnen und auch in 2023 käme nochmals ein zusätzlicher Inflationsschub in ähnlicher bzw. leicht erhöhter Größenordnung zustande.

Kommt es zu einem Ölimport-Boykott gegenüber Russland durch die EU, dann könnte Russland überschüssiges Öl zu überschaubaren Preisabschlägen etwa in Asien verkaufen. Bei Öl dürften die russischen Preisabschläge gering sein, weil ein integrierter Weltmarkt vorliegt, bei Gas sind hohe Preisabschläge

© Der/die Autor(en), exklusiv lizenziert an
Springer Fachmedien Wiesbaden GmbH, ein Teil von Springer Nature 2022
P. J. J. Welfens, *Russlands Angriff auf die Ukraine*,
https://doi.org/10.1007/978-3-658-38855-3_5

zu erwarten, da hier die Belieferung von Kunden-Ländern über Pipelines – und nur zum Teil via LNG-Schiffen – erfolgt. Die Pipelines von Russland Richtung China etwa dürften kaum Reservekapazitäten haben, um russische Überschussmengen im Fall eines EU-Energieimport-Boykotts aufnehmen zu können.

Die größten Abhängigkeiten von russischen Lieferungen am Gesamt-Energieangebot in 2019 bestanden in Litauen, Ungarn, der Slowakei und den Niederlanden mit Russland-Anteilen von über 60% (OECD, 2022; siehe Abb. 10); es folgten Finnland, Österreich, Griechenland, Polen, Lettland, Belgien, Deutschland, Italien – die beiden letztgenannten mit rund 1/3 Russland-Anteil – und Tschechien. Wenig abhängig von Russland-Lieferungen sind unter anderem Dänemark und Schweden, die keinerlei Erdgas aus Russland in 2019 bezogen.

Abb. 10. Russland-Anteile bei Gesamt-Energieimportangebot für ausgewählte Länder, relativ zum inländischen Verbrauch, 2019

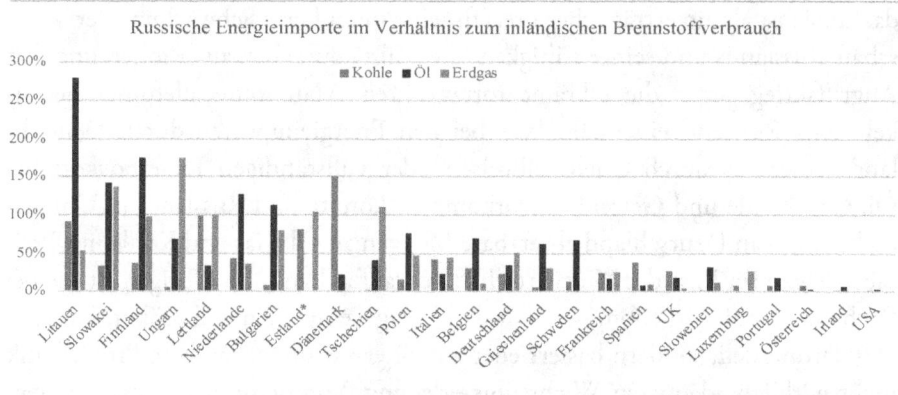

*Anmerkung: Zahlenangaben über 100% können a) Transitmengen, b) Vorräte und/oder c) Import von Rohöl, dessen Raffination und nachfolgende Ölexporte enthalten. * Estland weist für Öl negative Werte auf (-4574%, hier auf 0% gesetzt), was auf die statistische Verarbeitung von Ölschieferverflüssigungsprozessen zurückzuführen ist. Aufgrund der Struktur und Definition der Energiebilanzen ist die TES für Rohöl negativ, da sie die Exporte, nicht aber die Produktion aufnimmt. Diese Methodik wird nur für diese beiden Jahre angewandt, wird aber in der kommenden IEA-Statistikveröffentlichung auf alle Zeitreihen ausgedehnt werden.*

Quelle: Eigene Darstellung basierend auf OECD (2022), Daten von IEA (2022b): Reliance on Russian Fossil Fuels, online: https://www.iea.org/data-and-statistics/data-product/reliance-on-russian-fossil-fuels-in-oecd-and-eu-countries.

Wichtig für eine realistische Einschätzung eines Energieimport-Boykotts gegenüber Russland ist, dass man die Anpassungsreaktionen auf Seiten Russlands und Deutschlands sinnvoll modelliert. Das ist in dem Beitrag von Bachmann et al. nicht der Fall, da Vergeltungsmaßnahmen Russlands und Arbeitsmarkt-Reaktionen in Deutschland modellseitig bei den Autoren nicht einbezogen worden sind. Der Rückgang des Realeinkommens in Deutschland bei einem Energieimport-Boykott wird nicht bei rund 1000 € pro Kopf liegen, wie Bachmann et al. behaupten, sondern bei realistischer Betrachtung eher bei 1500€ bis 2000€; oder als Anteil beim Bruttoinlandsprodukt bei gut 5% und mithin höher als im Corona-Rezessionsjahr 2020. Eine starke Rezession in Deutschland wird sich deutlich negativ auf die Wirtschaftsentwicklung in den Niederlanden, Frankreich und Belgien auswirken – und von dort entsprechend negative Rückwirkungen auf Deutschland haben.

Die in Deutschland eintretende Energieverknappung dürfte den Strompreis mittelfristig nach oben treiben, wobei eine erhöhte deutsche Ersatznachfrage etwa bei Gas aus Norwegen, Niederlande, Algerien, Katar oder den USA zeitweise auch den Gaspreis und zudem auch den Strompreis in der ganzen EU erhöhen dürfte. Weitere globale Hauptexporteure von Gas sind Australien, Malaysia und Indonesien, die allerdings vor allem die Märkte in Asien beliefern (Deutschlands Gasexporte wiederum werden bei einem Russland-Energieimport-Boykott fast gegen Null gehen, da die inländische Förderung im Inland verbraucht wird, sofern bestehende internationale Lieferverträge gekündigt werden können).

6
Russischer Gas-Lieferboykott gegen europäische Länder

Bei Gas hat Russland in 2021 einen Weltmarktanteil von 17% verzeichnet, bei Erdöl von 13%. Russland hat Ende März auf die Weigerung westlicher Länder, Energieimporte aus Russland wie von Präsident Putin gefordert in Rubel zu bezahlen, mit einem Gasliefer-Boykott gedroht. Eine Goldman-Sachs-Studie von Anfang März hat einen solchen Fall – der als unwahrscheinlich eingestuft wurde – analysiert und folgende Hauptbefunde (bei drei Szenarios, wobei ein Szenario der Stopp von Gasexporten durch die Ukraine ist, ein weiteres Szenario einen Komplett-Lieferboykott in 2022 darstellt) ergeben; zunächst der Fall eines teilweisen russischen Lieferboykotts:

- Das reale Einkommen in der Eurozone wird um 0,6% sinken gegenüber dem Ausgangsszenario (ohne Lieferboykott), in Großbritannien um 0,1%.
- In Deutschland wird das Realeinkommen wegen der relativ starken Abhängigkeit von Gaslieferungen aus Russland um 0,9% sinken.

Bei einem Komplett-Lieferboykott in die Eurozone ergeben sich als reale Einkommenseffekte:
- - 2,2% Rückgang für die Eurozone;
- - 3,4% für Deutschland und -2,6% für Italien.

Zudem wird die Inflationsrate in der Eurozone um 1,3% ansteigen gegenüber dem Ausgangsszenario.

Ein russischer Stopp von Gaslieferungen an die EU-Länder wird sektoral zunächst vor allem drei Bereiche und dann mittelbar mindestens einen weiteren wichtigen Sektor betreffen:

- die Chemieindustrie (inkl. Düngerproduktion)
- den Lebensmittelsektor;

- den Stahlsektor;
- indirekt negativ betroffen: der Automobilsektor.

Kommt die Stahlproduktion wegen fehlender Erdgaslieferungen etwa in Deutschland zu einem vollständigen Stopp, dann wird binnen weniger Wochen fast die gesamte Automobilproduktion in Deutschland zum Stillstand kommen; nicht nur Produktionsprobleme werden die Automobilindustrie in Deutschland (bei einem Lieferboykott gegen die ganze EU die EU-Autoindustrie) schrumpfen lassen, sondern die mit steigenden erwarteten Arbeitslosenquoten rückläufige Nachfrage nach langlebigen Konsumgütern, inklusive Automobile. Jeder sechste Arbeitsplatz in der Autoindustrie hängt in Deutschland am Automobilsektor. Der in Deutschland bestehende Notfallplan-Gas sieht im Fall von internationalen Lieferkürzungen zunächst vor, dass Industriebetriebe nach einer rationalen ökonomischen Logik mit Lieferausfällen bei Erdgas rechnen müssen; erst in zweiter Linie kommen die privaten Haushalte in den Fokus, wo dann Lieferausfälle vor allem zu Problemen bei der Heizung für etwa 1/3 der Haushalte führen wird. Am 30. März 2022 wurde in Deutschland erstmals die erste Stufe beim Notfallplan-Gas ausgerufen. Es gibt eine weitere Warnstufe – wo die Märkte die Versorgung noch sichern – und schließlich eine dritte Stufe, bei der staatliche Eingriffe und Anordnungen den Gasmangel politisch verwalten.

Es ist leicht vorzustellen, dass Millionen Privathaushalte und Abertausende Unternehmen, die Probleme bei der Beheizung mit Erdgas im Winter befürchten millionenfach Elektroheizgeräte kaufen und aufstellen werden, was ohne eine staatliche Regulierung im Bereich Elektroheizung dann zeitweise zu einem Zusammenbruch des Stromnetzes führen könnte. Auch denkbare Rekord-Aufträge für Solaranlagen-Installationen bei privaten Haushalten und den Unternehmen wird man binnen weniger Monate nur zu einem kleinen Teil und natürlich nur zu erhöhten Preisen realisieren können.

Hecking, John und Meiser (2015) haben einen Gas-Lieferausfall für Deutschland und die EU-Länder in drei Szenarien früh untersucht, wobei ein russischer Lieferboykott für drei, sechs beziehungsweise neun Monate angenommen wurde. Zwei wichtige Befunde der Studie waren, dass ein dreimonatiger Boykott ohne größere Probleme für Europa wäre, außer für Bulgarien, Polen, die Türkei und Finnland; im Fall eines neunmonatigen Lieferboykotts wären Deutschland, Italien, Frankreich sowie zahlreiche osteuropäische Länder mit erheblichen Wirtschaftsproblemen konfrontiert.

Was die ökonomischen Auswirkungen eines Gas-Lieferboykotts gegen die OECD-Länder durch Russland angeht, was man als Halbierung des Russland-Weltmarktanteils bei Gas einordnen kann, so wird dies ganz erhebliche Preiserhöhungen zur Folge haben – bei internationalen regionalen Unterschieden, da Gasmärkte nicht weltweit integriert sind wie die Ölmärkte. Hamilton (2022) hat darauf hingewiesen, dass bei den OPEC-Preisschocks der 1970er Jahre der Rückgang der Ölversorgung im Weltmarkt 1974 7% und 1979 4% betrug, was jeweils in etwa mit einer Vervierfachung der Ölpreise und einer starken Rezession in den USA (und vielen EU-Ländern sowie Japan) einherging; für die Rezession in den USA macht Hamilton einen starken Rückgang der Automobilnachfrage im Gefolge stark gestiegener Rohölpreise – dies verschlechterte die Konsumentenstimmung erheblich – verantwortlich. Natürlich bedeuten kurzfristige erhöhte Ausgaben für Energie auf Seiten der privaten Haushalte, dass die Nachfrage auf vielen anderen Märkten zurückgeht, wobei im Fall nominaler Marktrigiditäten (Inflexibilitäten behindern sehr rasche Anpassungen im Strukturwandel) eine Erhöhung der Arbeitslosenquote zustande kommt. Die Preiselastizität der Gasnachfrage wird in den OECD-Ländern kurzfristig geringer als bei Öl sein, sodass für die Unternehmen und Verbraucher erhebliche Preissteigerungen zu erwarten sind. Zudem wird Gas überwiegend über Pipelines international geliefert, sodass auch international größere Preisunterschiede entstehen. Ein starker Gas-Preisanstieg in der EU wird es EU-Firmen erlauben, erhöhte Importanteile bei Flüssiggas zu realisieren; für Deutschland ist das nur teilweise eine Entlastung, da LNG-Terminals vor allem in Spanien, Frankreich und Italien zu finden sind und weil die Intra-EU-Gas-Transportinfrastruktur lückenhaft ist.

Bezogen auf die Gesamt-EU wäre einem russischen Gas-Lieferboykott sinnvoll nur durch eine Kombination von Gas-Nachfragesenkungsmaßnahmen und Liefererhöhungen aus anderen Ländern zu begegnen. Gas-Preiserhöhungen in der EU werden dabei Teil der marktwirtschaftlichen Anpassungsprozesse sein (auch wenn etwa Spanien und Portugal staatliche Preisobergrenzen einführen wollen, wie sich auf dem EU-Gipfel Ende März 2022 in Brüssel ergab). Grundsätzlich denkbare komplette internationale Ersatzlieferungen für Gas aus Russland erscheinen als unrealistisch (McWilliams et al., 2022):

- Die Flüssiggaskapazitäten in vielen EU-Ländern sind ebenso wie Intra-EU-Gasexportmöglichkeiten begrenzt. LNG-Schiffskapazitäten sind kurzfristig nur begrenzt verfügbar (allerdings sind die meisten Verträge so, dass der Bestimmungshafen verändert werden kann – hier könnten sich wohl-

habende EU-Länder wohl in einer Reihe von Fällen dann in der Konkurrenz auch durchsetzen).
- Beim internationalen LNG-Export sind Länder in Asien und die dort geschlossenen langfristigen Lieferverträge wichtig; es ist kaum anzunehmen, dass sich größere LNG-Exportmengen aus Asien Richtung EU kurzfristig umdirigieren lassen; zumal ja die Märkte in Asien langfristig weiter an Bedeutung zunehmen.
- Wenn steigender EU-LNG-Import die Gaspreise in der Europäischen Union weiter hochtreibt, so schwächen steigende Energiepreise die Konjunktur.
- Eine von der EU-Kommission mitorganisierte Intra-EU-Verteilung von zusätzlichem LNG wird in vielen Fällen innerhalb der Europäischen Union zu politischen Konflikten führen; zumal man auch die Ukraine zu beliefern haben dürfte.

OECD-Modellierung einer Energieimport-Senkung und Bachmann et al.-Studie

Die OECD (2022) als internationale Wirtschaftsorganisation hat auf Basis des NiGEM-Modells den Effekt einer allgemeinen 20%-Energieimport-Minderung für einzelne Industrieländer simuliert (die obigen Effekte sind nicht einbezogen). Bei einer 40%-Energieimport-Verminderung – das wäre in mehreren EU-Ländern ein Energieimport-Boykott – sind die in der Abbildung gezeigten Größenordnungen bei Rückgang des Realeinkommens zu verdoppeln, was bei einigen Ländern darauf hinausläuft, dass das Realeinkommen um 2% bis 4,5% sinken wird. Bei Deutschland ginge es um etwa 1,9%, bei Spanien, Italien und Niederlande läge der Rückgang bei etwa 2,5%. Die OECD-Modellergebnisse hängen wesentlich ab von den Annahmen über kurz- und mittelfristige Substitutionselastizitäten, die von der OECD offenbar relativ hoch angesetzt werden – nämlich in Übereinstimmung mit Standardmodellen, die allerdings eher auf langfristige Anpassungsprozesse fokussiert sind (in der Studie der OECD, 2022, ist diese Thematik schlecht nachzuvollziehen). Die OECD-Simulationsergebnisse zu Einkommensrückgängen im Kontext einer Energieimport-Minderung um 20% sind wohl eine deutlich zu gute Einschätzung der Einkommensrückgänge in den OECD-Mitgliedsländern (siehe Abb. 11, basierend auf einer Abbildung im OECD Economic Outlook, Interim Report März 2022).

Abb. 11. Erwarteter Realeinkommensverlust bei einem 20%-Rückgang der Energieimporte (basierend auf OECD, 2022)

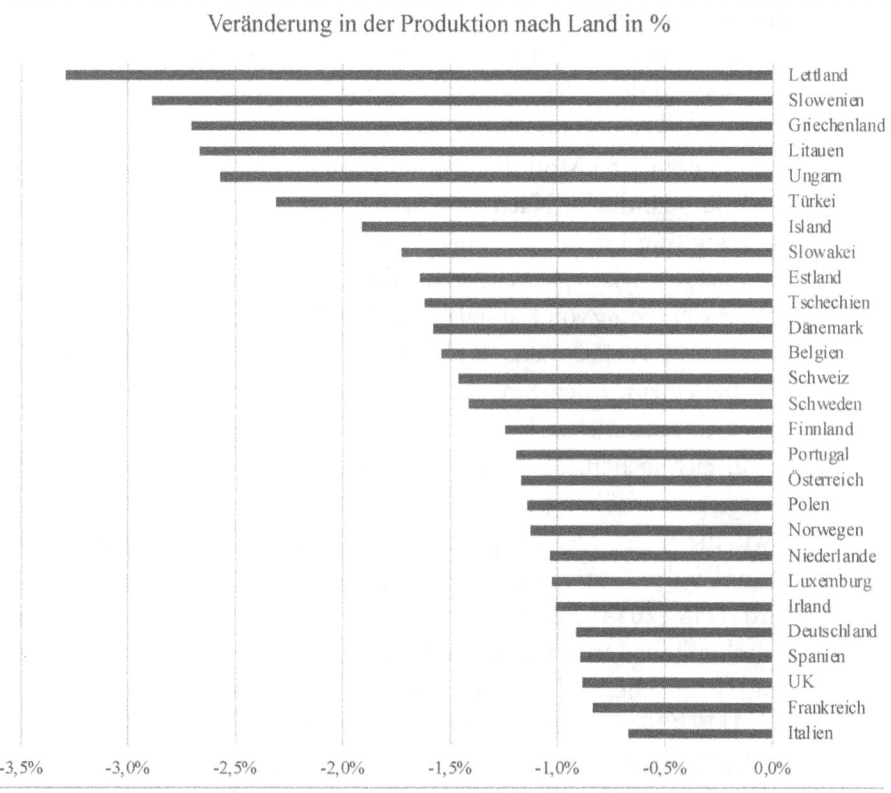

Anmerkung: Basierend auf einer Verringerung (um 20%) des direkten und indirekten importierten Energieinputs aus fossilen Brennstoffen, raffinierten Brennstoffprodukten und der Strom- und Gasversorgung.
Quelle: Eigene Berechnungen auf der Grundlage von OECD (2022), Abb. 6; Daten aus der OECD-Datenbank IOTs 2021.

Die Modellierung bei Bachmann et al. (2022) hat infolge einer verengten Problemsicht, einer wenig makroökonomischen Modellierung (jenseits eines Ansatzes zur Wachstumszerlegung) und einer fehlerhaften Modell-Annahme bei der Beschäftigung erhebliche Defizite und insgesamt sieben Schwachpunkte:

1. Es wird ausgeblendet, dass Russland ökonomische Vergeltungsmaßnahmen gegen Deutschland – oder die EU insgesamt – vornehmen wird; erhöhte russische Importzölle etwa könnten die deutschen Exporte nach Russland deutlich drücken. Der reale Einkommensrückgang könnte für Deutschland etwa 0,1% des Bruttoinlandsproduktes erreichen.
2. Russland könnte als Reaktion auf einen deutschen Energieimport-Boykott die Vermögen deutscher Unternehmen in Russland verstaatlichen. Der Bestand deutscher Direktinvestitionen in Russland beträgt etwa 20 Milliarden €, was gut 0,5% des deutschen Realeinkommens entspricht.
3. Die ökonomische Modellierung bei Bachman et al. erfolgt im Kern so, dass die inländische Nachfrage beziehungsweise das Güterangebot als abhängig vom Einsatz von Energie, Kapital und Arbeit dargestellt wird; ein Energieboykott wird so modelliert, dass der Energieeinsatz sinkt. Aber die Nutzung von Kapital und Arbeit bleibt unverändert, was besonders beim Arbeitseinsatz unplausibel ist. Geht der Arbeitseinsatz um 3% (bei einem realen Einkommensrückgang um 3%) zurück, bedeutet das einen zusätzlichen Realeinkommensverlust von etwa 2%. Es ist aber davon auszugehen, dass die mit einem Energieboykott einhergehende Energiepreiserhöhung und die damit verbundenen Strompreisanstiege sowie die Energieverknappung – etwa in der Chemischen Industrie – zu sinkender Güterproduktion und erhöhter Arbeitslosigkeit führen wird. IHS (2014) hat die sektoralen Effekte einer relativen Strompreiserhöhung für Deutschland untersucht und deutliche Produktionsrückgänge in der chemischen Industrie als Effekt herausgearbeitet. Die Studie von IHS (2014) hat gezeigt, wieviel zusätzliche Arbeitsplätze jeweils in den Sektoren Metallerzeugung, Chemie/Pharmazeutische Produktion, Maschinenbau und Automobilbau an je 100 direkten Sektor-Jobs hängen: Im Automobilsektor waren es 190 zusätzliche Arbeitsplätze, im Bereich Chemie/Pharmazeutische Produktion ging es um 178 indirekte Arbeitsplätze und im Metallbau beziehungsweise dem Maschinenbau ging es um zusätzliche 138 beziehungsweise 96 Arbeitsplätze. Die IHS-Studie hat herausgearbeitet, dass die wichtigen Exportsektoren Deutschlands relativ energieintensiv sind und das eine erhöhte Gasförderung in Deutschland die internationale Wettbewerbsfähigkeit steigern könnte; und das Strompreiserhöhungen in der Industrie eine Minderung der Wettbewerbsfähigkeit wichtiger Sektoren und mithin erhebliche direkte und indirekte Jobverluste zur Folge hätten.

4. Der bei Bachmann et al. für ein Jahr betrachtete Rückgang des Realeinkommens wird bei trägen realwirtschaftlichen Anpassungsreaktionen in einigen Sektoren in den Folgejahren mit (verminderten) Dämpfungseffekten auf die Wirtschaftsentwicklung in Deutschland einhergehen; im Folgejahr könnte der Realeinkommensrückgang nochmals 0.5% bis 1% betragen. Russland könnte im Übrigen den Gasexport in die Mehrzahl der EU-Länder als Reaktion auf einen deutschen Energieimport-Boykott gegen Russland stoppen und dann auch die Ukraine durch Gasexport-Verweigerung in ernste Probleme im Winter stürzen, wobei die Regierung der Ukraine sicherlich auf kompensatorische Gasexporte aus der EU Richtung Ukraine setzen wird – hier entsteht dann ein ernstes ökonomisches, logistisches und politisches Problem, das man in der Europäischen Kommission und beim Europäischen Rat bis Ende März 2022 nicht diskutiert hat. Man muss auch bedenken, dass Russlands Produktion – die ohne ein deutsches/EU-Embargo im Jahr 2022 voraussichtlich um etwa 11 % zurückgehen wird (Weltbank, 2022b) – im Falle eines westlichen Energieimport-Embargos weiter sinken würde, was erhebliche negative Spillover-Effekte auf das Realeinkommen in den zentralasiatischen Ländern haben wird, wo zwei Länder im Jahr 2021 Überweisungen aus Russland in Höhe von über 15% des Nationaleinkommens verzeichneten (ADB, 2022); Wanderarbeitnehmer in Russland werden in vielen Fällen infolge einer größeren Rezession in Russland ihren Arbeitsplatz verlieren, sodass die Überweisungen erheblich zurückgehen könnten, was wiederum die wirtschaftliche und politische Stabilität in den zentralasiatischen Ländern untergräbt. Diese Aspekte wurden auch von Bachmann et al. vernachlässigt.
5. Es wird negative Auswirkungen des Wirtschaftseinbruchs in Deutschland bei den Haupthandelspartnern Niederlande, Frankreich, USA und China geben – davon ausgehend dann negative Rückwirkungen auf Deutschlands Export- und Wirtschaftsentwicklung. Diese Rückwirkungen dürften einen deutschen Realeinkommensverlust von 0,3% des Bruttoinlandsproduktes ausmachen.
6. Von Deutschland wird ein Beitrag zur Stabilisierung der Gas- und Stromversorgung der Ukraine erwartet werden; dies bedeutet mittelfristig Kosten von 0,1% des Bruttoinlandsproduktes von Deutschland.
7. Die Schwankungsbreite auf den Euro-Finanzmärkten erhöht sich – messbar durch den CISS-Indikator der Europäischen Zentralbank (Hollo,

Kremer and Lo Duca, 2012; Kremer, 2016; siehe nachfolgende Abb. 12) –, was sich negativ auf die realwirtschaftliche Entwicklung auswirken kann. Der CISS-Wert im Krisen-Monat März 2022 war ähnlich hoch wie nach dem negativen britischen EU-Referendum im Juni 2016. Er war aber noch geringer als bei der Transatlantischen Bankenkrise. Käme es zu einem Gasliefer-Stopp durch Russland in der kurzen Frist oder ein deutsches Energieimport-Embargo aus Russland, so dürfte der CISS-Schwankungsindikator für die Finanzmärkte der Eurozone deutlich ansteigen: Zu erwarten sind dann negative Finanzmarktimpulse beziehungsweise Realeinkommensrückgänge – u.a. wegen erhöhter Risikoprämie im Unternehmenssektor – via verminderte Investitionen im Industrie- und Dienstleistungssektor beziehungsweise wegen einer Friktionserhöhung auf dem Finanzmarkt; die dürften etwa 0,5% des Nationaleinkommens ausmachen. Einen negativen Zusammenhang von CISS-Indikatorwert und Wachstumsrisiken in der Eurozone wurde von Figueres und Jarocinski (2020) aufgezeigt. Im Rahmen eines aktualisierten CISS-Indikatorkonzeptes werden Corona-Schock-Erfahrungen an den Finanzmärkten mit aufgenommen, was die ökonomische Relevanz des (modifizierten und dabei täglich aktualisierten) Indikators erhöht.

Abb. 12. CISS-Indikator der Europäischen Zentralbank zur Erfassung von Finanzmarkt-Systemstress in der Eurozone, Januar 2007 bis 25. März 2022

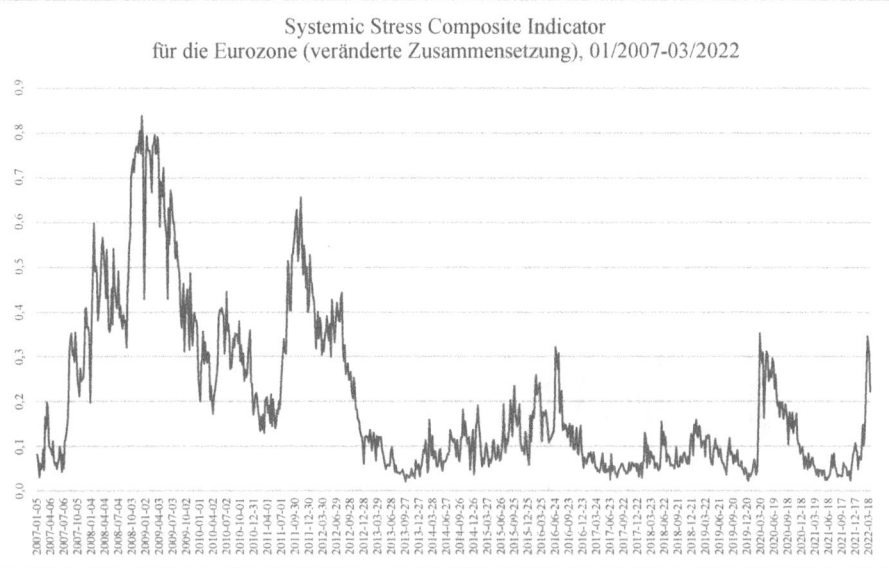

Anmerkung: Wöchentliche Index-Daten vom 5. Januar 2007 bis 25. März 2022.
Quelle: ECB Statistical Data Warehouse, Composite Indicator of Systemic Stress (2022) EIIW-Darstellung.

Bei dem aktualisierten CISS-Indikatorkonzept kann man aus dem Vergleich der CISS-Indikatoren für die Eurozone und die USA erkennen, dass der Ukraine-Russland-Krieg zu einer höheren Schwankungsintensität des Systemstress-Indikators für die Finanzmärkte in der Eurozone – im Vergleich zu den USA – geführt hat. Die durch Finanzmarkt-Volatilität im Frühjahr 2022 entstehenden Wachstumsrisiken im Kontext des Ukraine-Russland-Krieges sind demnach in der Eurozone relativ hoch (siehe Abb. 13).

Abb. 13. CISS-Indikatorentwicklung in den USA und in der Eurozone (Tageswerte, 2019 bis 30. März 2022)

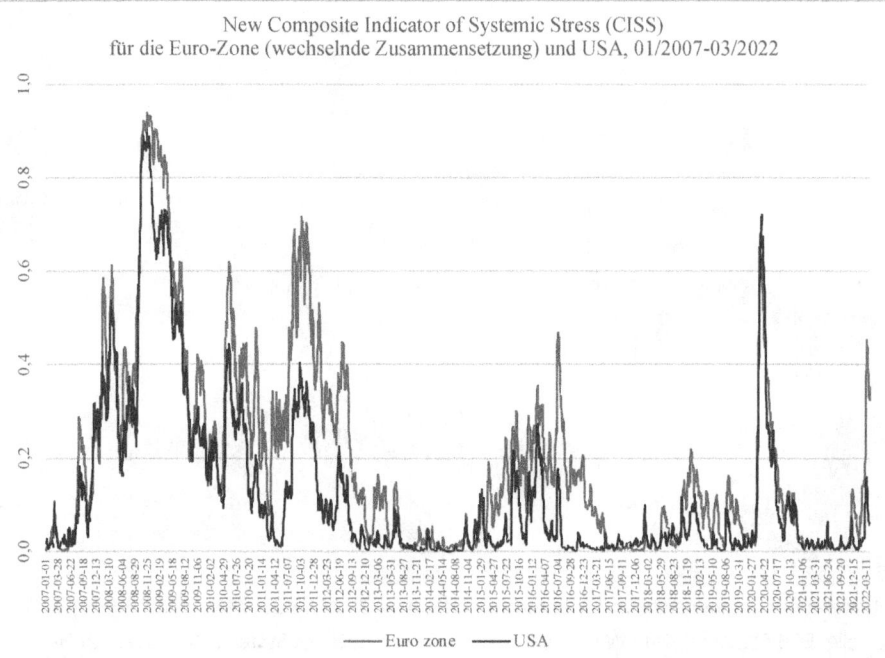

Anmerkung: Wöchentliche Index-Daten vom 1. Januar 2007 bis 25. März 2022.
Quelle: ECB Statistical Data Warehouse, Composite Indicator of Systemic Stress (2022), EIIW-Darstellung.

Ein ernstes Problem ist dabei für Deutschland, dass die Inflationsrate im März 2022 auf 7,3% gestiegen ist. Im Fall eines Energieimport-Boykotts durch Deutschland (oder die EU) könnte über massiv weiter steigende Energiepreise die Inflationsrate durchaus auch zeitweise zweistellig werden. Hier gibt es dann zeitweise Beschäftigungsgewinne – gemäß der Logik der Phillips-Kurve –, da die Reallohnsätze unerwartet in 2022 sinken werden. Der Staat dürfte auch ein Inflationsgewinner sein, soweit etwa die für 2022 geplante Rentenerhöhung real gerechnet negativ sein dürfte: sowohl in Westdeutschland als auch in Ostdeutschland.

Die Simulationen des IMK (Behringer et al., 2022) mit dem NiGEM-Modell zeigen, dass ein deutscher Importstopp russischer Energie zu einem Rückgang des Realeinkommens um 6% führt, was das Doppelte des ungünstigsten Wertes bei Bachmann et al. (2022) ist. Eine wichtige Frage betrifft die nach der Preiselastizität bei Erdgas, die bei Auffhammer und Rubin (2018) auf etwa -0,2 geschätzt wird: Ein Anstieg um 1% führt zu einem Rückgang der verbrauchten Gasmenge von 0,2%. Die IMK-Analyse weist interessanterweise darauf hin, dass bei privaten Haushalten, die aus einem günstigen Gasbezug von 6 Cent/KWh nach Konkurs des bisherigen Lieferanten beziehungsweise Anbieters in die Regelversorgung des lokalen Anbieters fielen – zum erhöhten Preis von etwa 34 Cent/KWh – die Gasnachfrage auf null bei den betreffenden Haushalten hätte fallen müssen; das war offenbar nicht der Fall. Die Annahme bei Bachmann et al., dass man durch expansive Fiskalpolitik (also Nachfragepolitik) die Schockeffekte einer Angebotsstörung im Kontext eines Energieimportstopps aus Russland – da werden ja zunächst vor allem die Sektoren Chemie, Stahlerzeugung und Lebensmittelproduktion in der Produktion negativ betroffen – so kompensieren kann, dass Vollbeschäftigung erhalten bleibt, ist völlig unplausibel. Ein Jobverlust von 2 bis 6% als in etwa realistisches Szenario bei einem Energieimport-Embargo bedeutet bis zu zwei Millionen mehr Arbeitslose für Deutschland, wovon wiederum negative gesamtwirtschaftliche Nachfrageimpulse ausgingen und mithin auch ein weiterer Rückgang des realen Bruttoinlandsproduktes.

Immerhin betrachten Bachman et al. (2022) die Herausforderung, dass relativ arme Haushalte besonders stark von Benzinpreiserhöhungen betroffen sein könnten. Dabei wird vorgeschlagen, dass der Staat diesen Haushalten über höhere Transfers eine Kompensation zahlen soll. Ein gewisses Problem ist in diesem Kontext allerdings aus den USA bekannt: 10% der Haushalte haben gar keine Benzinausgaben, während wiederum eine andere Haushaltsgruppe mehr als 10% des Einkommens für Benzin ausgibt (Hamilton, 2022). Wenn man einfach nur arme Haushalte kompensiert, so wird diese staatliche Maßnahme nicht sehr zielgerecht sein.

Die Effekte 2) bis 7) in der nachfolgenden Tab. 6 werden weder in der OECD-Studie noch in der Studie von Bachmann et al. (2022) betrachtet. Als plausibler Gesamteffekt wird hier ein realer Einkommensverlust für Deutschland von bis zu -6,5% angesehen, was einem Rezessionsschock wie bei der Transatlantischen Bankenkrise entspricht und größenordnungsmäßig höher als der Realeinkommensrückgang im Corona-Schockjahr 2020 ist. Zudem sind Wohlfahrtsverluste durch die wegen des Ukraine-Russland-Krieges eingetretene Inflationserhöhung – Größenordnung 2 Prozentpunkte Zunahme der Inflation – hinzuzurechnen, was die politische Unzufriedenheit in Deutschland erhöhen wird. Diese Einschätzung basiert auf grundlegenden Einsichten der Neuen Politischen Ökonomie zum Verhalten der Wählerschaft, wobei man einen gewissen

Sympathie-Bonus für die Regierung als Ukraine-Sondereffekt hier zu beachten hat. Die Bachmann et al.-Studie ist wichtig für die Debatte über Effekte eines Energieimport-Boykotts, aber die Studie ist deutlich zu optimistisch mit Blick auf den Einkommensrückgang für Deutschland.

Tab. 6. Erwarteter Realeinkommensverlust bei einem deutschen Energieimport-Boykott gegenüber Russland (DE=Deutschland)

Die Haupteffekte eines Energieimport-Boykotts durch Deutschland – bei angenommenen Vergeltungsmaßnahmen Russlands	Auswirkung auf das Realeinkommen in Deutschland (inklusive ökonomischer internationaler realer Rückwirkungen u. Vermögensverluste in % des deutschen Bruttoinlandsproduktes)
1) Ökonomischer Basiseffekt eines deutschen Energieboykotts gemäß Bachmann et al. (2022)*	-0,5% bis -3% (die Höhe des Effektes hängt von den Substitutionselastizitäten bei der Güterproduktion ab); -0.5% und auch -1,5% Einkommensrückgang sind unrealistisch (siehe OECD, 2022)
2) Zollerhöhung durch Russland	-0,1 %
3) Verstaatlichung vieler Tochterfirmen deutscher Unternehmen in Russland	-0,5 %
4) Steigende Arbeitslosigkeit, was zu einem Rückgang des realen Bruttoinlandsproduktes (und des Nationaleinkommens) führen wird. Zudem: im Folgejahr erfolgt auch ein Anstieg der Arbeitslosenquote	-0.3 bis -2%
5) Bei Deutschland: Rückwirkung der internationalen realen negativen Konjunktureffekte	-0,3%
6) Stabilisierung der Gas- u. der Stromversorgung der Ukraine	-0,1%
7) Volatilität auf den Finanzmärkten der Eurozone steigt; daher Anstieg der Risikoprämien bei Unternehmen	-0,5
8) GESAMTEFFEKT (maximal)	3,3%-6,5% Realeinkommensrückgang

*Zum Vergleich: Nähme man den ökonomischen Basiseffekt gemäß OECD (2022): 40% Rückgang der Energieimporte = Russland-Boykott bedeutete das – 1,9% beim realen Bruttoinlandsprodukt

Quelle: Eigene Berechnungen und Darstellung

Unklar ist, welche Effekte sich beim realen Wechselkurs ergeben. Geht man davon aus, dass bei einem Energieimport-Boykott zu deutlich höheren Preisen Erdgas und Kohle auf dem Weltmarkt durch Deutschlands Unternehmen eingekauft werden müssen, ist eine Euro-Abwertung zu erwarten, was die Exporte Deutschlands beziehungsweise der Eurozone stimuliert; also auch das reale Bruttoinlandsprodukt erhöht. Die Eurozone könnte im Fall einer realen Abwertung auch erhöhte Zuflüsse an Direktinvestitionen aus den USA, Großbritannien, Japan und anderen Nicht-Euro-Ländern erwarten, denn eine reale Abwertung bringt nach Froot und Stein (1991) einen Anstieg der Direktinvestitionszuflüsse – im Kontext unvollkommener internationaler Kapitalmärkte und im Wesentlichen in der Form von mehr internationalen Übernahmen und Beteiligungen von multinationalen Unternehmen aus dem Ausland. Der Zufluss an Direktinvestitionen in EU-Ländern, die geografisch nahe an Russland liegen, dürfte allerdings zurückgehen: Bei diesen Ländern steigt das politisch-militärische Risiko mit Blick auf einen möglichen künftigen Angriff durch Russland.

Für eine Euro-Aufwertung spricht eine mögliche Reaktion bei den Importen – ohne Energie –, die insgesamt rezessionsbedingt sinken könnten, zugleich dürften Exportunternehmen versuchen, ihre Exporte in der Rezession zu erhöhen. Der reale Wechselkurseffekt in der Eurozone könnte in etwa neutral sein. Die ökonomischen Kosten eines Energieimport-Boykotts sind daher mit mindestens 5%-6% des Nationaleinkommens in Deutschland anzusetzen; also etwa doppelt so hoch wie dies Bachmann et al. ermittelt haben und damit ist der zu erwartende Realeinkommensrückgang auch höher als in der Corona-Rezession 2020.

Ein Realeinkommensrückgang in Deutschland von 6% in einem Jahr via Energieimport-Boykott bedeutet, dass auch im Folgejahr noch ein erhebliches Rezessionsrisiko herrschen kann. Im ersten Boykott-Jahr wird eine derart massive Rezession in Deutschland auch deutlich negativ auf die Niederlande und Frankreich sowie Belgien und andere EU-Länder wirken, woraus sich ein negativer Verstärkungseffekt bei der Rezession in Deutschland ergibt (via Minderung von Exporten in die genannten Länder). Das ist in einer gesamtwirtschaftlichen Analyse zu beachten.

Ein starker mehrjähriger Realeinkommens-Rückgang und regional stark steigende Arbeitslosenquoten dürften sich politisch in einem Stimmenzuwachs radikaler Parteien in Deutschland bemerkbar machen; und zwar selbst dann, wenn die Politik sich in Verbindung mit einem Energieimport-Boykott gegen Russland zu höheren Transferzahlungen an die ärmsten Haushalte entschließt. Kommt es obendrein zu einer sehr starken Flüchtlingsbewegung aus der Ukraine, könnte die

Zunahme der Stimmanteile radikaler Parteien noch steigen. Die denkbaren politischen Destabilisierungseffekte im Kontext des Ukraine-Krieges und mögliche Maßnahmen der Bundesregierung gegen Russland sollte man in der Boykott-Debatte jedenfalls nicht außer Acht lassen.

Deutschland ist beim Energieimport wenig diversifizierungsfähig auf kurze Sicht, vor allem beim Gasimport. Was man über Jahre versäumt hat, kann man nicht binnen eines Jahres umsetzen. Der Bau eines LNG-Terminals wird drei Jahre oder mehr in Anspruch nehmen, der Ausbau des EU-Gas-Pipelinenetzes wird ebenfalls mehrere Jahre Bauzeit erfordern. Ein Energieimport-Boykott Deutschlands gegenüber Russland wird letztlich der Ukraine im Krieg gegen Russland kaum helfen. Die Behauptung, dass Deutschland durch die Energie-Importe aus Russland faktisch ein wichtiger Finanzier der russischen Kriegsführung in der Ukraine ist, klingt gut; vermag aber kurzfristig wenig zu überzeugen. Russlands Armee nutzt vorhandene Rüstungsgüter, die Entlohnung der Soldaten und die Proviantlieferungen an Russlands Soldaten brauchen keinen Güterimport aus dem Westen oder Asien – dafür bräuchte man entsprechende Devisenerlöse.

Waffenlieferungen des Westens werden für den Ausgang des Krieges entscheidend sein. Mittelfristig kann Deutschland beziehungsweise die Europäische Union verstärkt Erdgas insbesondere aus Norwegen, Algerien, den USA sowie Katar und den Vereinigten Arabischen Emiraten importieren.

Für Russland ergeben sich in beiden Boykott-Fällen sinkende Öl-, Gas- und Kohlepreise im Rest der Welt und im Inland, wobei Russland durch eine Steigerung der Förderraten den Export-, Umsatz- und Einnahmeverlusten zeitweise entgegenwirken könnte. Tatsächlich dürfte der Nettoeffekt von internationalem negativem Preiseffekt und positiver Mengenentwicklung unter dem Strich mittelfristig negativ beim Realeinkommen Russlands sein, zumal in Russland ein weiterer Aktienkursverfall mittelfristig droht – das dämpft die Investitionen. Die Preissenkungseffekte in Russland könnten erheblich sein, wie etwa der Kauf von russischem Gas Anfang Februar 2022 zum aktuellen Marktpreis zeigte, der dort beziehungsweise für den Export an Shell um etwa 20 $/Fass unter den Weltmarktpreis gesunken war. Der politische Druck in Großbritannien bei diesem Geschäftsabschluss veranlasste Shell dann allerdings, die so gemachten Sondergewinne als Hilfsfonds für die Ukraine einzurichten.

Die EU steht vor neuen Aufgaben, etwa in Form einer Verminderung der Öl- und Gasimporte aus Russland beziehungsweise des Ausbaus von Pipelinenetzen – u.a. von Spanien nach Nordeuropa, wo man bislang von den großen spanischen Flüssiggas-Anlandekapazitäten nicht profitieren kann. Spanien steht für etwa ein

Drittel der Flüssiggas-Anlandekapazitäten, eine nicht fertig gebaute Gas-Pipeline nach Frankreich könnte allerdings binnen drei bis fünf Jahren fertiggestellt werden, wofür Spanien besondere EU-Fördergelder verlangt (Louven, 2022).

In Deutschland ist die Speichersituation im Frühjahr 2022 bedenklich, da der durchschnittliche Füllstand nur bei etwa 30% lag – mit besonders niedrigerem Füllstand bei Gasspeichern, die Gazprom gehören. Unter Kanzlerin Merkel hat die Bundesregierung zugelassen, dass der Haupt-Gaslieferant Gazprom wesentliche Speicherkapazitäten in Deutschland erwerben konnte. Dabei unterließ es die Bundesregierung, eine vernünftige Regulierung im Gas-Speicher-Geschäft zu erlassen; z.B. eine Mindestfüllmarke von 70% zum 1. Oktober des jeweiligen Kalender-Jahres.

Für die Weltwirtschaft wird dies wegen der hier betrachteten Preissenkung in Russland und der Fördererhöhung bei Öl, Gas und Kohle eine verstärkte Herausforderung beim politisch in vielen Ländern gewünschten Pfad hin zur Klimaneutralität auf mittlere und vermutlich auch lange Sicht bedeuten. Damit hätte der Ukraine-Krieg nicht nur international eine erhöhte militärische Unsicherheit – etwa in Sachen Verletzbarkeit von Grenzen – zur Folge, sondern es ergäben sich global negative Klimaeffekte (externer Effekt) und zudem könnte auch das Weltrealeinkommen zurückgehen, wenn die Negativ-Effekte der Produktion in der Ukraine und Deutschland sowie dessen EU-Haupthandelspartnern (Niederlande und Frankreich sowie Belgien und Italien) zu einem Exportdämpfungseffekt außerhalb der Europäischen Union führen sollte. Einem solchen Effekt entgegenwirken kann allerdings die relative Verbilligung von Energie im Rest der Weltwirtschaft.

Ein Gas-Boykott träfe die deutsche Wirtschaft erheblich, da nicht nur die privaten Haushalte in Sachen zeitweilig erhöhter Heizungskosten und die Stromerzeugung aus Gaskraftwerken zu leiden hätte, sondern auch die Chemische Industrie, die Erdgas als Grundstoff für viele Produktionszwecke verwendet. Ein deutscher oder westlicher Energieimport-Boykott Russlands hätte daher sicherlich auch negative Auswirkungen auf die Exporte der Chemie-Industrie. Im Übrigen wäre ein solcher Boykott historisch ziemlich einmalig und schaffte ein massives internationales Vertrauensproblem bei internationalen Handelsverträgen (die USA verfügten gegenüber Japan 1941 faktisch einen Öl-Lieferboykott, den Japan mit der Bombardierung von Pearl Harbour beantwortete, was zum Eintritt der USA in den Zweiten Weltkrieg führte).

7
Asien- und Global-Effekte eines EU-Energieimport-Boykotts gegen Russland

Falls sich Deutschland – oder die EU27 – zu einem umfassenden Energieimport-Boykott gegen Russland entscheiden sollte, wäre das ein historisch ziemlich einmaliger Fall von Wirtschaftskrieg, der die internationalen Öl-, Gas- und Kohlemärkte beträfe und Russlands Wirtschaft mittelfristig in verstärkte Schwierigkeiten brächte. Der EU-Entscheidung aus dem Juni 2022, den Import von Öl aus Russland in wenigen Monaten schrittweise weitgehend zu blockieren (mit einer Ausnahme für Ungarn), soll nach Angaben der Politik in Brüssel und Berlin die Kriegsfinanzierung Russlands deutlich schwächen. Diese Vorstellung ist allerdings eine Art leeres ökonomisches Märchen – Inhalt hätte dieses Märchen am ehesten bei Gasimporten aus Russland, wobei hier viele EU-Länder jedoch ökonomisch stark verletzlich sind; insbesondere Deutschland, Italien und einige osteuropäische Länder. Gasexporte, die bisher nach Westeuropa gehen, könnte Russland wegen der dominanten Rolle von Gas-Pipelines beim Transport nicht einfach umlenken. Die Transportkapazitäten Richtung China sind weitgehend ausgelastet. Im Übrigen machen Einnahmen aus dem Gassektor weniger als die Hälfte der staatlichen russischen Einnahmen aus dem Ölsektor aus.

Was bewirkt eine EU-Ölimport-Blockade gegenüber Russland angesichts des Sachverhaltes, dass der Ölmarkt ein hochgradig integrierter Weltmarkt mit einem in etwa einheitlichen Preis in allen Weltregionen ist (das ist der Normalfall; ohne Ukraine-Russland-Krieg)? Preisunterschiede spielen im Normalfall nur internationale Transportkosten wider (z.B. von USA nach Europa: Rotterdam). Wenn Russland Öl nicht länger in die EU27-Länder und ab Ende 2022 auch nicht mehr nach Großbritannien verkaufen kann, werden Russlands Ölfirmen ihre Produktion auf wichtige Märkte in Asien umleiten, wo es – bei einem gewissen Preisabschlag – eine entsprechende Nachfrage gibt. Die beiden Hauptabnehmerländer in dieser Perspektive heißen Indien und China. Wenn Russland mehr Öl nach Indien verkauft, dann stärkt das die Position Russlands in der größten Demokratie der Welt, wobei Indien schon von Russland im Bereich der Rüstungsgüter abhängig ist. Entspricht das den westlichen Interessen? Sicher nicht.

Natürlich kann Russland auch verstärkt via Schiffstransport Öl nach China verkaufen – wiederum zu einem gewissen Preisabschlag. Aber ausgehend von einem hohen Weltmarktpreis von gut 100 \$/Fass Öl wäre ein Verkauf der „Europa-Mengen" nach China zu 80\$/Fass Öl immer noch ein glänzendes Geschäft für Russlands Ölkonzerne. Natürlich stärkt auch das wiederum die ökonomischen Bindungen Russlands an China; das ist für Russland selbst langfristig wohl nicht unproblematisch, aber kurz- und mittelfristig eher positiv. Die EU-Länder wiederum kaufen statt von Russland mittelfristig einfach mehr Rohöl aus den USA und OPEC-Ländern; gegebenfalls auch zu erhöhten Preisen, wobei man abwarten muss, wie die Spekulation auf den Öl- beziehungsweise Energiemärkten läuft. Es besteht zudem insbesondere die Gefahr, dass erhöhte Gaspreise in Europa die Nachfrage nach dem Substitutionsgut nach Öl nach oben treiben (wiederum zum Vorteil Russlands). Wenn die EU-Länder verstärkt Öl aus den USA und den OPEC-Ländern beziehen, dann werden letztere eben weniger als bisher nach Asien exportieren; in diese Lücke in Asien tritt also Russland mit seinen umgeleiteten „Europa-Exporten". So wird dann Russland seinen Krieg unter dem Aspekt seiner Devisenerlöse verstärkt durch Energieexporte nach Asien finanzieren, wobei man nicht ausschließen kann, dass Russlands Außenbeitrag – bei sinkenden Güterimporten aus westlichen Ländern und Japan plus Korea – mittelfristig sogar ansteigt. Die von Politikern in Brüssel, Berlin und anderen Hauptstädten verbreitete Sicht, ein EU-Energieimport werde Russlands Präsident Putin quasi die Finanzierung entziehen und den Krieg von daher rasch beenden helfen, ist irreführend. Das ist Wunschdenken. Ein EU-Energie-Embargo gegen Russland sorgt für internationale Umlenkungseffekte und tatsächlich wird Russlands Krieg gegen die Ukraine dann künftig mehr von Ländern aus Asien finanziert; dass Russland größere Haushaltsprobleme bekäme und der Krieg finanziell so austrocknet, ist keine realistische Annahme. Eher wird Russland schon Probleme haben, wenn durch eine schwere fortgesetzte Rezession im eigenen Land die Steuereinnahmen deutlich sinken. Zudem muss Putin damit rechnen, dass fehlende militärische Erfolge in der Ukraine in Kombination mit einer starken Rezession und einer Inflationsrate von über 20% zu allmählich wachsender Unzufriedenheit in Teilen der Bevölkerung führt. Allerdings wird Putin auch darauf hinweisen, dass in vielen westlichen Ländern Inflationsraten von nahe 10% – und mittelfristig wohl eine Rezession mit vielen Arbeitslosen – entstehen wird.

Was Deutschland angeht, so ist die Vorstellung des Finanzministeriums, ausgerechnet in 2022 wieder die Schuldenbremse einzuhalten und damit die staatliche Neuverschuldung unter 0,35% des Bruttoinlandsproduktes – das ist die sonderbare enge Grenze in der Verfassung Deutschlands seit der Eurokrise – zu halten, ziemlich problematisch. Man kann nicht den Ukraine-Russland-Krieg in seinen vielen ökonomisch schädlichen Dimensionen ernst nehmen wollen und dann gleichzeitig so tun, als wäre in 2022 die Rückkehr zu normalen Haushaltszeiten, nach dem Corona-Pandemieschock, zu feiern. Wenn es Deutschland mit dem 2-Prozent-Ausgabenziel bei der Landesverteidigung ernst meint, dann sind im Übrigen die Verteidigungsausgaben weiter zu erhöhen. Solide Haushaltspolitik ist wichtig, aber man muss die relevante Situation realistisch sehen. Unsolide Versprechen der Finanzpolitik helfen der deutschen und europäischen Wirtschaft nicht und verschlechtern die Glaubwürdigkeit der Politik. Deutschland und der Westen aber sollten es sich gerade im internationalen Krisenjahr 2022 angelegen sein lassen, dass man die Glaubwürdigkeit von westlichen Demokratien stärkt. Der Westen hat wegen der Trump-Präsidentschaft und auch wegen des Johnson-geführten britischen BREXIT ohnehin über Jahre auf unerwartete Weise an Glaubwürdigkeit verloren. Wahrheit ist in der Politik der USA und Großbritannien unter den Einflüssen von Donald Trump beziehungsweise Boris Johnson ein sehr knappes Gut geworden („Man muss als Politiker nicht alles sagen, was man weiß, aber was man öffentlich sagt, muss die Wahrheit sein," sagte mir einmal der ehemalige deutsche Bundeskanzler Helmut Schmidt bei einer Begegnung in Paris).

Wenn die privaten Haushalte in den europäischen Ländern ihre Heizkostenabrechnungen zum Jahreswechsel 2022/2023 bekommen, werden hohe Nachzahlungen fällig sein. Was die Haushalte an Mehrausgaben bei Öl und Gas haben, fehlt dann an Ausgaben auf den inländischen Gütermärkten. Rezessionsgefahren drohen mittelfristig in der Eurozone und auch in Großbritannien und USA. Dies gilt zumal, weil die Zentralbanken mittelfristig weitere deutliche Zinserhöhungen erwarten lassen, um die hohen Inflationsraten zu brechen.

Viele Länder werden über ihre Staatshaushalte an private Haushalte wohl eine gewisse Kompensation für die hohen Energiepreise zahlen; das erfordert eine erhöhte Neuverschuldung des Staates. Diese können im Übrigen auch auf die Strompreise durchschlagen, sodass sich in der EU auch noch der Strom verteuert. Das gilt sogar für Frankreich mit seinen vielen Atomkraftwerken im Sommer 2022, wobei das Land jedoch wegen der Hitze – teilweise wohl Ausdruck des Klimawandels – unter niedriger Wasserführung vieler Flüsse leidet, die die Atomkraftwerke kühlen sollen. Wegen regionaler Wasserdefizite mussten einige Kraftwerke in Frankreich im Juni 2022 schon heruntergefahren werden und Frankreich wurde zu einem Stromimporteur in der EU; dabei ist Frankreich ja in der Regel über Jahre in vielen Monaten als Nettoexporteur in der EU aufgetreten.

Was Russlands Öl angeht, wo das Land für 13% Weltmarktanteil in 2021 stand, so könnte die russische Regierung den Verkauf von in der EU nicht mehr abgesetzten Mengen vor allem Richtung Asien – China, ASEAN-Länder (ohne Singapur, das sich an westlichen Sanktionen gegen Russland als einziges ASEAN-Land im März 2022 beteiligt hat) verlagern. Nachdem die USA Ölimporte aus Russland eingestellt haben, konnte Russland Mitte März überschüssiges Öl an Indien verkaufen, allerdings mit gut 20 $/Fass Preisabschlag zum Weltmarktpreis. Wenn Deutschland oder die EU einen Ölimport-Boykott vornähmen, so ergäbe sich für Russland im Verkauf von Überschussmengen an Asien sicherlich noch ein höherer Preisnachlass: vermutlich in einer Größenordnung von 30 bis 50 $/Fass. Solange der Weltmarktpreis aber bei rund 100 $ ist, kann Russland solche Preisnachlässe verschmerzen. Ein relativ verbilligter Ölpreis in Asien bedeutet dann für China und die ASEAN-Länder sowie weitere industrielle Schwellenländer in der Weltwirtschaft einen Stabilisierungseffekt, der den negativen wirtschaftlichen Auswirkungen aus den USA, der EU, Japan, Korea und Taiwan entgegenwirkt.

Die starke Erhöhung der Ölpreise auf den Weltmärkten in 2022 wird einerseits die Ölproduktion in den USA stimulieren – mit einiger Zeitverzögerung –, andererseits wird die Erhöhung der US-Inflationsrate durch steigende Energiepreise die US-Zentralbank zu einer allmählich verstärkten Bremspolitik beziehungsweise zu einer Politik von Zinserhöhungen veranlassen. Die hohen Weltmarktpreise für Öl und die erhöhten regionalen Gaspreise – vor allem in Europa – sorgen für erhöhte Inflationsraten in Nordamerika, der EU, Großbritannien, der Schweiz, Japan, Korea und anderen Ländern. Es besteht die Gefahr, dass die langjährig niedrigen Inflationsraten-Erwartungen aus ihren Ankerwerten von um 2% in den westlichen Industrieländern herausbrechen und eine Lohn-Preis-Lohnspirale entsteht – mit dann mehrjährig deutlich erhöhten Inflationsraten und entsprechenden Wohlfahrtsverlusten.

Nicht unbedingt zwangsläufig ist die Verbindung von höheren Energiepreisen und steigenden Inflationsraten, aber gerade in Industrieländern ist kaum mit kompensatorisch sinkenden Preisen anderer Güter zu rechnen, da die Preise nach unten wenig flexibel auf vielen Märkten sind und weil Energie natürlich ein Produktionsfaktor bei fast allen Gütern und bei den meisten Dienstleistungen ist. Die ökonomische Bedeutung eines Ölpreisschocks ist in den 2020er Jahren wegen langfristig gesunkener Energieintensität geringer als in den 1970er Jahren – in den Zeiten der OPEC-Preisschocks (wie zum Beispiel das OPEC-Öl-Embargo im Jahr 1973 oder die Revolution, die den Ayatollah Khomeini an die Macht brachte 1979, wobei beides jeweils zu großen Lieferausfällen auf dem Weltmarkt führte, nämlich um etwa 7%); aber in den Kostendruckwirkungen sind starke Anstiege der Energiepreise gesamtwirtschaftlich nicht zu übersehen.

Relativ steigende Ölpreise werden auch den Automobilabsatz in den OECD-Ländern beziehungsweise die Produktion der Autoindustrie vermindern, die ohnehin durch Probleme bei ihren Logistikketten schon vor dem Ukraine-Russland-Krieg (man denke an die Lieferprobleme von Chips für die Autoindustrie) geprägt war. Erneuerbare Energien und damit auch die Produktion von Elektroautos werden durch die Öl- und Gaspreiserhöhungen stimuliert. Die hohen staatlichen Zuschüsse beim Kauf von Elektroautos sollte man deutlich und zügig zurückführen, zumal die staatlichen Haushalte in vielen EU-Ländern und den USA sowie Japan ohnehin 2022/2023 vor erhöhten Staatsdefizitquoten stehen dürften. Ein EU-Energieimport-Boykott dürfte in mehreren EU-Ländern mittelfristig eine Rezession auslösen, zumal Russland vermutlich die EU-Exporte mit erhöhten Importzöllen oder Importverboten belegen wird.

Da der Ukraine-Russland-Konflikt mehrere Jahre anhalten könnte, dürfte ein rascher Energieimport-Boykott der EU zusammen mit dem Krieg in der Ukraine und Putins politischem Vertrauensbruch die weltwirtschaftliche Expansion auf viele Jahre schwächen. Verminderte Weizenlieferungen der Ukraine und Russlands auf den Weltmarkt werden zudem neue Hungerprobleme in vielen Entwicklungsländern zur Folge haben. Der Ukraine-Russland-Krieg steht zudem für das Risiko einer Internationalisierung dieses Krieges, was dramatische Folgen für die Weltwirtschaft hätte. Bei der hier vorgenommenen ökonomischen Betrachtung versteht sich, dass in einer Gesamtperspektive die Verluste an Menschenleben und das Kriegsleid entscheidende Aspekte in der Betrachtung sind.

Durch Verwerfungen auf den internationalen Öl- und Gasmärkten sowie den Automobilmärkten beziehungsweise Rezessionseffekte in vielen Industrie-, Schwellen- und Entwicklungsländern könnten nationale und internationale Finanzsysteme destabilisiert werden. Viele Ölhändler sind im Frühjahr 2022 liquiditätsmäßig unter Druck geraten, weil wegen erhöhter Schwankungsbreite der Ölpreise die am Markt von den Händlern verlangten Sicherheitsleistungen für Ölkäufe deutlich anstiegen. Je nach Art einer gegebenenfalls entstehenden Finanzkrise – mit möglicherweise starken nicht-linearen Impulsen – können von den Banken- und Finanzsystemen ernste weitere realwirtschaftliche Störeffekte ausgehen. Hinzukommen könnten Cyberangriffe aus Russland zur Destabilisierung der westlichen Finanzsysteme und kritischer Infrastrukturen, was seitens der westlichen Länder nicht ohne Cyber-Gegenangriffe bliebe. Das Risiko, dass Russland und die NATO-Länder in den Krieg direkt verwickelt werden, steigt dann.

Einen interessanten Ansatz zur Modellierung der ökonomischen Effekte des Ukraine-Russland-Krieges hat eine Wissenschaftlergruppe des WIIW aus Wien – unmittelbar vor Russlands Invasion der Ukraine – vorgelegt. In der vor dem Start des Ukraine-Russland-Krieges durchgeführten Analyse zeigen die Autoren Astrov et al. (2022a), welche Effekte ein Krieg Russlands gegen die Ukraine haben könnten, und zwar auf Russland, die Ukraine und die EU. Dabei wird unterschieden zwischen einem begrenzten Angriff auf die Ukraine und einem umfassenden Ukraine-Russland-Krieg, wobei entsprechend unterschiedlich starke Sanktionen des Westens in der Studie betrachtet werden. Neben einem westlichen Energieimport-Boykott Russlands mit erheblichen Negativ-Effekten für Russland und die EU-Länder wird der Ausschluss russischer Banken aus dem SWIFT-System als wirksame Sanktion des Westens eingestuft. Eine weitere, folgende Analyse von Astrov et al. (2022b) thematisiert die humanitären, ökonomischen und finanziellen Einflüsse des Ukraine-Russland-Krieges: Demnach wird sich die EU mittelfristig verstärkt mit Verteidigungsfragen befassen müssen, zudem wird ein beschleunigter klimafreundlicher Umbau der Energiesysteme erwartet; schließlich wird eine Schwächung der breiteren europäischen Integration zu erwarten sein und bei der EU-Erweiterung dürften Mitgliedschaftsperspektiven für Kandidaten-Länder vom Balkan eine verstärkte Rolle spielen.

Kurzfristig sind Preisänderungen und höhere Preisschwankungen auf den Rohstoff-Märkten im Frühjahr 2022 sichtbar geworden. Die ersten Wochen des tatsächlichen Ukraine-Russland-Krieges haben gezeigt, dass der europäische Gas-Handel durch die eingetretenen Erdgas-Preisanstiege beziehungsweise die erhöhte Preisvolatilität beeinträchtigt worden ist: Es müssen erhöhte Sicherheitsleistungen durch Gas-Händler erbracht werden. Soweit das Erdgas-Preisniveau – wie etwa in Italien beziehungsweise der EU (von Ministerpräsident Mario Draghi kritisiert) – eine Art Leitpreisniveau für die Strombepreisung ist, sind Reformen dringlich. Stromerzeugung aus abgeschriebenen Kohlekraftwerken werden im bisherigen System mit Sonderrenditen belohnt, was nicht effizienz- und innovationsförderlich ist und zudem für unnötigen Preisauftrieb beim Strom in bestimmten Phasen sorgt.

Die hohe Volatilität des Gaspreises in Europa und die erhöhten Sicherheitsleistungen von Gashändlern können zu ernsten Liquiditätsproblemen im Gashandel und letztlich erhöhten Risiken in der Gasversorgung führen. Falls die Erdgasimporte aus Russland kurzfristig beendet werden sollten – etwa durch Deutschland oder durch Russland – so führt dies zu Problemen in der Industrie und vermutlich auch bei der Stromversorgung in Deutschland. Man könnte die Laufzeiten der verbliebenen drei Atomkraftwerke für einige Jahre verlängern, um die Stromversorgung zu sichern. Belgiens Regierung hat Mitte März 2022 entschieden, für zwei Blöcke der belgischen Kernkraftwerke eine 10-jährige Laufzeitverlängerung bis 2035 festzulegen.

8
EU-China-Russland: Makroökonomische Aspekte, multinationale Unternehmen

China hat sich an Sanktionen gegen Russland in den ersten drei Monaten 2022 nicht beteiligt. Allerdings könnte eine deutliche Unterstützung Russlands durch China mittelfristig ausbleiben, da die wirtschaftlichen Negativ-Effekte des Ukraine-Russland-Krieges sich auf China zunehmend negativ auswirken werden. Zunächst ist zu bedenken, dass die westlichen Sanktionen das Bruttoinlandsprodukt Russlands in 2022 um rund 9% voraussichtlich werden sinken lassen, was zunächst auch verminderte Exporte Chinas nach Russland bedeutet; zu erwarten ist, dass einige chinesische Unternehmen allerdings auch vermehrt nach Russland exportieren werden, da man verminderte Exporte des Westens und Japans sowie Koreas nach Russland wird ersetzen können. Dabei geht es um technologieintensive Güter einerseits und Luxusgüter sowie Automobile andererseits. Die US-Regierung hat allerdings im März in Gesprächen mit der Führung Chinas darauf hingewiesen, dass umfangreiche Zusatzlieferungen des Landes an Russland nicht ohne Konsequenzen auf Seiten der USA bleiben werden; die Vereinigten Staaten könnten etwa neue Zölle auf Chinas Exporte in die USA verhängen.

Ein zweiter Negativ-Effekt für China ergibt sich aus der starken Erhöhung der Öl- und Gaspreise im Kontext des Russland-Ukraine-Krieges. Hieraus ergibt sich einerseits unmittelbar ein ökonomischer Dämpfungseffekt in China, vor allem bei energieintensiven Sektoren beziehungsweise Unternehmen. Die Energieimportmengen sind bei Erdgas seitens Chinas kaum kurzfristig aus Russland zu erhöhen. Es ist im Übrigen anzunehmen, dass Russland bei Öl- und Gasexporten nach China besondere Preiszugeständnisse machen wird. Zudem führen deutlich erhöhte Öl- und Gaspreise auch zu einem konjunkturellen Dämpfungseffekt in den westlichen Industrieländern, Japan, Korea und Australien. Der auf die OECD-Länder entfallende Konjunkturdämpfungseffekt vermindert Chinas Exporte, dämpft damit das Wachstum des chinesischen Realeinkommens und des Beschäftigungswachstums.

In einem Gespräch mit dem damaligen EU-Kommissionschef José Manuel Barroso hatte Putin einmal gesagt, dass sein Militär binnen zwei Wochen in Kiew stehen könnte, wenn Russland das denn wolle. Mitte März 2022 hatte Russlands Armee Kiew noch nicht erobert, was darauf hindeutet, dass in Sachen Ukraine-Feldzug von Russlands Armee bei Putin und weiteren Teilen der politischen Führung Russlands eine militärische Fehleinschätzung vorliegt. Je länger der Ukraine-Russland-Krieg dauert, umso höher die Kosten der wirtschaftlichen Destabilisierung in Zentralasien und Osteuropa. Solche Destabilisierungseffekte untergraben die Erfolgsperspektiven für Chinas Neue-Seidenstraße-Initiative: China hatte eigentlich vor, durch diese auf Modernisierung Wirtschaftsakteure in Zentralasien und Osteuropa gerichtete Initiative Chinas Exporte beziehungsweise dessen Handelsvolumen insgesamt deutlich erhöhen zu können, wobei u.a. der Eisenbahntransportroute durch Russland eine große Bedeutung zukommt. Chinas Einfluss in Europa dürfte sich damit auf lange Sicht vermindern. Klein (2022) schrieb:

> „[A]ls russischer Vasallenstaat oder als geteilter Staat wäre die Ukraine Frontstaat in einem neuen kalten Krieg zwischen Russland und dem Westen. Dies wäre für China das Aus für die Neue Seidenstraße als Logistikbrücke zur EU und auch das Ende für Chinas geopolitische Pläne, sich aus der maritimen Umklammerung der USA zu befreien."

Ob in einem alternativen Szenario mit Neutralitätsstatus der Ukraine China sein Seidenprojekt mit großem Erfolg umzusetzen vermag, kann man bezweifeln; selbst wenn die Ukraine EU-Mitgliedsstaat werden sollte. Der politische Schock des Angriffskrieges von Russland gegen die Ukraine und die westlichen Sanktionen gegen Russland sowie russische Ansätze zur Verstaatlichung ausländischer Investoren, die während des Krieges für einige Zeit ihre Niederlassungen und Produktionsstätten in Russland schlossen, untergräbt in Teilen Europas – natürlich auch in Russland – das Vertrauen in Expansionsprojekte in Osteuropa. Manche westlichen Investoren werden auch ihr Engagement in China zurückfahren oder nur langsam steigen lassen, da man im Ukraine-Russland-Krieg eine Art Blaupause für einen künftigen China-Taiwan-Krieg sehen kann.

Die EU wird bei einer Rückführung der Kohle, Öl- und Gasimporte aus Russland dort Druck erzeugen, verstärkt Richtung Asien zu exportieren. Zumindest kurzfristig wird eine Minderung der EU-Gas-Importe aus Russland kaum zu einem russischen Mehrexport von Erdgas nach China führen. Denn die Gas-Pipeline von Russland nach China war im Winter 2021/2022 offenbar an ihrer Kapazitätsgrenze. Neue Pipeline-Kapazitäten von Russland nach Asien zu bauen, dürfte einige Jahre in Anspruch nehmen.

Vermutlich werden die internationalen Handelsbeziehungen über Jahre hinweg durch westliche Länder und Japan, Korea, Australien und Neuseeland stark politisiert sein, was auf neues Konfliktpotenzial in der Weltwirtschaft hinausläuft. Der Einfluss internationaler Organisationen könnte sinken, womit das regelgebundene internationale Handelssystem geschwächt wird.

8.1 Makroökonomische Aspekte

Der Ukraine-Russland-Krieg hat eine Reihe von makroökonomischen Aspekten. Dabei läuft im Hintergrund die Nach-Corona-Aufschwungsdynamik in den westlichen Industrieländern, während im Rest der Weltwirtschaft zum Teil noch die Corona-Wirtschaftskrise besteht – diese ist wesentlich der noch geringen Impfquote im Süden der Weltwirtschaft geschuldet; im Fall Chinas auch der Nutzung von Impfstoffen mit relativ geringem Wirkungsgrad: China praktiziert bei lokalen Corona-Infektionen umfassende regionale Abriegelungen, die ganze Wirtschaftsmetropolen und auch große Hafenstädte für Monate zum Erliegen bringen und globale Handelsketten blockieren. Hinzu kommen also Corona-Störungen aus lokalen Lockdowns in einigen chinesischen Großstädten. Die Ukraine-Russland-Kriegsdramatik sorgt für neue internationale Risiken auf Märkten, einen Extra-Inflationsschub in vielen Ländern und in wichtigen Ländern dann auch für veränderte strategische Weichenstellungen (z.B. in Deutschland mit einem Fokus hin zu einer weniger Russland-freundlichen Politik):

- Erhöhte Unsicherheit in der Weltwirtschaft; eine erhöhte Kostenunsicherheit verschiebt in einem Standard-Marktmodell die Grenzkostenkurve der Anbieter – bei risikoneutralen Unternehmen – nach oben. Das bedeutet keinen Inflationseffekt, sondern eine einmalige Kosten- bzw. Marktpreiserhöhung. Da der Ukraine-Russland-Konflikt als militärische Auseinandersetzung viele Jahre bestehen könnte, dürfte sich der Preisdruck nach oben für viele Jahre erhöhen; auch und gerade in Russland. Russland steht zunächst vor einer scharfen Rezession in 2022/2023, begleitet von hoher Inflation, was zu erheblichen Wohlfahrtsverlusten führt.
- Druck hin zu höheren Energie- und Rohstoffpreisen beziehungsweise Beschleunigung der Inflation in den westlichen Ländern: Bis zu 9% Mitte 2022 in den USA, wo die Zentralbank seit dem Frühjahr eine Zinserhöhungs-

politik eingeleitet hat (einige Monate nach einer ersten britischen Notenbank-Zinserhöhung). In der Eurozone lag die Inflationsrate um 7% zu Beginn Juni 2022, wobei die Europäische Zentralbank nach elf Jahren Nullzinspolitik – in deren Anfang sich die Bekämpfung der Transatlantischen Bankenkrisen 2008/09 widerspiegelt – am 9. Mai eine erste Zinserhöhung um 0,25% angekündigt hat: für den Juli 2022, dann weitere Zinserhöhungen für den Herbst. Dabei geht die EZB davon aus, dass die Kerninflationsrate (Inflationsrate ohne die Einflüsse von Energie- und Lebensmittelpreisen, die als besonders schwankungsanfällig gelten) bei 3,3% in 2022 liegt und von einer gut doppelt so hohen Standard-Inflationsrate von 6.8% in 2022 daher auch bis 2023 bei der Inflationsrate auf 3.5% sinken könnte (EZB, 2022b). Das ist allerdings kaum realistisch, soweit man nicht auf einen raschen dauerhaften Friedensschluss in der Ukraine setzt. Es besteht im Gegenteil das Risiko, dass ein Öl- und Gasimport-Embargo der Europäischen Union – oder spiegelbildlich ein Energieexport-Embargo Russlands Richtung EU – erst noch die Energiepreise weiter nach oben treibt; in der Eurozone auf zeitweise um 10% und in den USA deutlich über diese Marke. Dabei war die Inflationsrate im Frühjahr 2021 in der Eurozone, den USA und Großbritannien noch im Bereich von 2-3%, sodass man für 2022 und auch für 2023 von einem Inflationsschub sprechen kann (verschärft u.a. durch unnormal niedrige Getreideexporte aus Ukraine, Russland und Indien; in Indien will die Regierung durch Getreideexportbeschränkungen die Inflationsrate beschränken). Eine unerwartet hohe Inflationsrate in den Industrieländern lässt dort die Beschäftigung ansteigen, weil der Reallohnsatz unerwartet sinkt; das bedeutet eine Wiederbelebung der Phillips-Kurve mit ihrem Fokus auf Inflation und Arbeitslosenquote. Mittelfristig heißt aber negatives Wachstum der Arbeitseinkommen, dass es im Weiteren eine Abbremsung des Konsumwachstums geben wird.

- Die Unterschiede in den Inflationsraten in Europa sind beträchtlich, wobei etwa die Schweiz zur Jahresmitte 2022 bei 2,9% Inflationsrate stand – bei einer ersten Zinserhöhung der Zentralbank. Die Intra-OECD-Inflationsunterschiede gilt es zu untersuchen, wobei viele Zentralbanken in der Geldpolitik tendenziell der sogenannten Taylor-Regel folgen (der Zentralbankzins i' ist dabei so zu setzen, dass gilt: i' = r + a'(Inflationsrate minus Inflationsziel) + a"(reales Bruttoinlandsprodukt minus reales BIP bei Normalauslastung); r ist der Realzins, also Differenz von Kapitalmarktzins i und Inflationsrate, a' und a" sind positive Parameter. Während der längeren Null-Zins-Phase der Jahre 2016-2021 in vielen EU-Ländern und in Großbritannien konnte man die Taylor-Regel nicht ohne Weiteres anwenden. In Großbritannien hat die Inflationserwartung von rund 10% für Ende 2022 im Juni bereits zu einem breiten Streik der Eisenbahn-Beschäftigten geführt; vermutlich sind die Gewerkschaften in Großbritannien – und anderen OECD-Ländern – durch die Ausbreitung der Home-Office-Aktivitäten der Arbeitnehmerschaft tendenziell geschwächt: z.B. haben viele britische Arbeitgeber im Großraum London auf die mehrtätigen Eisenbahnerstreiks mit der Anordnung von mehr Home-Office-Arbeit reagiert; das heißt, dass die Corona-bedingten digitalen Innovationen im Bereich Home-Office-Arbeit hier die Durchschlagskraft der Eisenbahnerschaft beziehungsweise von deren Gewerkschaft schwächen. Das wiederum lässt erwarten, dass die Arbeitnehmerschaft in UK und in vielen anderen OECD-Ländern es deutlich schwieriger haben wird, nominale Lohnerhöhungen zur Kompensation der enorm ansteigenden Inflationsraten zu erhalten (technisch-ökonomisch gesprochen: Die kurzfristigen Phillipskurven werden flacher ausfallen als in den 1970er Jahren; die Umverteilungseffekte zugunsten des Faktors Kapital werden wohl mehrere Jahre anhalten). Dabei nimmt in Ländern wie Deutschland und Frankreich – ohne Inflationsindexierung der Steuertabelle – die Grenzsteuerbelastung mit der Inflation deutlich zu, was die Politik dringend korrigieren sollte, da sonst die Staatsquote wachstumsfeindlich weiter ansteigt. Es besteht von daher in vielen OECD-Ländern ein mittelfristiges Stagflationsrisiko: Mini-Wachstum mit hohen Inflationsraten, wobei die Notenbankzinserhöhungen ebenso wie rückläufige Konsumquoten zum Mini-Wachstum beitragen; letzteres wird verschärft durch die sinkende Effizienz des globalen Handelssystems und speziell den umfassenden Wirtschaftskrieg der EU und anderer Länder gegen Russland. In diesem Kontext ist die vorgesehene Eskalation der EU-Politik gegen Russlands Exklave Kaliningrad (zwischen Litauen und Polen gelegen: mit Ostseehafen Kaliningrad) unpassend und riskant; zumal die EU bis Jahresende zunehmend mehr Güter im Bahn-Transit von Russland nach Kaliningrad blockierend wird – im Dezember 2022 auch Öl- und Ölprodukt-Lieferungen für Kaliningrad. Hier liegt ein erhebliches Eskalationspotenzial in Europa und es steht zu befürchten, dass die EU ihr entsprechendes viertes Sanktionspaket ohne großes Nachdenken über das Problem des Transits nach Kaliningrad verabschiedet hat. Die EU-Länder sind nicht im Krieg mit Russland und kein Sanktionspaket kann man in einer kritischen Sicherheitslage in Europa und der Welt ohne sorgfältiges Bedenken der Details beziehungsweise Konsequenzen seitens der Politik verabschieden. Es fehlt hier sichtbar an Verantwortungsbewusstsein und Sorgfalt (sowie vermutlich auch geografischer Kenntnis) bei wichtigen handelnden Akteuren im Westen. Das Eskalationspotenzial des „K-Problems" – mit dem Oblast Kaliningrad – ist beträchtlich, der ökonomische Nutzen der Blockade des Kaliningrad-Bahntransits ist gering, der politische Schaden potenziell sehr hoch. Man kann Russland sicherlich den Bruch des Völkerrechts beim Überfall auf die Ukraine deutlich vorhalten, es kann aber nicht Sinn der Politik des Westens sein, seinerseits EU-Russland-Transit-Protokolle zu Kaliningrad (Transit-Erklärung der EU und Russlands aus 2002) einzureißen. Wenn man so gerade auch seitens des Westens vorgehen wollte, droht längerfristig die Weltwirtschaft nicht mehr durch eine regelbasierte Ordnung, sondern durch Willkür und das Recht des Stärkeren charakterisiert zu werden – mit erheblichen Effizienz- und Wachstumsverlusten auf lange Sicht für Europa und die ganze Weltwirtschaft. Es braucht eine differenzierte durchdachte Sanktionsstrategie des Westens; wenn sich herausstellen sollte, dass beim vierten EU-Sanktionspaket (und anderen Sanktionspaketen) an das Kaliningradproblem in Brüssel tatsächlich nicht gedacht ist, so wäre das ein politischer Skandal. Mit Blick auf Deutschland könnte man bei der Bundesregierung eine besondere historische Verantwortung sehen, dass nicht aus der ehemaligen Region Königsberg ein gefährlicher EU-Russland-Zankapfel wird. Auch hier ist die Frage zu stellen, was eigentlich das Auswärtige Amt in Berlin in Sachen Kaliningrad-Fragen bei den EU-Sanktionspaketen gedacht und bedacht hat.

- Die massive Erhöhung des deutschen Mindestlohns durch die Politik in 2022 – ein Plus von rund 20% – ist eigentlich unvernünftig, da sie für einen Teil der geringqualifizierten Arbeitnehmer:innen zu Jobverlusten oder verminderten Arbeitsstunden führen wird (ob im letzteren Fall dann das monatliche Realeinkommen ansteigt, bliebe im Einzelfall zu untersuchen). In der besonderen Situation eines massiven Inflationsanstieges sind aber 20% Nominallohnsteigerung für Geringqualifizierte gar nicht so enorm, da bei 8% Inflationsrate „nur" ein Plus von 12% herauskommt. Ein solches Plus ließe sich unter bestimmten ökonomischen Aspekten wohl vertreten, vor allem wenn man eine gewisse Monopolmacht großer Unternehmen in vielen Regionen annimmt. Das deutliche Reallohnplus für die unterste Lohngruppierung könnte in Deutschland wiederum die Chancen der Gewerkschaften erhöhen, bei den Tarifverhandlungen mittelfristig für alle Arbeitnehmer:innen eine Lohnerhöhung in der Nähe eines Inflationsausgleichs hinzubekommen. Ein solcher positiver denkbarer gesamtwirtschaftlich verstärkter Reallohneffekt aus der Mindestlohnerhöhung ist aber tendenziell ein Zufallseffekt (auf gar keinen Fall sollte man die ökonomische Sondersituation 2022 für eine naive allgemeine Schlussfolgerung verwenden, wonach eine sehr hohe Steigerung des Mindestlohnsatzes ohne negative ökonomische Arbeitsmarkt-Effekte bleibt). Deutschlands Wirtschaftsentwicklung wird sich im Jahresverlauf 2022 wegen der erheblichen Energiepreissteigerungen verlangsamen, wobei mittelfristige Gas-Versorgungsprobleme der Industrie schon seit Juni absehbar sind. Bei unzureichenden Gas-Lieferungen aus Russland werden sich die Gaspreise auf dem freien Markt deutlich erhöhen – in der Spitze womöglich verdoppeln. Dann geht die Industrieproduktion in wichtigen Sektoren, die auf den Gaseinsatz normalerweise angewiesen sind, deutlich zurück. Steigende Gaspreise werden zudem die privaten Haushalte verunsichern – über den Zusatz-Inflationseffekt einerseits und einen allgemeinen Zusatz-Risikoaspekt andererseits –, was die Konsumnachfrage drücken wird (dann auch die Inflation zeitweise leicht dämpft; bei ansteigender Arbeitslosenquote). Eine Wachstumsabflachung beziehungsweise eine Rezession in Deutschland wird auf viele EU-Partnerländer ökonomisch negativ wirken und von der gedämpften Wirtschaftsentwicklung in den EU-Partnern gehen dann negative Rückwirkungen auf Deutschland aus. Die Eurozonen-Länder könnten im Übrigen im Fall relativ starker US-Zinserhöhungen über eine reale Euro-Abwertung bei den Netto-US-Exporten profitieren; und wegen der Abwertung auch erhöhte Direktinvestitionszuflüsse aus dem Ausland verzeichnen (bei global durch den Ukraine-Russland-Krieg gedämpftem internationalen Volumen an internationalen Unternehmensübernahmen), wie sich das aus der einschlägigen Analyse von Froot/Stein (1991) ergibt.

- Die ökonomische Logik der starken relativen Erhöhung der Energiepreise in 2022 wird die Industrieproduktion aller energieintensiven Sektoren in den meisten OECD-Ländern sinken lassen – hier gibt es eine Parallele zu den 1970er Jahren. Die unzureichende Gasbelieferungs-Vorsorge der Bundesregierung in der ersten Jahreshälfte 2022 ist kaum in der zweiten Jahreshälfte zu kompensieren und im Fall eines harten Winters wird es sicherlich ernste Gasversorgungsproblemen in privaten Haushalten 2022/23 geben. Speziell den Gas-Einsatz in der Stromwirtschaft hätte man zügig herunterfahren können und durchaus auch die Laufzeit von Atomkraftwerken für einige Jahre in Berlin beschließen können. Man kann mit Blick auf die Bundesregierung im Übrigen allerdings sehr loben, dass sie auf die Bachmann et al.-Studie nicht eingegangen ist, die ja für Deutschland einen breiten Energieimport-Boykott, inklusive Gas-Boykott gegenüber Russland, vorgeschlagen hat (die methodischen Schwächen der Studie sind im Übrigen erstaunlich groß). Was Deutschlands Reorientierung der Energiepolitik angeht, so ist diese grundsätzlich zeitaufwendig und kostspielig. Es geht auch in der politischen Konfliktführung gegenüber Russland um eine gewisse politisch-ökonomische Rationalität. Die Agression Putins gegenüber der Ukraine ist politisch entschieden zurückzuweisen, aber daraus kann man schlecht eine Politik des Westens gegen das russische Volk machen. Beim Kaliningrad-Problem wäre entsprechendes Problembewusstsein in Berlin, Paris, Brüssel und im Baltikum eigentlich zu erwarten gewesen. Was man hier in der Realität sieht, lässt auf gelegentlich inakzeptabel schlechte Politikqualität schließen – nicht im Sinn der EU-Bürgerschaft und Europas.

- Die Investitionen werden in der Eurozone dennoch eine zeitlang noch weiter steigen, sofern in den USA und Asien positives Wirtschaftswachstum erreicht wird; in Asien ist dabei auf die Wachstumsentwicklung nicht nur in China, sondern auch der ASEAN-Ländergruppe besonders zu achten (letztere macht in Kaufkraftparitäten-Werten gerechnet immerhin 1/3 des Bruttoinlandsproduktes von China aus). Wenn die US-Zentralbank ihre Anti-Inflationspolitik mittelfristig deutlich verstärkt, dürfte es allenfalls zwei Jahre dauern, bis die USA in der Rezession sind. Mittelfristig werden die nominalen Lohnzuwachsraten in den USA und der Eurozone sowie in Großbritannien zwar ansteigen – mit einem relativ hohen Lohnwachstum in den Vereinigten Staaten; solange die Arbeitslosenquote nicht deutlich steigt. Aber die Inflationsrate dürfte noch eine erhebliche Zeit über den Lohnzuwachsraten liegen. Die Realeinkommen der Arbeitnehmerschaft sinken vorübergehend; und das um erhebliche Beiträge. Die seit den 1990er Jahren erhöhten Direktinvestitionsbestände von OECD-Ländern sind relativ zum Kapitalbestand der jeweiligen Quellenländer von Direktinvestitionen deutlich gestiegen, wie die Zahlen der UNCTAD zeigen. Eine Größenordnung von etwa 12% für die USA sei hier exemplarisch genannt. Das bedeutet, dass die US-Firmen bei den Lohnverhandlungen eine stärkere Drohkulisse in den Verhandlungen mit den Gewerkschaften beziehungsweise der Arbeitnehmerschaft werden aufbauen können; deutlich eingeschränkt aber in einigen Fällen, wo der jeweilige Multi etwa besonders stark auf hohe Direktinvestitionen (also Auslandsproduktion) in China gesetzt hat. Da seit der Biden-Administration, modifiziert auch schon unter der Trump-Administration, eine weitere Expansion der Auslandsproduktion in China in Washington DC politisch kaum mehr

unterstützt wird, kann man Produktionskapazitäten in China eher nicht seitens des Managements als Drohkulisse einsetzen – man werde bei hohen Lohnforderungen dann halt die Produktion demnächst verstärkt ins Ausland verlagern.
- Wenn die westlichen Zentralbanken, inklusive US-Zentralbank, die Notenbankzinssätze mittelfristig relativ rasch erhöhen sollten, so dürfte in 2024 vor allem in den USA eine Rezession drohen. In diesem US-Präsidentschaftswahlkampf-Jahr wird die Biden-Administration eine Rezession aber unbedingt zu vermeiden suchen. Das wird nur möglich sein mit einer gewissen handelspolitischen Kooperationspolitik mit China, was den US-Exporten zugutekäme; und einer gestärkten transatlantischen Kooperation mit der EU. Der Transatlantische Handels- und Technologierat EU-USA, der als transatlantische Kooperationsagenda in 2021 startete (nicht angewiesen auf die Zustimmung des US-Senates), müsste daher in 2022-24 positiv mobilisiert werden als Quelle von mehr US-EU Innovations- und Direktinvestitionssowie Wachstumsdynamik; vor allem auch im Hochtechnologiebereich. Eine erhöhte transatlantische Direktinvestitionsdynamik (mehr EU-Direktinvestitionen in den USA, mehr US-Direktinvestitionen in der EU) dürfte die Fähigkeit der Gewerkschaften einschränken, erhöhte Inflationsraten-Erwartungen in steigende Nominallohnzuwächse zu übertragen. Die kurzfristige Phillipskurve zur Austauschbeziehung von Inflation und Arbeitslosenquote wird dann flacher: Eine Senkung der Arbeitslosenquote in der Eurozone geht tendenziell mit einem Weniger an Inflationsdruck einher als in früheren Jahrzehnten. Eine genauere Modellierung lenkt hier den Blick auf ein angemessen modernes DSGE-Modell als Analyserahmen, wie es mit dem Roeger/Welfens-Modell vorliegt (Roeger und Welfens, 2021; 2022a): nur dieses DSGE-Modell hat sowohl Außenhandel als auch Direktinvestitionen in den betrachteten außenwirtschaftlichen Verbindungen der Länder.
- In allen OECD-Ländern könnten erhöhte Militärausgaben die Funktion expansiver Fiskalpolitik übernehmen, wobei die US-Rüstungsindustrie besonders stark erhöhte Gewinne verzeichnen wird; vor allem erhöhter Exporte Richtung EU-Länder, wobei in westlichen EU-Ländern mittelfristig die Militärausgabenquote um einen halben Prozentpunkt ansteigen wird. Demnach müsste langfristig die Steuerquote entsprechend ansteigen, was zu einer Verminderung des Niveaus des Pro-Kopf-Einkommens etwa in Deutschland um etwa 0,5 mal 0,5 = 0,25% beziehungsweise 110 € führt (Annahme ist hier, dass die Sparfunktion $S = s(1-t')Y$, wobei für die Sparquote $0<s<1$ und für den

Einkommenssteuersatz t' ebenfalls als Wertbeschränkung gilt 0<t'<1; es gelte eine übliche Produktionsfunktion Y = Kß(AL)1-ß, wobei ß üblicherweise mit 0,33 angesetzt wird; Y ist das reale Bruttoinlandsprodukt, A das Wissen und L das Arbeitsvolumen). Man kann ein einfaches neoklassisches Modell auch nutzen, um die Frage zu beantworten, ob eine Sondersteuer im Kontext des Ukraine-Russland-Krieges – etwa auf Mineralölkonzerne – sinnvoll ist. Die Politik mag sich hier üblicherweise vorstellen, dass man so Zusatzeinnahmen fürs Staatsbudget erzielt, die man etwa für erhöhte Transfers an arme Haushalte verausgaben könnte. Sofern die Politikakteure eine solche Steuerpolitik (mit einer gewissen sektoralen Diskriminierung) durchführen, aber alle Investoren ab dann mit einer gewissen Wahrscheinlichkeit annehmen, dass es künftig zu politischen Sondersteuersätzen kommt, ergibt sich via Minderung einer effektiven Sparquote eine Minderung des Pro-Kopf-Einkommens aller im Wachstumsmodell: Das Niveau des Wirtschaftswachstum fällt dann einmalig. Man müsste also schon eine sehr genaue glaubwürdige Sondersteuer-Aktion durchführen, um diesen Negativ-Effekt beim langfristigen Gleichgewichtsniveau zu vermindern. Diesen Negativ-Effekt könnte man insbesondere verhindern, wenn man eine glaubwürdige Sondersteueraktion einführt und mit dem Hauptteil der zusätzlichen Steuereinnahmen die Forschungsförderungsquote erhöhte. Diese hauptsächliche Verwendung der Zusatzsteuereinnahmen könnte dann die Trendwachstumsrate beim Wirtschaftswachstum langfristig erhöhen; selbst wenn das Niveau des Wachstumspfades kurzfristig ein wenig absinkt, wird die Erhöhung der Trendwachstumsrate dazu führen, dass mitelfristig ein positiver Effekt beim realen (inflationsbereinigten) Pro-Kopf-Einkommen entsteht. Im Übrigen hängen die Wachstumsperspektiven für Großbritannien, die Eurozone und die USA vor allem von der Entwicklung der Handelsbeziehungen zwischen dem Westen und China ab. Diesbezüglich haben die USA seit Präsident Trump eine vermindert kooperative und zeitweise auch aggressive Handelspolitik praktiziert. Präsident Biden hat nur eine geringfügige Korrektur der US-Handelspolitik vorgenommen: mit einem Fokus auf Handelssteigerung mit der EU plus Großbritannien sowie wichtigen Handelspartnern im Asien-Pazifik-Raum.

- Wenn die USA-China- und EU-China-Handelskonflikte sich verschärfen sollten, so kann das Wachstum von Chinas Bruttoinlandsprodukt sich mittelfristig vermindern; da würde es China auch nicht viel helfen, wenn Russland mehr Öl und Gas zu einem erheblichen $-Preisabschlag liefern sollte. Es bleiben im Kontext des Ukraine-Russland-Krieges erhöhte Risiken für einen

Cyberkrieg im Internet zwischen dem Westen und Russland, was eine neue Eskalationsgefahr darstellt. Dieser Aspekt und das Auftreten Chinas als globaler Wachstumsfaktor ist im Übrigen neu, wenn man die latente wirtschaftliche Krisendynamik in 2022 in den OECD-Ländern mit den OPEC-Preisschocks der 1970er Jahre vergleicht. Natürlich ist auch die digitale Expansion ein neuer Wirtschaftsfaktor.

- Es ist insgesamt erstaunlich, wie stark der beginnende und antizipierte Liefer-Ausfall von relativ geringen globalen Weizenexportkapazitäten Russland und der Ukraine in 2022 schon zu starken Preiserhöhungen auf den Weltmärkten führen konnte. Für die mittelfristige Entwicklung werden die Ernteerträge in den USA, China, Brasilien, Russland und Ukraine von großer Bedeutung sein; und natürlich die Fortdauer-Zeit des Ukraine-Russland-Krieges (inklusive Zeit für den Neu- und Wiederaufbau von Hafenkapazitäten bei der Ukraine).

Der russisch-ukrainische Krieg führt zu einem Anstieg der Öl- und Gaspreise, einem Rückgang des Handels der EU-Länder mit der Ukraine und Russland, zu Unterbrechungen in energieintensiven Sektoren bestimmter EU-Länder (Unterbrechungen würden den Chemiesektor, den Stahlsektor und den Nahrungsmittelsektor im Falle eines russischen Gasexport-Embargos oder eines EU-Import-Embargos für Gas stark beeinträchtigen) sowie zu einer höheren Volatilität der Preise auf den Vermögenswertmärkten; zusammen mit einem Anstieg der Arbeitslosenquote im Falle größerer negativer sektoraler Versorgungsschocks und einem Anstieg der Arbeitslosenquote könnte das in den großen EU-Ländern zu einer Rezession führen. Finnland als kleines Land – aber mit relativ starken Handelsbeziehungen zu Russland – wird voraussichtlich auch relativ stark vom russisch-ukrainischen Krieg betroffen sein (siehe Bank of Finland, 2022).

Eine expansive Fiskalpolitik wird nur bei einer nachfragebedingten Rezession sinnvoll sein, während sektorale Angebotsschocks einen beschleunigten Strukturwandel und zusätzliche Innovationsanstrengungen erfordern, um neue Märkte zu schaffen und die Nachfrage zu steigern. Die Geldpolitik könnte dem steigenden Inflationsdruck begegnen, aber eine starke Anhebung der EZB-Zinsen würde sich in allen Ländern der Eurozone in höheren Realzinsen niederschlagen und damit die wirtschaftliche Expansion schwächen. Eine neue Rezession in Italien, Frankreich und Deutschland würde eine breitere Rezession für die gesamte EU und negative transatlantische Spillover-Effekte nach sich ziehen. Technisch gesehen steht Italiens Wirtschaft in den ersten beiden Quartalen des

Jahres 2022 eine Rezession bevor. Diese milde Rezession in Italien könnte sich im Falle eines deutschen oder EU-Embargos für Energieimporte gegenüber Russland noch deutlich verstärken.

In den östlichen EU-Ländern ist als Folge des Russland-Ukraine-Krieges eine starke Abwertung der Nicht-Eurozonen-Währungen zu erwarten. Dies wird nicht nur zu einer höheren Inflation in diesen Ländern führen, sondern auch die Auslandsverschuldung des Privatsektors erhöhen. Wenn dies zu Liquiditäts- und Solvenzproblemen für Unternehmen in Schlüsselsektoren führt, könnte die Stabilität des Bankensektors – der bereits mit Problemen wie geringer Investitions- und Wachstumsdynamik zu kämpfen hat – untergraben werden. Man sollte auch das reale Schockpotenzial von negativen Cyberangriffen in den EU-Ländern nicht außer Acht lassen.

Ein vorübergehend starker Anstieg der Inflationsrate sollte kurzfristig zu einem Rückgang der Arbeitslosigkeit gemäß der wirtschaftlichen Logik der Phillips-Kurve führen: Die Reallöhne werden durch die unvorhergesehene Inflationsdynamik nach unten gedrückt. Kommt es jedoch zu einem negativen Energieschock in den EU-Ländern, so führt dieser Angebotsschock zu einem Rückgang der Gewinnrate und der Reallohnrate im Gleichgewicht: Bei nominalen Rigiditäten auf den Arbeitsmärkten ist ein solcher Reallohnrückgang nicht so schnell zu erwarten, sodass die Arbeitslosigkeit noch eine Zeit lang steigen könnte.

Was die Flüchtlingswelle aus der Ukraine und den effektiven Anstieg der Einwanderungszahlen aus der Ukraine betrifft, so dürfte es in vielen EU-Ländern mittelfristig zu einem positiven Angebotseffekt kommen, da mehr Flüchtlinge (Arbeitnehmer) aus der Ukraine in die Arbeitsmärkte der Aufnahmeländer integriert werden. In dem Maße, in dem die Regierungen der großen EU-Länder die Militärausgaben im Verhältnis zum Volkseinkommen erhöhen, wird es einen expansiven fiskalischen Impuls geben, der jedoch in erheblichem Maße den USA zugutekommen wird, die voraussichtlich Kampfjets und militärisches High-Tech-Material an viele EU-Länder verkaufen werden.

Der Anstieg der relativen Preise für Weizen und Mais – als Folge der stark reduzierten ukrainischen und russischen Exporte im Jahr 2022 – wird für mehrere Entwicklungsländer eine große Herausforderung darstellen. Der IWF und die Weltbank sowie regionale Entwicklungsbanken (z.B. die Asiatische Entwicklungsbank und die Afrikanische Entwicklungsbank) werden gebraucht, um diese internationalen Preisschocks abzufedern. Schließlich werden einige asiatische Schwellenländer wahrscheinlich von Preisnachlässen auf russische

Ölüberschüsse profitieren, da viele EU-Länder ihre Öl- und Erdgasimporte aus Russland reduzieren. Die EU-Länder und die USA werden wahrscheinlich vor der Herausforderung stehen, den Wiederaufbau der Ukraine nach dem Ende des russisch-ukrainischen Krieges zu unterstützen. Eine Art Marshallplan für die Ukraine scheint mittelfristig angemessen zu sein. Solange in Russland ein autoritäres oder diktatorisches Regime an der Macht ist, werden Europa und Asien, ja die gesamte Weltwirtschaft mit neuen Unsicherheiten und Risiken konfrontiert sein; und es ist zu erwarten, dass sich dies zu gegebener Zeit in differenzierteren und höheren Risikoprämien für bestimmte Länder und Projekte niederschlagen wird.

Zu den wichtigen Triebkräften für Preis- und Mengenreaktionen auf den internationalen Märkten gehören die Erwartungen der Marktteilnehmer. Wenn beispielsweise Lieferprobleme oder -kürzungen bei Öl und Gas aus Russland erwartet werden, führt dies zu starken Preissteigerungen bei Öl (und in geringerem Maße bei Gas – letzteres ist durch lange Lieferverträge gekennzeichnet), wie im März 2022. Auch Weizen stieg Anfang April auf dem Weltmarkt im Vergleich zum Vorjahr stark an – die Preise verdoppelten sich. Große Preissteigerungen gab es auch bei Nickel Ende März, wo der Handel an der Londoner Metallbörse – in den Händen eines Investors aus Hongkong – dann vorübergehend ausgesetzt wurde, als sich der Preis innerhalb eines Tages mehr als verdoppelte.

Die britische Börsenaufsichtsbehörde (Securities and Exchange Commission) erlaubte die Wiederaufnahme des Handels nach einem zunächst gescheiterten Neustart, und der Preis normalisierte sich Anfang April. Es heißt, dass ein chinesischer Investor in ernste Schwierigkeiten geriet, indem er eine große Short-Position auf dem Markt einnahm (Lieferung von Nickel in naher Zukunft) – in der Erwartung fallender Nickelpreise – und mit dem Versuch, seine Position zu schließen oder selbst große Mengen Nickel zu kaufen, den Nickelpreis weit in die Höhe trieb; die Markterwartung des chinesischen Großinvestors war insofern falsch, als der russisch-ukrainische Krieg die Marktpreise, insbesondere für Nickel, kurzfristig in die Höhe schnellen ließ. Dies liegt daran, dass Russland einer der wichtigsten Produzenten und Exporteure von Nickel ist. Ein heftiger Wirtschaftskrieg zwischen Russland und der EU, der vermutlich auch mit Cyberangriffen geführt wird, könnte insgesamt zu einer erheblichen Destabilisierung der Weltwirtschaft führen. Die Entschlossenheit Russlands, den Angriff auf die Ukraine fortzusetzen, dürfte durch westliche Wirtschaftssanktionen kurzfristig kaum zu brechen sein. Von größerer Bedeutung werden hier sicherlich die westlichen Waffenlieferungen an die Ukraine sein.

Sinkt das Realeinkommen der EU um ein Prozent, so dürfte das US-Realeinkommen um etwa 0,2%, das in Asien um etwa 0,1% sinken. Die internationalen Wirtschaftsprobleme könnten sich verschärfen, falls seitens der EU insgesamt und auch seitens der USA ein längerfristiger Boykott russischer Erdöl-, Gas- und Kohleexporte zustande käme; eine Ausnahme wäre ein Dämpfungseffekt von Inflationsdruck in den OECD-Ländern, die 2021/2022 eine zum Teil beträchtliche Erhöhung der Inflationsraten durch steigende Energiepreise verzeichneten. Russland könnte auf einen solchen massiven internationalen Boykott zudem militärisch reagieren, wobei dies auch hybride Militäraktionen wie etwa digitale Störaktionen in den westlichen Industrieländern in einer ersten Phase umfassen könnte: mit durchaus erheblichen Schäden an der kritischen Infrastruktur und dem Produktionspotenzial einiger westlicher Industrieländer. Im Übrigen ist Russland im Zuge der internationalen Solidarität mit der Ukraine seit dem 24.2.2022 selbst zu einem bevorzugten Ziel von „Protest-Hackern" aus der ganzen Welt geworden, die Russlands Wirtschaftsentwicklung schwächen, allerdings auch national und international bedenkliche Störungen in der kritischen Infrastruktur Russlands zur Folge haben können. Was das Eindämmen von Inflationsdruck im Westen angeht, so liegt es auch an den USA, bei ihren politischen Verbündeten unter den OPEC-Ländern für eine zeitweilige Steigerung der Produktionsmenge zu werben.

Der Internationale Währungsfonds befasste sich von Seiten der Führungsebene, dem IMF-Board, am 4. März mit dem Ukraine-Russland-Krieg und veröffentlichte am folgenden Tag folgende Stellungnahme (IMF, 2022a):

> *„Der Krieg in der Ukraine führt zu einem tragischen Verlust an Menschenleben und zu menschlichem Leid und bringt zudem eine massive Beschädigung der physischen Infrastruktur der Ukraine. Das hat zu einer großen Fluchtbewegung von mehr als einer Million Flüchtlingen in den Nachbarländern geführt. Bislang einmalig scharfe Sanktionen gegen Russland sind angekündigt worden".*

Inflationsperspektiven

Die Inflationsraten steigen in den Industrieländern USA, UK und Eurozone in 2021/2022 erheblich an und dürften rund 9% erreichen, nachdem über ein Jahrzehnt eher eine Größenordnung von 1-3% typisch war. Die Zentralbanken der genannten Länder, allen voran die US Federal Reserve, gaben in 2022 mit

Notenbank-Zinserhöhungen seit vielen Jahren ein Signal der Inflationsbekämpfung. Damit stiegen die kurzfristigen Zinssätze an und überstiegen, zunächst in den USA, den langfristigen Zins. In den USA war zur Jahresmitte der Zinssatz für zweijährige Staatsanleihen schon einen Prozentpunkt höher als für zehnjährige Anleihen. Das bringt das Sonderphänomen einer inversen Zinsstruktur, bei dem – anders als im Normalfall einer Zinsstrukturkurve – der kurzfristige Zins den langfristigen übersteigt.

Damit aber sind die Renditeaussichten bei Banken deutlich eingetrübt. Denn die verdienen einen Teil des Gewinns normalerweise damit, dass sie kurzfristige, niedrigverzinsliche Bankeinlagen nutzen, um daraus mittelfristige Kredite – zu einem höheren Zinssatz – an Industriekunden und private Haushalte zu vergeben. Mit dem Anstieg der kurzfristigen Zinssätze intensiviert sich zudem der Wettbewerb um Bankkunden (die Liquiditätsbeschaffungskosten der Banken steigen); die Banken-Renditen fallen nach einigen Quartalen ebenso wie die Eigenkapitalquote; hier gibt es eine regulatorisch vorgegebene Mindestquote. Daraufhin vergeben die Banken im Interesse einer Mindest-Relation Eigenkapital zu Kreditvolumen weniger Kredite, was Investitionen und Konsum vermindert und bald zu einer Rezession führen kann. Eine erwartete internationale Rezession mindert den Inflationsdruck bei den fossilen Energiepreisen.

Relativ hohe Inflationsraten – in den USA war in 2022 auch die Kerninflationsrate (ohne Energie- und Lebensmittelpreise) schon bei 5% –, die deutlich von den Zielvorgaben von 2% abweichen, werden die Zentralbanken in den USA, UK und der Eurozone zu einem Anti-Inflationskurs bewegen. Das dämpft die Wirtschaftsexpansion. Mittelfristig steigt dann die Arbeitslosenquote an, sobald die Sondereffekte des Inflationsanstieges – nämlich unerwartete Minderung der realen Lohnkostenanstiege, die kurzfristig ein Mehr an Jobs bringen – durch Konsumdämpfungseffekte und sinkende Investitionen dominiert werden. Konsumrückgänge ergeben sich, weil die Haushalte in realer Rechnung wegen der Inflation ein vermindertes verfügbares Einkommen haben. Wenn die USA in eine Rezession übergehen, wäre das ein internationaler Impuls zur Ausbreitung einer Rezession in den OECD-Ländern.

Russland hat im Juli 2022 die Gaslieferungen nach Deutschland und Richtung EU wiederaufgenommen, was den Anstieg der Gaspreise beziehungsweise der fossilen Energiepreise zumindest vorübergehend dämpft. Im Fall eines harten Winters bleibt das hohe Risiko, dass in Deutschland die Hälfte der Haushalte – diejenigen, die mit Gas heizen – in ungewollt kalten Wohnungen sitzen. Für die Politik besteht das Risiko einer Art Gelbwesten-Protestbewegung in Deutschland und anderen EU-Ländern, zumal eine hohe Inflationsrate und sehr hohe Energiekosten-Abrechnungen die Mehrheit der Haushalte negativ treffen werden.

Die mittelfristige Inflationsrate wird sich bis 2024/25 wohl in den OECD-Ländern deutlich zurückbilden. In der Eurozone stellt der Rücktritt der Draghi-Regierung Mitte Juli 2022 einen Störimpuls für die Stabilität Italiens und auch des Euro-Währungsraumes dar. Der Risikoaufschlag für Italien-Staatsanleihen – gegenüber deutschen Staatsanleihen – ist in diesem Umfeld angestiegen und könnte für die Europäischen Zentralbank und Italien mittelfristig Störproblemen gegenüberstehen. Wenn die EZB verstärkt Italien-Anleihen ankauft, gerät sie unter politischen Druck aus der Politik, was die politische Unabhängigkeit der EZB beschädigt – und in Italien den Anreiz beim Staat mindert, die hohe Schuldenquote (mehr als zweifach so hoch wie die Obergrenze von 60% im Maastrichter Vertrag) zurückzuführen. Indirekt gibt die EZB mit ihrer Entscheidung vom 21. Juli 2022 für ein neues Instrumentes zur Verhinderung von Ineffizienzen bei der Transmission der Geldpolitik, Transmission Protection Instrument (TPI), fragwürdige Stabilitätsimpulse: möglicherweise Italien-Anleihen oder Anleihen eines anderen Euro-Landes bevorzugt anzukaufen, wenn ihr der Zinsanstieg bei diesen Anleihen als zu hoch erscheint. Die Vorbedingungen der EZB für die Anwendung von TPI sind nicht sehr hart. TPI könnte – je nach Anwendungspraxis der EZB – ein Impuls für die Expansion populistischer Parteien in der EU sein, die die Schuldenquoten von Staaten tendenziell deutlich erhöhen wollen; was aber nicht den Stabilitätsinteressen der Eurozone entspricht. Das kann man sehr kritisch sehen.

Vorübergehend wird hohe Inflation die Schuldenquoten vieler OECD-Länder dämpfen, während diese Länder – gerade auch in Deutschland – über die „Kalte Progression" bei der progressiven Einkommenssteuer (mit Hauptfokus auf mittleren und hohen Einkommen) die Steuerquote ohne jeden Parlamentsbeschluss still erhöhen. Deutschland dürfte im Umfeld des Ukraine-Russland-Krieges auf der Angebotsseite der Wirtschaft durch hohe Zuwanderung aus der Ukraine realwirtschaftlich profitieren. Die Belastungen durch große Flüchtlingszahlen aus der Ukraine gilt es in der EU gemeinsam zu tragen. Der Ukraine-Russland-Krieg droht mittelfristig auch zu einer starken EU-Belastung zu werden.

Wie der Ukraine-Russland-Krieg gestoppt werden kann, ist eine komplizierte Frage. Bei allen emotionalen Aufregungspunkten: Die Regierungen der G20-Länder sind gefordert, in Europa und weltweit mittelfristig durch eine Realpolitik eine neue stabile internationale Gleichgewichtskonstellation der Mächte herbeizuführen. Der Westen wird nach Möglichkeit Wohlstand, Stabilität, Freiheit, Demokratie und Rechtsstaat national und international verteidigen; und auch die Voraussetzungen für eine globale Klimaschutzpolitik, zunächst im Kreis der G20-Länder, zu sichern versuchen. Sinnvoll wäre ein Hauptfokus auf einem weltweit integrierten System von CO_2-Emissionszertifikaten-Handelssystemen. Diese Systeme, die die EU und wenige andere Länder (plus Kalifornien) pionierhaft seit 2005 entwickelt haben, sichern einen effizienten, sicheren Weg zur Klimaneutralität und verhindern unnötige Kostenbelastungen, die neuerlich die Inflationsraten antreiben und via vermindertes Wirtschaftswachstum in der Weltwirtschaft die Zahl der Armen und Hungernden erhöhen könnten; also auch neue Konflikte in vielen Regionen herbeiführen.

Wie stark wird Russlands Wirtschaft durch die Sanktionen des Westens geschwächt?

Der Beitrag zum Thema Russlands Wirtschaftsstärke der University of Yale-Autoren Sonnenfeld et al. (2022) hat einige Aufmerksamkeit in den Medien erhalten, wobei die Hauptaussagen der Autorengruppe, die aus dem Bereich Management Research kommt (mit Ausnahme eines Energieökonomen), lauten:

- Russlands Wirtschaft wird durch die westlichen Sanktionen und den Rückzug westlicher multinationaler Unternehmen aus dem Land – rund 1000 bis Jahresmitte 2022 – sehr deutlich geschädigt; zumal Kapital und (westliche wie russische) Fachkräfte aus Russland im Kontext des Rückzuges der Multis abfließen beziehungsweise weggehen, was die Innovationsbasis schädigt.
- Die Vorstellung mancher Beobachter und Medien, die eine eher geringe Wirtschaftsproblematik in Russland in 2022 sehen, sei falsch; zumal Russland erstmals seit vielen Jahren ein Staatsdefizit aufweise und weil bis Jahresmitte 2022 der Bestand an Devisenreserven um 70 Mrd. $ gesunken sei, und schließlich sei auch die Geld- und Fiskalpolitik zur Stabilisierung wenig zielführend.

Kritisch anzumerken zu der Sonnenfeld et al.-Analyse aus dem Juli 2022 sind folgende Punkte:

1. Russlands Staatseinnahmenanteil bei Öl und Gas beim Staatsbudget liegt nicht bei rund 60%, wie die Autoren schreiben, sondern bei 40-45%.

2. Klar ist zwar, dass der Abzug westlicher Multis ökonomisch negativ wirkt, aber Direktinvestitionsbestände beziehungsweise Tochtergesellschaften mit ihrem Realkapital – Maschinen und Anlagen – sind überwiegend ja nicht real abziehbar aus Russland; Marktwert und Nutzungsgrad können sicher fallen, sich in manchen Branchen nach russischen Modernisierungsanstrengungen und erst recht nach einem Ende des Krieges auch wieder erholen.
3. Die Expansion der Schattenwirtschaft in Russland wird nicht berücksichtigt, die doch einige Versorgungslücken mit schließen hilft – und auch sonst nicht übersehen werden sollte bei einer Gesamteinschätzung der Lage in Russland.
4. Wachsende Korruption im Kontext der expandierenden Schattenwirtschaft dürfte aber zunehmend ein Ärgernis aus Sicht der Bevölkerung werden: Illegale schattenwirtschaftliche Produzenten und Händler:innen werden sich durch Bestechung von Teilen der Beamtenschaft einen „privaten Rechtsschutz" für ihre Aktivitäten außerhalb des offiziellen Wirtschaftssystems besorgen wollen.
5. Dysfunktional für ein großes Land wie Russland ist die Störung des internationalen und nationalen Flugverkehrs, was teilweise Folgen der internationalen Sanktionen und teilweise dem gefährlichen Mangel an Originalersatzteilen für Zivilflugzeuge geschuldet ist. Fast die gesamte Flugzeug- und Rüstungsindustrie Russlands wird allerdings unter der massiven Minderung von westlicher Hochtechnologie – z.B. Computerchips – einige Jahre leiden, was allerdings Russlands illegalen Technologieimport stimulieren wird.
6. Russland dürfte auch ein schwieriges Jahr 2023 – mit erhöhter Unzufriedenheit der Bevölkerung (auch wegen der vielen Gefallenen in der Ukraine) – noch bestehen; aber hoffentlich kommt man spätestens im Sommer 2023 zu ernsten Friedensverhandlungen. Eine Art erster Test für ernste Verhandlungen zwischen Russland und der Ukraine sind das im Juli vereinbarte Getreide-Exportabkommen für Getreide aus der Ukraine, wobei das Abkommen von der Türkei vermittelt wurde. Diese hat ihren politischen Einfluss in Europa mit dieser wichtigen Handelserleichterung, die ein ernstes Welthunger-Problem verhindern helfen kann, vergrößern können.
7. Ob Russlands Importstatistik vollständig ist und es nicht „private Importe" als nichtregistrierte Importe (errors and omissions..) in

beträchtlichem Maß gibt, wäre zu prüfen; damit befassen sich die Autoren aber nicht.
8. Der Rückgang der Währungsreserven um 75 Mrd. $ in 2022 ist bei Verbleib von gut 500 Mrd. $ kein ernstes Problem, zudem könnte die zweite Jahreshälfte wegen steigender nominaler Energieexporte durchaus auf mittlere Sicht ein zeitweiliges Ansteigen der Devisenreserven bringen – von denen wegen der Einfrierung durch westliche Notenbanken aber nur etwa die Hälfte verfügbar sein dürfte.
9. Dass Russland erstmals seit Jahren in 2022 ein Budgetdefizit auf zentraler Ebene hat, ist kein ökonomischer Schock in einem ernsten Ausmaß; es dürfte genügend inländische Nachfrage durch Banken, Versicherungen und private Haushalte für russische Staatsanleihen geben.
10. Das Sonnenfeld-et al.-Papier (Management Research-lastig von Autoren-Seite her) ist bei der Abschätzung der realen Entwicklung des Bruttoinlandsproduktes in Russland methodisch nicht auf der Höhe der Forschung und in der Theoriefundierung unzureichend; üblicherweise würde man z.B. den Stromverbrauch als Proxy für das Bruttoinlandsprodukt nehmen, was die Autoren aber nicht machen.
11. Es wird auch kein DSGE- oder X-Makro-Modell verwendet, wie es sich in der Literatur unter anderem von russischen Fachkollegen und -kolleginnen findet.
12. Auf relevante ökonomische Fachliteratur wird fast kein Bezug genommen.

Insgesamt ist das Sonnenfeld et al.-Papier zu Russland ein methodisch schwacher Beitrag, mit ziemlich viel Wunschdenken der Autoren. Mit einem realen Bruttoinlandsprodukt-Rückgang von knapp 10% (nach Weltbank bzw. IMF) in 2022 hat Russland sicher einen ernsten ökonomischen Schock, 20% erwartete Inflation sind kurzfristig weniger ein Problem; und Russlands Bevölkerung ist ökonomische Durststrecken mindestens bei der älteren Generation über Jahre zu Zeiten der Sowjetunion und dann 1998/99 im neuen Russland unter Jelzin gewohnt. 1997/98 hat der Westen kaum etwas für die Stabilisierung von Russlands Wirtschaft und die Verhinderung oder Bewältigung des enormen Staatsdefizits von 25 Prozent (1995/96/97) des Bruttoinlandsproduktes unternommen – schon gar nicht der Internationale Währungsfonds, der tendenziell den falschen Ratschlag pro festes Wechselkurssystem im Vorfeld der Krise gegeben hatte und das Ausmaß der Krise damit verschlimmerte (als Jelzin in seiner Budgetnot dann

Staatsunternehmen in großem Maß im Rahmen einer „Oligarchen-Privatisierung" verkaufte, war die strukturelle Grundlage für das Gedeihen einer Demokratie in Russland weitgehend zerstört, weil aus der Sicht der Neuen Politischen Ökonomie die Organisation eines Machtvierecks Präsident-Militär-Geheimdienst-kleine Gruppe großer Unternehmen auf ein Ende der Gewaltenteilung und auch auf die Möglichkeit der Abschaffung des Rechtsstaates durch eine mehrheitlich Putin-hörige Duma leicht möglich wurde). Man kann es im Übrigen als überraschend – oder auch nicht überraschend – und irreführend einstufen, dass Rüdiger Bachmann als europäisch-amerikanischer Wirtschaftsexperte die Russland-Studie der Yale-Autoren in seinen Tweets unkritisch empfohlen hat. Schließlich ist es natürlich richtig, dass der Rückgang der Produktionsaktivitäten in Russland im Vergleich zu der schwachen Rezession in den USA im ersten Halbjahr 2022 und einer absehbaren Rezession in der Eurozone in 2023/2024 eine beträchtliche Herausforderung für Russlands Wirtschaftspolitik darstellt. Kommt ein Friedensabkommen in 2022/2023 zustande, kann die russische Wirtschaft allerdings auch – bei richtigen Weichenstellungen der Politik – einen deutlichen ökonomisch Aufschwung erreichen.

Die Ukraine könnte am Ende von Verhandlungen mit Russland in einer Art Situation der Teilung Deutschlands nach 1945 landen. Die langfristigen Entwicklungen der weiteren Geschichte in der Ukraine und Russland sind dabei relativ offen, wobei autoritäre Systeme erfahrungsgemäß langfristig Probleme bei politischer Legitimität und ökonomischer Effizienz haben – das könnte dann längerfristig zugunsten der Ukraine wirken.

8.2 Multinationale Unternehmen mit Blick auf Russland

Die Entwicklung Russlands als Standort für ausländische Unternehmen (Direktinvestitionen von Auslandsfirmen in Russland) und von Russland als Quellenland von Direktinvestitionen im Ausland ist von zeitweise starken Schwankungen und einigen Besonderheiten geprägt. Dazu gehört seit Februar 2022, dass zahlreiche Unternehmen aus Europa, Nordamerika und Japan sowie Korea und Australien wegen Russlands Angriffskrieg auf die Ukraine die Weichen für einen zeitweiligen oder dauerhaften Rückzug aus Russland gestellt haben. Die größten

15 Investoren (ohne Zypern und Bahamas, die beide wohl oft für „Karussel-Direktinvestionen" stehen – das heißt, dass Gelder aus Russland, oft im Kontext mit Steuervermeidung oder -hinterziehung, in diese beiden Länder fließen und dann von dort zurück als Direktinvestitionen nach Russland) in der nachfolgenden Liste zeigen für 2020, dass es erhebliche kumulierte Direktinvestitionen aus Europa und den USA in Russland gibt. Damit ist zugleich ein Enteignungspotenzial für Russlands Regierung mit Blick auf Investoren aus europäischen Ländern und den USA deutlich.

Mit dem Ukraine-Krieg sieht sich Russland einem verschärften Sanktionsregime der westlichen Länder und Japans gegenüber, viele multinationale Unternehmen aus den OECD-Ländern haben ihre Aktivitäten in Russland im März 2022 massiv eingeschränkt oder gestoppt oder sich gar aus Russland vorübergehend zurückgezogen. Russlands Regierung hat allerdings auch gedroht, dass man westliche Niederlassungen im Land bei Abzug des Führungspersonals und zeitweiliger Einstellung der Aktivitäten einem Konkursverfahren zuführen werde oder auch die Aktiva der Auslandsinvestoren aus bestimmten Ländern verstaatlichen werde. Ein solcher Schritt ist wohl zu erwarten, wenn ein westliches Land oder Japan einen Energieimportstopp gegenüber Russland einführen sollte. Verstaatlicht Russland ausländische Investoren ist das in dreißig Jahren aufgebaute Vertrauen von westlichen und japanischen Investoren in Russlands Regierung auf viele Jahre hinaus zerstört.

Die höchsten Direktinvestitionsbestände verzeichnen die Niederlande mit 97,6 Milliarden Dollar (siehe Tab. 7), die allerdings zu einem erheblichen Teil auch Investitionen aus anderen EU-Ländern und möglicherweise USA und Großbritannien darstellen dürften. Denn die Niederlande gilt mit Blick auf Steuervermeidungsmöglichkeiten bei diesen Ländern als besonders attraktiv, sodass ausländische Investoren in Russland via Zwischeninvestition in einer Holding in den Niederlanden aktiv sind. Hinter den Niederlanden folgen die Schweiz mit 31,6 Milliarden Dollar sowie Frankreich und Deutschland gefolgt von Großbritannien (UK), Italien und den Vereinigten Staaten. Bei den Direktinvestitionsbeständen Luxemburgs in Russland gilt ein ähnlicher Vorbehalt wie bei den Niederlanden. Schweden, Finnland, Japan, Belgien, Dänemark, Türkei und Polen beschließen die Rangliste. Bei Frankreich, Deutschland und Italien könnte eine Enteignung durch Russlands Regierung immerhin Vermögensverluste für die westlichen Investoren von 23,2 beziehungsweise 19,6 beziehungsweise 14,1 Milliarden Dollar zur Folge haben. Bei Großbritannien und den USA als Quellenländer von Direktinvestitionen in Russland ginge es immerhin auch um 15,6 beziehungsweise 12,1 Milliarden Dollar (die jeweiligen Euro-Beträge sind jeweils etwa 1/10 geringer als die Dollar-Angaben). Für Polen steht wohl fast eine Milliarde Dollar auf dem Spiel.

Tab. 7. Gesamte auswärtige Direktinvestitionsbestände (netto) ausgewählter OECD-Länder mit Russland als Partnerland in 2020

OECD-Rang	Berichtsland	Partnerland	Wert in Million US$
1	Niederlande	Russland	97577,62
2	Schweiz	Russland	31560,26
3	**Frankreich**	**Russland**	**23227,39**
4	**Deutschland**	**Russland**	**19613,45**
5	**UK**	**Russland**	**15579,89**
6	Italien	Russland	14125,82
7	**USA**	**Russland**	**12538,00**
8	Luxemburg	Russland	5770,03
9	Schweden	Russland	5677,74
10	Finnland	Russland	2595,41
11	Japan	Russland	2388,82
12	Belgien	Russland	1421,03
13	Dänemark	Russland	1330,73
14	Türkei	Russland	914,70
15	Polen	Russland	760,70

Quelle: Eigene Darstellung; Daten der OECD International Direct Investment Statistics Database.

Russlands Direktinvestitionsbestände im Ausland zeigen (siehe Tab. 8) auf Platz 1 die Niederlande, die 33,5 Milliarden Dollar in 2020 verzeichnete (dabei dürften auch indirekte Direktinvestitionen in anderen Ländern über steuergünstige Holdings eine Rolle spielen). Es folgen die Türkei mit 7,8 Milliarden Dollar, dahinter stehen Deutschland, die USA und Spanien mit jeweils gut 4 Milliarden Dollar. Dann folgen Finnland, Irland, Lettland, Kanada, Tschechien, Estland, Ungarn, Frankreich, Italien, Litauen, Japan und Luxemburg. Großbritannien gibt sonderbarerweise keine Zahlenangaben für Direktinvestitionsbestände aus Russland – plausibel ist eine Größenordnung nahe dem Wert für die Niederlande.

Tab. 8. Gesamte innengerichtete Direktinvestitionsbestände (netto) ausgewählter OECD-Länder mit Russland als Partnerland in 2020

OECD-Rang	Berichtsland	Partnerland	Wert in Million US$
1	Niederlande	Russland	33526,81
2	Türkei	Russland	7757,29
3	Deutschland	Russland	4429,99
4	USA	Russland	4326,00
5	Spanien	Russland	4125,66
6	Finnland	Russland	1937,66
7	Irland	Russland	1844,40
8	Lettland	Russland	1838,26
9	Kanada	Russland	1382,23
10	Tschechien	Russland	993,95
11	Estland	Russland	904,71
12	Ungarn	Russland	849,14
13	Frankreich	Russland	817,28
14	Italien	Russland	677,45
15	Litauen	Russland	351,93
21	Japan	Russland	64,93
[25-30]	UK*	Russland	0
33	Luxemburg	Russland	-13313,29

*Nicht veröffentlichungsfähiger und vertraulicher Wert
Quelle: Eigene Darstellung; Daten der OECD International Direct Investment Statistics Database.

Vermutlich gilt im Kontext der Sanktionen westlicher Länder sowie Japans, dass Russlands Direktinvestitionen in Europa und Nordamerika in Zukunft auf große neue Hürden in den Zielländern russischer Investoren treffen. China als Zielland für russische Investoren und chinesische multinationale Unternehmen in Russland dürften mittelfristig eine erhöhte Rolle spielen.

Dabei ist zu bedenken, dass Russlands Regierung Direktinvestitionen aus China lange Zeit skeptisch gegenüberstand, da man Perspektiven für eine starke Abhängigkeit von chinesischen Investoren sah; vor allem auch weil man langfristige demografische Probleme im Fernen Osten Russlands befürchtete – dabei dürfte es ohnehin informelle Begrenzungen für chinesische Investoren in Russland geben (Makarow und Morozkina, 2014); die Autoren der Studie zu Direktinvestitionen in und von Russland weisen darauf hin (S. 61), dass die Bevölkerung im Fernen Osten nur 6,2 Millionen beträgt (verteilt auf 6.2 Millionen km2, was 36% von Russlands Fläche entspricht), während Chinas drei nordöstliche Provinzen – Gesamtfläche 810 000 km2 – von 110 Millionen Chinesen bewohnt werden. Russlands wichtiger Ressourcensektor (Öl, Gas, Kohle) blieb daher für Investoren aus China praktisch verschlossen. Denn mit den Investoren aus China wären wohl auch chinesische Arbeitnehmer:innen in erheblicher Zahl nach Russland gekommen.

Bei technologisch anspruchsvollen Sektoren in der Verarbeitenden Industrie – etwa im Automobilsektor – wurden Barrieren durch Russland auch errichtet, da zu erwarten stand, dass Unternehmen aus China dann chinesische Technologiestandards einführen könnten, was inländischen Firmen mit russischen Standards entgegenstünde und womöglich auch zu solchen Unternehmen komplementäre russische Sektoren schwächen könnte; oder der oder die Anbieter aus China könnten eine Marktmonopolisierung anstreben. 2012 standen multinationale Unternehmen aus dem Asien-Pazifik-Raum daher nur für 1% der Direktinvestitionszuflüsse in Russland. In diesem Jahr wurden allerdings die informellen Beschränkungen bei Direktinvestitionen aus Asien aufgehoben und 2013 erhöhte sich der Anteil dieser Direktinvestitionen erheblich, da der russische Staat vor allem mit multinationalen Unternehmen aus Japan und China Investitionsprojekte vereinbarte. 2014 gingen allerdings die Direktinvestitionen aus Japan deutlich zurück, da Japan sich an den Sanktionen westlicher Länder gegen Russland beteiligte, das die Krim von der Ukraine in dem Jahr annektiert hatte.

8.3 Russland-Effekte verminderter russischer Öl- und Gasexporte

Die Systemtransformation in Russland hat nach 1991 in vielen Bereichen Elemente einer Marktwirtschaft etabliert, aber es gibt in vielen Sektoren auch erhebliche Marktmachtprobleme, da die Privatisierungen großer Staatsbetriebe unter Präsident Jelzin wenig unter effizienz- und wettbewerbspolitischen Aspekten erfolgte (Welfens et al., 1999). In der Energiewirtschaft hat Russland zudem mit Gazprom einen großen staatlichen Energiekonzern, der unter anderem auch wichtige internationale Pipeline-Netze allein oder in Kooperation betreibt. Der Energiesektor ist unter anderem durch Beteiligungen westlicher multinationaler Energiekonzerne an einigen russischen Energieunternehmen seit den 1990er Jahren modernisiert worden und ist ein wesentlicher Produktions- und Exportsektor der russischen Wirtschaft auch nach der Transformation geblieben.

Sowohl Embargo-Maßnahmen beim Energieimport der EU aus Russland als auch ein denkbarer russischer Liefer-Boykott bei Gas (oder Gas und Öl) wird in Russlands Wirtschaft und Staatshaushalt zu Effekten führen. Fragen eines denkbaren Energieimport-Boykotts durch Deutschland und andere EU-Länder kann man daher stellen. Allerdings kann man kaum argumentieren, dass die EU für den Ukraine-Krieg mitverantwortlich sei: Da man ja Russland hohe Deviseneinnahmen durch die EU-Energieimporte aus Russland verschaffe. Diese Sichtweise ist grob fehlerhaft, da Russlands Öl- und Gasexporteure nach Ost- und Westeuropa nicht länger verkaufte Öl- und Gasmengen in andere Weltregionen wird exportieren können. Internationale Finanzmarktsanktionen dürften Russland ökonomisch schon eher treffen beziehungsweise in Russland zu einem kritischen Rückgang des Realeinkommens führen.

Geht man von einem kombinierten russischen Öl- und Gasexport von 12% des Nationaleinkommens von Russland aus (Exporterlöse/Bruttonationaleinkommen), so könnte auf den ersten Blick ein EU-Energieimport-Boykott – plus Boykott durch USA und Großbritannien – in Russland auf einen Rückgang des realen Nationaleinkommens von etwa 6% führen. Das wäre allerdings eine doppelte Fehleinschätzung, denn

- Die Relation Russland-Energieexport zum Bruttoinlandsprodukt in Kaufkraftparitäten ist nur etwa ein Drittel so hoch wie die oben genannte Relation auf Basis nominaler Größen. Nominale Wertschöpfungsanteile spielen im Übrigen nur bei der Bedeutung der sektoralen technischen Fortschrittsrate eine Rolle.
- Wenn Russland Öl und Gas nicht länger an westliche Länder verkaufen könnte, werden die entsprechenden russischen Unternehmen versuchen, zu einem gegebenenfalls hohen Preisabschlag gegenüber dem – in 2022 relativ hohen – Weltmarktpreis die zunächst überschüssigen Öl- und Gasmengen an Länder in Asien und Afrika zu verkaufen.
- Falls Deutschland oder die EU einen Ölimport-Boykott gegen Russland beschließt, so wären die ökonomischen Dämpfungswirkungen für Russlands Wirtschaft überschaubar, da Überschussmengen auf dem Weltmarkt –

der Ölmarkt ist global integriert – mit einem relativ geringen Preisabschlag verkauft werden könnten. Russlands Regierung könnte im Übrigen mit einem Gasexport-Boykott gegen die EU reagieren, was u.a. Länder wie Deutschland, Italien, Österreich, Bulgarien, Polen und Ungarn in kurz- und mittelfristige ökonomische Schwierigkeiten brächte.

Demnach wird ein westlicher Energieimport-Boykott gegenüber Russland dessen Realeinkommen kurzfristig um etwa 3-4% und mittelfristig um 1-2% sinken lassen. Statt einer im März 2022 erwarteten Rezession in 2022 von -9% ergäbe sich in Russland dann eine schärfere Rezession von etwa -12% Rückgang beim Realeinkommen. Dem würde die russische Fiskalpolitik durch ein erhöhtes Staatsausgabenprogramm und zudem die Zentralbank Russlands durch eine expansive Geldpolitik entgegenzuwirken versuchen, sodass man einen realen Einkommensrückgang in einer Größenordnung von etwa 7-10% für 2022 erwarten kann. Die russische Bevölkerung dürfte einen solchen Einkommensrückgang in der großen Mehrheit wohl ohne Protest hinnehmen, zumal die TV-Berichterstattung in Russlands Fernsehsendern den Westen als verantwortlich für eine verschlechterte Wirtschaftslage in Russland macht. Genauere Größenordnungen für den Realeinkommensverlust in Russland können nur mit Hilfe eines makroökonomischen Russland-Modells beziehungsweise in einem Drei-Länder-Modell Russland-EU*-Asien ermittelt werden (wobei EU* neben den 27 EU-Ländern auch Großbritannien enthalten müsste).

Statt eines kompletten Energieimport-Boykotts gegenüber Russland könnten westliche Länder auch die Erhöhung von Importzöllen auf Energieprodukte aus Russland realisieren. Dass man durch einen Energieimport-Boykott den Staatshaushalt in seiner Finanzierung sehr deutlich treffen könnte und damit indirekt Russlands finanzielle Fähigkeit zur Kriegsführung nachhaltig schwächen könnte, ist nicht plausibel; auch wenn natürlich Anpassungsprobleme bei der Staatsfinanzierung in Russland entstehen werden. Allerdings ist die Ausgangslage beim Staatshaushalt 2021 ein Haushaltsüberschuss gewesen und Russlands Regierung könnte auch ein von Energieeinnahmen mit gespeistes Sondervermögen für die Rüstungsfinanzierung einige Jahre lang mit verwenden.

Der Realeinkommensrückgang in der Ukraine könnte kriegsbedingt bei -30% in 2022 liegen. Die Hauptlast der Ukraine werden allerdings das menschliche Leid und Tod und Zerstörung sein, die der Überfall des Landes durch Russland ausgelöst hat. Es sei angemerkt, dass im Jahr 2014 – da annektierte Russland die Krim – das Realeinkommen der Ukraine um 10,1% und dann im Folgejahr nochmals um 9,8% sank (Weltbank, World Development Indicators, 2022). Für 2022 erwartet der IMF (2022b) einen Realeinkommensrückgang für die Ukraine um 35%.

9
Ukraine-Flüchtlinge und ukrainische Gastarbeiter in EU-Ländern sowie Effekte für die Ukraine und die Europäische Union

Bis Ende Juni 2022 kann man von gut drei Millionen Ukraine-Flüchtlingen in Polen und etwa 700 000 Ukraine-Flüchtlingen in Deutschland ausgehen. Die Zahl der Ukrainer:innen in Polen erreichte damit fast 10% der Bevölkerung. Dabei gab es in der ersten Jahreshälfte 2022 in Polen, Deutschland und vielen anderen Ländern eine große private Hilfsbereitschaft gegenüber Flüchtlingen aus der Ukraine. Das UNO-Flüchtlingshilfswerk UNHCR rechnete in der ersten März-Hälfte schon mit rund fünf Millionen Flüchtlingen aus der Ukraine in 2022, was die tatsächliche Zahl unterschätzt – denn bis 18. März hatte die Zahl der Ukraine-Flüchtlinge etwa vier Millionen erreicht. Die Hauptzufluchtsländer waren Polen (Nr. 1 mit zwei Millionen Mitte März), Rumänien, Moldawien und Ungarn, was den westlichen Nachbarländern der Ukraine entsprach (siehe Tab. 8); dann folgten die Slowakische Republik, Russland und Belarus. Die für Russland aufgeführten 185 000 Flüchtlinge aus der Ukraine dürften aus dem ukrainischen Donbas-Gebiet stammen. Neben Polen, Rumänien, Moldawien, Ungarn und der Slowakischen Republik war auch Russland ein wichtiges Aufnahme-Land für Ukraine-Flüchtlinge; im Fall Russland kamen diese mutmaßlich aus der Donbas-Region. In Deutschland gab es Schätzungen von 250 000 Ukraine-Flüchtlingen zu Ende März. Deutschland hatte anfänglich keine Registrierung der Flüchtlinge eingeführt, sodass es kaum genaue Angaben für Februar und März 2022 gibt. Die Fluchtbewegung nach Westeuropa beziehungsweise in die EU wird so lange anhalten, wie der Krieg weiterläuft.

Die Beteiligung Großbritanniens in Sachen Aufnahme von Flüchtlingen aus der Ukraine ist sonderbar gering. Dafür dürfte die militärische UK-Unterstützung bei der Ukraine relativ hoch sein. Dass Deutschland seitens des Co-Chefs der SPD plötzlich deutsche politische internationale Führungsansprüche als Neuheit Ende Juni 2022 verkündete, kann man mit einem gewissen Erstaunen vermerken. Sehr viel mehr als die ökonomische Basis für eine gewisse internati-

© Der/die Autor(en), exklusiv lizenziert an
Springer Fachmedien Wiesbaden GmbH, ein Teil von Springer Nature 2022
P. J. J. Welfens, *Russlands Angriff auf die Ukraine*,
https://doi.org/10.1007/978-3-658-38855-3_9

onale Ko-Führung ist in Deutschland nicht vorhanden, die Bürde zweier Weltkriege als geschichtliche Last wird man kaum einfach beiseiteschieben wollen, und es fehlt sichtbar an brauchbaren Konzepten und einer notwendigen EU-Gesamtverankerung. Deutschland kann kein Interesse daran haben dazu beizutragen, dass die Weltwirtschaft zum Regime von Groß- und Mittelmächten wie im späten 19. Jahrhundert zurückkehrt. Dass ausgerechnet die SPD mit der Ankündigung von Kanzler Scholz beim 100 Milliarden-Sonderpaket eine politische Zeitenwende mit deutlicher Stärkung der Verteidigung vollzieht, ist bemerkenswert. Vermutlich werden positive Konjunktureffekte in mittlerer Sicht hier wirksam werden, auch wenn hohe Importe von Militärgütern aus den USA den ökonomischen Multiplikator-Effekt überschaubar halten dürften. Da der Ukraine-Russland-Schock die EU-Länder insgesamt teilweise symmetrisch ökonomisch negativ trifft (bei Unterschieden in den nationalen fossilen Importintensitäten und natürlich auch durch die wirtschaftsgeografisch bedingten Unterschiede bei den Handelsimpulsen aus der Ukraine und Russland), wäre es angebracht, wenn die EU-Länder ihre Konjunkturpolitik zeitweise verstärkt koordinierten. Deutschland sollte dabei die nationale Defizitgrenze von 0,35% auf 0,5% erhöhen, da die 0,35% in der Eurokrise als deutscher Stabilitäts-Fingerzeig unnötig eng in der Verfassung verankert wurde; bei 1,5% Trendwachstum läuft (wegen der Domar-Regel) eine staatliche Trend-Defizitquote von 0,35% des Bruttoinlandsproduktes auf eine langfristige Staatsschuldenquote von 0,23% hinaus – das ist offensichtlich sonderbar gering und wird auch dann das durchschnittliche langfristige Rating für die Eurozone insgesamt wegen eines unzureichenden deutschen Gewichts an AAA-Anleihen unter den gesamten Staatsanleihen in der Eurozone verschlechtern: mit der Folge eines erhöhten Realzinssatzes in der Eurozone und einer verminderten Investitionsquote, an der Deutschland ökonomisch keinerlei Interesse haben kann (die vorgeschlagene Obergrenze von 0,5% bei der Staatsdefizitquote brächte langfristig eine Schuldenquote von auch nur 0,33%; sinkt die Trendwachstumsrate auf 1% ab, wäre die langfristige Staatsschuldenquote bei 0,5%, also immer noch deutlich entfernt von der 60%-Schuldenquote-Grenze der Eurozone bzw. der EU). Eine intensivierte Kooperation gerade zwischen Deutschland und Frankreich wäre hier, aber auch in der Außenpolitik und möglicherweise auch bei Immigrations- und Flüchtlingsfragen besonders sinnvoll. Dabei gilt es den starken EU-Zusammenhalt, wie er 2022 deutlich wurde, auch über längere Zeit zu verankern.

Tab. 9. Fluchtbewegungen aus der Ukraine, Stand 30.03.2022

Land	Quelle	Datum der Daten	Flüchtlinge
Polen	Regierung	29.03.2022	2.336.799
Rumänien	Regierung	29.03.2022	608.936
Republik Moldau	Regierung	29.03.2022	387.151
Ungarn	Regierung	29.03.2022	364.804
Russland	Regierung	29.03.2022	350.632
Slowakei	Regierung	29.03.2022	281.172
Belarus	Regierung	29.03.2022	10.902

Anmerkung: Akkumulierte Daten in dieser Tabelle sind etwas höher als die Gesamtzahl der Geflüchteten aus der Ukraine, da sie auch die Grenzübergänge zwischen Rumänien und Moldau einbeziehen.
Quelle: Eigene Darstellung basierend auf Daten des UNHCR (2022; Stand 30.03.2022).

Was die Situation der Ukraine-Flüchtlinge in der EU angeht, brauchen diese kein individuelles Asylverfahren zur Erlangung eines humanitären Aufenthaltstitels zu durchlaufen, da die EU-Innenminister:innen am 4. März 2022 zu ersten Mal den Anwendungsfall für die sogenannte Massenzustrom-Richtlinie (Temporary Protection Directive) feststellten. Ukraine-Flüchtlinge erhalten so einen zeitweiligen EU-weiten Zugang zu medizinischen Diensten, Arbeit, Bildung und Sozialleistungen. Bis Ende März erzielte die EU keine Einigkeit über nationale Registrierungsverfahren in den EU-Ländern, was unter anderem auf inkompatible IT-Systeme dieser Länder verweist.

Wegen des russischen Angriffskrieges auf die Ukraine wird sich eine große Fluchtbewegung ergeben, die mittelfristig dann auch den Arbeitsmarkt auf der Angebotsseite in den Zielländern stärken dürfte. Da Männer im wehrfähigen Alter an den Grenzen der Ukraine zurückgehalten werden, stellt sich die internationale Fluchtbewegung aus der Ukraine zunächst primär so dar, dass Frauen und ihre Kinder in die EU beziehungsweise nach Westeuropa – und auch nach USA und Kanada – zu gelangen suchen. Der UNHCR ging Ende März 2022 von bis zu 10 Millionen Ukraine-Flüchtlingen aus. Das wäre eine Erhöhung der globalen Flüchtlingszahl um 50% gegenüber 2017: Damals waren 0,26% der Weltbevölkerung als Flüchtlinge erfasst, was gegenüber 1990 mit 0,33 % eine relative Minderung darstellte (EBRD, 2018).

Die speziellen Aspekte von Flüchtlingsbewegungen können hier nur sehr kurz beleuchtet werden, wobei man auf die Fluchtbewegung u.a. von Menschen aus Syrien in den Jahren 2015/2016 in die EU beziehungsweise insbesondere auch nach Deutschland teilweise Bezug nehmen kann – damals war allerdings zunächst der Anteil der Männer an den Flüchtlingen relativ hoch. Eine kleine Untergruppe an Flüchtlingen kam auch über das sogenannte Resettlement nach Deutschland; die Behörden aus Deutschland wählen im Ausland in einem besonderen Verfahren Flüchtlinge mit hoher Vulnerabilität und guten Integrationsvoraussetzungen aus (Welfens, 2022a). Die Außenministerin Deutschlands, Annalena Baerbock, hat bei einem Besuch von Moldawien im März 2022 zugesagt, dass Deutschland einen Teil der 80 000 Flüchtlinge aus der Ukraine in Moldawien übernehmen wird. Vermutlich wird man dabei ähnlich vorgehen wie beim Resettlement-Verfahren üblich. Da Moldawien 2,6 Millionen Einwohner in 2021 hatte und Ende März 2022 wohl 260 000 Ukraine-Flüchtlinge in Land haben wird, ist das in einer Betrachtung Flüchtling pro Einwohner so, als hätte man in Deutschland 8,3 Millionen Ukraine-Flüchtlinge.

Nachfolgend wird davon ausgegangen, dass ein erheblicher Teil der Ukraine-Flüchtlinge in EU-Ländern auf längere Sicht den Weg in den Arbeitsmarkt der jeweiligen westlichen Aufnahmeländer finden wird. Eine US-Studie zum Vergleich der Arbeitsmarktintegration von Zuwanderern und Flüchtlingen fand heraus, dass kurzfristig das Arbeitsvolumen und auch der Stundenlohn von arbeitenden Flüchtlingen geringer war als von Zugewanderten, dass jedoch langfristig die Erwerbsbeteiligung und auch der Stundenlohn höher war als bei Zugewanderten (Cortes, 2004).

Was die Effekte von Zuwanderung und Flüchtlingen in den Entsendeländern beziehungsweise Fluchtländern angeht, so bietet die ökonomische Migrationsanalyse wichtige Einsichten. Dabei gibt es dauerhafte Auswanderung und zirkuläre Auswanderung. Letztere bedeutet, dass die Gastarbeiter:innen nach einiger Zeit in die Entsendeländer zurückkehren; zirkuläre Zuwanderung ist aber kein Hauptfokus in der nachfolgenden Analyse. Aus Sicht der Migrationsanalyse stehen Überweisungen von Gastarbeitern (bzw. Emigranten) in vielen Entsendeländer für erhebliche Devisenzuflüsse aus dem Ausland. Nach Weltbank-Angaben standen Überweisungen in die Entsendeländer in 2019 in 29 Ländern der Welt für über 10% relativ zum Bruttoinlandsprodukt; das beinhaltete auch sieben EU-Nachbarschaftsländer (breit definiert): Armenien, Georgien, Jordanien, Libanon, Palästina und Ukraine. Solche Überweisungen sind für die Empfängerhaushalte in den Entsendeländern positiv, da das verfügbare Einkommen erhöht wird; zudem gibt es eine Art Versicherungsschutz, sofern diese Überweisungen in Rezessions- und Krisenphasen der Entsendeländer relativ hoch sind. Die ökonomische Bedeutung in armen Ländern wird bei diesen Überweisungen noch dadurch verstärkt, dass die Preise nichthandelsfähiger Güter im internationalen Vergleich relativ niedrig sind; also gegebenenfalls ein positiver Kaufkrafteffekt im Empfängerland der Überweisungen zu bedenken ist (Kapur und McHale, 2012).

Ob sich die Überweisungen positiv auf das Wirtschaftswachstum auswirken, hängt im Wesentlichen davon ab, wie stark die empfangenden Haushalte diese für die Finanzierung von Konsum oder aber von Investitionen nutzen. Es gibt einige Befunde, die darauf hindeuten, dass Konsum- und Immobilienfinanzierung eine wichtige Rolle spielen (Chami et al., 2008). Allerdings zeigt eine ökonometrische Analyse des Internationalen Währungsfonds (IMF, 2016), dass vor allem in Ländern mit Finanzierungsbeschränkungen für Unternehmen die Überweisungen zu erhöhten Investitionen des privaten Sektors führten.

Indem Überweisungen von Gastarbeitern die verfügbaren Einkommen von Familienangehörigen im Heimatland stärken, erhöht sich die gesamtwirtschaftliche Nachfrage, die einerseits auf nichthandelsfähige Güter beziehungsweise viele Dienstleistungen entfallen, andererseits aber auf Importgüter. Letzteres führt zu einer Verschlechterung der Zahlungsbilanz und daher bei flexiblen Wechselkursen zu einer Abwertung; allerdings führt die Ausführung der anfänglichen internationalen Überweisung zu einer realen Währungsaufwertung. Das führt zu einem „Dutch-Disease-Effekt", der mit einer erhöhten Nachfrage nach Importen und verminderten Exporten des Inlandes einhergeht sowie weitergehend mit einem langsameren technischen Fortschritt. In der Regel erhöht sich auch das inländische Preisniveau durch die von internationalen Überweisungen bedingte Erhöhung der gesamtwirtschaftlichen Nachfrage auf den Gütermärkten; die Aufwertung der Währung allerdings verbilligt die Güterimporte.

Wenn es beträchtliche internationale Überweisungen gibt, können diese zu einer Dämpfung von Konjunkturzyklen beitragen (Temprano Arroyo, 2019): wenn nämlich diese Überweisungen in Rezessionsjahren höher als in wirtschaftlichen Boom-Jahren sind; anhaltende internationale Überweisungen können im Empfängerland zudem eine bessere Entwicklung des Finanzsystems unterstützen. Auch Bildungsverbesserung und eine verbesserte Gesundheit der Bevölkerung in den Empfängerländern sind beobachtbar.

Überweisungen führen im Übrigen zu einer realen Währungsaufwertung, was die Netto-Exporte des Empfängerlandes und damit die Wirtschaftsentwicklung mittelfristig dämpft. Zudem ergeben sich Moralische-Risiken-Probleme (Moral Hazard), da sich das Verhalten der Menschen in Empfängerländern nachteilig ändern kann. Laut IMF (2016) führte eine Erhöhung der internationalen Überweisungsquote – also der Relation erhaltene Überweisungen zum Bruttoinlandsprodukt des Empfängerlandes – um einen Prozentpunkt zu einer realen Währungsaufwertung von 4%. Das wiederum dämpft das Wachstum des Exportsektors. Gemäß der Studie des IMF erhöhen Überweisungen die finanzielle Beweglichkeit der Empfängerhaushalte, was die Erwerbsquote sinken und den „Reservationslohn" steigen lässt – das ist die Untergrenze beim Lohnniveau, ab der ein Individuum Arbeit anbieten wird. Darüber hinaus (Chami et al., 2008) gibt es eine Moralisches-Risiko-Problem auch dahingehend, dass im Empfängerland häufiger riskante Investitionsprojekte ausgewählt werden und weniger in bestehende Investitionsprojekte investiert wird, was zu vergrößerten Unterschieden bei der Investitionsrendite einerseits, aber andererseits auch zu erhöhter Schwankung der Wirtschaftsentwicklung führt.

Schließlich ist auch zu bedenken, dass Abwanderung – inklusive Fluchtbewegungen – zu einer Verknappung des Arbeitsangebotes führt, was die realen Löhne ansteigen lässt. Ein besonderes Problem stellt allerdings die Abwanderung qualifizierter Arbeitskräfte dar, die zu einem Wachstumsdämpfungseffekt im Entsendeland führen, und zwar bei gering qualifizierten Arbeitskräften.

Auf die Staatsfinanzen entsteht durch Auswanderung und Flucht ins Ausland (Binnenflüchtlinge sind ein denkbares Sonderproblem) eine negative Wirkung, da bisherige Steuerzahlungen und Sozialbeiträge entfallen. Soweit Auswanderer- oder Flüchtlingsgruppen eher junge Schichten der Bevölkerung betreffen, verschlechtert sich auch das Durchschnittsalter der Erwerbsbevölkerung. Damit kann sich eine Wachstumsverlangsamung ergeben. Sofern qualifizierte Arbeitnehmer:innen das Land verlassen, dürfte sich auch die Wachstumsrate des technischen Fortschritts vermindern (Docquier, 2014). Eine Analyse des IMF (2016) zeigte, dass die Wachstumsrate des Fortschritts in osteuropäischen Ländern rund 2,5 Prozentpunkte höher gewesen wäre, wenn es nicht 1995-2012 die Abwanderung qualifizierter Arbeitnehmer:innen gegeben hätte. Es ist im Übrigen denkbar, dass Auswanderung Anreize für bessere Qualifikation in den Abwanderungsländern gibt (Docquier und Rapoport, 2014). Das Entsendeland kann hier ökonomisch gewinnen, wenn der Anteil der gut Ausgebildeten steigt und zugleich die Wahrscheinlichkeit der Auswanderung unter 15-20% liegt – dann gibt es keinen kritischen Brain Drain, also einen Verlust an Wissen in der Gesellschaft beziehungsweise der Wirtschaft.

Angesichts sinkender Informations- und Transportkosten kann zeitweilige oder permanente Auswanderung dazu führen, dass die Arbeitslosenquote in Entsendeländern sinkt, während zugleich in Ländern mit einer Überschussnachfrage im Arbeitsmarkt – die Nachfrage der Unternehmen ist größer als das Angebot der inländischen Haushalte – die Arbeitsknappheit sinkt und die Produktion steigt (Zimmermann, 2014). Temporäre Migration geht einher mit Problemen von geringqualifizierten Zuwanderergruppen, die weniger Rechte wahrnehmen können und schlechteren Arbeitsbedingungen ausgesetzt sind als Migrantengruppen, die sich auf Dauer in den jeweiligen Gastländern ansiedeln (European Commission, 2011; Zimmermann, 2014). In der Fachliteratur, die in der Studie von Kone und Özden (2017) aufgeführt wird, zeigt sich im Übrigen ein positiver Zusammenhang von Zuwanderung und US-Direktinvestitionen im Ausland, sofern die Zuwanderergruppen für gut Qualifizierte stehen: US-Unternehmen werden dann verstärkt in den entsprechenden Entsendeländern investieren.

Was Auswanderung aus der Ukraine vor 2014 angeht, so war Russland in der Zeit davor das wichtigste Zielland, und zwar mit 43% Anteil an der ukrainischen Auswanderung, die vor dem Ukraine-Russland-Krieg auf rund 2.5 Millionen angesetzt wurde. 2017 wurde Polen zum beliebtesten Zielland, und zwar mit einem Anteilswert von 39%, während Russland noch bei 26% stand; als Zielländer in 2017 sind neben Polen und Russland die Länder Italien, Tschechien, Spanien, Portugal, Ungarn und Deutschland anzusehen (Pienkowski, 2020, 11-12); dabei ist die Auswanderung Richtung USA überwiegend von Qualifizierten geprägt, die Wanderung Richtung EU-Länder von Arbeitnehmer:innen mit geringen und mittleren Qualifikationen. In der Regel überwiegen Männer bei der Auswanderung (70%), nur im Fall Italien stellen Frauen die zahlenmäßig dominante Gruppe dar (71%).

Bei den im Frühjahr 2022 erwarteten starken Flüchtlingsbewegungen aus der Ukraine im Zuge des russischen Angriffskrieges sind die EU-Länder sowie wohl auch Großbritannien und die USA wichtige Zielländer. Bis Mitte März war Polen das Zielland Nummer 1, wobei sich die aus der Ukraine stammende Bevölkerung auf drei Millionen erhöhte, also mehr als verdoppelte. Moldawien, die Slowakische Republik und Ungarn sowie Tschechien und Deutschland waren mit großem Abstand zu Polen wichtige Aufnahmeländer. Eine Flüchtlingsbewegung ist nicht mit Zuwanderung gleichzusetzen, aber mittelfristig – im Verlauf einiger Jahre – werden sich Flüchtlingsgruppen teilweise, vermutlich auch überwiegend, wie Zuwanderer und Zuwanderinnen verhalten.

Was die ökonomischen Effekte in den Zuwandererländern angeht, ist es interessant sich die Effekte der ukrainischen Zuwanderung vor 2022 anzusehen. Hier ist vor allem eine Studie der Polnischen Nationalbank zu beachten. Ukrainische Gastarbeiter:innen in Polen stehen im Zeitraum 2013-18 für gut 1/10 des Wirtschaftswachstums – bei 1,4 Millionen Ukrainer:innen in Polen; dies ist eine Schätzuntergrenze, denn dabei hat die Studie der Polnischen Nationalbank (Strzelecki, Growiec und Wyszynski, 2020) tatsächlich einen Teil der arbeitenden Ukrainer:innen in der Studie nicht erfasst: nämlich erstens jene, die im Rahmen kurzfristiger 6-bis-9-Monate-Visa in Polen arbeiteten oder zweitens jene in der Schattenwirtschaft tätigen. Die Zuwanderung aus der Ukraine hatte für sich genommen einen jährlichen Wachstumseffekt von 0,5% im Zeitraum 2013-18.

Die Hauptzielländer der Kriegsflüchtlinge aus der Ukraine werden mittel- und langfristig von positiven Wachstumseffekten im Zuge der Integration der Flüchtlinge in den jeweiligen nationalen Arbeitsmarkt profitieren. Osteuropäische EU-Länder werden daher überproportional ökonomisch profitieren, in gewissen Grenzen auch Deutschland und Italien. Ob diese Flüchtlinge tatsächlich zur ökonomischen Konvergenz innerhalb der Europäischen Union beitragen können, bleibt abzuwarten. Für die Aufnahmeländer der Flüchtlinge entstehen zunächst, im ersten Jahr, Kosten, wobei hier auch ein positiver gesamtwirtschaftlicher Nachfrageeffekt zu erwarten ist. Es liegt an der EU und den EU-Ländern sinnvoll zu versuchen, die großen Fluchtbewegungen auch nach der Aufnahmekapazität von Ländern zu beeinflussen und den Hauptzielländern finanziell zeitweise zu helfen.

Geht man von drei Millionen Flüchtlingen in Polen und jeweils eine Million Flüchtlinge in Deutschland, Frankreich und Italien aus, dann erhöht sich – mit angenommenen 1000 € pro Person und Woche an notwendigen Unterhalts- und Unterbringungskosten – die gesamtwirtschaftliche Nachfrage in diesen drei Ländern innerhalb eines Jahres um je 52 Milliarden €. Für Deutschland macht das 1,3% des Nationaleinkommens aus, für Frankreich und Italien jeweils gut 1,5% des Nationaleinkommens. In Polen können die Unterhalts- und Unterbringungskosten mit etwa dem halben Betrag wie in den drei größten westeuropäischen EU-Ländern angesetzt werden, sodass in Polen innerhalb eines Jahres das Nationaleinkommen um 78 Milliarden € ansteigt. Diese Zusatznachfrage stärkt die gesamtwirtschaftliche Nachfrage in den EU-Ländern, deren Post-Corona-Aufschwungskräfte somit gefestigt werden. Dabei wird sich die staatliche Haushaltsdefizitquote einmalig deutlich erhöhen: In der EU insgesamt um etwa 1% des Nationaleinkommens.

Im zweiten Aufenthaltsjahr wird ein Teil der Flüchtlinge in die Ukraine zurückkehren, sofern dort Frieden und gute Wiederaufbaubedingungen herrschen. Aber ein erheblicher Teil der Ukraine-Flüchtlingen wird wohl in der EU bleiben, wobei verheiratete Frauen in der Regel auf Familienzusammenführung mit ihren Ehemännern drängen werden. Es könnte von daher in der EU nach dem Ukraine-Krieg auf etwa sechs Millionen Flüchtlinge in mittlerer Frist hinauslaufen, von denen knapp die Hälfte arbeitsfähig und -willig sein dürften. Das Erwerbspersonenpotenzial in der EU steigt; relativ schnell in Polen, wo Ukraine-Flüchtlinge kein großes Sprachverständigungsproblem erwartet – ähnliches gilt für das Zielland Tschechien. In Deutschland, Frankreich und Italien dürfte das Erwerbspersonenpotenzial im Zeitablauf eher langsam steigen, da in vielen Sektoren vor einer Aufnahme einer Beschäftigung erst einmal über den Besuch von Sprachkursen eine hinreichende Sprachkompetenz auf Seiten der Flüchtlinge erworben werden muss.

Es ist nicht auszuschließen, dass sehr starke Fluchtbewegungen Richtung EU-Länder in einigen Mitgliedsländern der Europäischen Union zu einer Stärkung vor allem rechtsradikaler Parteien führen wird. Hier kann eine Destabilisierung westlicher Demokratien als Folge des Ukraine-Russland-Krieges erfolgen. Vom Ausgang des Krieges in der Ukraine beziehungsweise von der Länge der kriegerischen Auseinandersetzungen sind für Europa, inklusive Russland, und die Weltwirtschaft insgesamt die ökonomischen Kosten des Krieges abhängig. Es sieht aus Sicht der westlichen Länder so aus, als hätte Russland unter Putin letztlich die nach 1991 geltende Weltordnung in weiten Teilen zerstört. Was Russland in dreißig Jahren an Vertrauen in vielen westlichen Ländern und in Japan aufgebaut hat, ist mit dem Angriffskrieg gegen die Ukraine weitgehend verloren. Dass die ökonomischen Kosten des Krieges auch kurzfristig für Russland ganz erheblich sind, ist offensichtlich. Das Land dürfte in die schwerste Rezession nach 1991 fallen. Die offiziellen Zahlen zum Bruttoinlandsprodukt Russlands wird man mit Blick auf ergänzende Statistiken und Analysen zu erhärten suchen.

Mit China wird man seitens des Westens und Japans über viele wichtige ökonomische und politische Fragen künftig nochmals zu sprechen haben. Zu den nicht akzeptablen Punkten aus westlicher Sicht gehört das durch China erfolgte Zensieren der Rede bei der Abschlussfeier bei der Pekinger-Behinderten-Olympiade im März 2022: Im chinesischen Fernsehen wurden einige Sätze einfach nicht übersetzt – gerade auch solche, die auf die Bedeutung des Friedens hinwiesen.

Es dürfte seitens des Westens schwierig sein, Russland unter Präsident Putin rasch zu einer diplomatischen Verständigung beim Ukraine-Krieg zu bewegen. Wenn es gelingen sollte, Chinas Unterstützung der politischen Position Russlands beim Ukraine-Krieg deutlich abzuschwächen, könnte Russlands Präsident allerdings unter Anpassungsdruck kommen. Dass der Westen mit Putin längerfristig gute Wirtschafts- und Politikbeziehungen wiederherstellen kann, erscheint als wenig wahrscheinlich. Wenn seitens westlicher Investoren Chinas Verhalten beim Ukraine-Konflikt als deutlich pro-Russland wahrgenommen werden sollte, werden sich die Wirtschaftsbeziehungen zwischen dem Westen und China deutlich abschwächen, da nicht wenige Investoren China unter politischen Aspekten ähnlich einordnen werden wie den Fall Russland (und dessen Krieg gegen die Ukraine): Auf Dauer ein Mehr an Direktinvestitionen in Russland zu realisieren, wird man dann wohl nicht erwarten können. Die Weltwirtschaft könnte sich auf einen neuen Kalten Krieg, und zwar unter Einbeziehung Chinas hinbewegen. Die internationale Wirtschaftsordnung könnte im Zuge der Schwächung wichtiger Organisationen – wie etwa der Welthandelsorganisation – zerfallen.

Die Weltwirtschaft steht vor einem Konjunkturdämpfer und höheren Inflationsraten in 2022 und 2023 und könnte vor einem Zerfall in regionale Blöcke und einer bei internationalen Wirtschaftskonflikten verminderten Wirkkraft der Internationalen Wirtschaftsorganisationen stehen, was wachstumsdämpfend wäre. Der Schwächung der internationalen Rechtsordnung sollte man seitens der OECD-Länder entgegenwirken, die Rolle der internationalen Organisationen zur Absicherung von Freihandel und Globalisierung eher stärken. Die USA, die EU, Großbritannien und andere Länder werden wohl auch vor besonderen Herausforderungen stehen, armen Entwicklungsländern zu helfen, die bei massiv erhöhten Getreidepreisen ernste neue Hungerprobleme auf mittlere Sicht haben dürften.

Ein Ergebnis der geschwächten globalen Rechtsordnung beziehungsweise des Angriffskrieges Russlands gegen die Ukraine besteht im Übrigen darin, dass die EU-Länder und Norwegen ihre jeweiligen Verteidigungsausgaben mittelfristig deutlich erhöhen. Soweit es um den Ankauf von Militärjets geht, dürften die USA Hauptlieferland sein und damit eine Verbesserung ihrer Handelsbilanz sowie eine mittelfristige Aufwertung des Dollars erfahren. Es ist nicht auszuschließen, dass die Weltwirtschaft in einen neuen Kalten Krieg abgleitet, wobei die westlichen Länder und Japan plus Republik Südkorea gegen ein autokratisches Russland stehen. Die Positionierung Chinas ist dabei zunächst nicht eindeutig. Von deutscher Seite sind die Umsätze in China 16fach so hoch wie die von deutschen Unternehmen in Russland und umgekehrt sind Chinas Exporte in die USA und die EU viel höher als der Export nach Russland. Wirtschaftliche Interessen könnten China darin bestärken, zumindest die Beziehungen zur EU mittel- und langfristig stärker noch als bisher zu gewichten.

Die EU-Länder werden sich auf mittlere Sicht wohl politisch und militärisch stärker zusammenschließen – ohne wesentliche Militär-Beiträge der neutralen Mitgliedsländer Irland, Schweden und Österreich. Es steht außer Zweifel, dass die EU, Großbritannien und die USA sowie weitere Länder beim Wiederaufbau der Ukraine nach Kriegsende und Abzug der russischen Treppen mithelfen werden. Eine Stärkung der Rolle der erneuerbaren Energien, die aus klimapolitischer Sicht ohnehin nötig ist, wird sich im Kontext des Russland-Ukraine-Krieges in vielen EU-Ländern ergeben, zudem eine breitere Diversifizierung beim internationalen Energieeinkauf. Deutschland kann dabei eine führende Rolle in Europa spielen. Wenn sich in Russland die politischen Verhältnisse hinreichend verbessern, kann man auch auf eine Wiederherstellung intensiver Handelsbeziehungen mit Russland setzen – eine vermutlich erst langfristig sich ergebende Option westlicher Politik.

10
Wichtige Ukraine-Emigrationsaspekte und EU-Erweiterungsrisiken bei der Ukraine

Die Beziehungen zwischen der Ukraine und der EU sind vielfältig, seitdem die Ukraine als selbstständiger Staat 1991 entstanden ist; nach dem Zerfall der Sowjetunion – in einer Volksabstimmung am 1. Dezember 1991 stimmten 90,3% der gültigen Stimmen für die Unabhängigkeit. Die Ukraine musste natürlich insbesondere ihre Beziehungen zu Russland regeln, aber auch die zu osteuropäischen Nachbarländern und zur EU, die ihrerseits die Ukraine als Element der EU-Nachbarschaftspolitik betrachtete. Schon relativ früh gab es ukrainische Gastarbeiter:innen, die in Polen und anderen osteuropäischen EU-Ländern Arbeit fanden.

Vom Parlament der Ukraine wurde am 5. Dezember 1991 der Vertrag über die Bildung der Sowjetunion aus dem Jahr 1922 aufgekündigt, wobei drei Tage später die Staatsführung der Ukraine mit Russland und Weißrussland zusammen die Gründung der Gemeinschaft Unabhängiger Staaten (GUS) beschlossen hat. Die Anerkennung der Ukraine durch das neue Russland erfolgte am 2. Dezember 1991, wobei 1997 die Grenzen zu Russland in einem Russisch-ukrainischen Freundschaftsvertrag verankert wurden. Weitere Verträge regelten auch den Status der Stadt Sewastopol – Souveränität der Ukraine über dieser Stadt – und zugleich erfolgte eine Garantie, dass Russland das Recht einräumte, dort für mindestens zwei Jahrzehnten einen Marinehafen zu nutzen. Der Vertrag hatte eine Laufzeit von zunächst einer Dekade und verlängerte sich bei Fehlen einer Kündigung automatisch um jeweils zehn weitere Jahre.

Der Versuch der Ukraine, mit der EU ein Freihandelsabkommen abzuschließen, führte zunächst zu politischen Konflikten in der politischen Führung des Landes im November und Dezember 2013, da sich offenbar Russland massiv gegen eine solche Ukraine-EU-Verbindung aussprach. Am 21. November weigerte sich der Präsident Wiktor Janukowitsch, das fertige Assoziierungsabkommen mit der EU zu unterzeichnen. Nach den Maidan-Unruhen 2013/2014 floh der Präsident der Ukraine nach Russland – nach massiven Protesten in Kiew und gewalttätigen Auseinandersetzungen zwischen Polizei plus Militäreinheiten und Protestlern. Im Vorfeld hatte das Parlament der Ukraine mit sehr harten Gesetzen die Meinungs- und Versammlungsfreiheit beschränkt. Die Protestler auf dem Maidan-Platz der Hauptstadt setzen Barrikaden in Brand und im Februar 2014 kam es zu gewalttägigen Auseinandersetzungen auf dem Maidan mit bis zu 100 Toten. Kaum dass Janukowitsch nach Russland geflohen war, erfolgte im Februar die russische Besetzung der Krim (teilweise durch Truppen ohne Hoheitsabzeichen), die erst seit 1954 zur Ukrainischen Sowjetrepublik gehört hatte. Seit 2014 gab es dann eine Art Bürgerkrieg zwischen Teilen des Donbas – mit überwiegend russischsprachiger Bevölkerung – und der Regierung der Ukraine, wobei Russland die aufständischen Gruppen im Donbas, nahe der Grenze zu Russland, militärisch unterstützte. Ein dauerhafter Waffenstillstand konnte im Zeitraum 2014-2022 nicht erreicht werden.

Schon vor dem Ukraine-Russland-Krieg gab es eine erhebliche Emigration von ukrainischen Arbeitnehmern und Arbeitnehmerinnen; im Wesentlichen nach Russland, Polen und einige andere Länder. Zu den wichtigen Befunden gehört die Analyse von Commander, Nikolaychuk und Vikrov (2013), die auf einer Umfrage in der Ukraine beruht: Bei Auswanderern und Auswanderinnen sind gut Ausgebildete und jüngere Arbeitnehmer:innen überdurchschnittlich vertreten. Das schlägt sich aber nur teilweise bei den im Ausland angetretenen Jobs nieder; die Hälfte der Auswanderergruppe findet sich in Arbeitsplätzen, für die sie überqualifiziert sind. Dieses Herunterqualifizierungsproblem hängt unter anderem daran, dass in der Ukraine Qualifizierung und Jobqualität nur wenig zusammenhängen. Auswanderer und Auswanderinnen, die in der Ukraine Herunterqualifizierungen erlebten, werden solche typischerweise auch in den Zielländern der Auswanderung erfahren. Solche Probleme sind in der EU vergleichsweise stark ausgeprägt, wenn man die EU und andere Auswanderungs-Zielländer vergleicht.

Zuwanderung in EU-Länder können die Bevölkerungszahlen einzelner Mitgliedsstaaten in wichtiger Weise verändern; dies gilt auch für Flüchtlingsströme auf mittlere Sicht, sofern Flüchtlinge sich in den Arbeitsmarkt integrieren und die Staatsangehörigkeit des Gastlandes erwerben. Die Bevölkerungszahl spielt unter anderem bei gewichteten Abstimmungen im Europäischen Rat eine wichtige Rolle – außer in den Bereichen Steuern und Außenpolitik, wo das Einstimmigkeitsprinzip gilt. Beim Europäischen Rat gilt bei gewichteten Abstimmungen, dass mindestens 55 % der Länder in der Mehrheitskoalition vertreten sein müssen; sowie 65% der EU-Bevölkerung. Durch eine denkbare EU-Osterweiterung um die Ukraine verändern sich die relativen Machtpositionen, sofern man zu deren Ermittlung den Banzhaf-Index (oder den Shapley-Wert) heranzieht. In Sachen denkbarer Ukraine-Erweiterung der EU sind die entsprechenden Zahlen erstmals von Kirsch (2022) berechnet worden, der zeigt, dass eine solche Erweiterung die Macht der großen – bisherigen EU-Länder – vermindert, während die relative Machtposition der kleinen Länder ansteigt (der Banzhaf-Index stellt auf den Anteil denkbarer Verliererkoalitionen ab, die durch Beitritt des Mitgliedslandes M eine minimale Stimmenmehrheit – gemäß Mehrheitserfordernis – erreicht). Was eine längerfristige Auswanderungsdynamik der Ukraine angeht, so werden u.a. Polen und Deutschland ihre Bevölkerungszahlen durch Zuwanderung aus der Ukraine erhöhen können, wobei anfängliche Flüchtlingsströme im Kontext des Ukraine-Russland-Krieges längerfristig zu Zuwanderungsströmen werden dürften.

Eine besonders wichtige Analyse richtet sich auf die potenziellen Auswanderungsströme aus der Ukraine für den Fall, dass diese EU-Mitglied wird (Fertig und Kahanec, 2015). Die Autoren ermitteln das Migrationspotenzial Richtung EU von Seiten ihrer osteuropäischen Nachbarländer plus Kroatien: Die beiden Autoren führen eine Analyse – eine Out-of-sample-Prognose – durch, die Auswanderungspotenziale nach der ersten EU-Osterweiterungsrunde abschätzen soll. Die Analyse verdeutlicht, dass Auswanderungszahlen durch Migrationskosten und ökonomische Gegebenheiten bestimmt sind; die größten Effekte ergeben sich durch Politikvariablen. Nach einer anfänglichen Erhöhung der Auswanderung – bei einer Migrationsliberalisierung ist diese etwas höher als ohne Liberalisierung – entwickeln sich in den osteuropäischen EU-Nachbarländern die Auswanderungszahlen hin zu einem langfristigen Gleichgewicht. Die Ukraine lässt die absolut höchsten Auswanderungszahlen erwarten, die höchsten Zuwandererzahlen aus den osteuropäischen EU-Nachbarländern ergeben sich in der Simulationsanalyse für Deutschland, Italien und Österreich. Relativ zur Bevölkerung sind die Zuwanderungsintensitäten in Irland, Dänemark, Finnland sowie Österreich am höchsten.

Auch wenn man die Fertig-Kahanec-Analyse wegen des BREXIT-Vollzugs – zum 1. Januar 2021 – zu modifizieren hat, so bleibt die Einsicht aus den obigen Analysen:
- Die Integration von ukrainischen Flüchtlingen beziehungsweise Gastarbeiter:innen in die EU wird – abgesehen von Polen und einigen anderen osteuropäischen EU-Ländern – ein nicht einfacher Prozess werden.

- Es besteht das Risiko, dass große Zuwanderungszahlen aus der Ukraine sich auf nur wenige EU-Länder fokussieren könnten, was einige dieser Länder politisch destabilisieren könnte: Der nächste BREXIT-Fall droht dann.
- Die Neigung der EU, aus Fehlern und wichtigen politischen Misserfolgen – wie dem BREXIT – zu lernen, ist erkennbar gering; dass man daher ein vernünftiges politisches Reformpaket in der EU vor einer Ukraine-Erweiterung verabschiedet beziehungsweise realisieren wird, erscheint als wenig plausibel.

Die Flüchtlingsströme aus 2022 folgen natürlich nur teilweise den Auswanderungspräferenzen, die möglichen Auswanderer und Auswanderinnen sind eine zufällige Teilgruppe der Flüchtlinge. Das schließt nicht aus, dass mittelfristig ein Teil der Flüchtlingsgruppen sich entscheidet, als Gastarbeiter:innen in bestimmten EU-Ländern tätig zu werden. Wegen der großen Verwandtschaft von Ukrainisch und Polnisch dürfte für viele Flüchtlinge Polen ein bevorzugtes Zielland sein. Die ökonomische Logik der sogenannten Gravitationsgleichung lässt erwarten, dass Flüchtlinge und Auswanderergruppen aus der Ukraine zunächst eine gewisse Präferenz für Länder in relativ geringer Entfernung zur Ukraine haben; in einem zweiten Anpassungsschritt werden Flüchtlinge und Auswanderer bzw. Auswanderinnen aus der Ukraine aber zu einem gewissen Anteil ökonomisch bevorzugte Zielländer aussuchen.

Dabei ist Großbritannien wohl ein kaum erreichbares Zielland für viele dieser Menschen, der politische Widerstand gegen Flüchtlinge und Arbeitnehmer-Zuwanderung aus der Ukraine in Großbritannien ist hoch. Das Thema Immigration wird seit etwa 2010 in Großbritannien politisch vielfach kritisch gesehen. Vor dem BREXIT-Votum im Juni 2016 hatte Großbritannien fast die Hälfte aller Auswanderer aus osteuropäischen EU-Ländern aufgenommen – mit ein Grund dafür, dass das Thema Immigration in Großbritannien im Jahrzehnt nach 2004 politisch prominent wurde. Großbritannien, Irland und Schweden hatten die Möglichkeit, eine Übergangsfrist bei der Personenfreizügigkeit für osteuropäische Beitrittsländer von 2004 zu realisieren, nicht genutzt; anders als etwa Deutschland und Frankreich. Zwar waren für den BREXIT vor allem ideologische Kämpfe in Großbritannien ursächlich, aber die insgesamt unkoordinierte EU-Zuwanderungspolitik hatte offenbar einen Anteil am britischen EU-Austritt; zudem waren die EU-Umfrageergebnisse in EU-Ländern – von der EU-Kommission regelmäßig beauftragt – offenbar nicht konsistent im Vorfeld des Referendums (an den Umfragemethoden hat die EU-Kommission nichts ändern lassen, eine kritische Debatte in Brüssel unterblieb; Welfens, 2017a; 2017b).

Ukraine-Erweiterung der EU

Eine Ukraine-Erweiterung der EU brächte die dann erweiterte Europäische Union in eine neue Situation, in der man eine lange (und vermutlich strittige) Ostgrenze mit Russland hätte. Für Russland könnte je nach politischen Spannungen zwischen Russland und der EU eine EU-Osterweiterung um die Ukraine – mit über 40 Millionen Einwohnern und einer russischsprachigen Bevölkerungsminderheit – einen Anreiz bieten, die Ukraine auf verschiedene Weise politisch und ökonomisch zu destabilisieren. Im Rahmen der EU-Regionalpolitik und der EU-Kohäsionspolitik kämen dann auf die Europäische Union wohl erhebliche zusätzliche finanzielle Belastungen zu. Zudem wäre eine relativ instabile Ukraine womöglich auch ein Zankapfel in der EU, was die Europäische Union destabilisieren könnte. Eine unreflektierte politische Begeisterung in Brüssel pro EU-Erweiterung um die Ukraine beziehungsweise in zahlreichen EU-Ländern ist von daher wenig angebracht und auch nicht verantwortungsvoll. Die EU müsste im Fall einer EU-Osterweiterung um die Ukraine eine veränderte umfassende Russland-Politik verabschieden, die eigene politische Risiken für die EU-Integrations-Stabilität hätte.

Eine Ukraine-Erweiterung der EU bringt Chancen für die Ukraine und unter bestimmten Umständen auch für die Europäische Union. Konflikte bringt es in der Erweiterungspolitik insofern, als die Balkan-Länder mit Aufnahme-Wünschen Richtung EU fürchten werden, auf der Zeitachse nach hinten geschoben zu werden. Österreich ist eines der wenigen Länder, das eine rasche Balkan-Erweiterung befürworten dürfte; schon aus historischen und wirtschaftsgeografischen Gründen. Ein EU-Problem entsteht allerdings bei einer Balkan-Erweiterung dadurch, dass viele kleine Länder in die EU aufgnommen würden – zum Teil sind dies Länder, wo auch Russland, die Türkei und Saudi-Arabien politisch-wirtschaftlich-religiöse Interessen verfolgen. Viele osteuropäische EU-Länder, allen voran Polen und die Baltischen Länder werden für eine rasche Ukraine-Aufnahme sein, da dadurch ihre eigene militärische Sicherheit im Blick auf Russland geschützt wird; solche Überlegungen dürften auch für Finnland, Schweden und Dänemark gelten. Eine Reihe von ärmeren Ländern im Süden der EU wird eher nicht für eine rasche Aufnahme der Ukraine stimmen, da man befürchtet, dass dann die EU-Hilfsgelder relativ umfassend Richtung Ukraine verwendet werden; dann aber werden fast nur Hilfsgelder für osteuropäische EU-Länder bleiben. Die Ukraine als politischer Zankapfel in der EU beziehungsweise als ein Land, das – auch nach einem Waffenstillstand – in einer Art Kriegszustand mit Russland befindlich sein dürfte (Stichworte: Donbas; Krim-Region) – wird die militärische Integration der EU viel komplizierter machen als dies nach dem BREXIT erschien. Die EU selbst könnte in eine Art Dauerspannung mit Russland kommen, was für beide Seiten problematisch wäre.

Eine EU-Erweiterung um die Ukraine bringt ein erhebliches potenzielles Zuwanderungsproblem für eine Reihe von EU-Ländern – und damit droht dann auch der nächste BREXIT-Fall; jedenfalls wenn das politische Management in Brüssel sich nicht deutlich verbessert beziehungsweise aus den Fehlern bei der EU-Osterweiterung (und dem BREXIT) keine vernünftigen Schlüsse zieht. So sollte man insbesondere ausschließen, dass einige EU-Länder keinerlei Übergangsfrist bei der Personenfreizügigkeit realisieren. Denn sonst besteht das Risiko, dass große Auswanderungsbewegungen aus der Ukraine sich geografisch deutlich fokussiert auf wenige EU-Länder konzentrieren und das politische System zumindest in einigen EU-Ländern mit hoher relativer Zuwanderung destabilisieren beziehungsweise dort eine Radikalisierung und Anti-EU-Einstellung begünstigen: Das könnte den nächsten BREXIT bewirken.

Die Ukraine als relativ großes Land von der Bevölkerungszahl her und geringem Pro-Kopf-Einkommen lässt auf viele Jahre eine erhebliche Auswanderung in andere EU-Länder erwarten; bei voller Freizügigkeit für ein EU-Mitgliedsland Ukraine bestehen erhebliche Risiken, dass hohe Zuwanderungszahlen mittelfristig EU-Länder beziehungsweise die Europäische Union destabilisieren. Die Frage nach einer sinnvollen zeitweisen Beschränkung freier Zuwanderung bei einer EU-Erweiterung sollte man neu betrachten. Es besteht zudem die Gefahr, dass das Thema EU-Erweiterung um die Ukraine vor allem emotional in der Öffentlichkeit geführt wird und eine analytisch reflektierte Politikdebatte weitgehend unterbleibt sowie notwendige risikosenkende Flankierungsmaßnahmen für eine stabile EU-Osterweiterung nicht auf den Weg gebracht werden. So könnte am Ende der Ukraine-Russland-Krieg den weiteren Zerfall der Europäischen Union einleiten, indem weitere „BREXIT-Fälle" entstehen; womöglich unterstützt im politischen Vorfeld von Russlands Regierung und dem russischen Präsidenten. Es besteht kein Zweifel, dass Präsident Putin und seine Regierung den BREXIT auf vielfältige Weise im britischen Politikprozess unterstützt haben – ohne dass dies im Vereinigten Königreich eine größere öffentliche kritische Debatte ausgelöst hätte. Eine weitere Osterweiterung, hier um die Ukraine, wird jedenfalls eine komplexe Herausforderung für die EU und ihre Mitgliedsländer.

Der Prozess der EU-Erweiterung könnte im Falle der Ukraine etwa ein Jahrzehnt dauern, wenn man die EU-Erweiterung durch Kroatien als Maßstab für den Zeitplan nimmt. Die Ukraine und die EU könnten jedoch argumentieren, dass das bestehende Assoziierungsabkommen und das 2014 unterzeichnete Abkommen über eine vertiefte und umfassende Freihandelszone (DCFTA) bedeuten, dass in den für einen EU-Beitritt relevanten Schlüsselbereichen bereits erhebliche Fortschritte erzielt worden sind. Was die westliche Unterstützung für die Handelsintegration zwischen der EU und der Ukraine betrifft, so sei daran erinnert, dass am 6. April 2016 in den Niederlanden ein nicht bindendes Referendum über das Assoziierungsabkommen zwischen der Ukraine und der Europäischen Union stattfand. Die erforderliche Mindestbeteiligung von 30% wurde erreicht (32,28%), und das Ergebnis war, dass 61% der Stimmen gegen das Zustimmungsgesetz waren. In der niederländischen Presse wurde behauptet, die russische Regierung habe die Kampagne zugunsten einer Ablehnung des Assoziierungsabkommens beeinflusst (man erinnere sich auch daran, dass am 23. Juni 2016 das BREXIT-Referendum im Vereinigten Königreich stattfand). Dieses niederländische Referendum zeigt, dass die politische Unterstützung für eine EU-Erweiterung durch die Ukraine in einigen Ländern der Europäischen Union eher bescheiden sein könnte; man kann jedoch davon ausgehen, dass der Ukraine-Russland-Krieg die politische Unterstützung für eine solche Erweiterung in vielen EU-Ländern verstärkt hat. Der offizielle Antrag der Ukraine auf EU-Mitgliedschaft wurde am 28. Februar 2022 eingereicht. Was die Position der Ukraine betrifft, so sprach sich Präsident Zelensky für ein sehr schnelles Beitrittsverfahren für die Ukraine aus. Die EU-Länder lehnten es jedoch auf dem Gipfeltreffen in Versailles im März 2022 ab, ein solches Verfahren für die Ukraine anzuwenden.

Was die grundlegenden Anforderungen für eine EU-Mitgliedschaft betrifft, so müssen die „Kopenhagener Kriterien" von 1993 erfüllt werden, d.h. die Fähigkeit der Wirtschaft des Landes, dem Wettbewerbsdruck des Binnenmarktes (die vier Freiheiten) standzuhalten, die konsequente Unterstützung der Demokratie und des Schutzes der Minderheitenrechte sowie die institutionelle und administrative Fähigkeit, den Acquis Communautaire – das Regelwerk der Europäischen Union – wirksam umzusetzen; hinzu kommt die Anforderung, dass die bestehenden Mitgliedsländer in der Lage sein müssen, die neuen Mitgliedsländer aufzunehmen. Wie die EU-Kommission im Jahr 2000 erklärte, sind die entscheidenden Kriterien für die Mitgliedschaft folgende (Europäische Kommission, 2022a; eigene Übersetzung):

"Die Beitrittskriterien oder Kopenhagener Kriterien (nach dem Europäischen Rat in Kopenhagen 1993, der sie festgelegt hat) sind die wesentlichen Bedingungen, die alle Kandidatenländer erfüllen müssen, um Mitglied zu werden. Diese sind:

- *politische Kriterien: institutionelle Stabilität als Garantie für demokratische und rechtsstaatliche Ordnung, für die Wahrung der Menschenrechte sowie die Achtung und den Schutz von Minderheiten;*
- *wirtschaftliche Kriterien: eine funktionierende Marktwirtschaft und die Fähigkeit, dem Wettbewerb und den Marktkräften standzuhalten;*
- *administrative und institutionelle Fähigkeit zur wirksamen Umsetzung des gemeinschaftlichen Besitzstandes (Communitaire – von PJJW hinzugefügt) und Fähigkeit, die aus der Mitgliedschaft erwachsenden Verpflichtungen zu erfüllen.*

Die Fähigkeit der Union, neue Mitglieder aufzunehmen und gleichzeitig die Dynamik der europäischen Integration aufrechtzuerhalten, ist ebenfalls ein wichtiger Gesichtspunkt."

Die Themen bzw. Kapitel, die für einen EU-Beitritt rechtzeitig behandelt werden sollten, sind in der folgenden Tabelle zusammengefasst, die den neuen Ansatz der Europäischen Union für Erweiterungsverhandlungen in Clustern zeigt: Ab 2021 werden mehrere Kapitel in bestimmten Clustern zusammengefasst und die Verhandlungen für einen EU-Beitritt sollten sich an den Clustern orientieren, die im EU-Ansatz hervorgehoben werden (siehe nachfolgende Tabelle mit den Themen Grundlagen, Binnenmarkt, Wettbewerbsfähigkeit und integratives Wachstum, Grüne Agenda und Nachhaltigkeitskonnektivität, Ressourcen, Landwirtschaft und Kohäsion, Außenbeziehungen):

Tab. 10. Technische EU-Säulen: Cluster von Verhandlungskapiteln für die EU-Erweiterung (EU, 2020) (Übersetzung PJJW)

1. Grundlagen	23 - Justiz und Grundrechte 24 - Recht, Freiheit und Sicherheit Wirtschaftliche Kriterien Funktionieren der demokratischen Institutionen, Reform der öffentlichen Verwaltung 5 - Öffentliches Auftragswesen 18 - Statistik 32 - Finanzkontrolle
2. Binnenmarkt	1 - Freier Warenverkehr 2 - Freizügigkeit der Arbeitnehmer 3 - Niederlassungsrecht und freier Dienstleistungsverkehr 4 - Freier Kapitalverkehr 6 - Gesellschaftsrecht 7 - Recht des geistigen Eigentums 8 - Wettbewerbspolitik 9 - Finanzdienstleistungen 28 - Verbraucher- und Gesundheitsschutz
3. Wettbewerbsfähigkeit und integratives Wachstum	10 - Informationsgesellschaft und Medien 16 - Steuern 17 - Wirtschafts- und Währungspolitik 19 - Sozialpolitik und Beschäftigung 20 - Unternehmens- und Industriepolitik 25 - Wissenschaft und Forschung 26 - Bildung und Kultur 29 – Zollunion
4. Grüne Agenda und nachhaltige Konnektivität	14 - Verkehrspolitik 15 - Energie 21 - Transeuropäische Netze 27 - Umwelt und Klimawandel
5. Ressourcen, Landwirtschaft und Kohäsion	11 - Landwirtschaft und ländliche Entwicklung 12 - Lebensmittelsicherheit, Veterinär- und Pflanzenschutzpolitik 13 - Fischerei 22 - Regionalpolitik und Koordinierung der strukturpolitischen Instrumente 33 - Finanzielle und haushaltsrechtliche Bestimmungen
6. Außenbeziehungen	30 - Außenbeziehungen 31 - Außen-, Sicherheits- und Verteidigungspolitik

Quelle: Europäische Kommission (2020a)

Folgt man der CEPS-Analyse für Anfang 2022 (Emerson et al., 2022), so wurde bis auf die Korruptionsbekämpfungspolitik und den Verkehr keines der 26 für einen EU-Beitritt relevanten Kapitel von den Autoren mit der schwachen Note 1 („some preparation") im Jahr 2021 bewertet; 1,5 wurde in den Bereichen geistige Eigentumsrechte, makroökonomische Politik, Verbraucherschutz und Gesellschaftsrecht erreicht. Der einzige Bereich, in dem die EU mit 3 („good rating in preparedness in relation to EU standards") bewertet wird, betrifft die Zivilgesellschaft, die anderen Bereiche wurden mit 2 oder 2,5 bewertet. Emerson et al. (2022) sprechen sich klar für ein schnelles EU-Beitrittsverfahren aus; genauer gesagt: für einen schnellen Start des EU-Verfahrens für die Ukraine. Im Übrigen schlagen die Autoren vor, dass die Ukraine eingefrorene russische Vermögenswerte im Ausland – sprich: Devisenreserven der russischen Zentralbank – verwenden sollte, um die Auslandsschulden der Ukraine in Höhe von rund 57 Milliarden Dollar zu begleichen. Diese Ansicht ist seltsam, da dies bedeutet, dass die Autoren eine Art internationalen Bankraub befürworten, bei dem sich die Ukraine 57 Milliarden Dollar aus dem Eigentum des russischen Staates aneignen würde.

Tab. 11. Bewertung der Umsetzung der wichtigsten Bestimmungen der Assoziierungsabkommen und DCFTAs durch die Ukraine (Anfang 2022) (Übersetzung PJJW)

Politische Grundsätze, Rechtsstaatlichkeit		
Wahldemokratie	2,5	Die jüngsten Wahlen sind korrekt: Präsident, Parlament, Kommunalwahlen
Menschenrechte	2	Grundfreiheiten OK (außer im besetzten Donbas und auf der Krim)
Rechtsstaatlichkeit	1,5	Justizreform dringend notwendig, aber nicht konsequent vorangetrieben
Korruptionsbekämpfung	1	Schlecht, nur geringfügige Verbesserung, inkonsistente Haltung der Führung
DCFTA*		
Marktzugang	2	Verschiebung der Handelsstruktur von Russland zur EU und China
Zolldienste	2	Langer Widerstand gegen die Reform; jetzt gibt es Fortschritte
Technische Produktnormen (TBT)	2	Gute Fortschritte bei der Umsetzung der Strategie
Lebensmittelsicherheit (SPS)	2	Strategie angenommen; Fortschritte bei der Umsetzung
Dienstleistungen	2,5	Ukraine liberaler als die EU bei der Niederlassung

Öffentliches Auftragswesen	2,5	E-Vergabesystem gelobt; Risiken der Rückabwicklung
Rechte an geistigem Eigentum (IPR)	1,5	Begrenzte Fortschritte beim Schutz und der Durchsetzung von Rechten des geistigen Eigentums
Wettbewerbspolitik	2	Gesetze in Ordnung, aber Autorität der Regierungsbehörde in Gefahr
Statistik	2	Erhebliche Fortschritte bei der Übernahme von EU-Methoden
Wirtschaftliche Zusammenarbeit		
Makroökonomische Politik	1,5	Verbessert, aber immer noch anfällig; abhängig von IWF/EU-Hilfe
Finanzdienstleistungen	2	Fortführung der umfassenden Angleichung an das EU-Recht
Transport	1	Straßenverkehr erfordert Maßnahmen der Ukraine (und der EU)
Energie	2	Große Herausforderungen werden angegangen; Beitritt zum Green Deal
Umwelt	2	Umfassende, kostspielige und langfristige Maßnahmen sind erforderlich
Digital und Cyber	2,5	Dynamische digitale und Cybersicherheitsbereiche
Verbraucherschutz	1,5	Fortschritte bei der Produktsicherheit, aber noch viel mehr ausstehend
Unternehmensrecht	1,5	Gesetzgeberische Maßnahmen, aber unsichere Durchsetzung
Arbeits- und Sozialpolitik	2	ILO-Übereinkommen in Ordnung, aber neues Arbeitsgesetzbuch steht noch aus
Visaregelung, Freizügigkeit	2,5	Erfolgreiche Einführung des visumfreien Reisens
Bildung und Kultur	2,5	Hohe Bildungsstandards, vergleichbar mit EU-Nachbarn
Gleichstellung	2,5	Vergleichbar mit EU-Nachbarn
Zivilgesellschaft	3	Kompetente, unabhängige Zivilgesellschaft, die sich mit Nachdruck für Reformen einsetzt

Anmerkung: Die durchschnittliche Bewertung der Ukraine unter den Beitrittskandidaten liegt bei 1,81; die durchschnittlichen Bewertungen in der Interpretation der CEPS-Studie sind: Montenegro mit 2,21, Serbien 2,11, Nordmazedonien 2,07, Albanien 1,73, Bosnien und Herzegowina 1,55 und Kosovo 1,35.
* DCFTA = Vertiefte und umfassende Freihandelszone
Quelle: Emerson et al. (2022), Tab. 2, S. 6.

Was die Option einer schnellen Erweiterung der EU durch die Ukraine betrifft, so berücksichtigen die Autoren nicht die Herausforderungen der vier Freiheiten im EU-Binnenmarkt im Allgemeinen und der Freizügigkeit der Arbeitnehmer im Besonderen. Es würde zu einer erheblichen Destabilisierung der EU führen, wenn die Lehren aus der EU-Osterweiterung – und dem BREXIT – von der Europäischen Union nicht sorgfältig berücksichtigt werden. Man kann sich gut vorstellen, dass viele westliche Politiker, die von den Emotionen im Zusammenhang mit dem tragischen Krieg zwischen der Ukraine und Russland ergriffen sind, eine schnelle EU-Mitgliedschaft der Ukraine befürworten werden, ohne die in der Realität auftretenden Probleme angemessen zu berücksichtigen. In Anbetracht der Erfahrungen mit der EU-Osterweiterung von 2004, die Malta und Zypern die sofortige Freiheit der Arbeitsmobilität brachte, aber nur im Falle des Vereinigten Königreichs, Schwedens und Irlands eine generelle sofortige Freiheit für die Beitrittsländer, war es bemerkenswert, dass z.B. Deutschland sich für eine maximal siebenjährige Übergangszeit entschied und viele andere EU-Länder ebenfalls mehrere Jahre eines besonderen Übergangs ohne freie Arbeitsmobilität für die Beitrittsländer nutzten.

Die Verzögerungen bei der freien Arbeitsmigration für die östlichen EU-Beitrittsländer implizierten einen sehr starken Einwanderungsdruck für das Vereinigte Königreich, wo die politischen Entscheidungsträger zusätzliche Einwanderer begrüßten, da man davon ausging, dass diese zur Überwindung des Arbeitskräftemangels beitragen würden; die Situation auf den britischen Arbeitsmärkten änderte sich jedoch nach der transatlantischen Bankenkrise und der massiven Rezession in Großbritannien im Jahr 2008 grundlegend. Die Frage der übermäßigen Einwanderung im Vereinigten Königreich wurde zu einem wichtigen Thema auf der britischen politischen Agenda. Premierminister Cameron wiederum hatte keine Ahnung, wie er das neue Problem wirklich in den Griff bekommen und eine ausreichende Zahl neuer Arbeitsplätze schaffen sollte, sodass politische Populisten (z.B. Nigel Farage) die neue Situation ausnutzen konnten. Camerons massive Kürzungen der Transferleistungen für die Kommunen – die innerhalb weniger Jahre 5% des Nationaleinkommens erreichten – trugen zur Wahrnehmung einer Unterversorgung mit lokalen öffentlichen Dienstleistungen bei, die dann in der öffentlichen Wahrnehmung weitgehend mit dem Problem der übermäßigen Einwanderung aus Osteuropa in Verbindung gebracht wurde; die EU-feindliche Stimmung begann daher nach 2009 zu wachsen. Was die russische Einmischung in die BREXIT-Kampagne betrifft, so ist unklar, ob die russische Regierung die Pro-BREXIT-Gruppen, die das britische EU-Referendum von 2016 letztlich gewonnen haben, auf verschiedene Weise unterstützt hat; Narayanan et al. (2017) fanden nur wenige Belege für russische

Einmischung über Twitter. In London lebende russische Exilanten und Oligarchen – mit doppelter Staatsangehörigkeit – sind jedoch offenbar seit vielen Jahren einflussreiche Spender für die Konservative Partei (z.B. Parker, 2021).

Sollte die politische Führung Russlands langfristig Putins aggressiver Politik gegenüber dem Westen folgen, muss die EU damit rechnen, dass Russland viel in die politische und wirtschaftliche Destabilisierung der Ukraine bzw. der Europäischen Union investieren wird. Wenn die EU am Ende zerfällt, hätte der Putinismus einen Erfolg in Europa erzielt (dies würde möglicherweise neue, verstärkte Verbindungen zwischen Russland und Serbien sowie anderen Ländern auf dem Balkan einschließen). Was die Kosten für den Wiederaufbau der Ukraine betrifft, so wird seine Regierung höchstwahrscheinlich die Devisenreserven Russlands nutzen wollen, die von den westlichen Ländern, Japan und Australien im Rahmen der Sanktionspakete vom März 2022 effektiv beschlagnahmt wurden. Gleichzeitig ist klar, dass Russland ein solches Vorgehen kaum akzeptieren wird: Für die russische Zentralbank stehen rund 300 Milliarden Dollar auf dem Spiel – auf Konten westlicher Zentralbanken. Die EU wiederum müsste möglicherweise erhebliche finanzielle Unterstützung für den Wiederaufbau der Ukraine aufbringen; der Europäische Rat hat auf seinem Gipfel am 24. und 25. März 2022 beschlossen, einen ukrainischen Solidaritätsfonds einzurichten, der auch Nicht-EU-Ländern offensteht; würde sich die EU an der Finanzierung des US-Marshall-Plans für Deutschland in den Jahren 1948-50 orientieren, müsste die Europäische Union rund 16 Milliarden Euro aufbringen.

Sollte Russland unter Putin oder Putins Nachfolger seinen weltpolitischen Kurs in einer Weise ändern, die entschieden kooperativer gegenüber dem Westen ist, wäre die EU-Mitgliedschaft der Ukraine immer noch eine gewaltige Herausforderung. Die Geografie lässt sich nicht ändern und die EU kann auf Dauer keine wirkliche politische Stabilität haben, wenn nicht sowohl die Beziehungen zur Ukraine als auch zu Russland auf klaren Prinzipien, Regeln und der Mitgliedschaft in funktionierenden internationalen Organisationen wie der Welthandelsorganisation, der Bank für Internationalen Zahlungsausgleich und dem Internationalen Währungsfonds beruhen. Langfristig könnte eine Rückkehr Russlands in die G8 in Betracht gezogen werden. Allerdings sollten die westlichen Länder und Japan die politische Psychologie der internationalen Zusammenarbeit in Zukunft ernster nehmen. Eine Wiederholung z.B. des G8-Treffens in Heiligendamm 2007 unter deutschem G8-Vorsitz – als Putin unter den anderen Staats- und Regierungschefs sichtlich isoliert war und sich allein an einem Tisch wiederfand (und Bundeskanzlerin Merkel als Gastgeberin keine Anstrengungen unternahm, diese für Präsident Putin sicherlich demütigende Situation zu vermeiden) – sollte vermieden werden.

Die Idee eines Energieimport-Embargos gegenüber Russland ist interessant, aber ein vorübergehender Sonderzoll auf russisches Gas ist aus wirtschaftlicher Sicht angemessener. In jedem Fall sollte Russland deutlich signalisiert werden, dass ein Wandel in seiner Militär- und Außenpolitik – hin zu einer friedlichen Zusammenarbeit in Europa – einen wachsenden Handel zwischen der EU und Russland wieder möglich machen wird. Die regulatorischen und bürokratischen Anpassungshürden für den Strukturwandel hin zu einem deutlich höheren Anteil erneuerbarer Energien sind in vielen EU-Ländern noch erheblich. Es dauert oft Jahre, bis ein neues Bauprojekt gestartet wird oder der Bau eines neuen LNG-Terminals beginnt. Systemreformen und eine gewisse Deregulierung wären daher in vielen westlichen Ländern angemessen. Hinsichtlich des Ausbaus der solaren Strom- und Wärmeerzeugung kann man darauf hinweisen, dass nur wenige EU-Länder wirklich eine starke Politik zugunsten der erneuerbaren Energien im Haushaltsbereich durchsetzen könnten: Es besteht ein struktureller Mangel an ausreichend qualifizierten Handwerkern im Bereich der erneuerbaren Energien. Die Umstellung von fossilen Brennstoffen auf CO_2-freundliche erneuerbare Energien wird daher viele Jahre an Anpassungszeit kosten. Das Gesamtbild der Herausforderungen im Zusammenhang mit dem Ukraine-Russland-Krieg legt nahe, dass eine sorgfältige Analyse erforderlich ist und ein pragmatischer mittelfristiger Anpassungsansatz sinnvoll sein dürfte.

11
Hilfszusagen für die Ukraine: Erfassung, Effekte, Problemperspektiven

Der Krieg zwischen Russland und der Ukraine, der am 24. Februar begann, hat der Ukraine massive Zerstörungen, den Tod Tausender Zivilisten und ukrainischer und russischer Militärangehöriger, sehr viele Verletzte sowie etwa sechs Millionen Flüchtlinge aus der Ukraine im Zeitraum März-Juni 2022 gebracht. Darüber hinaus haben die westliche Welt sowie Japan, Südkorea, Australien und einige andere Länder eine Politik der aufeinanderfolgenden Wellen massiver Sanktionsmaßnahmen gegen russische Sektoren, Unternehmen und Einzelpersonen verfolgt. Bis Anfang Mai war das russische Militär bei der Eroberung ukrainischen Territoriums, vor allem im Osten und Süden der Ukraine, nur teilweise erfolgreich.

Von Seiten der USA, Großbritanniens und einiger EU-Länder hat die Ukraine eine erhebliche militärische Unterstützung erfahren. Die USA und Großbritannien haben eine lange Tradition, über Militärhilfe Verbündete zu unterstützen, wobei im Ukraine-Fall diese Hilfe relativ zum jeweiligen Nationaleinkommen beider Länder eher gering ist; und die Hilfsgelder aus EU-Ländern kommen obendrauf. Russland hat sich in ein kaum gewinnbares militärisches Abenteuer mit seinem Überfall auf die Ukraine eingelassen, sofern man von einem nachhaltigen militärischen Widerstand der Ukraine ausgeht. Russland hätte die Möglichkeit gehabt, statt über einen Krieg seine Sicherheit durch Verträge mit dem Westen beziehungsweise den Nato-Ländern zu festigen und Innovation, Strukturwandel und Wachstum voranzutreiben. Diese Chance hat Präsident Putin nicht genutzt. Es ist allerdings anzunehmen, dass die zunehmende Zahl westlicher Militärberater in der Ukraine in den Jahren nach 2014 auf Seiten Russlands beziehungsweise bei Putin auch militärische Einkreisungsbefürchtungen wachrief. Die nicht-militärischen Optionen für eine Verständigung mit der Ukraine hat Präsident Putin jedenfalls aufgegeben.

Wieviel Hilfe wiederum die Ukraine von westlichen Ländern erhält – inklusive Übernahme von Unterkunfts- und Lebenshaltungskosten für ukrainische Flüchtlinge in Europa –, ist eine interessante Frage. Ökonomische, humanitäre und militärische Hilfen für die Ukraine gilt es darzulegen und international zu

© Der/die Autor(en), exklusiv lizenziert an
Springer Fachmedien Wiesbaden GmbH, ein Teil von Springer Nature 2022
P. J. J. Welfens, *Russlands Angriff auf die Ukraine*,
https://doi.org/10.1007/978-3-658-38855-3_11

vergleichen; dabei ist es am ehesten sinnvoll, geleistete Hilfszahlungen auf das Nationaleinkommen oder das Bruttoinlandsprodukt des jeweiligen Hilfslandes zu beziehen. Aus einer sicherheitsökonomischen europäischen Sicht dürfte dabei gelten, dass die EU-Länder relativ hohe Hilfszahlungen pro Einheit Bruttoinlandsprodukt leisten, die geografisch am nächsten am Ukraine-Russland-Krieg sind, beziehungsweise wo die Befürchtungen relativ groß sind, man werde das nächste Angriffsziel Russlands sein. Polen und die Baltischen Länder dürften von daher hohe Hilfszahlungen-Quoten aufweisen. Besonders hohe Hilfszahlungen wird man auch vom globalen Gegner Russlands, den USA, erwarten; für die Biden-Administration geht es darum, indirekt Russland zurückzuschlagen und die US-Führung in der Nato klarzustellen.

Es liegt auf der Hand, dass die russische Aggression militärisch, bezogen auf ihren anfänglichen Ansatz einer Übernahme der ganzen Ukraine in kurzer Sicht, nicht erfolgreich war; die militärische Unterstützung des Westens – einschließlich nachrichtendienstlicher Informationen aus den USA und dem Vereinigten Königreich – hat zum Erfolg der militärischen Verteidigung der Ukraine beigetragen, die dennoch massive Zerstörungen an der Infrastruktur und in großen Städten erlitten hat. Was die wirtschaftlichen Auswirkungen des russisch-ukrainischen Krieges betrifft, so gibt es viele Aspekte zu berücksichtigen (z.B. Welfens, 2022b, 2022c; Astrov et al., 2022b; Roeger und Welfens, 2022b).

Aufgrund der kriegsbedingten Zerstörungen und der Verluste an zivilen und militärischen Menschenleben sowie der Blockade der wichtigsten ukrainischen Häfen und Exportschifffahrtseinrichtungen durch Russland wird die Wirtschaftsleistung der Ukraine im Jahr 2022 voraussichtlich sehr stark zurückgehen: Der IWF (2022b; 2022c) rechnet mit einem Rückgang der Wirtschaftsleistung um etwa 35%, sodass die ukrainische Regierung vor der Herausforderung des Staatsdefizits und der damit verbundenen Probleme stehen wird. Daher wird die Ukraine – neben humanitärer und militärischer Hilfe – auch finanzielle Hilfe benötigen, wobei bilaterale Finanzhilfen sowie die Unterstützung durch den IWF, die Weltbank und die Europäische Bank für Wiederaufbau und Entwicklung (EBWE) von entscheidender Bedeutung sind. Um ein gewisses Maß an Transparenz über die Aktivitäten und Verpflichtungen der wichtigsten OECD-Geberländer zu erhalten, wäre es sinnvoll, einschlägige Daten zu erheben; solche Daten könnten auch ein internationales Ranking der Geberländer ermöglichen, das nützliche Informationen in einer beschreibenden Perspektive liefert, aber auch eine Grundlage für eine internationale Debatte über die Lastenteilung im Hinblick auf die Unterstützung der Ukraine bilden könnte.

Was Veröffentlichungen zur Analyse der humanitären, finanziellen und militärischen Hilfe für die Ukraine betrifft, so hat das Kieler Institut für Weltwirtschaft (IfW) mit einem Papier von Antezza et al. (2022), das den Zeitraum vom 24. Februar bis zum 27. März abdeckt, eine Vorreiterrolle übernommen. Dieses Papier hat jedoch einen sehr voreingenommenen Ansatz und ist irreführend, wenn es um das internationale Ranking der Länder in Bezug auf die Gesamthilfe geht – die Summe der humanitären, finanziellen und militärischen Hilfe im Verhältnis zum Bruttoinlandsprodukt. Die Autoren beziehen die Zusagen/ Ausgaben für ukrainische Flüchtlinge nicht mit ein, was ein nicht angemessener Ansatz ist; tatsächlich machen die Ausgaben für ukrainische Flüchtlinge einen hohen Anteil der humanitären Hilfe und im Falle vieler Länder auch der Gesamthilfe aus. Zwar sind Zahlen für ukrainische Flüchtlinge auf Länderbasis nicht immer leicht zu beschaffen, doch sollte dieses technische Problem kein akzeptabler Grund für die Veröffentlichung von Hilfszahlen ohne Einbeziehung der Ausgaben für ukrainische Flüchtlinge sein. Die Zahlen von Antezza et al. wurden sowohl in den nationalen Medien in Deutschland als auch in den internationalen Medien weithin zitiert; The Economist (Mai 2022) hat die Rangliste der Hilfe für die zehn wichtigsten Länder veröffentlicht – mit Zahlen für die an die Ukraine geleistete Hilfe im Verhältnis zum Bruttoinlandsprodukt; die Veröffentlichung der Top-10-Hilfstabelle ist jedoch ein sehr zweifelhaftes Unterfangen, selbst wenn der Economist erwähnt, dass Zahlen zu den Ausgaben für Flüchtlinge in der IfW-Tabelle nicht enthalten sind. Der Economist stellt fest, dass die IfW-Zahlen zeigen, dass die Zusagen der EU27-Länder zusammengenommen geringer sind als das Verhältnis zwischen Hilfe und BIP der Vereinigten Staaten. Die IfW-Veröffentlichung hat zu einer lebhaften internationalen Debatte darüber beigetragen, warum die Unterstützung vieler EU-Länder für die Ukraine eher bescheiden erscheint. Die Rangfolge des IfW-Arbeitspapiers und der Veröffentlichung des Economist ist jedoch völlig irreführend, wie im Folgenden gezeigt wird.

Diese Affäre zeigt nicht nur, dass die bekannte Kieler Denkfabrik gelegentlich sehr zweifelhafte Analysen veröffentlicht, sie zeugt auch von einem erstaunlichen Mangel an kritischer Reflexion auf Seiten von The Economist und der vielen Journalisten und Politiker, die blindlings der ziemlich irreführenden Rangliste gefolgt sind. Die IfW-Rangliste der zehn besten Länder lautet wie folgt: Estland, Polen, Litauen, Slowakei, Schweden, Vereinigte Staaten, Tschechische Republik, Kroatien, Vereinigtes Königreich und Frankreich. Die korrekte Rangliste – die auch die Ausgaben für ukrainische Flüchtlinge einschließt – sieht jedoch ganz anders aus; so liegt Kroatien in der korrekten Rangliste weit hinten, fast alle Länder haben in der korrigierten Tabelle eine andere Position, und die Zahlen für die EU27 insgesamt sind viel höher als der US-Indikator.

Die verschiedenen Arten der Hilfe spiegeln die verschiedenen Arten der Hilfe von Regierungen wider. Finanzielle, humanitäre und militärische Hilfe spielen eine entscheidende Rolle, wenn es um die westliche Unterstützung für verschiedene Länder in unterschiedlichen Regionen der Weltwirtschaft geht. Die neue Rivalität zwischen den USA/EU und Russland – sowie China – in Afrika verdeutlicht, dass die oft relativ teuren Angebote des Westens für Infrastrukturprojekte und Waffenkäufe in den Empfängerländern politisch wenig überzeugend sind und der höhere Preis im Vergleich zu Angeboten aus Russland oder China selten durch politische Vorteile – wie den Zugang zu den großen Märkten der EU und der USA – aufgewogen wird. Autokratische Länder in Afrika haben übrigens naturgemäß kein Verständnis für die politischen Gardinenpredigten westlicher Führer bei ihren diversen Besuchen in Afrika.

Im Übrigen scheinen die westlichen Länder nach wie vor attraktive Migrationsziele zu sein, und eine ausgewogene Einwanderungspolitik hat vielen Einwanderungsländern Vorteile gebracht: Jahrzehntelang galt dies für die USA, Kanada und Australien, aber auch für Frankreich und Deutschland. Da jedoch relativ arme Länder mit hohen Bevölkerungswachstumsraten – insbesondere in Afrika und Asien – eine wichtige Quelle für (aktuelle und potenzielle) Auswanderung sind, fragen sich die USA und die EU-Länder, wie sie sich am besten gegen einen übermäßigen Migrationsdruck schützen können.

Für die US-Politik gibt es empirische Evidenz, dass die USA mit potenziellen Auswanderungsländern über eine Sicherheitspartnerschaft via Militärhilfe eine Eingrenzung des Auswanderungsdrucks tatsächlich erreicht; andere Hilfsgeldertöpfe zeigen in den Empfängerländern keine solchen Begrenzungseffekte der Auswanderung Richtung USA, die sich offenbar mit Militärhilfe in vielen Fällen gegen eine denkbare hohe Auswanderungswelle absichern können. Im Übrigen bringt US-Militärhilfe keine Minderung des Auswanderungsdrucks gegenüber anderen Ländern und zudem werden in den Empfängerländern weder die Repressionsgrade noch sonstige Konflikte vermindert – siehe etwa Laura Renner in einem Vortrag mit dem Titel „A ‚Good Deal'? U.S. Military Aid and Refugee Flows to the United States", die 161 Länder im Zeitraum von 1988 bis 2018 untersucht hat (Renner, 2022).

11.1 Unterstützung der Ukraine durch ausgewählte OECD-Länder

Man könnte argumentieren, dass ein internationaler Vergleich der staatlichen Hilfen für die Ukraine in den ersten Monaten des Jahres 2022 wirklich nützlich sein könnte; und es könnte auch interessant sein, die möglichen Gründe für die großen länderübergreifenden Unterschiede in Bezug auf das Verhältnis zwischen Hilfen und BIP der OECD-Länder zu analysieren. In Anbetracht der Herausforderungen der ukrainischen Flüchtlingswellen Anfang 2022 kann man davon ausgehen, dass aus geografischen und kulturellen Gründen, aber auch einfach aufgrund der Kosten des internationalen Transports, ein relativ hoher Anteil der ukrainischen Flüchtlinge versuchen wird, in osteuropäische EU-Länder zu gelangen. Man könnte annehmen, dass die geografische Nähe nicht nur für die Flüchtlingszahlen, sondern auch für die Militärhilfe für die Ukraine von Bedeutung ist: Die Regierungen der Länder, die geografisch nahe bei Russland liegen, betrachten die Versuche der Ukraine, sich entschieden gegen russische Aggressionen zu verteidigen zum Teil als implizite Rückversicherung gegen mögliche russische Militärangriffe auf ihre eigenen Länder in naher Zukunft. Was die Finanzhilfe betrifft, so kann man davon ausgehen, dass Länder, die starke Handelsbeziehungen zur Ukraine unterhalten oder geografisch nahe an der Ukraine liegen – und somit einem besonders starken Einwanderungsdruck ausgesetzt sein könnten, wenn der ukrainische Kampf gegen Russland nicht erfolgreich ist –, im Verhältnis zum Bruttoinlandsprodukt eher hohe Spenden leisten werden.

Das Kieler Institut für Weltwirtschaft war in der Tat ein Pionier auf dem Gebiet der Wirtschaftsforschung, als es frühe Einblicke in die internationalen Daten zur humanitären, finanziellen und militärischen Hilfe für die Ukraine veröffentlichte; diese Betrachtung der einzelnen Länder umfasste teilweise indirekte Ausgaben über die Mitgliedschaft in großen internationalen Organisationen – nicht aber private Spenden an Menschen in der Ukraine. Die Zusammenfassung des im April 2022 veröffentlichten Kieler IfW-Diskussionspapiers 2218 (in dem ansatzweise argumentiert wird, dass das Papier nützliche Daten für die wissenschaftliche Gemeinschaft und die breitere Öffentlichkeit sowie die Politik bietet) lautet (Übersetzung: Welfens) wie folgt (S. 1):

"In diesem Papier wird der „Ukraine Support Tracker" vorgestellt, der die militärische, finanzielle und humanitäre Hilfe für die Ukraine seit dem Einmarsch Russlands am 24. Februar 2022 auflistet und quantifiziert. Wir messen die Unterstützung durch westliche Regierungen, insbesondere durch die Mitgliedsländer der G7 und der Europäischen Union. Da wir uns auf Zusagen von Regierungen an Regierungen konzentrieren, erheben wir in dieser Version der Datenbank keine systematischen Daten über private Spenden oder Hilfe von internationalen Organisationen. Um Sachleistungen wie militärische Ausrüstung oder Waffen zu bewerten, verwenden wir Marktpreise und berücksichtigen Obergrenzen, um das wahre Ausmaß der bilateralen Hilfe nicht zu unterschätzen. Wir stellen erhebliche Unterschiede im Umfang der Unterstützung zwischen den Ländern fest, sowohl in absoluten Zahlen als auch in Prozent des Bruttoinlandsproduktes der Geberländer. Gemessen an den Gesamtbeträgen sind die Vereinigten Staaten der mit Abstand größte Unterstützer der Ukraine, gefolgt von Polen und dem Vereinigten Königreich. Gemessen am prozentualen Anteil am Bruttoinlandsprodukt der Geberländer fallen die kleinen osteuropäischen Länder als besonders großzügig auf. Auffallend ist, dass die Vereinigten Staaten allein mehr Unterstützung für die Ukraine bereitstellen als alle 27 EU-Mitgliedstaaten zusammen, selbst wenn man die Unterstützung auf EU-Ebene hinzurechnet. Besonders groß ist der Abstand bei der militärischen Unterstützung, wo die USA mehr als doppelt so viele Waffen und militärische Ausrüstung bereitstellen wie alle anderen Länder zusammen."

Interessanterweise liefert die Zusammenfassung dem Leser einige potenziell sehr irreführende Ergebnisse, die natürlich mit dem seltsamen Ansatz der Autoren zusammenhängen, die Ausgaben für ukrainische Flüchtlinge wegzulassen. Die nachfolgenden Tabellen geben die Originalzahlen aus dem Kieler IfW-Diskussionspapier 2218 von Antezza et al. (2022) in absoluten Zahlen und als nationale relative Indikatoren (Verhältnis der Verpflichtungen zum Bruttoinlandsprodukt) an. Darüber hinaus enthält die Tabelle, die teilweise auf IfW-Zahlen basiert, auch Daten zu zwei EIIW-Schätzungen für die Gesamtsumme der humanitären, finanziellen und militärischen Hilfe – eine „großzügigere" (B) und eine „konservativere" (A), wie sie berechnet wurde; die EIIW-Zahlen enthalten immer auch Ausgaben für Flüchtlinge. Während Tabelle 2 Auskunft über die Verhältnisse gibt, zeigt Tabelle 3 in einer separaten Spalte den Anteil der Ausgaben/Zusagen für Flüchtlinge auf der Grundlage bestimmter Annahmen, nämlich sowohl über die Zahl der Flüchtlinge als auch über die Ausgaben, die erforderlich sind, um im Durchschnitt einen Flüchtling aus der Ukraine zu unterstützen.

Tab. 12. Gesamtzusagen für Hilfe an die Ukraine durch ausgewählte europäische und andere Länder – Erweiterung von Antezza et al./IfW Kiel (2022): Plus Zusagen für Flüchtlinge (in zwei Szenarien), sortiert nach minimaler Gesamtzusage in der vorletzten Spalte

Rang [* ist IfW-Rang]	Land	Zusagen in Mrd. € (Antezza et al., 2022)		Anzahl der registrierten Flüchtlinge		Zusagen pro Jahr für Flüchtlinge in Mrd. €[b,c]		Summe der Zusagen in Mrd. €	
		Hum.	Gesamt	Grenzübertritt (Mio.)	Zielland (>10000)	MIN b	MAX b	Min. Gesamt	Max. Gesamt
1 [2]	Polen[a]	0,003	2,397	2,99	(2205795,7[b])	12,884	17,955	**15,281**	20,353
2 [1]	USA[d]	4,482	10,314			1,000	1,000	**11,314**	11,314
3 [5]	Deutschland	0,472	1,815		379123	4,549	4,549	**6,364**	6,364
4 [28]	Rumänien[a]	0,001	0,004	0,80	(590742,6[b])	3,450	4,809	**3,454**	4,813
5 [3]	UK	0,495	2,096		27100	0,325	0,325	**2,421**	2,421
6 [27]	Ungarn[a]	0,007	0,007	0,51	(378752,0[b])	2,212	3,083	**2,220**	3,090
7 [19]	Tschechien	0,018	0,089		310961	1,866	1,866	**1,955**	1,955
8 [4]	Kanada	0,147	1,948		0	0,000	0,000	**1,948**	1,948
9 [13]	Slowakei[a]	0,005	0,201	0,37	(271178,2[b])	1,584	2,207	**1,785**	2,409
10 [9]	Italien	0,005	0,265		102654	1,232	1,232	**1,497**	1,497
11 [6]	Frankreich	0,116	0,567		48776	0,585	0,585	**1,152**	1,152
12 [25]	Österreich	0,001	0,011		64400	0,773	0,773	**0,784**	0,784
13 [7]	Schweden	0,099	0,316		32000	0,384	0,384	**0,700**	0,700
14 [15]	Dänemark	0,018	0,124		30000	0,360	0,360	**0,484**	0,484
15 [16]	Belgien	0,083	0,103		30807	0,370	0,370	**0,473**	0,473

Hilfszusagen für die Ukraine: Erfassung, Effekte, Problemperspektiven

Rang [* ist IfW-Rang]	Land	Zusagen in Mrd. € (Antezza et al., 2022) Hum.	Zusagen in Mrd. € (Antezza et al., 2022) Gesamt	Anzahl der registrierten Flüchtlinge Grenzübertritt (Mio.)	Anzahl der registrierten Flüchtlinge Zielland (>10000)	Zusagen pro Jahr für Flüchtlinge in Mrd. € [b,c] MIN b	Zusagen pro Jahr für Flüchtlinge in Mrd. € [b,c] MAX b	Summe der Zusagen in Mrd. € Min. Gesamt	Summe der Zusagen in Mrd. € Max. Gesamt
16 [12]	Estland	0,002	0,222		39500	0,237	0,237	**0,459**	0,459
17 [14]	Niederlande	0,018	0,149		21000	0,252	0,252	**0,401**	0,401
18 [18]	Litauen	0,040	0,093		49300	0,296	0,296	**0,388**	0,388
19 [11]	Lettland	0,001	0,226		25594	0,154	0,154	**0,380**	0,380
20 [17]	Irland	0,065	0,098		23000	0,276	0,276	**0,374**	0,374
21 [20]	Spanien	0,042	0,046		51957	0,312	0,312	**0,358**	0,358
22 [8]	Japan	0,000	0,276		0	0,000	0,000	**0,276**	0,276
23 [21]	Finnland	0,014	0,025		20396	0,245	0,245	**0,269**	0,269
24 [10]	Luxemburg	0,000	0,253		0	0,000	0,000	**0,253**	0,253
25 [26]	Portugal	0,000	0,010		33106	0,199	0,199	**0,209**	0,209
26 [24]	Griechenland	0,000	0,014		21230	0,127	0,127	**0,141**	0,141
27 [22]	Slowenien	0,002	0,020		18415	0,110	0,110	**0,131**	0,131
28 [23]	Kroatien	0,001	0,018		16051	0,096	0,096	**0,114**	0,114
29 [29]	Zypern	0,002	0,002		0	0,000	0,000	**0,002**	0,002
30 [30]	Malta	0,001	0,001		0	0,000	0,000	**0,001**	0,001
	EU(EC+EUCO)	1,015	2,215						
	EU27 + EU[e]	2,034	9,291			32,553	40,477	**41,844**	49,768
	Moldau[a]			0,04	(325378,6 [b])	2,649	1,952	**1,952**	2,649
Gesamt			23,925			35,779	44,451	**59,703**	68,376

Anmerkungen:
Zeitspanne: Daten aus Ukraine Tracker (Antezza et al., 2022), Version 2, 02.05.2022; umfasst Verpflichtungen bis zum 23. April 2022. Daten zu Flüchtlingen ab dem 27./28. April 2022.
[*] Ranking nach Antezza et al. 2022, 24. Februar 2022 bis 27. März 2022
[a] *Die Zahlen der registrierten Flüchtlinge werden vom UNHCR (2022) nur für die Grenzländer der Ukraine (blau markiert) veröffentlicht. Weißrussland und Russland sind in dieser Tabelle nicht enthalten, da es unwahrscheinlich ist, dass die dort zuerst registrierten Flüchtlinge ihre Reise nach Europa fortsetzen. Moldau wird separat aufgeführt, da es nicht in der Liste von Antezza et al. (2022) enthalten ist.*
[b] *Eigene Berechnungen auf der Grundlage der beiden folgenden Szenarien:*

*1) **MIN**: Angenommene Mindestanzahl von Flüchtlingen – bei jedem Flüchtling, der in einem nicht an die Ukraine angrenzenden Land registriert wird, wird davon ausgegangen, dass er bereits einmal an der Grenze gezählt wurde. Aufgrund der Reisefreiheit (Schengen-Raum) können die einzelnen Bewegungen innerhalb der EU nicht nachverfolgt werden. Daher werden die Zahlen in den Zielländern anteilig von der Zahl der registrierten Flüchtlinge in diesen Grenzländern abgezogen **(kursiv gedruckte Zahlen)**. Daraus ergibt sich eine zusätzliche jährliche Mindestverpflichtung von fast 35,8 Mrd. €.*

*2) **MAX**: Maximal angenommene Anzahl von Flüchtlingen – jeder registrierte Flüchtling sowohl aus Grenz- als auch aus Zielländern wird einzeln gezählt. Daraus ergibt sich eine maximale zusätzliche jährliche Zusage von fast 44,5 Mrd. EUR.*

[c] *Es wird davon ausgegangen, dass die durchschnittlichen Zusagen pro Flüchtling und Monat in Ländern mit höherem Einkommen (Vereinigtes Königreich, Deutschland, Frankreich, Italien, Schweden, Niederlande, Finnland, Dänemark, Belgien, Österreich, Irland) 1.000 € und in allen anderen Ländern 500 € betragen.*

[d] *Präsident Biden kündigte im März 2022 an, dass die USA 100.000 ukrainische Flüchtlinge aufnehmen würden; unter der Annahme von Staatsausgaben in Höhe von 10.000 € pro Flüchtling und Jahr bedeutet dies jährliche US-Ausgaben in Höhe von 1 Mrd. €.*

[e] *Summe der Verpflichtungen der EU27-Länder und der EU (Europäische Kommission und Europäischer Rat)*

Quelle: Eigene Darstellung und Berechnungen; Daten aus Antezza et al. (2022), UNHCR (2022), Wikipedia (2022, „2022 Ukrainian refugee crisis", zusammengestellte Sekundärdaten aus von den nationalen Regierungen gemeldeten Zahlen); alle Zahlen mit Stand vom 27. April 2022.

Wie die nachfolgende Tabelle zeigt, sind die Zusagen der EU-Länder (plus die Zusage der EU als Block) – einschließlich der Zusagen für Flüchtlinge im Jahr 2022 – im Zeitraum vom 24. Februar bis zum 27. März fast fünfmal höher als die der USA. Darüber hinaus unterscheidet sich die korrekte Rangfolge für die Summe der humanitären, finanziellen und militärischen Hilfe (einschließlich der Zusagen für ukrainische Flüchtlinge) im EIIW-Ansatz in den meisten Fällen deutlich von der Rangfolge des Kieler Instituts für Weltwirtschaft; interessanterweise ist die Position Deutschlands in beiden Rankings gleich, aber die Rangfolge für die Vereinigten Staaten im hier betrachteten umfassenden Hilfsansatz zeigt eine viel schwächere Position, als die Arbeit von Antezza et al. (2022) vermuten ließe.

Aus theoretischer Sicht sollte man nicht überbewerten, dass es sich bei der Tabelle (nur) um eine Geberperspektive handelt, denn viele Flüchtlinge werden sich in den Arbeitsmarkt des jeweiligen Aufnahmelandes integrieren; dieser Prozess wird innerhalb eines relativ kurzen Zeitraums stattfinden, wenn ukrainische Flüchtlinge in Ländern ankommen, die eine Sprache haben, die der ukrainischen Sprache weitgehend ähnlich ist oder in denen es starke kulturelle und historische Brücken gibt: Hier sticht Polen unter den östlichen EU-Nachbarländern hervor. Natürlich wird nicht jeder Flüchtling mittelfristig in den Arbeitsmarkt des jeweiligen Aufnahmelandes integriert werden, aber eine große Zahl von Flüchtlingen wird wahrscheinlich kurzfristig eine Art von Arbeit finden und mittelfristig eine Arbeit, die ihren jeweiligen Fähigkeiten und Kompetenzen besser entspricht (eine Arbeit, die relativ besser bezahlt wird als frühere Jobs). In Bezug auf Polen haben Strzelecki, Growiec und Wyzynski (2022) im Rahmen einer Wachstumsrechnung festgestellt, dass ukrainische Arbeitsmigranten in Polen im Zeitraum 2013-18 jährlich 0,5 Prozentpunkte zum Wirtschaftswachstum beigetragen haben.

Tab. 13. Gesamtzusagen für Hilfe an die Ukraine durch ausgewählte europäische und andere Länder – Erweiterung von Antezza et al. (2022): Plus Zusagen für Flüchtlinge (in 2 Szenarien) in % des BIP des Landes (2020), sortiert nach der minimalen Gesamtzusage in der vorletzten Spalte

Antezza et al. Ranking= *		Zusagen in % des BIP[f] (basierend auf Antezza et al., 2022)			Anzahl der registrierten Flüchtlinge		Zusagen pro Jahr für Flüchtlinge in % des BIP [b,c,f]		Summe der Zusagen in % des BIP[f]	
Rang[*]	Land	Hum.	Gesamt		Grenzübertritt (Mio.)	Zielland (>10000)	MIN [b]	MAX [b]	Min. Gesamt	Max. Gesamt
1 [3]	Polen[a]	0,00%	0,46%		2,99	(2205795,7[b])	2,50%	3,48%	**2,96%**	3,94%
2 [5]	Slowakei[a]	0,01%	0,22%		0,37	(271178,2[b])	1,74%	2,43%	**1,96%**	2,65%
3 [1]	Estland	0,01%	0,84%			39500	0,89%	0,89%	**1,73%**	1,73%
4 [26]	Ungarn[a]	0,01%	0,01%		0,51	(378752,0[b])	1,64%	2,29%	**1,65%**	2,29%
5 [30]	Rumänien[a]	0,00%	0,00%		0,80	(590742,6[b])	1,60%	2,23%	**1,61%**	2,24%
6 [2]	Lettland	0,00%	0,78%			25594	0,53%	0,53%	**1,30%**	1,30%
7 [13]	Tschechien	0,01%	0,04%			310961	0,88%	0,88%	**0,92%**	0,92%
8 [6]	Litauen	0,08%	0,19%			49300	0,60%	0,60%	**0,79%**	0,79%
9 [4]	Luxemburg	0,00%	0,40%			0	0,00%	0,00%	**0,40%**	0,40%
10 [12]	Slowenien	0,00%	0,04%			18415	0,24%	0,24%	**0,28%**	0,28%
11 [15]	Kroatien	0,00%	0,04%			16051	0,19%	0,19%	**0,23%**	0,23%
12 [29]	Österreich	0,00%	0,00%			64400	0,21%	0,21%	**0,21%**	0,21%
13 [11]	Deutschland	0,01%	0,05%			379123	0,14%	0,14%	**0,19%**	0,19%
14 [14]	Dänemark	0,01%	0,04%			30000	0,12%	0,12%	**0,16%**	0,16%
15 [9]	Schweden	0,02%	0,07%			32000	0,08%	0,08%	**0,15%**	0,15%
16 [7]	Kanada	0,01%	0,14%			0	0,00%	0,00%	**0,14%**	0,14%

Antezza et al. Ranking=*		Zusagen in % des BIP[f] (basierend auf Antezza et al., 2022)		Anzahl der registrierten Flüchtlinge		Zusagen pro Jahr für Flüchtlinge in % des BIP [b,c,f]		Summe der Zusagen in % des BIP[f]	
Rang[*]	Land	Hum.	Gesamt	Grenzübertritt (Mio.)	Zielland (>10000)	MIN[b]	MAX[b]	Min. Gesamt	Max. Gesamt
17 [21]	Finnland	0,01%	0,01%		20396	0,10%	0,10%	**0,12%**	0,12%
18 [27]	Portugal	0,00%	0,01%		33106	0,10%	0,10%	**0,11%**	0,11%
19 [18]	Belgien	0,02%	0,02%		30807	0,08%	0,08%	**0,10%**	0,10%
20 [16]	Irland	0,02%	0,03%		23000	0,07%	0,07%	**0,10%**	0,10%
21 [8]	UK	0,02%	0,09%		27100	0,01%	0,01%	**0,10%**	0,10%
22 [20]	Italien	0,00%	0,02%		102654	0,08%	0,08%	**0,09%**	0,09%
23 [24]	Griechenland	0,00%	0,01%		21230	0,08%	0,08%	**0,09%**	0,09%
24 [10]	USA[d]	0,02%	0,06%		100000	0,01%	0,01%	**0,06%**	0,06%
25 [19]	Niederlande	0,00%	0,02%		21000	0,03%	0,03%	**0,05%**	0,05%
26 [17]	Frankreich	0,01%	0,02%		48776	0,03%	0,03%	**0,05%**	0,05%
27 [28]	Spanien	0,00%	0,00%		51957	0,03%	0,03%	**0,03%**	0,03%
28 [22]	Malta	0,01%	0,01%		0	0,00%	0,00%	**0,01%**	0,01%
29 [23]	Zypern	0,01%	0,01%		0	0,00%	0,00%	**0,01%**	0,01%
30 [25]	Japan	0,00%	0,01%		0	0,00%	0,00%	**0,01%**	0,01%
	EU(EC+EUCO)								
	EU27 + EU[e]	**0,01%**	**0,03%**			**0,25%**	**0,31%**	**0,32%**	**0,38%**
	Moldau[a]			0,04	(325378,6[b])	18,93%	25,69%	**18,93%**	25,69%

Anmerkungen:
Zeitspanne: Daten aus Ukraine Tracker (Antezza et al., 2022), Version 2, 02.05.2022; umfasst Verpflichtungen bis zum 23. April 2022. Daten zu Flüchtlingen ab dem 27./28. April 2022.
Die Schweiz würde sich mit <0,05% des BIP auf Rang 27 hinter Frankreich befinden.
[*] Ranking (mit Ausgaben für Flüchtlinge aus der Ukraine) nach Antezza et al. 2022, Kiel IfW Discussion Paper 2218

[a] Die Zahlen der registrierten Flüchtlinge werden vom UNHCR (2022) nur für die Grenzländer der Ukraine (blau markiert) veröffentlicht. Weißrussland und Russland sind in dieser Tabelle nicht enthalten, da es unwahrscheinlich ist, dass die dort zuerst registrierten Flüchtlinge ihre Reise nach Europa fortsetzen. Moldawien wird separat aufgeführt, da es nicht in der Liste von Antezza et al. (2022) enthalten ist.

[b] Eigene Berechnungen auf der Grundlage der beiden folgenden Szenarien:

1) **MIN**: Angenommene Mindestanzahl von Flüchtlingen – bei jedem Flüchtling, der in einem nicht an die Ukraine angrenzenden Land registriert wird, wird davon ausgegangen, dass er bereits einmal an der Grenze gezählt wurde. Aufgrund der Reisefreiheit (Schengen-Raum) können die einzelnen Bewegungen innerhalb der EU nicht nachverfolgt werden. Daher werden die Zahlen in den Zielländern anteilig von der Zahl der registrierten Flüchtlinge in diesen Grenzländern abgezogen **(kursiv gedruckte Zahlen)**. Daraus ergibt sich eine zusätzliche jährliche Mindestzusage von fast 35,8 Milliarden Euro.

2) **MAX**: Maximal angenommene Anzahl von Flüchtlingen – jeder registrierte Flüchtling sowohl aus Grenz- als auch aus Zielländern wird einzeln gezählt. Daraus ergibt sich eine maximale zusätzliche Zusage pro Jahr von fast 44,5 Mrd. EUR.

[c] Es wird davon ausgegangen, dass die durchschnittlichen Zusagen pro Flüchtling und Monat in Ländern mit höherem Einkommen (Vereinigtes Königreich, Deutschland, Frankreich, Italien, Schweden, Niederlande, Finnland, Dänemark, Belgien, Österreich, Irland) 1.000 € und in allen anderen Ländern 500 € betragen.

[d] Präsident Biden kündigte im März 2022 an, dass die USA 100.000 ukrainische Flüchtlinge aufnehmen würden, was unter der Annahme von Staatsausgaben in Höhe von 10.000 € pro Flüchtling und Jahr jährliche US-Ausgaben in Höhe von 1 Mrd. € bedeutet.

[e] Summe der Verpflichtungen der EU27-Länder und der EU (Europäische Kommission und Europäischer Rat)

[f] Der letzte Wert des BIP ist für 2020 verfügbar und wurde ursprünglich in laufenden US-Dollar angegeben (Weltbank: World Development Indicators, 2022). Anschließend wird er auf der Grundlage eines ungewichteten Durchschnitts der täglichen Wechselkurse zwischen dem 2. Januar 2020 (Jahr des BIP) und dem 29. April 2022 (jüngster Wert, nahe dem Datum der Datenbeschaffung von Antezza et al.; EZB, 2022) in € umgerechnet, was einen durchschnittlichen Wechselkurs von 1 $ zu 0,865 € ergibt.

Quelle: Eigene Berechnungen; Daten aus Antezza et al. (2022), ECB Data Warehouse (2022), Weltbank (World Development Indicators, 2022), UNHCR (2022), Wikipedia (2022, „2022 Ukrainian refugee crisis", zusammengestellte Sekundärdaten aus von den nationalen Regierungen gemeldeten Zahlen); Zahlen von Ende März 2022.

Während die ursprünglichen Zahlen von Antezza et al. eine Länderrangliste (Top 10) mit Estland auf Platz 1 implizierten, gefolgt von Polen, Litauen, der Slowakei, Schweden, den Vereinigten Staaten, Tschechien, Kroatien, dem Vereinigten Königreich und Frankreich, zeigt Tabelle 2 eine Top 10, die von Polen angeführt wird, mit der Slowakei, Estland, Ungarn, Rumänien, Tschechien, Litauen, Lettland, Slowenien und Kroatien (wobei große Länder wie die USA, das Vereinigte Königreich und Frankreich aus den Top 10 herausfallen, um durch kleinere mittel- und osteuropäische Länder ersetzt zu werden).

Die folgende Tabelle 13 zeigt, dass die Ausgaben für Flüchtlinge für die 23 wichtigsten Länder zwischen 51,68% und 99,96% der gesamten Verpflichtungen (einschließlich der Ausgaben für ukrainische Flüchtlinge) ausmachen. In diesem Zusammenhang könnte die Darstellung von Antezza et al. (2022) als ziemlich irreführend angesehen werden; die Kieler IfW-Daten wären nur dann wirklich nützlich, wenn Daten zu den Zusagen für Flüchtlinge einbezogen würden.

Tab. 14. Gesamtzusagen der Hilfe für die Ukraine durch ausgewählte euroxpäische und andere Länder – Erweiterung von Antezza et al. (2022): Plus Zusagen für Flüchtlinge (in zwei Szenarien) in % als Anteil an den Gesamtzusagen, sortiert nach Anteil der Flüchtlingszusagen

Rang	Land	Anzahl der registrierten Flüchtlinge		Zusagen pro Jahr für Flüchtlinge / gesamte Zusagen [b,c]	Summe der Zusagen in Mrd. €	
		Grenzübertritt (Mio.)	Zielland (>10000)	in % der gesamten Zusagen	Min. Gesamt	Max. Gesamt
1	Rumänien[a]	0,80	(590742,6[b])	99,88%	3,454	4,813
2	Ungarn[a]	0,51	(378752,0[b])	99,67%	2,220	3,090
3	Österreich		64400	98,60%	0,784	0,784
4	Tschechien		310961	95,44%	1,955	1,955
5	Portugal		33106	95,21%	0,209	0,209
6	Finnland		20396	90,84%	0,269	0,269
7	Griechenland		21230	90,15%	0,141	0,141
8	Slowakei[a]	0,37	(271178,2[b])	88,72%	1,785	2,409
9	Spanien		51957	87,08%	0,358	0,358
10	Slowenien		18415	84,46%	0,131	0,131
11	Kroatien		16051	84,40%	0,114	0,114
12	Polen[a]	2,99	(2205795,7[b])	84,31%	15,281	20,353
13	Italien		102654	82,31%	1,497	1,497
14	Belgien		30807	78,18%	0,473	0,473
15	Litauen		49300	76,18%	0,388	0,388
16	Dänemark		30000	74,42%	0,484	0,484
17	Irland		23000	73,81%	0,374	0,374

196　Hilfszusagen für die Ukraine: Erfassung, Effekte, Problemperspektiven

		Anzahl der registrierten Flüchtlinge		Zusagen pro Jahr für Flüchtlinge / gesamte Zusagen [b,c]	Summe der Zusagen in Mrd. €	
Rang	Land	Grenzübertritt (Mio.)	Zielland (>10000)	in % der gesamten Zusagen	Min. Gesamt	Max. Gesamt
18	Deutschland		379123	71,49%	6,364	6,364
19	Niederlande		21000	62,91%	0,401	0,401
20	Schweden		32000	54,85%	0,700	0,700
21	Estland		39500	51,67%	0,459	0,459
22	Frankreich		48776	50,80%	1,152	1,152
23	Lettland		25594	40,42%	0,380	0,380
24	Vereinigtes Königreich		27100	13,43%	2,421	2,421
25	USA[d]		100000	8,84%	11,314	11,314
26	Kanada		0	0,00%	1,948	1,948
27	Zypern		0	0,00%	0,002	0,002
28	Japan		0	0,00%	0,276	0,276
29	Luxemburg		0	0,00%	0,253	0,253
30	Malta		0	0,00%	0,001	0,001
	EU(EC+EUCO)					
	EU27 + EU[e]			Min. 77,80% Max. 81,33%	41,844	49,768
	Moldau[a]	0,04	(325378,6[b])	(100%)	1,952	2,649
	Gesamt			Min. 59,93% Max. 65,01%	59,703	68,376

Anmerkungen:
Zeitspanne: Daten aus Ukraine Tracker (Antezza et al., 2022), Version 2, 02.05.2022; umfasst Verpflichtungen bis zum 23. April 2022. Daten zu Flüchtlingen ab dem 27./28. April 2022.

[a] *Die Zahlen der registrierten Flüchtlinge werden vom UNHCR (2022) nur für die Grenzländer der Ukraine (blau markiert) veröffentlicht. Weißrussland und Russland sind in dieser Tabelle nicht enthalten, da es unwahrscheinlich ist, dass die dort zuerst registrierten Flüchtlinge ihre Reise nach Europa fortsetzen. Moldawien wird separat aufgeführt, da es nicht in der Liste von Antezza et al. (2022) enthalten ist.*

[b] *Eigene Berechnungen auf der Grundlage der beiden folgenden Szenarien.*

1) **MIN**: *Angenommene Mindestanzahl von Flüchtlingen – bei jedem Flüchtling, der in einem nicht an die Ukraine angrenzenden Land registriert wird, wird davon ausgegangen, dass er bereits einmal an der Grenze gezählt wurde. Aufgrund der Reisefreiheit (Schengen-Raum) können die einzelnen Bewegungen innerhalb der EU nicht nachverfolgt werden. Daher werden die Zahlen in den Zielländern anteilig von der Zahl der registrierten Flüchtlinge in diesen Grenzländern abgezogen* (**kursiv gedruckte Zahlen**). *Daraus ergibt sich eine zusätzliche jährliche Zusage von fast 35,8 Milliarden Euro.*

2) **MAX**: *Maximal angenommene Anzahl von Flüchtlingen – jeder registrierte Flüchtling sowohl aus Grenz- als auch aus Zielländern wird einzeln gezählt. Daraus ergibt sich eine maximale zusätzliche Zusage pro Jahr von fast 44,5 Mrd. EUR.*

[c] *Es wird davon ausgegangen, dass die durchschnittlichen Zusagen pro Flüchtling und Monat in Ländern mit höherem Einkommen (Vereinigtes Königreich, Deutschland, Frankreich, Italien, Schweden, Niederlande, Finnland, Dänemark, Belgien, Österreich, Irland) 1.000 € und in allen anderen Ländern 500 € betragen.*

[d] *Präsident Biden kündigte im März 2022 an, dass die USA 100.000 ukrainische Flüchtlinge aufnehmen würden; unter der Annahme von Staatsausgaben in Höhe von 10.000 € pro Flüchtling und Jahr bedeutet dies jährliche US-Ausgaben in Höhe von 1 Mrd. €.*

[e] *Summe der Verpflichtungen der EU27-Länder und der EU (Europäische Kommission und Europäischer Rat)*

[f] *Der letzte Wert des BIP ist für 2020 verfügbar und wurde ursprünglich in laufenden US-Dollar angegeben (Weltbank: World Development Indicators, 2022). Anschließend wird er auf der Grundlage eines ungewichteten Durchschnitts der täglichen Wechselkurse zwischen dem 2. Januar 2020 (Jahr des BIP) und dem 29. April 2022 (jüngster Wert, nahe dem Datum der Datenbeschaffung von Antezza et al.; EZB, 2022) in € umgerechnet, woraus sich ein durchschnittlicher Wechselkurs von 1 $ zu 0,865 € ergibt.*

Quelle: Eigene Berechnungen; Daten aus Antezza et al. (2022), UNHCR (2022), Wikipedia (2022, „2022 Ukrainian refugee crisis", zusammengestellte Sekundärdaten aus von den nationalen Regierungen gemeldeten Zahlen); alle Zahlen mit Stand vom 27. April 2022.

Vergleicht man die Zahlen des IfW-Verhältnisses und des EIIW-Verhältnisses – letzteres einschließlich der impliziten Zusagen für Flüchtlinge – in Bezug auf die Hilfe für die Ukraine, so zeigen die beiden folgenden Diagramme, die sich auf Zahlen von Ende April 2022 beziehen, sehr unterschiedliche Rankings (siehe die folgende Abbildung). Ein solches Ranking ist politisch sensibel und wichtig; nicht zuletzt, weil eine niedrige Rangposition auf der Tabelle des IfW natürlich als Argument in öffentlichen Debatten verwendet werden könnte, dass z.B.

Deutschland oder Italien nicht genügend Hilfe für die Ukraine leisten und dass diese Länder daher sowohl die finanzielle als auch die militärische Hilfe für die Ukraine erhöhen sollten; übrigens ist die Rangposition Deutschlands sowohl im IfW-Ranking als auch im EIIW-Ranking – zufälligerweise – die gleiche. Man kann jedoch davon ausgehen, dass sowohl Deutschland als auch Italien zu den wichtigsten Empfängerländern von Flüchtlingsströmen aus der Ukraine in Westeuropa gehören, sodass der flüchtlingsintegrative Ansatz des EIIW ein ganz anderes Bild ergibt.

Vergleicht man das IfW-Ranking mit dem EIIW-Ansatz, so lässt letzteres darauf schließen, dass die Unterstützung des Vereinigten Königreichs, Kanadas und der USA – jeweils ein G7-Land – eher bescheiden ausfällt (angesichts der Ankündigung der Biden-Administration von Anfang Mai 2022, die militärische Unterstützung zu erhöhen, könnte es vor allem das Vereinigte Königreich sein, das in Bezug auf die Hilfsquote für die Ukraine relativ schwach erscheint). Die Regierung von Premierminister Boris Johnson scheint nicht bereit zu sein, einen beträchtlichen Zustrom ukrainischer Flüchtlinge aufzunehmen, was aus Sicht der EU als unangemessene Trittbrettfahrerposition in Westeuropa betrachtet werden könnte. Die EU sollte die relativ bescheidene britische Unterstützung für Flüchtlinge aus der Ukraine in bilateralen politischen Gesprächen diskutieren. Man kann auch darauf hinweisen, dass keines der hier diskutierten Rankings den Wert der (militärischen) nachrichtendienstlichen Unterstützung in Form von Sachleistungen für die Ukraine berücksichtigt hat – die Bewertung des Umfangs einer solchen Unterstützung würde eindeutig die Möglichkeiten von Ökonomen übersteigen; erst in Zukunft könnten Historiker vielleicht auch diesen Aspekt einbeziehen.

Hilfszusagen für die Ukraine: Erfassung, Effekte, Problemperspektiven **199**

Abb. 14. Vergleich der staatlichen Hilfe für die Ukraine in Prozent des Bruttoinlandsprodukts von Antezza et al. (IfW Kiel, 2022) und Welfens (EIIW, 2022) – die Rolle der Flüchtlinge

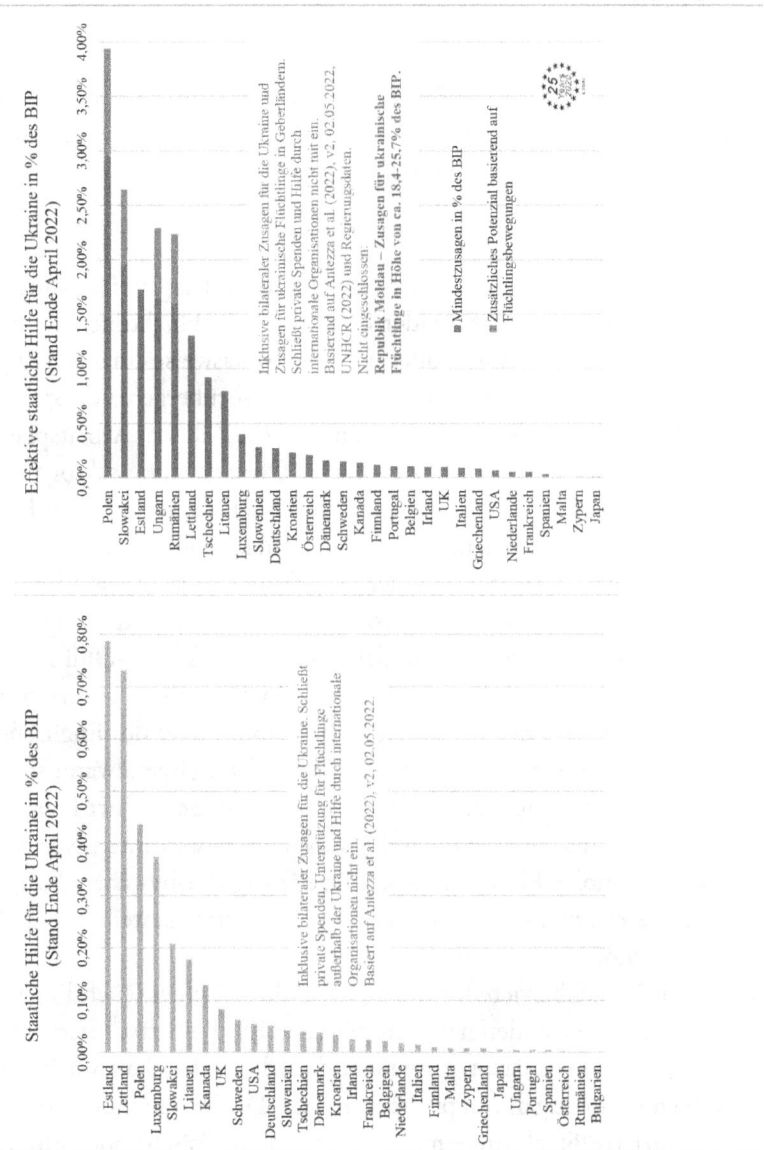

Quelle: Eigene Darstellung. Daten aus Antezza et al. (2022), „Ukraine Support Tracker – 2nd Version, 2. Mai 2022"; UNHCR (2022); Wikipedia (2022, „2022 Ukrainian refugee crisis", zusammengestellte Sekundärdaten aus von den nationalen Regierungen gemeldeten Zahlen); Zahl der ukrainischen Flüchtlinge in Deutschland: https://www.zdf.de/nachrichten/panorama/fluechtlinge-deutschland-bamf-ukraine-krieg-russland-100.html ; andere Daten bis zum 27. April 2022.

11.2 Weitere internationale Perspektiven zu Flüchtlingen

Die wirtschaftlichen Perspektiven im Zusammenhang mit einer hohen Zahl ukrainischer Flüchtlinge in der EU für wahrscheinlich mehrere Jahre sind recht interessant. Eine vereinfachte analytische Perspektive sieht für die Empfängerländer wie folgt aus:

- Kurzfristig spiegelt der Zustrom von Flüchtlingen fast durchgängig eher ungelernte Arbeitskräfte wider, es sei denn, die Flüchtlinge sprechen die Sprache des Aufnahmelandes oder haben beispielsweise ein gutes Englischniveau. Unter diesem Gesichtspunkt bedeutet die vorübergehende Sprachbarriere für die Flüchtlinge, die arbeiten wollen, dass die Zahl der Arbeitsplätze im Baugewerbe, in der Landwirtschaft und im Dienstleistungssektor (z.B. im Hotel- und Gaststättengewerbe) steigen wird. Nach der sehr kurzen Frist, in der die Einwanderer hauptsächlich die Gesamtnachfrage ankurbeln, werden somit positive Auswirkungen auf der Angebotsseite sichtbar werden. Kurzfristig könnte daher der Produktionsanteil von Sektoren, die ungelernte Arbeitskräfte intensiv nutzen, im Einklang mit der Heckscher-Ohlin-Theorie steigen.
- Mittelfristig – nachdem viele der ersten Flüchtlingskohorten ausreichende Kenntnisse der Sprache des Aufnahmelandes oder des Englischen erworben haben – wird ein großer Teil der Zuwanderer (irgendwann sogar die Mehrheit der Flüchtlinge) Arbeit finden, häufig im Sektor der handelbaren Güter und manchmal auch in qualifikations- oder wissensintensiven Unternehmen, die recht hohe Löhne zahlen. Mittelfristig dürften eher die qualifikations- und wissensintensiven Sektoren ihre Produktionsanteile an der Gesamtwirtschaft erhöhen.
- Da die Sprachbarriere für die meisten ukrainischen Flüchtlinge in Polen und auch in einigen anderen osteuropäischen EU-Beitrittsländern eher gering sein wird, kann man davon ausgehen, dass das Wirtschaftswachstum in Osteuropa mittelfristig davon profitieren wird. Darüber hinaus ist zu erwarten, dass qualifizierte Flüchtlinge mit Deutsch-, Französisch- oder Englischkenntnissen in Deutschland, den Niederlanden, Belgien, Frankreich und Italien sowie in einigen skandinavischen Ländern arbeiten werden. Langfristig werden mehr „Flüchtlingsarbeiter" aus der Ukraine nach Westen in EU-Länder mit relativ hohen Löhnen (und auch in die Schweiz) abwandern. Ausgehend

von den Lohnunterschieden zwischen zugewanderten Männern und Frauen – im Vergleich zu Schweizer Arbeitern und Angestellten mit Schweizer Pass (Rochlitz und Wunsch, 2022) – kann man davon ausgehen, dass qualifizierte männliche Zuwanderer im Vergleich zu einheimischen Fachkräften einen Lohnaufschlag erzielen können. Eine solche Prämie könnte eine implizite internationale Flexibilitätsprämie in internationalen Unternehmen widerspiegeln.

Im Zusammenhang mit dem russisch-ukrainischen Krieg kam es im ersten Quartal 2022 zu einem starken Anstieg der relativen Öl- und Gaspreise: ein internationaler Preisschock, der exogen ist. Der Sektor der fossilen Brennstoffe kann als produktionsintensiv angesehen werden, sodass wir das Samuelson-Stolper-Theorem anwenden können: Wenn der relative Preis eines handelbaren Gutes i in einer neoklassischen Welt mit freiem Handel exogen erhöht wird, kann man zeigen, dass der relative Faktorpreis desjenigen Faktors erhöht wird, der bei der Produktion des jeweiligen Gutes relativ intensiv eingesetzt wird. Folglich steigt die Lohnquote der Facharbeiter (Nominallohn der Facharbeiter im Verhältnis zum Lohn der ungelernten Arbeiter).

Die Flüchtlingswelle aus der Ukraine in die EU-Länder könnte auch mit Hilfe des Rybczynski-Theorems verstanden werden: Ein exogener Anstieg der Ausstattung mit dem Produktionsfaktor j (hier Arbeit) führt – bei gegebenen relativen Güterpreisen – zu einer höheren Produktion desjenigen Gutes, das den reichlich vorhandenen Faktor relativ intensiv nutzt. Die Produktion des anderen Gutes sinkt in absoluten Zahlen. Ein Beispiel: Nehmen wir an, dass Flüchtlinge in das Land I kommen, dann wird die Produktion derjenigen Güter zunehmen, die relativ arbeitsintensiv sind (kurzfristig ungelernt: Bauwesen, Landwirtschaft, Hotel- und Gaststättengewerbe; mittelfristig sieht die Situation anders aus – wenn die meisten Flüchtlinge eine gewisse Beherrschung der Sprache des Aufnahmelandes erlangt haben, dann wird der qualifizierte Sektor expandieren, d.h. der Sektor der handelbaren Güter, in dem ein beträchtlicher Teil der „Flüchtlingsmigranten" nach einigen Jahren der Integration in die Arbeitsmärkte der Aufnahmeländer einen Arbeitsplatz finden wird). Dabei wird davon ausgegangen, dass viele ukrainische Flüchtlinge tatsächlich mehrere Jahre in den EU27-Ländern bleiben werden und dass ein beträchtlicher Anteil dieser Flüchtlinge letztendlich tatsächlich zu Arbeitsmigranten werden wird (bis zu einem gewissen Grad sind die Implikationen des Heckscher-Ohlin-Theorems und des Rybczynski-Theorems äquivalent, nämlich wenn es um die Allokation von Ressourcen geht).

In Bezug auf die ukrainische Flüchtlingswelle liegt der Schwerpunkt jedoch zunächst auf der Ausweitung des Sektors der nicht handelbaren Güter – einschließlich der Betreuungsdienste, die beispielsweise von ukrainischen Flüchtlingsfrauen angeboten werden, die die Mehrheit der erwachsenen Flüchtlinge ausmachen, da seit der Verhängung des Kriegsrechts als Reaktion auf den Einmarsch Russlands die meisten Männer im Alter von 18 bis 60 Jahren die Ukraine nicht verlassen können und sich für die Einberufung zum Militär bereithalten müssen. Mittelfristig wird das Heckscher-Ohlin-Theorem besonders relevant, da eine Ausweitung des Produktionsanteils des Handelssektors zu erwarten ist und der internationale Faktorpreisausgleich im Rahmen einer steigenden Handelsintensität in den östlichen EU-Beitrittsländern langfristig eine erhebliche Rolle spielen könnte.

Eine weitere Schlussfolgerung ist, dass ukrainische Flüchtlinge oder Arbeitsmigranten in der EU mittelfristig zu einer steigenden Handelsintensität innerhalb der EU beitragen werden. In dem Maße, in dem die Expansion des Sektors der handelbaren Güter in den EU-Ländern mittelfristig einen Strukturwandel zugunsten eines steigenden Anteils von Hochtechnologie und „Hochwissen" an der Produktion anregt, dürften die Exporte in Hochtechnologiesektoren und Hochwissenssektoren der EU-Länder langfristig allmählich zunehmen. In dem Maße, wie der russisch-ukrainische Krieg die Risikoprämie für Investitionen multinationaler Unternehmen in Russland und China erhöht, könnte sich die Aufmerksamkeit westlicher Investoren stärker auf Osteuropa und die südwestlichen Länder der EU verlagern. Dies könnte – über die genannten Handelseffekte hinaus – langfristig zu einer stärkeren wirtschaftlichen Konvergenz innerhalb der EU beitragen. Wenn allerdings die Ukraine auf Jahre ein politischer Zankapfel zwischen dem Westen und Russland bliebe, wird die Risikoprämie für Investitionen in osteuropäischen Ländern ansteigen.

Man kann davon ausgehen, dass der Anteil der Militärausgaben an den gesamten Unterstützungsleistungen für die Ukraine in den EU-Ländern, die an die Ukraine angrenzen – oder ihr zumindest geografisch nahestehen – relativ groß sein wird. Die Logik dahinter ist, dass die Regierungen der EU-Länder befürchten, dass ein russischer Sieg in der Ukraine das russische Militär ermutigen würde, weitere Länder in Europa anzugreifen. Man kann auch davon ausgehen, dass die militärische Unterstützung in Bezug auf die führenden NATO-Mitglieder und die westlichen Länder, die große Waffenexporteure sind und einen positiven komparativen Vorteil bei der Waffenproduktion haben, eine wichtige Rolle spielen wird. Humanitäre Hilfe im hier definierten Sinne – d.h. einschließlich der Ausgaben für Flüchtlinge – wird eine relativ große Rolle in Ländern spielen, die der Ukraine geografisch nah sind oder besondere kulturelle oder historische Verbindungen zur Ukraine haben, z.B. Polen oder Österreich. Bei der strukturellen Aufschlüsselung der deutschen Hilfe ist zu erwarten, dass der Anteil der militärischen Hilfe relativ gering sein wird, da die historische Rolle Deutschlands im 20. Jahrhundert – im Hinblick auf den Ausbruch sowohl des Ersten als auch des Zweiten Weltkriegs – bei den Regierungen der Bundesrepublik Deutschland nach dem Zweiten Weltkrieg zu einer besonderen politischen Zurückhaltung bei der Betonung militärischer Optionen in der internationalen Politik geführt hat (nach der deutschen Wiedervereinigung blieben die Militärausgaben Deutschlands zwei Jahrzehnte lang unter 1,5%; wobei ein großes Problem in der Effizienz der Beschaffungsverfahren des deutschen Militärs sichtbar wurde).

11.3 Schlussfolgerungen und weitere Forschung

Ein interessanter Forschungsbereich ist die genaue Betrachtung der kombinierten humanitären, finanziellen und militärischen Unterstützung der OECD-Länder für die Ukraine. Eine solche Analyse sollte unbedingt die Ausgaben der Empfängerländer für ukrainische Flüchtlinge einbeziehen. Der Kieler IfW-Ansatz ist daher unzureichend – dies scheint ein unbeabsichtigter Fallstrick in der Forschung zu sein (der jedoch überraschend ist, wenn man den Ruf des IfW bedenkt); das Papier von Antezza et al. (2022) könnte ziemlich irreführend sein, da die Autoren die Verpflichtungen der jeweiligen OECD-Länder gegenüber ukrainischen Flüchtlingen weggelassen haben. Bezieht man die relevanten Ausgaben und Zusagen für 2022 mit ein, so sieht die Rangfolge der Geberländer ganz anders aus als die von Antezza et al. in ihrem IfW-Diskussionspapier 2218 errechnete Rangfolge. Lediglich das Ranking von Deutschland bleibt unverändert.

Bemerkenswert ist auch, dass in der Pressemitteilung des Kieler Instituts für Weltwirtschaft zur Veröffentlichung des erwähnten IfW-Diskussionspapiers Nr. 2218 nicht erwähnt wird, dass der IfW-Summenindikator für die Unterstützung der Ukraine die Ausgaben für ukrainische Flüchtlinge nicht berücksichtigt, obwohl das Papier dies sehr wohl einräumt; möglicherweise handelt es sich hier um einen Fehler in der Presseerklärung. Es liegt auf der Hand, dass genaue Zahlen über ukrainische Flüchtlinge schwer zu bekommen sind. Aber der schwierige Zugang zu verlässlichen Statistiken kann keine einfache Entschuldigung dafür sein, eine wichtige wirtschaftliche Variable völlig zu ignorieren.

Das IfW hat betont, dass seine Berechnungen zeigen, dass die US-Unterstützung für die Ukraine die der EU nominal deutlich übersteigt. Die Kieler IfW-Pressemitteilung scheint darauf abzuzielen, eine maximale Medienaufmerksamkeit zu erzielen, nach dem Motto „bad news is good news", was für Zeitungen und andere Medien akzeptabel sein mag, aber die Ziele der Genauigkeit und gründlichen Recherche im Bereich der Wirtschaftswissenschaften untergräbt. Wie in diesen Überlegungen hier gezeigt wird, waren die Zusagen der EU-Länder (plus die Zusagen der EU als Block) – einschließlich der Zusagen für Flüchtlinge – im Zeitraum vom 24. Februar bis zum 27. März 2022 etwa fünfmal höher als die der USA. Ob die kombinierte westliche Hilfe für die Ukraine diesem Land helfen wird, den Krieg irgendwie zu gewinnen oder einen akzeptablen Kompromiss in den Friedensverhandlungen mit Russland zu erreichen, bleibt abzuwarten. Es ist nicht auszuschließen, dass die USA-Hilfszusagen gerade im militärischen Bereich die USA in der Hilfs-Tabelle für die Ukraine wieder weit vorn platzieren werden.

Ein spezielles Hilfselement der EU-Länder betrifft den Umtausch von Bargeldguthaben ukrainischer Flüchtlinge; die Herausforderung besteht in der Bereitschaft der nationalen Regierungen und der EZB sowie der nationalen Zentralbanken der EU-Länder, die nicht der Eurozone angehören, ukrainischen Flüchtlingen den Umtausch ukrainischer Währung – bis zu einer kritischen Grenze – in die Landeswährung anzubieten; so will z.B. die polnische Nationalbank Flüchtlingen aus der Ukraine den Umtausch von Hrywnja (UAH) in polnische Zloty ermöglichen (die polnische Nationalbank wird der ukrainischen Zentralbank auch eine Swap-Linie in Höhe von 1 Mrd. USD anbieten). Der Wechselkurs ist für diese Transaktion bilateral festgelegt, wie es im Kommuniqué der NBP vom 31. März 2022 (NBP-Website) heißt: *„Der Wechselkurs, der für diese Transaktion von der Nationalbank der Ukraine festgelegt wurde, beträgt 0,14 PLN für eine Hrywnja. Die NBP wird die gekauften Hrywnja zum gleichen Kurs an die Nationalbank der Ukraine weiterverkaufen. Keiner der Beteiligten erhebt Gebühren für den Umtausch der ukrainischen Hrywnja in den polnischen Zloty."* (NPB, 2022). Dies läuft teilweise auf einen einmaligen Transfer polnischer Mittel an die Flüchtlinge aus der Ukraine hinaus; die Wahl des bilateralen Wechselkurses in den EU-Ländern sollte kohärent sein, sodass nicht bilaterale Verhandlungen mit der Festlegung eines einzigen bilateralen Wechselkurses stattfinden würden – vielmehr scheinen gleichzeitige Verhandlungen der Ukraine mit allen 27 EU-Ländern und der EZB angemessen zu sein.

Die Europäische Kommission hatte Anfang April vorgeschlagen, dass jeder Flüchtling das Recht haben sollte, etwa 10 000 Hrywnja in Bargeld in Währungen des jeweiligen EU-Aufnahmelandes umzutauschen, was etwa 310 € entspricht. Wenn bis Ende 2022 sechs Millionen Flüchtlinge in die EU kommen, würde dies für alle Flüchtlinge aus der Ukraine zusammen etwa zwei Milliarden Euro ausmachen. Es sei darauf hingewiesen, dass die ukrainische Währung Anfang 2022 nur in bescheidenem Umfang konvertierbar war.

Darüber hinaus unterscheidet sich die korrekte Rangfolge für die Summe der humanitären, finanziellen und militärischen Hilfe – einschließlich der Zusagen für ukrainische Flüchtlinge – im EIIW-Ansatz in fast allen Fällen deutlich von der Rangfolge des Verhältnisses zwischen Hilfe und BIP des Kieler IfW. In der analytischen Diskussion werden die russisch-ukrainischen Kriegsschocks teilweise durch die Linse ökonomischer Lehrsätze betrachtet: des Heckscher-Ohlin-Theorems, des Stolper-Samuelson-Theorems bzw. des Rybczynski-Theorems; es wird argumentiert, dass eine gewisse Äquivalenz zwischen dem Heckscher-Ohlin-Theorem und dem Rybczynski-Theorem besteht. Es geht hierbei unter anderem darum zu verstehen, wie sich die Ankunft mehrerer Millionen zusätzlicher ukrainischer Arbeitnehmer:innen im EU-Binnenmarkt auswirkt. Wie verändern sich dadurch mittel- und langfristig Produktionsstrukturen in EU-Ländern, welche Exportsektoren werden hier relativ stark profitieren.

Weitere Forschungsarbeiten könnten eine empirische Analyse der strukturellen Aufteilung der westlichen Unterstützung für die Ukraine umfassen. Im Hinblick auf die EU wäre es außerdem interessant zu analysieren, wie sich die Aufteilung zwischen der supranationalen Unterstützung der EU und der Unterstützung der EU-Mitgliedstaaten im Laufe der Zeit entwickeln wird. Eine weitere interessante Forschungsfrage könnte darin bestehen, zu analysieren, ob die Unterstützung für die Ukraine aus Sicht der Ukraine effizient ist oder nicht und inwieweit die Aufteilung zwischen supranationaler und nationaler Unterstützung für die Ukraine wirtschaftlich optimal ist. Schließlich wird es interessant sein, das relative Verhältnis zwischen der Unterstützung der EU und der USA für die Ukraine auf mittlere und lange Sicht zu beobachten.

12
Szenario-Perspektiven

Es ist schwierig, eine klare Entwicklung des weiteren Kriegsverlaufes in der Ukraine abzusehen. Die Kriegsziele Russlands sind relativ unklar; nicht ausgeschlossen ist, dass Russland der Ukraine den Weg zum Schwarzen Meer komplett abschneiden will, was eine Eroberung der Millionenstadt Odessa und weitergehende Geländegewinne durch die russischen Streitkräfte erforderte. Die über mehr als zwölf Wochen erfolgreiche Gegenwehr des ukrainischen Militärs und die insgesamt geringen Geländegewinne Russlands bis Ende Mai 2022 zeigen allerdings, dass die ukrainische Landesverteidigung teilweise recht erfolgreich ist.

Auf keinen Fall wird man im Übrigen von Seiten der russischen Regierung behaupten können, dass Russlands Invasionstruppen außerhalb des Donbas von jubelnden Ukrainer:innen begrüßt worden seien. Dass Russlands Invasion in die Ukraine noch weitere Invasionsversuche – etwa in Moldawien oder in zentralasiatische Republiken plus Georgien – folgen werden, ist nicht auszuschließen. Russland ist mit seinem Angriffskrieg gegen die Ukraine zu einem internationalen politisch-ökonomischen Destabilisierungsfaktor geworden; normale wirtschaftliche und politisch-kooperative Maßnahmen zur Verbesserung der Beziehungen zwischen Russland und dem Westen sowie zwischen Russland und der Ukraine hat man über viele Jahre unterlassen. Dass Präsident Putin die politische Karte der militärischen Gewalt gegenüber der Ukraine gezogen hat, ist völlig inakzeptabel und letztlich wohl für Russland gar keine vernünftige Handlungsoption. Europa dürfte für eine ganze Reihe von Jahren durch einen neuen Kalten Krieg geprägt sein; womöglich mit einer militärisch neutralen Ukraine, die einen Teil des östlichen Staatsgebietes an Russland verliert. Dass Russland die Krim unbedingt behalten will, ist mehr als offensichtlich.

Ob die Ukraine und Russland eine Lösung der Rivalitäten und Spannung im Donbas gelingt, ist unklar. Ein langjähriger Stellungskrieg ist nicht ausgeschlossen, wobei man sich schlecht vorstellen kann, dass die Ukraine rasch EU-Mitglied wird und damit dann auch den Ukraine-Russland-Krieg in die Europäische Union hineinbringt. Die Europäische Union wäre daher wohl gut beraten, dem Vorschlag von Frankreichs Präsident Macron vom 9. Mai 2022 (Rede vor dem

Europäischen Parlament, siehe Brzozowski, Basso and Vasques, 2022) für eine Reihe von Jahren zu folgen, wonach man neben der EU eine Art Ergänzungsraum der Europäischen Union schaffen könnte: eine politische Europäische Gemeinschaft. Hier wird dann keine volle EU-Mitgliedschaft gelten, aber ein weitgehender Zugang zum EU-Binnenmarkt sollte wohl möglich sein; allerdings ohne volle Arbeitnehmer-Freizügigkeit. Der Macron-Vorschlag wäre nur realisierbar, wenn es hierzu eine breite Mehrheit der EU-Länder und von Kandidatenländern gäbe. Allerdings müsste die EU zudem wohl von vornherein ein stufenmäßig geordnetes Aufstiegsverfahren haben, damit ein Land aus der Politischen Europäischen Gemeinschaft aufsteigen könnte in die EU.

Der Ukraine-Russland-Krieg hat den Zusammenhalt der Nato-Länder verstärkt und auch die EU als Ländergemeinschaft mit internationalem Handlungswillen sichtbar verdeutlicht. Es bleibt aber die Frage, wie der Zusammenhalt der EU-Länder bzw. der Eurozonen-Länder in einer Phase mittelfristig wieder deutlich ansteigender Zinssätze aussehen wird. Bei deutlich höheren Nominalzinssätzen dürften die Zinsaufschläge für Italien, Portugal, Griechenland und einige andere Länder neu ansteigen. Mittelfristig ist auch eine Rezession in der Eurozone und den USA denkbar, und natürlich erst recht in Russland und in der Ukraine.

Eine grundlegende Herausforderung für Russland ist die Frage, auf welches Modell sich das Land denn nun wirklich hin orientieren will. Es ist schwer vorstellbar, dass man in öffentlichen Politikdebatten in Russland das bisherige Modell eines Landes mit starkem Fokus auf dem Sektor der natürlichen Ressourcen – Öl, Gas, Kohle – wird beibehalten wollen. Die G7 dürften bis 2040 aus Kohle als fossiler Energie ausgestiegen sein, Öl und Gas (ohne „türkises Gas", bei dem CO_2 aus dem Gas abgeschieden und in die Erde verpresst wird oder blaues Gas, das aus erneuerbaren Energieressourcen stammt) könnten nur noch eine ökonomische Restfunktion ab 2045 haben: etwa als Stoffe für den Chemiesektor. Ob ein neues Russland noch einmal versuchen wird, sich mit einer mehr westlich ausgeprägten Verankerung in die großen westlichen Institutionen einzubringen, bleibt abzuwarten. Ein solches modernes Russland mit einer neuen Westorientierung, das teilweise der eigenen historischen Orientierung entspricht, wäre für China als Partner nicht unbedingt weniger attraktiv als bisher. Immerhin geht der Eisenbahnverkehr China-Europa über große Teile des russischen Staatsgebietes und Russland könnte daher eine wichtige ökonomische und infrastrukturelle Brücke von der EU zu China werden. Ob Friedensverhandlungen zwischen der Ukraine und Russland mittelfristig ernsthaft durchgeführt und zum Abschluss gebracht werden können, wird man sehen. Denkbar ist allerdings auch, dass man in Moskau keine tragfähigen Reformen durchführt und erst einmal in einem militärischen Stellungskrieg versinkt.

Möglicherweise zieht sich der Krieg in der Ukraine über viele Monate als Stellungskrieg hin – mit weiteren Zerstörungen und vielen zusätzlichen Toten. Denkbar wäre unter günstigen Umständen ein Friedensschluss und ein Abzug der russischen Truppen sowie eine Phase des Wiederaufbaus der Ukraine, wobei letztere möglicherweise einen Neutralitätsstatus wählt; mit politischen, völkerrechtlich verbindlichen Garantien für die Ukraine.

Je länger der Krieg andauert, desto größer wird der mediale und politische Druck in Deutschland und der EU werden, kurzfristig einen Energieimport-Boykott gegenüber Russland zu verhängen. Für Russland wäre das eine hohe Stufe der Eskalation in einem internationalen Wirtschaftskrieg, was sicherlich zu erheblichen Gegenmaßnahmen von Seiten Russlands führen wird. Ein Energieboykott durch Deutschland wäre ökonomisch problematisch, da der Realeinkommensrückgang fast 6% betragen dürfte – im Jahr 1 des Boykotts; die Bachmann et al.-Studie hat erhebliche methodische Probleme, sodass die ökonomischen Auswirkungen auf Deutschland sicherlich unterschätzt werden. Starke negative Konjunkturimpulse auf die Niederlande, Frankreich und Belgien werden im Fall eines deutschen Energieimport-Boykotts und einer davon ausgehenden starken Rezession von Deutschland ausgehen; mit negativen Rückwirkungen aus den EU-Partnerländern auf Deutschland. Wirtschaftliche und digitale Vergeltungsmaßnahmen (also Cyber-Attacken von Seiten Russlands) sind im Fall eines Energieimport-Boykotts zu erwarten.

Der Ukraine ist mit einer ökonomischen Schwächung wichtiger EU-Länder sicherlich nicht gedient. Zudem bestehen Risiken auf den internationalen Finanzmärkten, die sich mit Instabilitätsimpulsen im Kontext des Ukraine-Krieges und des Wirtschaftskrieges der OECD-Länder gegen Russland ergeben können.

Die Sanktionen des Westens, Japans und Australiens gegen Russland ergeben bei der russischen Regierung vermutlich eine Art Einkreisungsfurcht, denn ökonomisch gesehen ist mehr als die Hälfte der Weltwirtschaft gegen Russland beziehungsweise dessen Angriffskrieg in der Ukraine. Russlands Angriffskrieg gegen die Ukraine ist allerdings für die internationale weitgehende Isolierung Russlands selbst verantwortlich. Statt aus der russischen Mitgliedschaft in der Welthandelsorganisation – seit 2012 – den Ausgangspunkt zu einer langfristigen Internationalisierung und Modernisierung Russlands zu machen, hat sich die russische Wirtschaft nur in wenigen Sektoren dynamisch entwickelt; der Anteil von Russlands Hochtechnologieexporten blieb sehr gering, obwohl Russland bei einer innovationsfreundlichen und international ausgerichteten Wirtschaftspolitik durchaus gute Chancen hätte, seine Exportposition bei Industriegütern, digitalen Diensten und eben auch Hochtechnologieprodukten zu stärken. Der Ukraine-Krieg Putins droht drei Jahrzehnte ökonomischer Modernisierung Russlands zu beschädigen, das internationale Ansehen Russlands massiv zu schmälern und die in einigen Sektoren gelungene Modernisierung – auch durch ausländische Direktinvestoren – zurückzudrehen.

Zugleich kann man argumentieren, dass die führenden Demokratien in der Welt gegen Russlands Kriegspolitik gemeinsam angehen und dass es beim Ukraine-Russland-Krieg um eine Art politischen Kampf der Demokratien gegen Autoritarismus als politisches System geht; damit rückt dann neben Russland indirekt auch China in Teilbereichen des politischen Systems kritisch in den Fokus. Allerdings kann man von der Bevölkerungszahl der Länder her, die sich in der UNO bei der Ukraine-Resolution zur Verurteilung Russlands der Stimme enthalten haben, anmerken: Rund die Hälfte der Weltbevölkerung ist nicht für eine Verurteilung und Sanktionierung Russlands.

Die Eskalationsgefahren beim Ukraine-Krieg sind erheblich. Die verdeckte Drohung von Präsident Putin, Russlands Nuklearwaffen gegen Länder einzusetzen, die sich in den Ukraine-Russland-Krieg einmischen, hat viele westliche Länder aufgeschreckt. Die Nuklearmacht Frankreich, die üblicherweise eines von vier U-Booten mit nuklearer Bewaffnung in den Weltmeeren operieren lässt, hat sich im März 2022 entschieden, drei U-Boote auf Patrouille zu schicken; zu groß erscheint die Verletzlichkeit der U-Boote, wenn sie zeitgleich im Hafen liegen (Blegala, 2022). Die Risiken einer militärischen Ausweitung des Ukraine-Russland-Krieges sollte man in der Politik sorgfältig bedenken.

Wenn der Westen zu Recht die sinnvolle und Freiheit sowie Wohlstand sichernde Verbindung von Demokratie, Marktwirtschaft und Rechtsstaat betont, dann wäre es angebracht, dass die westlichen Führungsmächte – also etwa auch die USA, Großbritannien, Frankreich, Deutschland, Spanien und andere – nicht im Rahmen der Sanktionspolitik sehr willkürliche Politikelemente realisieren. Das Verbot der USA, dass US-Amerikaner:innen ab 24. Mai keine Dividenden- und Zinszahlungen aus Russland beziehungsweise von russischen Unternehmen annehmen dürfen, ist eine eher zweifelhafte Maßnahme, wenn man Rechtsstaatlichkeit ernst nimmt. Zugleich ist zu betonen, dass der Westen großen Wert auf Einigkeit in einer gemeinsamen, vernünftigen, wirksamen Sanktionspolitik gegenüber Russland legen sollte.

Die internationalen Kooperationsperspektiven der EU waren dabei schon im Vorfeld des Ukraine-Russland-Krieges ziemlich kompliziert und dabei durch viele Konfliktfelder mit Russland geprägt. Im Rahmen der EU-Nachbarschaftspolitik hat die Europäische Union ein besonderes Kooperationsengagement in der Außen- und Außenwirtschaftspolitik. Es geht dabei um 16 Länder, nämlich acht östlich der EU und zehn südlich der EU. Die östlichen EU-Nachbarschaftspartner-Länder sind Armenien, Aserbaidschan, Belarus, Georgien, Moldawien und Ukraine. Dies sind allesamt ehemalige Sowjet-Republiken, wobei sich bei jedem Land Konflikte mit Russland ergeben könnten. Während die Ukraine beispielsweise seit vielen Jahren ein politisch umstrittenes Einflussgebiet zwischen der EU und Russland ist, ist Russland auch als Vermittler zwischen Armenien und Aserbaidschan aktiv; in Belarus ist Russland ein dominanter Partner, der dazu beiträgt, das Land als Aufmarschgebiet für die Invasion der Ukraine zu nutzen. Georgien war 2008 Ziel einer russischen Militärintervention, während die Republik Moldau in Transnistrien (oder „Pridnestrowische Moldauische Republik"), einem stark pro-russischen abtrünnigen Gebiet, in dem das russische Militär stationiert ist, eine ernsthafte Herausforderung darstellt. Im russischen Forderungskatalog gegenüber den NATO-Ländern hieß es (ARD, 2021), Russland erwarte, dass die USA und die NATO beschließen würden, die Ukraine und andere ehemalige Republiken nicht in die NATO zu integrieren, und dass der Westen seine Waffen aus der Region abziehen und die militärischen Übungen in der Region beenden solle. Die USA und die NATO wiesen die russische Forderung umgehend zurück und wiesen darauf hin, dass jedes Land frei sei, seine eigene Zukunft zu bestimmen. Russland verlangte auch, dass die NATO-Truppen aus Osteuropa abgezogen werden sollten, was einer Absage an die EU-Osterweiterung der NATO gleichkäme. Am 25. April 2022 erklärte die russische Regierung, dass zu ihren Kriegszielen nun auch die Herstellung einer Landverbindung zwischen den besetzten Gebieten in der Südukraine und Transnistrien in der Republik Moldau gehöre, was auf Russlands Bereitschaft zu einer weiteren Eskalation der Kriegführung hindeutet (in Transnistrien gibt es eine russische Minderheit in der Republik Moldau). Dies wiederum legt nahe, dass die EU-Länder/NATO-Länder alles unternehmen sollten, um die ukrainische Regierung dabei zu unterstützen, Russland aus den südlichen Teilen der Ukraine und zumindest aus einem Teil der Donbas-Region zu vertreiben. Sollte Putin die Botschaft erhalten, dass er mit sehr merkwürdigen Argumenten Nachbarländer erobern kann – und damit Europa ins 19. Jahrhundert zurückversetzen und eine neue Form des Imperialismus und des internationalen Staatsterrorismus schaffen –, würde die russische Neigung zur Eroberung weiterer Länder mit der Zeit immer weiter zunehmen. Russland als friedliches Land könnte eine glänzende wirtschaftliche und politische Zukunft als international geachtetes Land haben, aber als kriegsanfälliges System steht es wahrscheinlich vor einem Jahrzehnt der wirtschaftlichen Stagnation und des Niedergangs (nicht 5% reales Produktionswachstum, wie in einer Rede Putins angekündigt) sowie früher oder später vor seinem Zerfall, da der politische Konsens in Russland auf lange Sicht sehr stark abnehmen wird. Russland als kriegsanfälliges Regime wird wahrscheinlich auch die wirtschaftliche Stabilität in Asien/China und die Weltwirtschaft untergraben.

Die EU hat sich hier offenbar schwierige Länder für die Nachbarschaftspolitik ausgesucht – die Europäische Union kann das als politisches Ziel sehen, aber die bisherigen Politikergebnisse sind wenig ermutigend. Bei den Süd-Nachbarschaftspartnern der EU geht es um Algerien, Ägypten, Israel, Jordanien, Libanon, Libyen, Marokko, Palästina, Syrien, Tunesien. Diese Länderliste hat im Fall Syrien und bei Libyen ein besonderes Konfliktpotenzial mit Russland und offenbar ist Russland in der Nachfolge der Sowjetunion ein im Nahen Osten politisch gewichtiger Akteur; in Syrien hat Russland das Assad-Regime über Jahre militärisch stabilisiert und im Gegenzug eine Hafenbasis und einen Militärflughafen in der Hand, was für den Nahen Osten und das Mittelmeer politischen Einfluss ergibt. Wenig problematisch sind die Beziehungen mit Israel, das aber in einer Spannungsregion liegt und vor einem ungelösten Friedensproblem mit Palästina steht.

Mit Marokko hat Spanien besondere Konfliktfelder wegen der Exklaven Ceuta und Melilla in Marokko. Die verbleibenden Länder der Südländer-Liste steht auch für erhebliche Herausforderungen in ökonomischer und politischer Hinsicht. Algerien, Libanon, Marokko und Tunesien stehen im besonderen Fokus der Außenpolitik Frankreichs, wobei eine EU-Maghreb-Länder-Kooperationsperspektive unter anderem bei der europäischen Gasnutzung und dem denkbaren Import von grünem Wasserstoff besteht. Ägypten ist das bevölkerungsreichste Land im arabischen Raum, wobei die USA, die EU und Großbritannien um Einfluss rivalisieren. In weiter südlich gelegenen afrikanischen Ländern trifft die EU in Sachen Wirtschaft und Politik auf den Einfluss der Rivalen China und Russland. Letzteres bietet tendenziell besonders preiswerte Waffen an – im Vergleich mit den USA oder EU-Ländern –, was letztlich politischen Einfluss bringt; China hingegen hat sich mit zahlreichen Infrastrukturprojekten in afrikanischen Ländern engagiert, wobei die EU mit stärker marktbasierten Ansätzen zur Infrastrukturfinanzierung als ein relativ schwacher Rivale zu China erscheint.

Mit Blick auf Chancen zur Ausgestaltung einer neuen Weltordnung hat die EU daher schwache Perspektiven. Umso wichtiger wird eine verstärkte Kooperation mit den USA für die EU sein. Die Vereinigten Staaten aber sind nicht erst seit der Trump-Präsidentschaftswahl intern gespalten und können kaum als langfristig verlässlicher EU-Partner gelten, zumal die EU-Länder nicht ohne Weiteres bei denkbaren US-China-Konflikten auf Seiten der USA aktiv sein werden. Im Bereich der Verteidigungspolitik wird die USA von den EU-Ländern längerfristig ein größeres Engagement der europäischen Länder verlangen – ohne erhöhte Verteidigungsausgaben dieser Länder wird die NATO wohl kaum stabil sein können.

Zu den Verlierern des Ukraine-Russland-Krieges gehört offenbar zumindest vorübergehend die Klimaschutzpolitik. Die Bereitschaft zur internationalen Kooperation in der Weltwirtschaft ist mit Blick auf wichtige Emissionsländer von CO_2 im Kontext dieses Krieges sicherlich beschädigt. Allerdings ist zumindest in den EU-Ländern eine relevante Problematik deutlich geworden, wenn man nämlich auf der Energieerzeugungsseite stark auf den Import fossiler Energien angewiesen ist. Die starke relative Preiserhöhung für Öl, Gas und Kohle gibt im Übrigen zumindest mittelfristig Impulse in vielen Ländern, verstärkt in Erneuerbare Energien zu investieren. Die neuen geopolitischen Unsicherheiten und Risiken dürften weltweit die Finanzierbarkeit langfristiger Klimaschutzprojekte beeinträchtigen. Man wird in der Klimaschutzpolitik besondere Anstrengungen in den G20-Ländern – darunter Russland – unternehmen müssen, um eine erfolgreiche internationale Kooperation bei der Klimaschutzpolitik zu sichern.

Was die Perspektiven für einen Friedensschluss angeht, so wird die Ukraine für den Fall, dass man einen Neutralitätsstatus akzeptiert, sicherlich die Rolle von Garantiemächten betonen und dabei auch Deutschland, Frankreich, Großbritannien und die USA sowie Russland einbeziehen wollen. Man kann nur davor warnen, dass Deutschland hier eine plötzliche europäische Führungsrolle – in neuer Selbstüberschätzung – übernehmen soll. Zunächst muss die Bundesregierung dafür sorgen, dass Deutschland überhaupt verteidigungsfähig wird, also Jahre der Unterfinanzierung und der Effizienzprobleme im Beschaffungsbereich bei der Bundeswehr nachhaltig überwunden werden. Diese Aufgabe sinnvoll zu lösen, wird einige Jahre in Anspruch nehmen.

Die geografische Lage der Ukraine ist wie sie ist und daraus müsste die Regierung der Ukraine schon selbst die richtigen Schlüsse ziehen: auch bei Verhandlungen mit Russland. Wenig erstrebenswert erscheinen jahrelange Ukraine-Russland-Verhandlungen, die über Jahre die ganze Weltwirtschaft in Atem halten könnten. Es ist sicherlich wünschenswert, dass die EU-Länder Demokratie, Marktwirtschaft und Rechtsstaat in der Ukraine unterstützen. Im Übrigen wäre es sinnvoll zu versuchen, Russland von einem Weg der politischen Autokratie oder gar Diktatur abzuhalten und militärische Interventionen Russlands in weiteren Ländern möglichst zu verhindern.

Aus Sicht der Weltwirtschaft beziehungsweise vor allem der Menschen in den Entwicklungsländern könnte ein zügiger Friedensschluss im Ukraine-Russland-Krieg den drohenden starken Anstieg beim Weizenpreis verhindern helfen. Beide Länder sollte nach Möglichkeit ihre üblicherweise relativ hohen Getreideexporte realisieren können. Es wäre grundsätzlich wünschenswert, dass sowohl Russland als auch die Ukraine in den wichtigen internationalen Organisationen verankert bleiben, damit man denkbare Interessenkonflikte im Rahmen einer regelbasierten Rechtsordnung lösen kann. Es bleibt die Frage, warum Politik und Geheimdienste in westlichen Ländern offenbar viele Jahre lang Putins Politikkurs in Sachen Ukraine grundlegend falsch eingeschätzt haben. Die mit immerhin 15 Millionen Euro staatlicher Unterstützung pro Jahr ausgestattete Stiftung Wissenschaft und Politik in Berlin hätte durchaus im Bereich der Analyse der Außenpolitik früher kritische und kompetente Ukraine- und Russland-Analysen erwarten lassen.

Was die Doppel-Herausforderung Corona-Schock und Ukraine-Russland-Schock in 2022 angeht, so dürften innovationsstarke mittlere und größere mittelständische Unternehmen einen Anpassungsvorteil haben. Wie immer bei Schocks sind bei Unternehmen effiziente Anpassung und sinnvolle Innovationsdynamik gefragt, wofür eine gute Positionierung im Bereich der Informations- und Kommunikationstechnologie wichtig ist. In Deutschland haben KfW-Umfragen bei mittelständischen Unternehmen gezeigt (KfW Research, 2022a, 2022b), dass mittlere und große Unternehmen bei der IKT-Nutzung und -Modernisierung relativ vorteilhaft aufgestellt sind: Den Corona-Schock haben größere mittelständische Unternehmen nochmals verstärkt als Impuls für die digitale Unternehmensmodernisierung und die Erschließung neuer Beschaffungs- und Absatzwege aufgenommen.

Für Unternehmen mit industriellem Gas-Einsatz wäre ein Gas-Liefer-Embargo ein großes Problem, sofern die Embargo-Situation nicht binnen weniger Wochen überwunden werden kann. Ebenfalls deutlich negativ betroffen werden Sektoren sein, deren Stromintensität in der Produktion relativ hoch ist: Steigende Gas- und Kohlepreise werden die Stromkosten für die privaten Haushalte wie die Unternehmen mittelfristig nach oben treiben. Das dürfte für fast alle EU-Länder gelten, und zwar mit Ausnahme von Frankreich, dessen hoher Anteil an Atomstrom-Erzeugung in 2022 ein Vorteil sein dürfte. Stark steigende Benzinpreise – sie sind wirtschaftspsychologisch ein wichtiges Marktsignal – werden wohl in allen EU-Ländern die Kauflust der privaten Haushalte dämpfen, was als EU-Konjunkturbremse wirken wird. Der EU dürfte es wirtschaftlich helfen, dass die Konjunkturdämpfung in den USA weniger stark ausfallen dürfte als in Europa. In den Vereinigten Staaten dürften speziell die Gaspreise deutlich schwächer ansteigen als in der EU.

Für den Wiederaufbau der Ukraine nach dem Krieg wird eine breite Unterstützung der EU erforderlich sein. Ein solcher Wiederaufbau wird viele Jahre dauern und sollte mit institutionellen Reformen einhergehen, die die Glaubwürdigkeit der staatlichen und wirtschaftspolitischen Akteure stärken. Man mag bezweifeln, dass es möglich sein wird, relativ schnell das Pro-Kopf-Einkommen Polens zu erreichen – wie von Becker et al. (2022) vorgeschlagen –, das nach dem Ende des sozialistischen Systems eine bessere institutionelle Modernisierung und auch eine weitgehend andere Privatisierungspolitik hatte; in erheblichem Maße mit einem Schwerpunkt auf der Stärkung des wirtschaftlichen Wettbewerbs. Auch die Aussicht auf eine EU-Mitgliedschaft half Polen in den ersten 15 Jahren des Übergangs. Die Ukraine von 2020 hatte ein viel größeres Korruptionsproblem als Polen um 2005 (siehe Kapitel 12), und die Privatisierung in der Ukraine führte zu einer mächtigen Gruppe von Oligarchen und Großunternehmen mit oft eher bescheidenem Wettbewerb in einigen Sektoren. Der Wiederaufbau der Ukraine würde wahrscheinlich in einer eher destabilisierten Weltwirtschaftsordnung stattfinden.

Abhängig von der Dauer des Krieges in der Ukraine – und denkbarer Eskalationsstufen mit Blick auf den Westen – ergeben sich insgesamt verschiedene Szenario-Perspektiven für Europa und die Welt. Russland könnte relativ kurzfristig einen Waffenstillstand einseitig erklären, was die Ukraine vermutlich vor Probleme stellt, da man von Russland eroberte Gebiete gerne zurückerobern möchte; kaum möglich ohne dauerhafte massive Militärhilfe des Westens. Der Krieg könnte sich eben auch Jahre hinziehen und mit erheblichen Ausschlägen bei den (erhöhten) Rohstoffpreisen für eine zeitweilige Destabilisierung der Weltwirtschaft sorgen. Aus westlicher Sicht ist wichtig, dass die Ukraine als

Staat erhalten bleibt, was wohl auf eine langfristige ökonomisch-militärische Unterstützung der Ukraine hinausläuft. Zugleich ist mit der veränderten Situation in der Ukraine beziehungsweise wegen Russlands Überfall auf das Land eine neue Konfliktregion in Europa entstanden. Hier werden die EU, Großbritannien und die USA gefordert sein, wobei das Konfliktfeld für viele Risiken steht. In Washington DC ist die eigentlich geplante Hauptfokussierung auf den politischen Gegner China damit als Aufgabe komplexer geworden. Russland wiederum hat wenig Aussichten, international viele gewichtige Verbündete zu finden. Im Rahmen der BRICs-Staatengruppe arbeiten Russland, China, Brasilien und Indien zusammen, aber für einen engen politischen Schulterschluss jenseits des ungleichen Paars China und Russland wird das kaum reichen. China und Indien haben einen Dauerkonflikt über die Kaschmir-Region, für Brasilien sind gute Wirtschafts- und Politikbeziehungen zu den USA, Großbritannien und der EU wichtiger – und geografisch näher – als die Beziehungen zu Russland und China. Die Logik der ökonomischen Gravitationsmodelle für Handel und Direktinvestitionen, die neben der Höhe des Realeinkommens im Inland und im jeweiligen Partnerland die Distanz der jeweiligen Länderpaare beziehungsweise die negative Rolle der Transport- und Transaktionskosten betont, wird auch im 21. Jahrhundert zu beachten sein. Bei der Klimaschutzpolitik wird eine effiziente Kooperation der G20-Länder durch den Ukraine-Russland-Konflikt auf Jahre hinaus deutlich erschwert. Russland als wirtschaftlich schwache Macht dürfte sich bei einer anhaltenden Konfliktsituation mit dem Westen noch stärker als bisher als destruktive destabilisierende Macht – mit Fake-News-Programmen – in westlichen Ländern präsentieren. Umso wichtiger wäre es, dass nicht gerade auch noch konservative Parteien in den USA und Großbritannien auf andere Weise via Fake-News Macht zu erringen und zu erhalten suchen, wie es bei Donald Trump in den USA und bei Boris Johnson in der BREXIT-Kampagne der Fall war. Wer Fakten und die Wahrheit geringschätzt und zu manipulieren sucht, schwächt tendenziell die Wissenschaft und den technischen Fortschritt – somit auch langfristig die ökonomische und militärische Stärke des jeweiligen Landes. Auf viele Jahre hinaus werden die globalen Rüstungsausgabenquoten zunehmen, sofern nicht ein neues friedliches und reformiertes Russland eine nachhaltige Kooperation als Demokratie und Rechtsstaat mit dem Westen auf mittlere und lange Sicht sucht.

13
Neue Weltwirtschaftsordnung

Der Ukraine-Russland-Krieg ist ein politisch-ökonomischer Schock, den Russland als flächenmäßig größtes Land der Welt mit seinem Angriff ausgelöst hat. Russland mit seiner geografischen Spannweite Europa-Asien sorgt hier allein schon durch seine eigene Breite für weite internationale Schockwellen. Indem Russland den Krieg faktisch unmittelbar an der Nato-Ostgrenze führt, sind 30 Nato-Länder indirekt alarmiert; im Übrigen sind 27 EU-Länder (davon die Mehrzahl in der Nato) und Großbritannien plus die USA in besonderer Weise politisch und ökonomisch angesprochen. In Teilen Asiens und im Nato-Raum fragt man sich, was Verlauf und Ausgang des Russland-Ukraine-Krieges für mögliche Militärkonflikt-Szenarien China-Taiwan bedeuten dürften. Russland als großer Energieexporteur und Russland plus Ukraine als zwei der großen sechs globalen Getreideproduzenten sorgen dafür, dass sich in wichtigen Weltmärkten – für Energie und Nahrungsmittel – die Preise erhöhen; das ist zum ökonomischen Vorteil einiger Energieexport-Länder, für die Weltwirtschaft ist das ein Dämpfungseffekt und für viele Energie- und Weizenimportländer im Süden der Weltwirtschaft eine zumindest zeitweise existenzielle Herausforderung; hier könnten auch neue Emigrationswellen, motiviert von Hunger und verstärkter Armut, als Phänomen sichtbar werden: letzlich auch als Nord-Süd-Emigrationsphänomen. 2012 war Russland als 156. Land der Welthandelsorganisation beigetreten, was die Globalisierung zu einem vorläufigen Höhepunkt geführt hatte; und Russland dürfte weiterhin Mitglied der WTO bleiben. Aber die Neigung der Biden-Administration, zur Stärkung der Welthandelsorganisation deutlich beizutragen, auch durch Reformimpulse, wird durch den Ukraine-Russland-Krieg weiter gemildert: Den Beitritt Russlands wird man aus US-Sicht künftig so interpretieren, dass in der WTO neben China nun eine weitere politisch unkooperative Großmacht sitzt; China und Russland gelten als autoritäre Widersacher der USA (bis vielleicht die Wahl eines populistischen US-Präsidenten in Washington DC wieder zu einer veränderten Sichtweise führt; eben zurück zu einer Art Neo-Großmächte Regime-Ansatz wie im späten 19. Jahrhundert). Der Ukraine-Russland-Krieg hat weltweite Effekte; er lässt im Zuge eines denkbaren Nato-Beitritts von Schweden und Finnland – einen nur vorübergehenden Widerstand zum Beitritt seitens der Türkei angenommen – die Nato größer und stärker militärisch aktiv werden; die globale Militärausgabenquote könnte um ½ Prozentpunkt ansteigen, was aus ökonomischer Sicht kaum ein dauerhafter Wohlfahrtsgewinn ist, wenn man denn durch eine verbesserte europäische und globale Sicherheitsarchitektur diese Militärausgabenerhöhung überflüssig machen könnte. Wie man eine solche neue Sicherheitsarchitektur binnen weniger Jahre herstellen kann, ist eine große Frage – ohne erkennbare Antwort.

Putins Rolle in Russland war 1991, wenn man dem Buch von Catherine Belton (2020) „Putin's People" (Deutsch: Putins Netz (2022), S. 91) folgt, zunächst noch die eines Verteidigers der Demokratie in Russland. Denn Putin vermochte durch seinen Einfluss in seiner Heimatstadt St. Petersburg im August den Vormarsch von Panzertruppen des Militärs unter dem faktischen Kommando der Hart-Fraktion des russischen Militärs aufzuhalten. In Moskau war es Boris Jeltzin, der sich der angriffsbereiten Panzerbrigade auf das Weiße Haus (Russlands Parlament) widersetzte. Putin fand sich dann einige Jahre später an der Seite Jeltzins in Moskau. Es ist nicht ausgeschlossen, dass Putin neben seiner nationalistischen politischen Grundorientierung, die Russlands ökonomisch-politisch-militärische Größe nach 2000 wiederherstellen wollte, eine Zeitlang verständigungswillig gegenüber den USA und dem Westen war. Die Details verdeckter Auseinandersetzungen zwischen den USA und Russland sind nicht bekannt. Einige Argumente im Buch von Belton sind aber überzeugend, die darlegen, dass der Geheimdienst (ehemals KGB, dann vor allem der FSB) sich nach einer vorübergehenden ökonomisch-politischen Dominanz durch die Oligarchen allmählich zunächst die Wirtschaftsmacht für den Staat – und oft eben auch den Geheimdienst – zurückeroberten; viele Privatisierungen und Unternehmensführungsepisoden waren vermutlich nicht gesetzeskonform, was viele Oligarchen erpressbar durch die Politik machte. Eigentum bekam eine merkwürdig unpräzise Definition unter Präsident Putin, da man als privater Teileigentümer nicht sicher sein konnte, ob nicht eine unzufriedene Staatsführung den Verkauf von Unternehmensanteilen zu künstlich erniedrigten Preisen an neue Eigentümer oder den Staat beziehungsweise staatliche Unternehmen verlangen werde: Unternehmenseigentum in Russland ist als eine Art politisches Feudalsystem zu betrachten, wobei wohl viele ausländische Investoren in der Regel geachtet wurden und nur gelegentlich unter willkürlichen Druck der Politik gerieten (westliche Firmen aus starken Mutterländern haben dabei Vorteile: Man denke etwa an die USA, Deutschland, Frankreich, Großbritannien).

Dabei erlaubte Putin zugleich einigen Oligarchen mit politischer Loyalität in großem Stil in Großbritannien zu investieren (große illegale Kapitalabflüsse in mehr als zweistelliger jährlicher Milliardenhöhe in Dollar waren obendrein zu beobachten). In London konnten sich einige Oligarchen eine angesehene Stellung in der britischen Öffentlichkeit erwerben und traten auch als Parteispender für die Partei der Konservativen auf, während in den USA einige Oligarchen bei Finanzierungen von Immobilienprojekten des Bauunternehmers Trump, später US-Präsident, auftauchten. Der alte KGB, der in den frühen 1970er Jahren die technologische Überlegenheit des Westens erkannte und sich in den Jahren danach stark auf einerseits illegale Technologieimporte aus dem Westen und andererseits auf politische Destabilisierungs-Informationskampagnen in EU-Ländern plus den USA konzentrierte, wurde zu einer massiven Quelle von Fake News – der Realität widersprechenden Falschmeldungen, die politische Unzufriedenheit im Westen schüren sollten. Dass in Großbritannien im Vorfeld des BREXIT der führende konservative Politiker Boris Johnson seinerseits in der BREXIT-Kampagne wissentlich und sichtbar mit Falschmeldungen agierte – etwa mit Falschangaben zu den britischen EU-Beitrittszahlungen, die im Fall eines BREXIT für das Gesundheitssystem verfügbar wären –, kann man für überraschend halten und als einen bedenklichen Verfall von politischen Qualitätsstandards in der anglo-amerikanischen Demokratie ansehen. Dasselbe gilt offenbar mit Blick auf die Serie von Falschmeldungen und Behauptungen in den USA in 2016 im Präsidentschaftswahlkampf, nämlich durch den Republikaner Donald Trump, und dann auch gleich in den vier folgenden Trump-Präsidentschaftsjahren und im nachfolgenden Präsidentschaftswahlkampf 2020. Wenn die regelbasierte Weltordnung mit einer Führung des Westens im frühen 21. Jahrhundert verloren gehen sollte, dann sind hier nicht nur die Impulse aus Moskau (oder auch China) wichtig.

Vielmehr ist auch eine Selbstdestabilisierung Großbritanniens und der USA relevant, und zwar mit einem – erstaunlichen – konservativen politischen Fokus. Denn man sollte ja annehmen, dass Tugenden wie Ehrlichkeit und Vertragstreue klassische Bausteine gerade auch konservativer Ideologien westlicher Länder sind. Hier gibt es ein ernstes Problem, wie die Fakten in UK und USA zeigen, wobei in den Vereinigten Staaten das von mir hervorgehobene Problem eines politischen Kernwiderspruchs im Kontext massiv gestiegener Ungleichheit hinzutritt, was auf eine anhaltende innere Zerrissenheit und politische Wählerunzufriedenheit hinausläuft (Welfens, 2019, 2020). Die ökonomische Ungleichheit ist laut Wählerbefragung inakzeptabel hoch in den USA; fragt man allerdings, wer diese übermäßige Ungleichheit vermindern soll, so lautet die relative Mehrheitsmeinung: die US-Großunternehmen. Das aber ist reines Wunschdenken, denn von gewinnmaximierenden multinationalen Unternehmen, die an den US-Börsen notiert sind, kann gerade das nicht erwartet werden.

Die tatsächlich mögliche Lösung, dass der Staat durch veränderte Steuer- und verbreiterte Sozialpolitik (inklusive Europäisierung des Krankenversicherungssystems) hier eine Problemlösung erbringt, findet wiederum im US-Politiksystem keine mehrheitliche Unterstützung; während auch noch die fortschreitende Digitalisierung für ein Mehr ein Einkommensungleichheit weiterhin sorgt. Diese Problemlage schafft breite politische Unzufriedenheit in den USA und stärkt die Wahlchancen populistischer Kandidaten, was wiederum in den USA die politische Polarisierung intensiviert und damit die Fähigkeit, westliche Führungsmacht (auch dank breitem inneren US-Politikkonsens) zu sein, vermindert. Aus EU-Sicht führt das mit Blick gerade auf den Ukraine-Russland-Krieg zu kritischen Fragen nach US-amerikanischer Führungskraft und letztlich der internationalen Macht des Westens.

Wenn man zunächst annimmt, dass die US-Führungskraft eine Reihe von Jahren relativ ungeschmälert erhalten bleibt beziehungsweise, dass die Biden-Administration und ihre Nachfolge die Nato-Allianz ebenso wie regionale Wirtschaftsbündnisse unter US-Führung – etwa mit Blick auf Europa und Asien – zu erhalten vermag, dann ist von einer westlichen ökonomischen Abbremsstrategie gegenüber China und Russland auszugehen. China wird größere Probleme haben, Direktinvestitionen in Europa und Nordamerika sowie in den ASEAN-Ländern durchzusetzen und vermutlich auch bei Stahl- und Elektronikexporten Probleme gegenüber dem Westen+ (Westen plus Japan, Korea, Australien und ASEAN) verzeichnen. Russland dürfte größere Probleme nicht nur bei den Energieexporten gegenüber den OECD-Ländern für viele Jahre erleben, sondern auch beim Export von Stahl und Aluminium, was wiederum die Profitabilität westlicher Anbieter stärken wird – sofern nicht eine generelle internationale Wachstumsabflachung eintritt. Russlands Wirtschaftswachstum dürfte eine langfristige Dämpfung durch westliche Barrieren beziehungsweise Probleme auch beim Import technologieintensiver Güter und Zwischenprodukten verzeichnen. Dass sich China zwischen einer engen politischen Kooperation mit Russland und einer breiten Partnerschaft mit dem Westen+ wird entscheiden müssen, ist wohl eine der neuen Änderungen im Kontext des Ukraine-Russland-Krieges.

Selbst wenn China bis 2040 nur das halbe US-Bruttoinlandsprodukt pro Kopf (in Kaufkraftparitäten) erreichen sollte, so hieße das doch, dass China bei einer vierfach so hohen Bevölkerung wie die USA ökonomisch doppelt so stark wie die USA auf lange Sicht sein dürfte. Dagegen könnten die USA immerhin eine wichtige Änderung einführen (siehe Welfens, 2019): Könnten die Vereinigten Staaten die Krankenversicherung so reformieren, dass gerade auch Mütter aus unteren Einkommensschichten eine deutlich verminderte Säuglingssterblichkeit verzeichneten und die US-Säuglingssterblichkeit auf das Niveau von Deutschland und Frankreich absänke, so könnten die USA binnen etwa 30 Jahren etwa 50 Millionen zusätzliche Einwohner verzeichnen (das zeigt die enormen Kosten des teilweise schwachen US-Gesundheitssystems). Das aber ist wohl nur zu erwarten, wenn man in den USA einen neuen politischen Konsens für eine längere Zeit erreicht und in einem mehrstufigen Reformprozess – vermutlich stimuliert durch einen verstärkten transatlantischen Politikdialog – das Krankenversicherungssystem tendenziell europäisiert.

Die Veränderungen durch den Ukraine-Russland-Krieg und den Aufstieg Chinas kann man auch ergänzend beziehungsweise modifiziert einordnen (Gabriel und Hüther, 2022). Nach Ansicht des ehemaligen deutschen Außenministers und des Chefs des Instituts der deutschen Wirtschaft ist der Atlantik nicht länger das einzige Gravitationszentrum; es ist nun im Wettbewerb mit dem Indo-Pazifik. Allerdings, so sehr der Aufstieg Chinas in ökonomischer Sicht beeindruckend ist – und Russland wohl von China ökonomisch dominiert werden wird –, so ist die nicht sehr moderne Anti-Covid-Strategie Chinas (mit massivem Fokus auf Lockdowns auch zwei Jahre nach Ausbruch der Pandemie noch) und auch die deutliche Russland-Unterstützung durch China ein doppeltes Fragezeichen mit Blick auf Chinas Stärke. Ob es China mittelfristig gelingen wird, das regionale RCEP-Freihandelsabkommen – unter Chinas Führung – zu einem zuverlässigen Impulsgeber für ein Mehr an Wachstum in China und Asien zu machen, ist nicht sicher; wird Chinas Wirtschafts- und Militärexpansion in Asien als zu aggressiv empfunden, so wird die Qualität der regionalen Kooperation im von China dominierten RCEP-Ansatz wohl einen Rückschlag erleben beziehungsweise die Handelsintegration könnte sich dann nur auf eine begrenzte Gruppe von Güterklassen beschränken. China wird sich im Übrigen mit der Gefahr konfrontiert sehen, dass mit fortdauerndem Ukraine-Russland-Konflikt das Problem besteht, dass der Westen allmählich seine Sanktionen zunehmend auch gegen China richtet. Das könnte etwa geschehen, wenn China deutlich erhöhte Öl- und Gasimporte aus Russland realisiert – im Nachgang zu einem teilweisen oder vollständigen Energieimport-Embargo der USA und der EU gegenüber Russland.

Ein rascher militärischer Sieg des hochgerüsteten Russlands gegen die Ukraine hat sich im Frühjahr 2022 als unmöglich erwiesen. Russlands Militärberater im Umfeld von Präsident Putin haben offenbar keine realistische Sicht zur Frage des Umfangs und der Entschlossenheit der Verteidigungsanstrengungen der Ukraine entwickelt. Russlands Angriffskrieg – ohne wirklich erkennbare Gründe – im Februar 2022 hat die politische und ökonomische Ordnung der Welt destabilisiert:

- Das westliche Vertrauen beziehungsweise das politische Vertrauen in Zusagen von Präsident Putin und der russischen Führung ist auf viele Jahre deutlich geschwächt. Kooperation mit Russland wird schwieriger werden.
- Russlands ökonomische Modernisierung wird unter verminderten Direktinvestitionszuflüssen von multinationalen Unternehmen aus den Industrieländern leiden.
- Russlands politische Führung – als Autokratie aktiv (mit Putin zeitweise mit diktatorischen Zügen) – sucht den Schulterschluss mit China, der aber für Russland langfristig eine Junior-Position bedeutet; sie wird im Zeitablauf aufgrund des steigenden ökonomischen und militärischen Gewichts von China schwächer werden. Eine starke ökonomisch-politische Orientierung Russlands zu Chinas hin widerspricht der historischen Orientierung Russlands von vor 1917 – dem Jahr der Oktober-Revolution – hin nach Westeuropa. Das steht dann für neue Widersprüche in Gesellschaft und Politiksystem Russlands.
- Russlands Wirtschaftswachstum dürfte mittelfristig durch die neuen Entwicklungen geschwächt werden, zumal der Import von Hochtechnologie-Produkten aus dem Westen einige Jahre deutlich zurückgehen wird (auch nach einem Ende des Krieges).
- Osteuropäische EU-Länder werden nach dem Frühjahr 2022 dauerhaft eine durch die geografische Nähe zu Russland bedingte erhöhte Risikoprämie verzeichnen sowie verstärkte Kapitalabflüsse – auch weil wohlhabende Bürgerinnen und Bürger sich Immobilien in Spanien, Frankreich und Italien kaufen. Die Bedingungen für ökonomische Konvergenz in der EU verschlechtern sich damit, die EU wird langfristig mehr Transfers (relativ zum Nationaleinkommen) an osteuropäische EU-Länder leisten müssen.

- Deutschland könnte durch erhöhte Auswanderung aus osteuropäischen EU-Ländern ökonomisch profitieren, seine Wachstumsperspektiven werden allerdings durch die Dämpfung bei Deutschland-Russland-Handel und durch die verminderte Attraktivität osteuropäischer EU-Länder als Lieferanten von Vorprodukten für die Industrie in Deutschland zeitweise geschwächt werden.
- Indem Deutschland durch den Ukraine-Russland-Krieg zu einer deutlichen Erhöhung der Verteidigungsausgaben motiviert wurde, wird die militärische Rolle Deutschlands innerhalb der EU zunehmen. Allerdings dürfte sich Deutschland unverändert bemühen, eine politisch-militärische Verankerung in der NATO zu realisieren.
- Die Rolle der EU im Bereich der Verteidigungspolitik wird mittelfristig zunehmen, wobei eine effiziente Militärindustrie in der Europäischen Union auf Jahre hin nur in Ansätzen zu erkennen ist. Wo etwa Airbus in der zivilen Luftfahrt auf große internationale Konkurrenz trifft, entwickelt das Unternehmen in der Regel exzellente Produkte; die Rüstungssparte von Airbus hingegen ist zum Beispiel durch enorme Qualitätsprobleme bei Militär-Transportflugzeugen aufgefallen. Dahinter stehen offenbar ernste Effizienzprobleme der staatlichen Beschaffung in Deutschland und anderen EU-Ländern.
- Deutschlands exportstarkes und von Direktinvestitionen geprägtes Wirtschaftsmodell droht im Fall eines Zerfalls der Weltwirtschaft in einen OECD-Block und einen China-Russland-Block massiv unter Druck zu kommen (Rürup, 2022). Eine regelbasierte Weltwirtschaftsordnung ohne politisch feindliche Blöcke ist auch im Interesse globalen Wohlstandes. Wie man diese Ordnung wiederherstellen kann – nach einem Friedenschluss zwischen Russland und der Ukraine –, ist vorläufig kaum abzusehen. Immerhin besteht dazu eine Chance, wenn denn die USA und die EU bereit sind, in eine solche Weltwirtschaftsordnung zu investieren.

Mit dem Ukraine-Russland-Krieg ist das seit Ende des Zweiten Weltkrieges bestehende regelbasierte internationale Wirtschaftssystem geschwächt worden. Russlands Mitwirkung in wichtigen internationalen Organisationen war im Frühjahr 2022 suspendiert worden und das Land dürfte einige Jahre brauchen, um wieder eine aktive und glaubwürdige Rolle in diesen Organisationen spielen zu können. Vermutlich wird man auch im globalen Klimaschutz-Politikbereich neue Probleme auf UN- und G20-Ebene haben, Russland als Akteur verlässlich einzubinden. Sofern sich Chinas politische Führung dauerhaft an die Seite Russlands stellt, könnte ein neuer Kalter Krieg entstehen, der China-Russland in einem politisch-wirtschaftlichen Konflikt zum Westen plus Japan, Republik Korea, Australien und einigen anderen Ländern stellt; eine wichtige Frage in Asien wird die Positionierung von Indien betreffen, dass über langjährige Rüstungslieferungen mit Russland sichtbar politisch verbunden ist; doch besteht eine latente Indien-China-Spannung, zumal als es in der Grenzregion auch Grenzkonflikte – besonders im Kaschmir – gibt. Da die ASEAN-Länder in der Sicherheitspolitik den anhaltenden Aufstieg Chinas – und seinen wachsenden Militäretat – als langfristige Bedrohung ansehen, könnten diese Länder Asiens mit den OECD-Ländern im frühen 21. Jahrhundert verstärkt politisch kooperieren; selbst wenn die jeweilige Bedeutung von China als Handelspartner über Jahrzehnte noch ansteigen dürfte.

Es ist nicht auszuschließen, dass nach Jahrzehnten einer anhaltenden Globalisierung eine De-Globalisierungsphase einsetzt und dabei liberale Grundsätze in der globalen Wirtschaftsordnung an Einfluss verlieren. Für den Westen erscheint es als eine formidable Herausforderung, im Dialog der Kulturen auf sinnvolle Weise für westliche Werte zu werben und Ansatzpunkte beziehungsweise Politikfelder für einen neuen Dialog über wichtige Werte zu entwickeln. Der Einfluss der digitalen sozialen Medien dürfte in diesem Kontext eine wesentliche Rolle spielen. Ob die USA sich für die EU-Länder als verlässlicher Partner in Sicherheitsfragen mittelfristig präsentieren wird, bleibt abzuwarten. Die Radikalisierung der politischen Ränder in den USA – aber auch in Europa – ist eine ernste Herausforderung, die wiederum durch Expansion digitaler Medien noch weiter begünstigt werden dürfte. Das sind eher wenig gute Voraussetzungen dafür, dass der Westen langfristig erfolgreich die neue Weltordnung prägen wird. Autoritäre Regime in der Welt werden wohl versuchen, das eigentlich globale Internet in regional kontrollierte Internetsphären zu spalten.

Eine neue dauerhafte Friedensordnung in Europa ist dringlich. Sie zu realisieren, wird besonderer politischer und wirtschaftlicher Anstrengungen bedürfen. Es geht um eine neue Absicherung von Lebenssicherheit, Wohlstand und Vertrauen. Dabei mag man hoffen, Böttcher (2022) folgend, dass die gemeinsame Kultur im größeren Europa, inklusive Russland, als aktives Brücken- und Kooperationselement für eine gemeinsame friedliche Zukunft nach einem Ukraine-Russland Friedensschluss wirksam sein wird.

Ohne internationale Institutionen – in denen ein friedliches Russland nachhaltig mitwirkt – wird man hier kaum Erfolge erzielen können. In einer Übergangszeit dürften die Rüstungsausgaben in Europa deutlich ansteigen; Rüstungskontrolle wird man sinnvoll neu auf die Agenda setzen wollen. Die EU sollte ihre

Integrationsbemühungen intensivieren und auch verstärkt mit anderen Integrationsräumen in der Weltwirtschaft zusammenarbeiten. In der Europäischen Union selbst wird man gut beraten sein, auf Innovation und Wettbewerbsstrukturen zu achten. Ein EU-Einkaufsmonopol bei Gas, wie das die EU-Kommission in 2022 vorgeschlagen hat, ist mit Blick darauf widersprüchlich und lässt zudem auch nach den Erfahrungen bei der Covid19-Impfstoffbeschaffung keine guten Ergebnisse erwarten. Beschaffungsdiversifizierung im Energiebereich wird man seitens der EU allerdings strategisch sinnvoll betonen können. Handels- und Direktinvestitionsnetzwerke gilt es aus europäischer Sicht auch weiterhin zu stärken. Regelmäßige Untersuchungen von Konsistenzaspekten bei nationalen Verfassungen – etwa durch die Venedig-Kommission des Europarates – sind erwägenswert.

Was die EU anbelangt, so wird es nach einer möglichen Erweiterung um die Ukraine zu einer Veränderung des internen Kräfteverhältnisses in dem Maße kommen, dass man die Machtdynamik mit Hilfe des Banzhaf-Indexes analysieren möchte; es würde zu einer Zunahme der Macht kleinerer EU-Länder bei Entscheidungen kommen, die auf qualifizierten Mehrheitsentscheidungen in Sitzungen des Europäischen Rates beruhen (Kirsch, 2022); es ist nicht klar, inwieweit dies die politische Stabilität im Hinblick auf die EU-Integration beeinträchtigen könnte – eine mögliche Abhilfe wäre eine Anpassung der von der EU geforderten kritischen Prozentsätze für qualifizierte Mehrheitsentscheidungen, d.h. ein Minimum von 55% der Mitgliedsländer und 65% der EU-Bevölkerung. Es besteht ein gewisses Risiko, dass beschleunigte EU-Erweiterungen auch in den westlichen Balkanländern die wirtschaftliche und politische Stabilität in der Europäischen Union für einige Zeit untergraben könnten, da die strukturellen wirtschaftlichen Divergenzen zunehmen würden.

Es liegt im Interesse des Westens, die Handels- und Investitionsbeziehungen mit Russland unter Putin kurzfristig zu reduzieren. Langfristig gesehen liegt es im Interesse der USA, der EU und Japans, den Handel und die internationalen Investitionen in beide Richtungen mit einem neuen Russland (d.h. unter einem neuen Präsidenten oder einer neuen Regierung) zu verstärken. Handel und internationale Investitionen sind keine Garantie gegen Krieg, aber sowohl Handel als auch internationale Investitionen schaffen gegenseitige Abhängigkeiten; sie geben dem Westen und Japan die Möglichkeit, Russland zu beeinflussen – und Russland hat die Möglichkeit, die westliche Welt und Japan friedlich zu beeinflussen. Was die wirtschaftlichen und politischen Beziehungen zwischen der EU und China betrifft, so sollten die Europäische Union und ihre Mitgliedstaaten dazu beitragen, dass nicht der Eindruck entsteht, China sei international isoliert.

Eine internationale Isolierung könnte in einer extremen Situation ein Ziel sein, aber wenn man einen gewissen Handel und eine Zusammenarbeit zwischen der EU und China (oder den USA und China) befürwortet, sollte man in der Tat für gegenseitig vorteilhafte wirtschaftliche und politische Beziehungen zwischen der Europäischen Union und China sorgen. Gleichzeitig sollte die EU China darauf hinweisen, dass eine aktive Rolle Chinas bei der Umgehung der westlichen Sanktionen gegen Russland in dieser kritischen Situation eines Krieges zwischen der Ukraine und Russland nicht akzeptabel ist. Es wäre klug, wenn die USA und die EU China ermutigen könnten, Russland zu drängen, rasch eine dauerhafte Friedensregelung mit der Ukraine zu vereinbaren.

Kants Gedanken Zum Ewigen Frieden folgend gilt es den Rechtsstaat national und international nachhaltig zu verankern. Globale Klimapolitik als großes internationales Kooperationsprojekt sollte weiterhin eine hohe Priorität erhalten.

Zukunftsperspektiven EU plus Großbritannien und Russland

Was die militärischen Entwicklungen in der Ukraine angeht, die auch im Mai 2022 noch erfolgreich Widerstand gegen Russlands Angriffe leistete, so kann man hoffen, dass ein baldiger Waffenstillstand zu erreichen ist; wobei Russland die Krim behalten und vermutlich einen massiven Einfluss im Donbas (womöglich auch Regionen darüber hinaus) beibehalten dürfte. Es kann aber nicht ausgeschlossen werden, dass sich ein langwieriger Krieg ergibt oder gar eine Art dritter Weltkrieg. Die Risiken des Ukraine-Russland-Krieges sind schwer zu kontrollieren.

Der Ukraine-Russland-Krieg ist wohl hinter den Kulissen deutlich durch verschiedene Formen von USA-Hilfen für die Ukraine in 2022 geprägt gewesen. Neben Waffenlieferungen aus den USA für die Ukraine waren offenbar US-Aufklärungsinfos militärischer Art für die Verteidigung der Ukraine wesentlich (vermutlich auch für die Versenkung des russischen Kriegsschiffs Moskwa). Hinzu kommt in Europa eine deutliche Unterstützung Großbritanniens für die Ukraine, wobei die britische Johnson-Regierung in 2021 in der Orientierung der Russland-Politik weit entfernt von der früheren Cameron-Regierung und der sozialdemokratischen Tony Blair-Regierung war. Unter der Blair-Regierung fand in 2003 mit dem Putin-Besuch in London der erste Besuch eines russischen/sowjetischen Präsidenten (oder Regierungschefs), nämlich von Wladimir Putin, in UK seit 1874 statt. Man könnte den Besuch von Putin in London als eine Chance gesehen haben, Europa vor dem Rückfall ins 19. Jahrhundert zu bewahren. Aber nach wenigen Jahren halbwegs entspannter Russland-Großbritannien-Beziehungen ist man auf Seiten Londons und Moskaus quasi wohl zurückgefallen in die Zeiten vor 1874.

Es nicht einfach, Russlands internationale Machtposition angemessen zu beschreiben. Erstens ist Russland das flächenmäßig größte Land der Welt, mit einer langen Westgrenze gegenüber der EU am einen Ende und einer wichtigen Ostgrenze – auch gegenüber China; Russland ist daher militärisch relativ gut zu verteidigen und hat grundsätzliche eine europäische (alte) Politikperspektive und zudem eine asiatische Perspektive. Zweitens ist Russland eines der wichtigsten Exportländer bei Öl und Gas in der Endphase des fossilen Energiezeitalters, das erst in den 2040er Jahren zu Ende gehen dürfte. Drittens ist Russland eine Atommacht, eine alte europäische Militärmacht, die zu den fünf ständigen Mitgliedern des UN-Sicherheitsrates gehört. Viertens ist Russland im Selbstverständnis großer Teile der politischen Führung eine alte Supermacht, die wesentlichen Einfluss in ganz Europa seit dem Wiener Kongress von 1814/15 beansprucht hat; Russland hat Napoleon ebenso zurückgeschlagen wie indirekt im Ersten Weltkrieg Deutschland und zudem Hitlers Armeen im Zweiten Weltkrieg. Fünftens ist Russland eine religiöse Führungsmacht, denn die Russisch-orthodoxe Kirche – vor der Oktoberrevolution von 1917 mit dem Zaren verbündet – ist unter Präsident Putin zum Stützpfeiler des politischen Systems geworden. Sechstens ist Russland eine ökonomische Mittelmacht, deren Realeinkommen (in Kaufkrafteinheiten) etwa so groß wie das Deutschlands ist. Siebtens ist Russland ein Land mit relativ großer Bevölkerung, die auf 150 Millionen bis 2040 ansteigen könnte. Achtens ist Russland unter Putin ein Land mit geringer Legitimität beziehungsweise schwacher Vertrauensbasis bei der Bevölkerung, wie die geringe Resonanz der Bevölkerung auf die Aufforderung Putins zeigt, sich gegen Corona impfen zu lassen. Neuntens ist Russland eine internationale führende Cybermacht, was das Land zu einem wichtigen Akteur in der digitalen Weltwirtschaft macht. Zehntens ist Russland eine Schlüsselmacht für die Bekämpfung der globalen Erwärmung beziehungsweise ein wichtiger Akteur bei der G20.

Es gibt mit Blick auf die sieben Punkte durchaus einige Parallelen zu den USA. Zu Beginn des 21. Jahrhunderts ist die USA Russland militärisch konventionell und auch ökonomisch tendenziell überlegen, aber die Vereinigten Staaten sind innerlich durch die gewachsene ökonomische Ungleichheit gespalten und haben – nachzulesen im Buch Trump Global (Welfens, 2020) – kaum Aussichten, dass die von der Mehrheit der US-Bürgerschaft nicht akzeptierte große Ungleichheit mittelfristig überwunden werden kann. Die politische innere Polarisierung in den USA lässt die Handlungsfähigkeit der Vereinigten Staaten als geschwächt erscheinen. Zu den Sonderbarkeiten der neueren gesellschaftlichen Entwicklungen gehört es, dass offenbar die innere Parteizugehörigkeit von Bürgerinnen und Bürgern einen wesentlichen Einfluss auf die Akzeptanz wissenschaftlicher Analysen hat: Die Wählerschaft der Republikaner hat wenig Vertrauen in die Wissenschaft, während die Wählerschaft der Demokraten ein relativ großes Vertrauen in die Wissenschaft ausweist.

Was das Verhältnis Russlands zu Großbritannien angeht, so gibt es abgesehen vom Zweiten Weltkrieg – der damaligen Militärallianz Russlands mit den USA und Großbritannien (sowie Frankreich mit seiner Exilregierung) – eine lange Reihe von Jahrzehnten mit schlechten Beziehungen. Die neueren Beziehungen zwischen Russland und dem Vereinigten Königreich lassen sich wie folgt zusammenfassen (Allan und Bond, 2022):

- Im britischen Bericht von 2021 „Integrated Review of security, defence, development and foreign policy" wird Russland als Bedrohung des Vereinigten Königreiches eingestuft.
- Die politische Führung Russlands betrachtet Großbritannien als Gegner – das dabei als Land schwächer als Russland erscheint, wobei UK schwächer als Deutschland in Westeuropa eingestuft wird und im Übrigen ein Junior-Partnerland der USA ist; der BREXIT hat in der Sicht russischer Beobachter die Position Großbritanniens geschwächt.
- Die britisch-russischen Beziehungen in historischer Sicht bieten vier Lektionen: Da UK und Russland kaum gemeinsame Werte und Interessen aufweisen, ist die Beziehungsbasis wenig stabil; eine Gegnerschaft der beiden Länder ist die historische Normallage. Beide Seiten stehen für eine übersteigerte Selbstdarstellung und Positionierung auf der globalen Bühne. Es gibt immer wieder externe Impulse, die jenseits britischer Kontrolle sind, die dämpfend auf die UK-Russland-Beziehungen wirken.
- Größere internationale Trends beinhalten die Schwächung der vom Westen dominierten internationalen Ordnung; zudem der Aufstieg des Populismus und wachsender Widerstand gegen ökonomische Globalisierungstendenzen; schließlich die Ausbreitung autoritärer Herrschaft im Weltsystem.

- UK kann seine Russland-bezogenen Interessen durch vier Prioritätspunkte verfolgen: Vergrößerung der Flexibilität in UK, die Fokussierung von Verteidigungsressourcen im Euro-Atlantischen Raum; die eigene Darstellung als vertrauenswürdiger Allierter und Partnerakteur.
- Die UK-Entscheidungsträger sollten sich an vier Vorschlägen orientierte: erstens, es muss eine klare und harte gedankliche Politik-Orientierung gegenüber Russland geben. Zweitens, Gegnerschaft der beiden Länder ist nicht per se im britischen Interesse. Drittens, der BREXIT macht es härter sowohl für Großbritannien wie für die EU, mit Russland zu verhandeln. Viertens, eine effektive Russland-Politik verlangt, dass Großbritannien eine realistische Einschätzung der eigenen Macht vornimmt. Nach dem BREXIT sind Anstrengungen von Seiten Großbritanniens notwendig, seine Reputation neu aufzubauen und die Kooperation mit den europäischen Partnerländern zu verstärken.
- Eine sinnvolle Russland-Politik sollte auf die Verteidigung britischen Territoriums abstellen sowie britischer Bürgerinnen und Bürger plus der britischen Institutionen. Notwendig ist eine sicherheitspolitische Verankerung im Euro-Atlantik-Raum; die Fokussierung gilt auch den Fragen der Nicht-Weitergabe von Atomwaffen, der Entwicklung der Wirtschaftsbeziehungen und der Kontakte zwischen Bürger:innen beider Länder. Die Politikziele gilt es zu verfolgen mit staatlicher Macht, aber auch mit „soft power" und durch internationale Partnerschaften. Die EU bleibt trotz BREXIT für UK ein wichtiger internationaler Sicherheitspartner.

Hier kann man anmerken, dass eine Entwicklung der Wirtschaftsbeziehungen bei einem faktischen Embargo bei fossilen Energierohstoffen nicht einfach werden wird; hier wäre an UK und die EU die Frage zu stellen, inwieweit man bereit ist, die wirtschaftliche Modernisierung Russlands (also die Überwindung der Dominanz von Gas und Öl im Export Russlands) zu unterstützen.

Es wäre wünschenswert, dass die Politikbeziehungen zwischen Großbritannien und Russland für den Fall eines möglichen positiven Neuanfangs nach dem Ende des Ukraine-Russland-Krieges nicht wieder in alte Muster beziehungsweise Untätigkeiten zurückfallen. Regelmäßig politische Treffen auf höchster Ebene und eine besondere EU/UK-Kooperation mit Russland im Bereich der Klimapolitik erscheinen als wünschenswert. Solche Treffen wären relativ leicht gut zu organisieren, wenn ein neues Russland sich tendenziell Richtung Demokratie, Marktwirtschaft und Rechtstaat orientieren könnte. Dabei kann Russland durchaus spezielle Positionierungen beziehen und natürlich wird die geografische Lage – und der weitere ökonomische Aufstieg Chinas – eine wichtige Rolle für die Außen- und Wirtschaftspolitik Russlands spielen. Es kann von Russland, unabhängig von der Regierung, nicht ohne Weiteres erwartet werden, dass es eine NATO-seitige Einkreisung akzeptieren wird; es sei denn, dass Russland selbst ein NATO-Mitglied wäre.

Perspektiven zu den Politikbeziehungen Großbritannien-Russland

Die Beziehungen zwischen Russland und Großbritannien waren bis zurück zum Wiener Kongress von 1814/15 fast durchgehend schlecht und diese Negativ-Tradition zu überwinden, ist nicht gelungen. Russland hat nicht in verbesserte Beziehungen zu Großbritannien investiert und hat wohl nach dem BREXIT beziehungsweise dem negativen EU-Referendum vom 23. Juni 2016 angenommen, dass das Land deutlich geschwächt sei und es sich für Russland kaum lohne, auf eine Verbesserung der Beziehungen hinzuarbeiten. Großbritannien hat seinerseits wenig zur Verbesserung der Beziehungen mit Russland in den ersten 15 Jahren nach dem Zerfall der Sowjetunion in 1991 unternommen.

Nachdem mehrere Mord-Anschläge unter Putins Herrschaft gegen geflüchtete russische Spione in Großbritannien offenbar von Seiten des russischen Geheimdienstes durchgeführt worden waren, haben sich die Russland-Großbritannien-Beziehungen deutlich verschlechtert. Der außenpolitisch wenig versierte Putin hat offenbar nicht verstanden, wie die Politik in Großbritannien funktioniert oder einfach Russlands Macht überschätzt; die russischen Mordanschläge wirkten auf die Öffentlichkeit in Großbritannien massiv negativ in Sachen britischer Russland-Politik, die im Zeitablauf immer weniger kooperativ wurde. Im Übrigen ist schlecht zu verstehen, dass UK übergelaufenen Spionen aus Russland nicht eine neue Identität gegeben hat, um diese vor der Rache von Russlands Geheimdiensten – wie im Kalten Krieg – zu schützen. Allerdings ist auch nicht zu übersehen, dass Russlands Tötungspolitik gegen prominente politische Gegner (und Ex-Spione) offenbar gezielt auf eine öffentliche Hinrichtungspolitik als politischer Abschreckungsstrategie gesetzt hat: mit Fokus nach Innen, auf Russland bezogen.

Was die Einflussmöglichkeiten von Großbritannien auf Russland in drei Bereichen angeht – Militär- und Wirtschaftsmacht (hard power), Soft Power (z.B. Medienmacht) und Kooperation mit Partnern, so haben Allan/Bond (2022) in einem Chatham House-Beitrag wichtige Überlegungen vorgelegt.

Was die mittelfristigen Aufschwungsperspektiven für USA, Großbritannien sowie Deutschland und Frankreich (plus andere EU-Länder) angeht, so gibt es eine Überlagerung negativer Corona-Impulse und dem Ukraine-Russland-Krieg-Schock, der einige Jahre negativ wirken könnte. Nicht ganz auszuschließen ist auch der Fall, dass Russland den Krieg gegen die Ukraine im Kern verliert und dabei dann auch ein politischer Systemwechsel in Russland hin zu einer modernen Demokratie plus Rechtsstaat erfolgen könnte. Diese Perspektive hat wohl nur eine geringe Wahrscheinlichkeit, aber man sollte sie auch nicht ausschließen.

Was die Corona-Wirtschaftsimpulse angeht, so wirken hier negative Nachfrageeffekte, aber auch Störeffekte in der Produktion – z.B. weil Teile der Belegschaft durch Corona infiziert wurden. Immerhin gab es auch in den Corona-Schockjahren 2020 und 2021 zeitweise Entwicklungen im Strukturwandel, die trotz Wirtschaftsabschwung in Deutschland zu Arbeitsproduktivitäts-Verbesserungen in Teilbereichen der Wirtschaft geführt haben (Wilke und Welfens, 2022); ähnlich gilt dies auch für Frankreich, Großbritannien und USA (de Vries et al. 2022), wobei man hier wie in Deutschland jeweils auf den sektoralen Grad an Homeoffice-Produktionsbeiträgen zu achten hat, die tendenziell Produktivitätsfortschritte begünstigen. Ähnlich relevant ist der Fokus auf Sektoren mit hoher „digitaler Produktionsintensität", wo also der Einsatz der Informations- und Kommunikationstechnologie eine erhebliche Rolle spielt.

Zusätzlich zu beachten sind internationale Produktionskettenstörungen, wobei etwa die Zulieferer-Probleme bei Computerchips in 2021 und im Frühjahr 2022 in vielen Sektoren in den USA und den EU-Ländern ein zeitweise ernstes Problem waren. Lieferprobleme belasten in den Industrieländern in der Regel in wichtigen Sektoren auch den Aufschwung. Die Europäische Zentralbank (ECB, 2022) hat im Economic Bulletin 2022/2 darauf hingewiesen, dass zu Beginn 2022 kaum eine Entspannung bei Problemen mit Lieferengpässen festzustellen ist; wie auch die nachfolgende Abbildung für vier Aktivitätsbereiche (Industrie, Dienstleistungen, landesweite Problembereich, Transport) zeigt, wobei dunkelrote Felder die höchste Intensität von Lieferproblemen markiert, während dunkelblaue Felder Abwesenheit von Lieferproblemen anzeigt. Der Vergleich der Eurozone und der USA zeigt, dass die Lieferprobleme in 2021 in Europa etwas stärker ausgeprägt waren als in den Vereinigten Staaten (dort werden Rohstoff-Beschaffungsprobleme auch betrachtet, aber landesweite Problembereiche nicht wie in der Eurozone erfasst). Auch im ersten Quartal 2022 ist die Eurozone unverändert stärker von Lieferproblemen betroffen als die Vereinigten Staaten.

Abb. 15. Lieferkettenprobleme in der Eurozone und den USA, 2020-2022 (Januar und Februar)

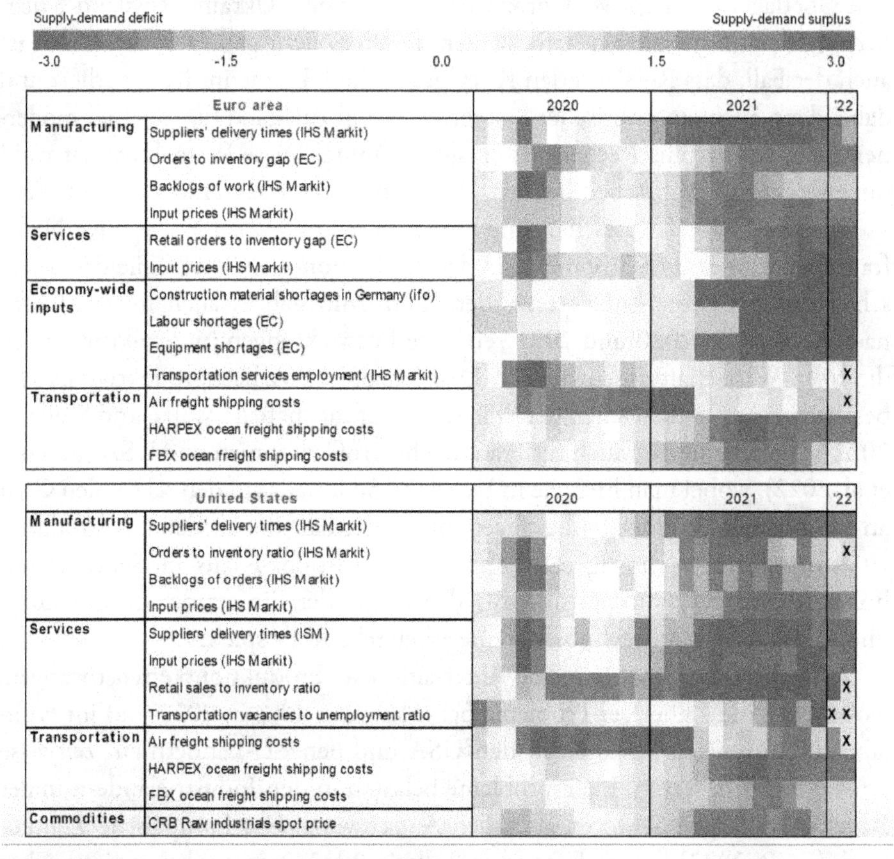

Quelle: ECB (2022a), Economic Bulletin 2022/2.

Was Zulieferungen für die Eurozone aus China über Eisenbahnverkehr zwischen China und Westeuropa angeht, so dürfte der Ukraine-Russland-Krieg zu zeitweisen Störungen im Eisenbahn-Güterverkehr Richtung Eurozone – und auch von Europa nach China – im Frühjahr 2022 geführt haben: Die Güterzüge passieren ja Russland als Transitland. Das Problem ist nur insofern relativ eingeschränkt in seiner Bedeutung als der Anteil des Europa-China-Schienen-Güterverkehrs zwar längerfristig gestiegen ist, aber der Schienen-Güterverkehrs-Anteil am Gesamthandel war auch 2020/21 noch relativ gering.

Die Zentralbanken der USA und der Eurozone hatten wegen erhöhter Inflationsraten angedachte Zinserhöhungen Anfang 2022 wegen der wirtschaftlichen Negativ-Effekte des Ukraine-Russland-Verkehrs noch zurückgestellt. Die US-Zentralbank hat allerdings im Frühjahr 2022 erste Zinserhöhungen begonnen. Bei über 7% Inflation in der Eurozone in 2022 und rund 10% Inflation in den USA werden sowohl die US-Zentralbank wie die Europäische Zentralbank mittelfristig unter erheblichen Druck kommen, die Notenbankzinssätze weiter zu erhöhen. Im Übrigen hat die Biden-Administration durch Freigabe großer Ölmengen aus der strategischen US-Reserve im März 2022 versucht, dem Ölpreisanstieg auf den Weltmärkten entgegenzuwirken; tatsächlich sank der Ölpreis Anfang April 2022 zeitweise wieder unter 100 $/Fass. Erwarten darf man aber auch (ich berichte aus Gesprächen in einem kleinen Kreis von Energieexperten; ohne Quellennennung), dass bestehende politische Absprachen zwischen den USA und Saudi-Arabien greifen: nach informellen politischen Absprachen zwischen den USA und Saudi-Arabien sollte gelten, dass der Ölpreis mittelfristig in einem Preisband zwischen 80 $/Barrel und 130 $/Barrel bleiben wird.

In der EU ist mit Blick auf die mittelfristige Wirtschaftsdynamik der Anstieg der CO_2-Zertifikatepreise für Anbieter aus dem Energiesektor und der Industrie zu beachten, der allerdings noch vor dem Ukraine-Russland-Krieg einsetzte und die Zertifikatepreise auf zeitweise über 90 €/Tonne CO_2 brachte. Der Ukraine-Russland-Krieg lässt die Preiserwartungen bei fossilen Energien mittelfristig ansteigen und dies in Verbindung mit steigenden CO_2-Zertifikatepreisen wird den Strukturwandel Richtung erneuerbare Energien mittel- und langfristig beschleunigen.

Abb. 16. CO_2-Preis im EU-ETS, März 2008-Dezember 2021

Quelle: EIIW-Darstellung; Daten von https://icapcarbonaction.com/en/ets-prices .

Das wirkt auf Anbieter im Energie- und Industriesektor in der EU als Innovationsimpulse Richtung eines Mehreinsatzes an Erneuerbaren Energien beziehungsweise für Investitionen, die energiesparend sind beim Einsatz fossiler Energien. Zwar haben Regierungen in Deutschland und anderen EU-Ländern eine beschleunigte Förderung von Erneuerbaren Energien nach dem Frühjahr 2022 auf den Weg gebracht. Aber dabei werden auch alte Modernisierungshemmnisse – zum Beispiel in Deutschland – im Bereich Senkung der Energieintensität im Immobiliensektor nicht vernünftig angegangen: Österreich ist weltweit führender Produzent von Passiv-Häusern; diese österreichischen Hausmodelle können aber in Deutschland nicht gebaut werden, weil 16 Bundesländer mit ihren regionalen Bauordnungen beziehungsweise Überregulierungen diesen Fortschritt verhindern. Das ist ein EU- Binnenmarkthemmnis (das in den meisten EU-Ländern besteht), aber auch ökonomisch und ökologisch offenbar wenig sinnvoll.

Wenn mittelfristig nach 2022 die globale Nachfrage nach Solar- und Windenergieeinsatz deutlich zunimmt, so werden neben Anbietern aus China und

Indien auch europäische und US-Produzenten im Bereich Solarkraftwerke und Windstromerzeugung Expansionsimpulse verzeichnen. Die Anbieter aus den USA und der EU sind in der Regel auf große Windkraftanlagen – offshore und auf dem Land – spezialisiert sowie auch Hochtechnologie-Solarprodukte. Firmen aus China sind bei Standard-Solarmodulen und mittleren Windkraftanlagen international gut positioniert. Einige Anbieter aus Indien haben großes Expansionspotenzial im Bereich der Photovoltaik beziehungsweise von Solarkraftanlagen.

Erhebliche Investitionsverzerrungen entstehen in den USA, Großbritannien und der Eurozone durch mehrjährige negative Realzinssätze für Großunternehmen. Hier könnten Investitionsprojekte realisiert werden, die sich bei einer Normalisierung der realen Zinssätze als nicht mehr rentabel erweisen. Grundsätzlich sind aus ökonomischer Sicht Phasen mit negativen Realzinssätzen (Marktzins minus Inflationsrate) als problematisch einzustufen, wenn es um die Effizienz von bestimmten Investitionsprojekten geht. Im Fall Großbritannien wirkt im Übrigen als negativer Sonderimpuls beim Außenhandel noch die BREXIT-Entscheidung von 2016 beziehungsweise der britische EU-Austritt Anfang 2021.

Integrationsfragen und Disintegrationsaspekte der EU mit Blick auf die Ukraine-Frage

Die Ukraine hat offenbar ein langfristiges Interesse, der Europäischen Union beizutreten. Als Land mit gut 44 Millionen Einwohner:innen wäre die Ukraine relativ einflussreich – das gilt langfristig um so mehr, je stärker hohes Wirtschaftswachstum der Ukraine eine allmähliche Annäherung an das EU-Durchschnittseinkommen erlaubt. Da in der EU bei Mehrheitsbeschlüssen im Europäischen Rat (auf ministerieller Ebene wie bei EU-Gipfeln) 55% der EU-Länder und 60% der EU-Bevölkerung repräsentiert sein müssen, gibt die große Einwohnerzahl der Ukraine dem Land einen relativ großen Einfluss bei solchen Mehrheitsentscheidungen.

Die EU hat auf ihrem Gipfel von Versailles im März 2022 die Wünsche der Regierung der Ukraine und von Präsident Selenskyj abgelehnt, in einer Art Schnellverfahren in die EU aufgenommen zu werden. Viele Beitrittsländer haben im Vorfeld des Beitritts einen mehrjährigen Vorbereitungs- und Anpassungsprozess durchlaufen; bei der Ukraine wird das kaum anders sein können. Der IMF-Ukraine-Bericht (IMF, 2021) weist auf zahlreiche wirtschaftliche, strukturelle und wirtschaftspolitische Probleme in der Ukraine hin, die als weiterhin wenig gelöst gelten: Dazu gehört der große Einfluss von Staatsunternehmen, hoher Korruptionsdruck und unzureichende Modernisierung in Teilen der Infrastruktur. Man kann hinzufügen, dass die Wirtschaft der Ukraine in großem Umfang von wenigen Unternehmern, Oligarchen, geprägt ist, was eine klare Trennung von Staatsaufgaben und den Aufgaben der Wirtschaft erschwert. Wenn die Ukraine EU-Mitglied werden würde – als 28. EU-Land –, dann ergeben sich mit Blick auf die politischen Machtverhältnisse in der EU anhand des Banzhaf-Indexes einige Veränderungen.

Der Banzhaf-Index ermittelt die Macht von Ländern im Fall von bestimmten Mehrheitserfordernissen (z.B. 60% der Bevölkerung) danach, bei welchem Anteil denkbarer Koalitionen das Land X durch Beitritt zu möglichen Verliererkoalitionen Z_i diese zu einer – minimalen – Gewinnerkoalition macht. Nur bei Verteidigungs- und Steuerfragen gilt in der EU grundsätzlich ein Einstimmigkeitserfordernis. Die Frage nach Änderungen der Macht in der EU auf Basis des Banzhaf-Index verschiedener Länder ist also von großem Interesse im Fall eines Ukraine-Beitritts der EU (siehe Tab. 15). Deutschland, Frankreich, Italien, Spanien und Polen werden bei einem Ukraine-Beitritt an Einfluss bei Mehrheitsabstimmungen in der Europäischen Union deutlich verlieren. Nur neun kleine EU-27-Länder gewinnen an politischer Bedeutung in der erweiterten EU. Das deutet nicht darauf hin, dass eine EU-Ukraine-Erweiterung breite politische Unterstützung in der EU27 von wichtigen Ländern erhalten wird, es sei denn, dass die Mehrheitserfordernisse bei Abstimmungen im Europäischen Rat (Ministerrat und Rat der Staats- und Regierungschef) aus Sicht der führenden EU-Länder sinnvoll angepasst werden.

Tab. 15. Verteilung politischer Macht in der EU27 und in einer EU28 inkl. Ukraine (nach dem Banzhaf-Index (BI)), auf Grundlage von Kirsch (2022)

Land	Bev. (Mio.)	BI: EU27	BI: EU27+UA	Rel. Differenz
Deutschland	83,2	12,09%	10,83%	-10,41%
Frankreich	67,7	10,08%	8,89%	-11,80%
Italien	59,2	8,88%	7,83%	-11,86%
Spanien	47,4	7,66%	6,65%	-13,29%
Ukraine	**41,4**		5,96%	
Polen	37,8	6,41%	5,54%	-13,55%
Rumänien	19,2	3,95%	3,73%	-5,49%
Niederlande	17,5	3,75%	3,56%	-5,11%
Belgien	11,6	3,05%	2,95%	-3,35%
Tschechien	10,70	2,95%	2,86%	-3,01%
Griechenland	10,68	2,95%	2,86%	-3,00%
Schweden	10,4	2,91%	2,83%	-2,88%
Portugal	10,3	2,90%	2,82%	-2,84%
Ungarn	9,7	2,83%	2,76%	-2,59%
Österreich	8,9	2,74%	2,68%	-2,23%
Bulgarien	6,9	2,50%	2,47%	-1,12%
Dänemark	5,8	2,37%	2,36%	-0,43%
Finnland	5,53	2,33%	2,33%	-0,24%
Slowakei	5,46	2,32%	2,32%	-0,18%
Irland	5,0	2,27%	2,27%	0,13%
Kroatien	4,0	2,15%	2,17%	0,86%
Litauen	2,8	2,00%	2,04%	1,98%
Slowenien	2,1	1,92%	1,97%	2,69%
Lettland	1,9	1,90%	1,95%	2,92%
Estland	1,3	1,83%	1,89%	3,54%
Zypern	0,90	1,77%	1,85%	4,06%
Luxemburg	0,63	1,74%	1,82%	4,39%
Malta	0,53	1,73%	1,81%	4,55%
Entscheidungswahrscheinlichkeit		13,2%	11,36%	

Anmerkung: Die Bevölkerungszahl für die Ukraine basiert auf Eurostat-Daten, wobei die Bevölkerungszahlen für die Krim und die besetzten Gebiete in der Donbas-Region herausgerechnet wurden, was die Gesamtbevölkerung der Ukraine um ca. 2,6 Millionen verringert.

Quelle: Eigene Darstellung auf Basis von Kirsch (2022), Tab. 1.

Die Ukraine könnte dabei militärpolitisch durchaus den Status eines neutralen Landes haben. Dieser Status wäre zwar im Fall eines NATO-Beitritts von Schweden und Finnland mehr ein europäischer Ausnahmefall als bisher, aber wenn es gute Gründe für eine solche Neutralitätsposition gibt, kann man für die Ukraine diese Option als sinnvoll ansehen. In der EU sind neutral Österreich und Malta, zudem Zypern, das als geteiltes Land nicht auf eine Zustimmung des NATO-Landes Türkei für eine Aufnahme in die NATO rechnen kann. Irland ist seit Jahrzehnten neutral; vor allem weil die Republik Irland nicht mit Großbritannien – dem ehemaligen Besatzerland – in der NATO zur Zusammenarbeit bereit gewesen wäre. Die Schweiz ist traditionell neutral und hat mit dieser Position sowohl den Ersten Weltkrieg und den Zweiten Weltkrieg gut überstanden, in dem der Generalstab des Landes ohne Neutralität wohl mit Blick auf die Kriegsakteure Deutschland und Frankreich in interne Konflikte geraten wäre.

Zu den wichtigen Fragen nach dem Ukraine-Krieg gehört die nach den Schlussfolgerungen bei Russland und China mit Blick auf die Integration in westliche Zahlungssysteme. China und Russland werden versuchen, eigene internationale Zahlungssysteme aufzubauen, was zu einer Vergrößerung vor allem des internationalen Gewichtes des Yuans führt. Die globalen Marktanteile von Dollar und Euro an den Weltreserven der Zentralbanken dürften langfristig zurückgehen. Die nicht unproblematische Beschlagnahmung von im Ausland – bei ausländischen Zentralbanken – gehaltenen Devisenreserven Russlands im März 2022 wird sicherlich zur Konsequenz haben, dass China, Russland und eine Reihe anderer Länder ihre jeweiligen Devisenreserven allenfalls noch zu einem kleinen Anteil im Ausland halten werden. Diese Entwicklung ist ein Element einer zeitweisen Desintegration der Weltwirtschaft. Weniger Integration und ein Weniger an globalem Außenhandel und weltweiten Direktinvestitionen werden das Wirtschaftswachstum in der Weltwirtschaft für eine Reihe von Jahren dämpfen. Die politischen Gegensätze auf internationaler Ebene könnten sich mittelfristig deutlich verschärfen.

Perspektiven für sich entwickelnde Länder

Viele sich entwickelnde Länder haben in 2020/21 erhebliche Wachstumsverluste durch die Corona-Pandemie erlitten und hatten noch zu Beginn des Jahres 2022 eine positive Wirtschaftsentwicklung auf mittlere Sicht erwartet. Durch den Ukraine-Russland-Krieg haben sich die Entwicklungsperspektiven zahlreicher armer Länder verschlechtert, da zeitweise massive Ölpreiserhöhungen und steigende Weizenpreise sowie die wichtige Rolle von Russland und Ukraine als Exporteure bestimmter Agrarprodukte neue Risiken für sich entwickelnde Länder darstellen. Bevor man überhaupt mit umfassenden Corona-Impfaktionen in den meisten Länder mit geringem und mittlerem Einkommen fertig ist und damit auch die Corona-Wirtschaftsrisiken eingedämmt sind, kommt mit dem Ukraine-Russland-Krieg eine erhebliche neue Herausforderung auf diese Länder zu. Die Weltbank (Indermit, 2022) und die FAO (2022a) haben hierzu bereits im März 2022 wichtige Analysen und Politiküberlegung (FAO, 2022b) vorgelegt. Die FAO-Analysen weisen vor allem auf verschärfte Hungerprobleme in armen Ländern unter anderem im Kontext verminderter Weizenexporte aus Russland und der Ukraine sowie auf sinnvolle wirtschaftspolitische Gegenmaßnahmen hin.

Folgt man der Weltbank (Indermit, 2022), so führt eine dauerhafte Erhöhung des Ölpreises um 10% zu einem Rückgang des Wirtschaftswachstums um 0,1%. Die Ölpreise haben sich seit Jahresmitte 2021 bis Frühjahr 2022 verdoppelt, was bei einer weiter anhaltenden Situation mit derart deutlich erhöhtem Ölpreis zu einem Wachstumsverlust von einem Prozentpunkt in Ölimport-Ländern wie China, Indonesien, Türkei und Südafrika führt. Vor dem Ausbruch des Krieges in der Ukraine erwartete man für Südafrika ein reales Wirtschaftswachstum von 2% in 2022 und 2023 und für die Türkei von 2 bis 3% sowie für China von 5%. Damit könnte der Wachstumsverlust die Hälfte bis ein Fünftel der vor 2022 prognostizierten Wachstumsraten erreichen.

Allerdings könnte im Fall eines westlichen Boykotts beim Import von Öl aus Russland auch eine Dämpfung der Ölpreise außerhalb der OECD-Länder eintreten, da Russland Überschuss-Ölmengen auf dem Weltmarkt nur zu einem Preisabschlag etwa bei Ländern wie Indien, China, Indonesien, Türkei und Südafrika verkaufen könnte. Die Wachstumsperspektiven der wichtigen Ölexportländer könnten sich bei den insgesamt erhöhten Ölpreisen mittelfristig möglicherweise verbessern; jedenfalls wenn höhere Ölpreise nicht zu verstärkter Korruption und ökonomischen Ineffizienzen in den Ölexportländern außerhalb der Industrieländerregion führen.

Wiederaufbau-Perspektiven der Ukraine

Polen und die Ukraine hatten in 1991 – beim Beginn der postsozialistischen Transformation – ähnlich hohe Pro-Kopf-Einkommen; aber 2021 war das Pro-Kopf-Einkommen der Ukraine nur bei etwa einem Drittel des Wertes in Polen. Offenbar hat man in Polen institutionelle Reformen besser auf den Weg gebracht und auch bei der Privatisierung viel stärker auf eine Verankerung von Wettbewerb in den Gütermärkten geachtet als in der Ukraine (zu Polen und wichtigen Privatisierungsfragen siehe Welfens/Jasinki, 2003; Welfens, 2005 in AICGS book). In der Ukraine haben sich hingegen im Zuge der Privatisierungen in der Dekade nach 1991 ähnliche Oligarchen-Probleme ergeben wie in Russland bei der Privatisierung. Das bedeutet, dass Wettbewerbsdynamik in der Ukraine schwächer verankert wurde als in Polen, wie man auch aus den EBWE-Berichten (siehe z.B. EBRD, 2005; 2006, Annual Report) entnehmen kann. Polens wirtschaftliche Modernisierung hat sicherlich auch von der EU-Mitgliedschaft profitiert, vermutlich auch von der Mitgliedschaft in der NATO, die aus Sicht ausländischer Investoren jeweils ein positives Vertrauenssignal geben: Bei der EU geht es um Rechtssicherheit und den Marktzugang zum EU-Binnenmarkt, bei der NATO-Mitgliedschaft ist die Sicherheitsperspektive wichtig. Es dürfte angesichts der unterschiedlichen Weichenstellungen nicht realistisch sein zu erwarten, dass die Ukraine im Rahmen eines Wiederaufbau-Programms, unterstützt von den OECD-Ländern, mittelfristig zum polnischen Pro-Kopf-Einkommen ohne Weiteres aufschließen kann. Zudem ist auch die Korruptionsproblematik in der Ukraine deutlich größer als in Polen, wie die nachfolgende Tab. 16 zeigt.

Tab. 16. Korruptionswahrnehmungsindex für ausgewählte Länder

KORRUPTIONSWAHRNEHMUNGSINDEX

Land / Gebiet	Rang 2020	Rang 2015	Rang 2010	Rang 2005	Rang 2000	Rang 1995
Deutschland	9	11	15	16	17	13
Japan	19	18	17	21	23	20
Frankreich	23	23	25	18	21	18
USA	25	16	22	17	14	15
Polen	**45**	**29**	**45**	**70**	**43**	**N/A**
Italien	52	61	69	40	39	33
Südafrika	69	61	56	46	34	21
China	78	83	78	78	63	40
Indien	86	76	91	88	69	35
Indonesien	102	88	116	137	85	41
Ukraine	**117**	**130**	**146**	**107**	**87**	**N/A**
Russland	129	119	154	126	82	N/A
Zahl der erfassten Länder	180	168	178	159	90	41

Quelle: Eigene Darstellung der Daten aus dem Korruptionswahrnehmungsindex von Transparency International, 1995-2020; im Bereich der Korruption ist Russland deutlich schlechter als Polen, während Polen, die Ukraine und Russland in wichtigen institutionellen Bereichen der Systemtransformation recht ähnliche Indikatorwerte aufweisen; siehe EBWE (2010), Jahresbericht, London. https://www.transparency.org/en/cpi/2021

In einer CEPR-Analyse von Anfang April 2022 zu den Wiederaufbau-Perspektiven werden von den Autoren und Autorinnen einige interessante Überlegungen entwickelt, wonach eine politisch unabhängige Agentur in der Ukraine westliche (und wohl auch japanische) Hilfsgelder für einen effizienten Wiederaufbau einsetzen soll (Becker et al., 2022, CEPR Ukraine Reconstruction Report). Allerdings ist die von den Autorinnen und Autoren vorgebrachte Sichtweise, dass die Ukraine beim Wiederaufbau – und nach einer Verminderung der Korruption – bald das Pro-Kopf-Einkommen Polens erreichen könnte, eher nicht realistisch: aus den oben angeführten Gründen.

Es bedarf im Übrigen nicht nur einer Wiederaufbau-Perspektive für die Ukraine, sondern auch eines sinnvollen Politikansatzes gegenüber Russland insgesamt, der auch die Frage beinhalten muss, wie Russlands politische Führungsansätze stärker als bisher in Ideen des Westens und der Aufklärung verankert werden können. Es gilt dabei nicht nur, die Ideen des Kommunismus hinter sich zu lassen, sondern auch eine kritische Auseinandersetzung auch mit Stalin herbeizuführen und einige der rechten Philosophen zu entzaubern, die Putin zu einflussreichen neuen Denkern erhoben hatte (ohne dass westliche Geheimdienste dies früh realisiert hätten). 2014 etwa hatte Russlands Präsident Putin an hohe Beamte und politische Freunde in Russland 5000 Exemplare eines Buches des russischen Philosophen Ivan Iljin verteilen lassen: das Buch „Unsere Aufgaben"; seine Schriften waren in der Sowjetunion unterdrückt worden, da er in der Zeit der Oktober-Revolution und den unmittelbaren Folgejahren die „Weißen", also die Revolutionsgegner, unterstützt hatte. Zudem enthielt das Geschenkpaket von Putin zwei weitere Bücher russischer Philosophen: Die Philosphie der Ungleichheit von Nikolai Berdjajew und Die Rechtfertigung des Guten von Wladimir Solowjow. Die drei russischen Philosophen sind Denker des 19. und des frühen 20. Jahrhunderts.

Iljins Überlegungen zu einer besonderen russischen, gelenkten Demokratie, die der vor den Kommunisten geflohene Iljin zunächst in den 1920er Jahren in Deutschland und ab 1938 in der Schweiz verfasste, waren Putin in ideologischer Sicht offenbar sehr wichtig: Iljin, der auch ein slawophiler Philosoph war, hatte Putin in seinen großen Reden 2004 und 2005 sowie 2014 zitiert, wobei Iljin ein Kritiker der westlichen Demokratie mit aus seiner Sicht zu häufigen Regierungswechseln war. Hingegen forderte Iljin eine Verbindung von Russischer Orthodoxie – als religiöse Basis – und einer Art akklamatorischer Demokratie (mit Anlehnung an einen Teil von Mussolinis Politikprogramm). Im Übrigen betonte Iljin, dass die Ukraine quasi ein Bestandteil Russlands sei und er wies darauf hin, dass der Westen womöglich eines Tages unter Vorwänden, wie Sicherung von Freiheit und Demokratie, die Ukraine politisch zu verselbstständigen und den Staat Russland aufzulösen versuchen könnte, was für Russland nur im Chaos enden könnte. Man fragt sich, welche begründete Einschätzung zu Putins Verhalten und Politikkurs etwa im Auswärtigen Amt in Berlin oder bei der EU in Brüssel im Zeitraum 2015 bis 2021 herrschte: Wie weit man die ideologischen Änderungen in Putins Ideologie sinnvoll aufgenommen hatte – zum Teil offenbar Änderungen, die sich ergaben, nachdem aus Putins Sicht offenbar klar geworden war, dass Russland nicht wirklich als Partnerland des Westens eingestuft wurde.

Die neue Ideologie Putins ließ den Westen als aktiven Gegner erscheinen, der Russlands Machansprüchen entgegenstand; und die neue Ideologie machte russische Vorstellungen aus den 1920er Jahren wieder einflussreich, wonach Russland sich bei bevorzugten internationalen Kooperationen eher Asien zuwenden sollte als dem Westen (Eurasien-Ansatz). Der französische Philosoph Michel Eltchaninoff hatte schon im Jahr 2015 in seinem Buch über Putins Denken wichtige Elemente der neuen Ideologie beschrieben (Eltchaninoff, 2015; 2016; 2018). Das Buch erschien bald darauf auch in einer englischen und einer deutschen Ausgabe. Die NZZ veröffentlichte 2018 eine zusammenfassende Kurzanalyse zu Putins Ideologie und dem neuen Einfluss von Iwan Iljin, der 1954 in der Schweiz verstorben ist.

Die wichtigen historischen Einflüsse in Russland kamen vor der Oktober-Revolution von 1917 über Jahrhunderte aus dem Westen (und Mars und Engels gehört ja zu den falschen westlichen Propheten). Mit konservativen Mächten wie Preußen und Österreich-Ungarn waren Zaren und Zarinnen über Jahrhunderte verbunden. Aus Putins Sicht – und der einiger Intellektueller in Russland und von einigen führenden Repräsentanten der russisch-orthodoxen Kirche – stehen in der modernen Welt führende westeuropäische Länder wie etwa Österreich, Deutschland und Frankreich für einen Werteverfall, wenn es etwa um Toleranz gegenüber Homosexualität oder die Rolle von Menschenrechten geht. Im Übrigen hatten zeitweise hohe Ölpreise der russischen Regierung nach 2000 eine deutliche Erhöhung der Rüstungsausgabenquote ermöglicht, was die militärische Macht Russlands potenziell mittelfristig ansteigen ließ und wohl auch militaristisches Denken bei führenden Politikern begünstigte.

Effekte des Ukraine-Russland-Krieges auf Länder in Asien

Wenn man von China absieht, so gibt es eine ganze Reihe von Ländern in Asien, die vom Ukraine-Russland-Krieg erheblich oder gar massiv ökonomisch getroffen sind. Es geht dabei primär um Länder, die Nettoimporteure von Öl und Gas sind, wobei die massiven Ölpreisanstiege im Frühjahr 2022 makroökonomische Dämpfungseffekte haben; zudem bei einem Land wie Kambodscha, bei dem Öl- und Gasimporte rund 10% des Bruttoinlandsproduktes ausmachen, auch zu einem kritisch erhöhten Leistungsbilanzdefizit bzw. höheren Netto-Güterimporten führen kann. Sri Lanka steht ebenfalls vor einer Energieversorgungskrise und Russland könnte in diesem Kontext mit Kreditvergaben an Sri Lanka und Kambodscha seinen politischen Einfluss in Asien (später auch in anderen Schwellenländern und Entwicklungsländern) ausbauen.

Zahlreiche kaukasische und zentralasiatische Länder sind zum Teil erheblich im Außenhandel von Russland abhängig, sodass ein wirtschaftlicher Einbruch in Russland in 2022 und 2023 einen Dämpfer für die Exporte nach Russland bedeutet – Armenien und Kirgisien mit Exporten nach Russland von über 5% des Bruttoinlandsproduktes in 2021 sind hier insbesondere zu nennen. Gastarbeiter-Überweisungen aus Russland – und einigen anderen Ländern – sind in einzelnen kaukasischen und zentralasiatischen Ländern von erheblicher Bedeutung in 2021 (genauer: in den ersten drei Quartalen) gewesen: Im Fall von Kirgisistan und Tadschikistan machten diese Überweisungen mehr als 15% des Bruttoinlandsproduktes aus (ADB, 2022) – siehe Abb. 17.

Abb. 17. Überweisungen (Remittances) von Gastarbeiter:innen nach Ländern in Osteuropa, dem Kaukasus und Zentralasien in Prozent des Bruttoinlandsproduktes

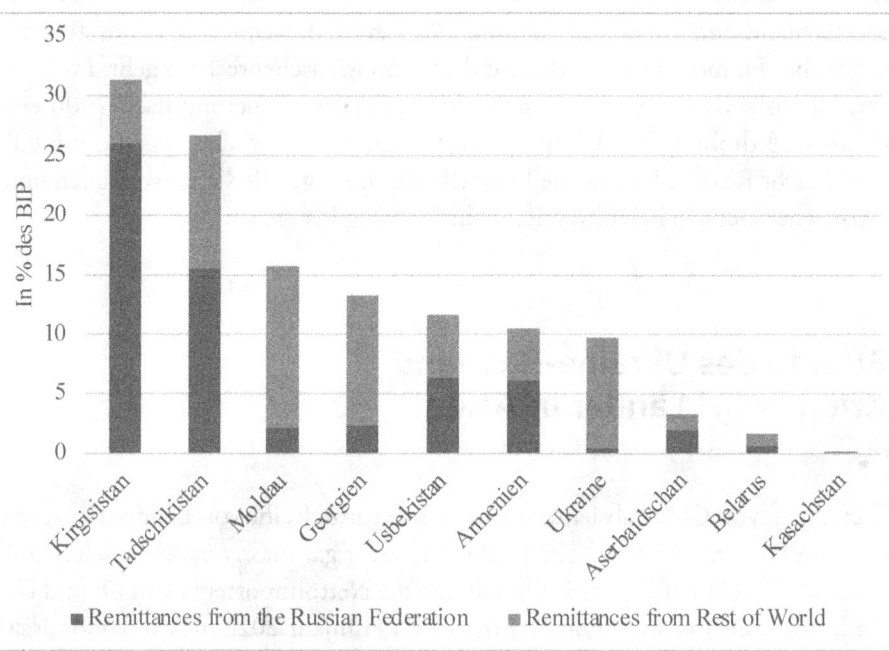

Quelle: Eigene Darstellung basierend auf Daten von Ratha and Kim (2022), Tabelle 1.

Im Fall eines ökonomischen Einbruchs in Russland werden viele Arbeitnehmer etwa in der russischen Bauwirtschaft und anderen Sektoren ihren Arbeitsplatz verlieren, wobei dies vor allem Gastarbeiter aus den kaukasischen und zentralasiatischen Republiken betreffen wird. Länder wie Kirgisistan Tadschikistan, Usbekistan und Armenien werden dann ihre Güterimporte erheblich kürzen müssen. Es kann dann durchaus zu politischen Unruhen und auch zu verschärften politischen Konflikten zwischen Ländern etwa in Zentralasien kommen. Die westlichen Sanktionen gegen Russland, die die russische Wirtschaft in ihrer Entwicklung dämpfen bzw. in Russland eine Rezession hervorrufen, haben also wichtige Destabilisierungseffekte in kaukasischen und zentralasiatischen Ländern. Wird ein westlicher Energieimport-Boykott gegenüber Russland realisiert, der dort eine verstärkte Rezession und eine Rubel-Abwertung hervorruft, so werden die Gastarbeiterüberweisungen in die genannten Länder deutlich zurückgehen und auch der Außenhandel der betroffenen Länder (und von Russland) wird sich vermindern. Politische Instabilitäten können im Übrigen auch durch massiv erhöhte Lebensmittelpreise – im Kontext des Ukraine-Russland-Krieges – und steigende Zinssätze bzw. Risikoprämien zustande kommen, wie dies im Frühjahr 2022 schon in Sri Lanka sichtbar wurde. Die Idee, dass man Russland durch Wirtschaftssanktionen zu einem Abbrechen des Krieges in der Ukraine veranlassen kann, mag politisch attraktiv aus Sicht westlicher Länder klingen; aber die zu erwartenden ernsten Nebenwirkungen in anderen Ländern (außerhalb Russlands) sollte man nicht übersehen. Eine Politik scharfer Wirtschaftssanktionen gegen Russland wird wegen der ökonomischen internationalen Verflechtungen ein nicht sehr zielsicherer Ansatz sein.

Wenn schon in einigen Fällen bestehende Grenzstreitigkeiten etwa in zentralasiatischen Ländern sich im Zuge einer scharfen Rezession in Russland verschärfen sollten, so wird Russland als traditionelle regionale Einflussmacht wohl zeitweise ausfallen. Die EU wird sich als Ordnungsmacht kaum engagieren; höchstens von Seiten der Türkei – bisher schon in diesen Ländern wirtschaftlich und politisch aktiv – könnte ein konfliktmindernder Einfluss ausgehen. Es sei angemerkt, dass die Studie von Bachmann et al. (2022) die hier aufgezeigten Zusammenhänge vollkommen ausblendet.

Wichtige Ukraine-Emigrationsaspekte und EU-Erweiterungsrisiken bei der Ukraine

Schon vor dem Ukraine-Russland-Krieg gab es eine erhebliche Emigration von ukrainischen Arbeitnehmern und Arbeitnehmerinnen; im Wesentlichen nach Russland, Polen und einige andere Länder. Zu den wichtigen Befunden gehört die Analyse von Commander, Nikolaychuk und Vikrov (2013), die auf einer Umfrage in der Ukraine beruht: Bei Auswanderern und Auswanderinnen sind gut Ausgebildete und jüngere Arbeitnehmer:innen überdurchschnittlich vertreten. Das schlägt sich aber nur teilweise bei den im Ausland angetretenen Jobs nieder; die Hälfte der Auswanderergruppe findet sich in Arbeitsplätzen, für die sie überqualifiziert sind. Dieses Herunterqualifizierungsproblem hängt unter anderem daran, dass in der Ukraine Qualifizierung und Jobqualität nur wenig zusammenhängen. Auswanderer und Auswanderinnen, die in der Ukraine Herunterqualifizierungen erlebten, werden solche typischerweise auch in den Zielländern der Auswanderung erfahren. Solche Probleme sind in der EU vergleichsweise stark ausgeprägt, wenn man die EU und andere Auswanderungs-Zielländer vergleicht.

Eine besonders wichtige Analyse richtet sich auf die potenziellen Auswanderungsströme aus der Ukraine für den Fall, dass diese EU-Mitglied wird (Fertig und Kahanec, 2015). Die Autoren ermitteln das Migrationspotenzial Richtung EU von Seiten ihrer osteuropäischen Nachbarländer plus Kroatien: Die beiden Autoren führen eine Analyse – eine Out-of-sample-Prognose – durch, die Auswanderungspotenziale nach der ersten EU-Osterweiterungsrunde abschätzen soll. Die Analyse verdeutlicht, dass Auswanderungszahlen durch Migrationskosten und ökonomische Gegebenheiten bestimmt sind; die größten Effekte ergeben sich durch Politikvariablen. Nach einer anfänglichen Erhöhung der Auswanderung – bei einer Migrationsliberalisierung ist diese etwas höher als ohne Liberalisierung – entwickeln sich in den osteuropäischen EU-Nachbarländern die Auswanderungszahlen hin zu einem langfristigen Gleichgewicht. Die Ukraine lässt die absolut höchsten Auswanderungszahlen erwarten, die höchsten Zuwandererzahlen aus den osteuropäischen EU-Nachbarländern ergeben sich in der Simulationsanalyse für Deutschland, Italien und Österreich. Relativ zur Bevölkerung sind die Zuwanderungsintensitäten in Irland, Dänemark, Finnland sowie Österreich am höchsten.

Auch wenn man die Fertig-Kahance-Analyse wegen des BREXIT-Vollzugs – zum 1. Januar 2021 – zu modifizieren hat, so bleibt die Einsicht aus den obigen Analysen:

- Die Integration von ukrainischen Flüchtlingen beziehungsweise Gastarbeiter:innen in die EU wird – abgesehen von Polen und einigen anderen osteuropäischen EU-Ländern – ein nicht einfacher Prozess werden.
- Es besteht das Risiko, dass große Zuwanderungszahlen aus der Ukraine sich auf nur wenige EU-Länder fokussieren könnten, was einige dieser Länder politisch destabilisieren könnte: Der nächste BREXIT-Fall droht dann.
- Die Neigung der EU, aus Fehlern und wichtigen politischen Misserfolgen – wie dem BREXIT – zu lernen, ist erkennbar gering; dass man von daher ein vernünftiges politisches Reformpaket in der EU vor einer Ukraine-Erweiterung verabschiedet beziehungsweise realisieren wird, erscheint als wenig plausibel.

Die Flüchtlingsströme aus 2022 folgen natürlich nur teilweise den Auswanderungspräferenzen, die möglichen Auswanderer und Auswanderinnen sind eine zufällige Teilgruppe der Flüchtlinge. Das schließt nicht aus, dass sich mittelfristig ein Teil der Flüchtlingsgruppen entscheidet, als Gastarbeiter:innen in bestimmten EU-Ländern tätig zu werden. Wegen der großen Verwandtschaft von Ukrainisch und Polnisch dürfte für viele Flüchtlinge Polen ein bevorzugtes Zielland sein. Die ökonomische Logik der sogenannten Gravitationsgleichung lässt erwarten, dass Flüchtlinge und Auswanderergruppen aus der Ukraine zunächst eine gewisse Präferenz für Länder in relativ geringer Entfernung zur Ukraine haben; in einem zweiten Anpassungsschritt werden Flüchtlinge und Auswanderer bzw. Auswanderinnen aus der Ukraine aber zu einem gewissen Anteil ökonomisch bevorzugte Zielländer aussuchen.

Dabei ist Großbritannien wohl ein kaum erreichbares Zielland für viele dieser Menschen; vor dem BREXIT-Votum im Juni 2016 hatte Großbritannien fast die Hälfte aller Auswanderer aus osteuropäischen EU-Ländern aufgenommen – mit ein Grund dafür, dass das Thema Immigration in Großbritannien im Jahrzehnt nach 2004 politisch prominent wurde. Großbritannien, Irland und Schweden hatten die Möglichkeit, eine Übergangsfrist bei der Personenfreizügigkeit für osteuropäische Beitrittsländer von 2004 zu realisieren, nicht genutzt; anders als etwa Deutschland und Frankreich. Zwar waren für den BREXIT vor allem ideologische Kämpfe in Großbritannien ursächlich, aber die insgesamt unkoordinierte EU-Zuwanderungspolitik hatte offenbar einen Anteil am britischen EU-Austritt; zudem waren die EU-Umfrageergebnisse in EU-Ländern – von der EU-Kommission regelmäßig beauftragt – offenbar nicht konsistent im Vorfeld des Referendums (an den Umfragemethoden hat die EU-Kommission nichts ändern lassen, eine kritische Debatte in Brüssel unterblieb; Welfens, 2017a, 2017b; 2018).

Eine Ukraine-Erweiterung der EU brächte die dann erweiterte Europäische Union in eine neue Situation, in der man eine lange (und vermutlich strittige) Ostgrenze mit Russland hätte. Für Russland könnte je nach politischen Spannungen zwischen Russland und der EU eine EU-Osterweiterung um die Ukraine – mit über 44 Millionen Einwohnern (im Jahr 2020) und einer russischsprachigen Bevölkerungsminderheit – einen Anreiz bieten, die Ukraine auf verschiedene Weise politisch und ökonomisch zu destabilisieren. Im Rahmen der EU-Regionalpolitik und der EU-Kohäsionspolitik kämen dann auf die Europäische Union wohl erhebliche zusätzliche finanzielle Belastungen zu. Zudem wäre eine relativ instabile Ukraine womöglich auch ein Zankapfel in der EU, was die Europäische Union destabilisieren könnte. Eine unreflektierte politische Begeisterung in Brüssel pro EU-Erweiterung um die Ukraine beziehungsweise in zahlreichen EU-Ländern ist daher wenig angebracht und auch nicht verantwortungsvoll. Die EU müsste im Fall einer EU-Osterweiterung um die Ukraine eine veränderte umfassende Russland-Politik verabschieden, die eigene politische Risiken für die EU-Integrations-Stabilität hätte.

Eine EU-Erweiterung um die Ukraine bringt ein erhebliches potenzielles Zuwanderungsproblem für eine Reihe von EU-Ländern – und damit droht dann auch der nächste BREXIT-Fall; jedenfalls wenn das politische Management in Brüssel sich nicht deutlich verbessert beziehungsweise aus den Fehlern bei der EU-Osterweiterung (und dem BREXIT) keine vernünftigen Schlüsse zieht. So sollte man insbesondere ausschließen, dass einige EU-Länder keinerlei Übergangsfrist bei der Personenfreizügigkeit realisieren. Denn sonst besteht das Risiko, dass große Auswanderungsbewegungen aus der Ukraine sich geografisch deutlich fokussiert auf wenige EU-Länder konzentrieren und das politische System zumindest in einigen EU-Ländern mit hoher relativer Zuwanderung destabilisieren beziehungsweise dort eine Radikalisierung und Anti-EU-Einstellung begünstigen: Das könnte den nächsten BREXIT bewirken.

Die Ukraine als relativ großes Land von der Bevölkerungszahl her und geringem Pro-Kopf-Einkommen lässt auf viele Jahre eine erhebliche Auswanderung in andere EU-Länder erwarten; bei voller Freizügigkeit für ein EU-Mitgliedsland

Ukraine bestehen erhebliche Risiken, dass hohe Zuwanderungszahlen mittelfristig EU-Länder beziehungsweise die Europäische Union destabilisieren. Die Frage nach einer sinnvollen zeitweisen Beschränkung freier Zuwanderung bei einer EU-Erweiterung sollte man neu betrachten. Es besteht zudem die Gefahr, dass das Thema EU-Erweiterung um die Ukraine vor allem emotional in der Öffentlichkeit geführt wird und eine analytisch reflektierte Politikdebatte weitgehend unterbleibt sowie notwendige risikosenkende Flankierungsmaßnahmen für eine stabile EU-Osterweiterung nicht auf den Weg gebracht werden. So könnte am Ende der Ukraine-Russland-Krieg den weiteren Zerfall der Europäischen Union einleiten, indem weitere „BREXIT-Fälle" entstehen; womöglich unterstützt im politischen Vorfeld von Russlands Regierung und dem russischen Präsidenten. Es besteht kein Zweifel, dass Präsident Putin und seine Regierung den BREXIT auf vielfältige Weise im britischen Politikprozess unterstützt hat – ohne dass dies im Vereinigten Königreich eine größere öffentliche kritische Debatte ausgelöst hätte. Eine weitere Osterweiterung, hier um die Ukraine, wird jedenfalls eine komplexe Herausforderung für die EU und ihre Mitgliedsländer.

Globale Wirtschaftsperspektiven auf mittlere Sicht

Wenn man die vier Wirtschaftsfelder Alterung der Gesellschaft, IKT-Expansion (IKT steht für Informations- und Kommunikationstechnologie), ökonomische Ungleichheit und Globalisierung (Handel und Direktinvestitionen) betrachtet und auf den Ukraine-Russland-Krieg bezieht, so ergeben sich wichtige Perspektiven für die Länder Russland, China, EU – plus UK, Ukraine – sowie Japan und China; je nach Ukraine-Russland-Szenario ergeben sich hier zwei alternative Szenarios auf mittlere Sicht, wobei mittelfristig ein Anstieg der nominalen und langfristig der realen Zinssätze zu erwarten ist. Der Ukraine-Russland-Krieg sorgt für eine internationale Abkühlung der Wirtschaftsentwicklung, was für China einen Dämpfungseffekt beim realen Wachstum und eine niedrigere Inflationsrate als in den USA und der Eurozone plus UK bringt.

Im Vereinigten Königreich wird die Johnson-Regierung darauf drängen, dass im Windschatten des Ukraine-Russland-Krieges das auf Nordirland bezogene britische Abkommen mit der EU gekündigt werden wird. Die USA werden, so Parlamentssprecherin Pelosi, das jedoch ablehnen – ein USA-UK-Freihandelsabkommen könne es nicht geben, so ihre Aussage, wenn UK faktisch das Karfreitagsabkommen über Nordirland (an dem hatten die USA mitgewirkt) faktisch beerdigen wolle. Der britische Ansatz nach dem BREXIT, nämlich Global Britain, könnte dann nicht wirksam sein: also mehr globaler Handel nach dem EU-Austritt. Er wird auch deshalb kaum realisierbar sein, weil die USA die Welthandelsorganisation unter der Biden-Administration nur teilweise wieder aktiviert haben; Schwierigkeiten bei Reformen der Organisation haben die Biden-Regierung veranlasst, in 2021/2022 internationale Handelsfragen stärker über die neue US-EU-Institution Transatlantic Technology Council, TTC, zu organisieren, was für UK einen BREXIT-bedingten Nachteil bedeutet.

Die Ukraine wird auf eine schnelle EU-Mitgliedschaft nach einem Friedensschluss mit Russland drängen, aber dazu kann man der EU kaum raten, da die Risiken für den nächsten BREXIT dann relativ hoch sein werden, sofern man nicht eine wirklich durchdachte EU-seitige Aufnahmestrategie für die Ukraine entwickelt. Wenn die nächste übereilte EU-Osterweiterung nur den weiteren EU-Zerfall beschleunigen sollte, hätte Putin wohl sein Ziel der Schwächung des Westens in verschiedenen Bereichen doch erreicht. Aus EU-Sicht ist die US-Führung mit einem Fragezeichen auf mittlere Sicht zu sehen, denn die USA sind latent politisch instabil wegen der enormen ökonomischen Ungleichheit, die man durch Sozialpolitik europäischer Art überwinden könnte, während zugleich Umfragen in den USA zeigen, dass die Mehrheit der Wählerschaft eine solche Sozialpolitik nicht wünscht. Vielmehr will eine relative Mehrheit der Befragten (Welfens, 2019; 2020), dass die US-Großunternehmen die Ungleichheit durch veränderte Lohnstrukturen in den Unternehmen beseitigen sollen: eine illusorische Erwartung in der US-Marktwirtschaft, was wiederum den Neuaufstieg des US-Populismus, also einen Trumpismus begünstigt (mitsamt politischer Polarisierung, die eine westliche Führungsrolle kaum ermöglichen wird).

Es liegt daher an der – schon teilweise überforderten – Europäischen Union, durch kluge Reform- und Politikprojekte zur Stabilisierung des Westens beizutragen und dabei letztlich auch die USA zu veranlassen, stärker auf eine Soziale Marktwirtschaft als Wirtschaftsordnung für das 21. Jahrhundert umzuschwenken. Eine mehrjährige Besetzung von Teilen der Ukraine durch Russland wird eine relativ instabile Situation mitten in Europa entstehen lassen. Die vorliegende Analyse zeigt insgesamt, wie der schreckliche Ukraine-Russland-Krieg entstehen konnte; politische Fehler in Teilen des Westens und sicher auch bei Russland sowie Schwächen der westlichen Russland-Forschung sind zwei wichtige Erklärungspfeiler. Es besteht im Übrigen nur wenig Anlass zu glauben, dass die Marktwirtschaft der USA inhärent stabil ist – schon die Transatlantische Bankenkrise hat enorme Schwachpunkte des anglo-amerikanischen Modells gezeigt. Der Westen ist aber in seinen Demokratien immer auch reformfähig in wichtigen Feldern geblieben, was die Kombination von Marktwirtschaft, Demokratie und Rechtsstaat langfristig attraktiv machen kann; vielleicht eines Tages ein Umdenken in China bewirken kann.

Speziell in Deutschland gibt es allerdings einen Widerspruch in der Energiepolitik, wonach die Ampel-Koalition einen schnellen Ausbau der Erneuerbaren Energien gerade in 2022 fordert, damit man weniger von Energieimporten aus Russland abhängig ist. Einen raschen Ausbau der erneuerbaren Energien gibt es aber von den bürokratischen Hürden her nicht, wie man 2022/2023 energiepolitisch in Deutschland und der EU hinkommen will – bei einem harten Winter – ist nicht erkennbar. Der parallele Ausstieg aus Kohle und Atomstrom hat sich für Deutschland als riskante Politik erwiesen; mitten in der Krise 2022 wird nun vermehrt Fracking-Gas aus den USA eingeführt. Die Möglichkeit eines Gas-Importzolls hat die EU im ersten Halbjahr 2022 gegenüber Russland verschlafen, während Russland im zweiten Halbjahr vermutlich über willkürlich verminderte Gaslieferungen viele EU-Länder in Schwierigkeiten zu bringen versucht – während Russland infolge erhöhter Gaspreise (und erhöhter Ölpreise) seinen Außenbeitragsüberschuss gegenüber dem Vorjahr vermutlich noch steigern kann. Die Sanktionspolitik des Westens gegenüber Russland wirkt im Energiebereich zumindest bei der EU zum Teil wenig durchdacht.

Die Weltwirtschafts- und Machtperspektiven für das 21. Jahrhundert

Russlands Überfall auf die Ukraine führt aus US-Sicht – auch vor dem Hintergrund des ökonomischen enormen Aufstiegs China in den drei Jahrzehnten nach 1978 und der erkennbaren Unterstützung Chinas für Putins Positionierung im Ukraine-Russland-Krieg – zu einem großen Druck, sich in den internationalen Wirtschaftsbeziehungen energisch zu positionieren. Nachdem unter Präsident Obama das handelspolitische Kooperationsprojekt TTIP mit der EU nicht gestartet werden konnte und in Asien das fertigausgehandelte transpazifische Handelspaket mit Japan und vielen anderen Ländern von Obama-Nachfolger Trump verworfen wurde (der im Übrigen die NAFTA als Verbindung der USA mit Kanada und Mexiko in einigen Punkten ändert), sind die USA in einer schwierigen Lage. Das transpazifische Handelsliberalisierungspaket der Obama-Administration ist zwar unter Führung Japans (das selbst erst spät an Bord bei den Verhandlungen kam) gestartet, aber die USA sind handelspolitisch wenig handlungsfähig, da die alte Kompromissformel von Demokratischem US-Präsident plus republikanisch beherrschtem US-Senat nicht mehr funktioniert: Eine Freihandelsinitiative eines Demokraten-Präsidenten kombiniert mit den üblicherweise auf Freihandel ausgerichteten Republikanern kann eine große Koalition pro Handelsliberalisierung erbringen – seit dem Aufstieg des populistischen Trump sind die Republikaner auf ein Anti-Handelsliberalisierungsagenda eingeschwenkt, da Trump dem Establishment der Republikaner eingeredet hat, dass die USA in den Freihandelsverträgen schlecht weggekommen seien und die USA ein strukturelles Handels- und Leistungsbilanzdefizitproblem hätten.

Wie die Analyse von Roeger und Welfens (2022a) in einem neuartigen DSGE-Modell mit Handels- und Direktinvestitionsbeziehungen verdeutlicht hat, konnte Trump aber in seinem Handelskrieg mit China keine Vorteile erreichen; zudem hat die Roeger und Welfens-Analyse mit dem innovativen DSGE-Modell (Roeger/Welfens, 2022a) gezeigt, dass das US-Leistungsbilanzdefizit wesentlich den Einfluss der US-Multis beziehungsweise der sogenannten Primärbilanz (vereinfacht hier: Netto-Gewinn-Position der US-Multis) widerspiegelt. Es handelt sich daher um eine Fehlsicht der Trump-Administration.

Wie soll man die Weltwirtschaft dauerhaft gestalten? Der US-Ansatz hieß vor Trump: über ökonomische Macht, handelspolitische Vernetzung, Militärbündnisse und die Kooperation in wichtigen Internationalen Organisationen (bei Trump war der Ansatz: America First – mit verminderter Rolle Internationaler Organisationen und einer Schwächung der Rivalen im Westen, etwa der Europäischen Union). Die Biden-Administration suchte in dieser widersprüchlichen Ausgangslage der US-Politik und mit Blick auf neue Herausforderungen etwa im Bereich Cyber-Angriffsrisiken einen neuen internationalen Politikansatz: Mit der EU hat man eine politisch relativ unverbindliche sicherheits- und handelspolitische neue Kooperationsagenda unter der Überschrift TTC (Trade and Technology Council) in 2021 auf den Weg gebracht. Die Agenda des EU-US Handels- und Wirtschaftsrates hat man bislang in Europa und der Weltwirtschaft kaum verstanden.

Diese transatlantische Agenda haben die USA mit einem neuen Indo-pazifischen Kooperationsvertrag IPEF – mit Vertragsunterschrift Ende Mai 2022 in Tokio – ergänzt; IPEF inklusive USA stehen für 35,4% Anteil am Welt-Bruttoinlandsprodukt (ohne USA: 20%) und bedeutet Indo-pazifischer Wirtschafts-Rahmen für Wohlstand. Die IPEF-Gruppe enthält neben Australien vor allem Indien – mit einem Anteil am Welt-Bruttoinlandsprodukt (nach Kaufkraftparitäten) von rund 7% – und zudem die Mehrzahl der Asean-Länder (letztere umfassen auch gut 6% des Welt-Bruttoinlandsproduktes). Indien ist der demokratische Rivale Chinas und wird um 2030 nach UN-Bevölkerungsprognosen eine Bevölkerung haben, die jene von China leicht übersteigt.

Das indische Pro-Kopf-Einkommen war 2020 erheblich geringer als das von China, aber mit einer starken Kooperation USA-Indien-EU könnte Indien langfristig wohl gegenüber China die Lücke beim Pro-Kopf-Einkommen schließen. Indien ist rüstungsmäßig stark von Russland abhängig und das wiederum macht Indien, den alten Rivalen Chinas – beide Länder sind Atom-Mächte – stark abhängig von Russlands Politik. Indien war über Jahrzehnte im Kalten Krieg eines der führenden Länder in der Bewegung der Blockfreien und wird sich als großes Land nicht in eine einseitige Abhängigkeit von den Vereinigten Staaten bewegen wollen.

In Sachen Klimaschutzpolitik ist Indien kein einfacher Kooperationspartner für den Westen, da das Land zwar Nr. 5 weltweit bei der Solarenergie-Nutzung in 2018 war (Welfens, 2019), aber zugleich enorm kohlelastig – also mit hohen CO_2-Emissionen – in der Stromerzeugung ist; und zwar ausgerechnet auch noch in Verbindung mit staatlichen Kohlgruben und kohlebefeuerten Kraftwerken sowie einer Staats-Güterbahn, bei der die Hälfte der Tonnen-Kilometer an Transportleistung Kohlen-Transporte darstellte.

Aus Sicht der Neuen Politischen Ökonomie könnte es doch aus Sicht des Westens schwerfallen, Indien als aktiven Partner für grünes Wirtschaftswachstum zu gewinnen. Viele EU-Länder (bzw. OECD-Länder) sind allerdings auch erst einmal selbst gefordert, eigene Widersprüchlichkeit in der Umwelt- und Klimaschutzpolitik zu überwinden: Wenn etwa – nach OECD-Angaben – Deutschland beim Ökosteueraufkommen auf 1,7% des Bruttoinlandsproduktes in 2020 kam, während Dänemark und Niederlande bei fast 4% standen, dann deutet das darauf hin:

- In Deutschland ist die Ökosteuer-Aufkommensquote sonderbarerweise um etwa 2 Prozentpunkte unterhalb des optimalen Wertes; jedenfalls wenn man annimmt, dass Dänemark und Niederlande in etwa bei der optimalen Ökosteuer-Aufkommensquote lagen.

- Hätte man eine höhere Ökosteuer-Aufkommensquote erzielt, so hätte man auch die Förderung von „grünen Innovationsprojekten" angemessen erhöhen können; also die Internalisierung positiver externer Effekte weiter vorantreiben können, was einen positiven Wohlfahrtseffekt mit sich gebracht hätte (sofern das erhöhte Ökosteuer-Aufkommen in Deutschland strukturell überschüssig in dem Sinn gewesen wäre, dass eine volle Internalisierung positiver externer Effekte bei der – erhöhten – Forschungsförderung einen Haushaltsüberschuss mit sich gebracht hätte, hätte man auch die Einkommenssteuersätze senken können; auch das wäre ein bisher nicht realisierter möglicher Wohlfahrtseffekt).

Zu den großen globalen Herausforderungen, die Länder auch über Politik- und Wirtschaftskooperation zusammenbringen könnte, gehören Erfolge bei grünen Patentfragen. Kluge Reformen von Wirtschaftssystemen – plus eine durchdachte politische Verfassung – können in Verbindung mit einer klugen Wirtschaftspolitik zu höherer Innovationsdynamik (auch erhöhter „grüner Innovationsdynamik") führen, wie eine Untersuchung für 35 europäische Länder (EU27 plus 8 Nachbarländer) zeigt: Demnach lässt ein Anstieg der Direktinvestitionsbestände relativ zum Kapitalbestand sowohl die grünen Prozessinnovationen (preiswertere Herstellungsverfahren) als auch die grünen Produktinnovationen (neuartige, verbesserte Güter und Dienstleistungen) ansteigen, wie eine Analyse von Welfens, Xiong und Hanrahan (2022) zeigt. Wenn man die Regressionen betrachtet zur Erklärung grüner Produkt- und Prozessinnovationen sowie von Firmen, die sowohl Produkt- und Prozessinnovationen aufweisen, so ergibt sich bei der Betrachtung von Unternehmen inklusive Innovationen in der Industrie (Manufacturing) beziehungsweise von Unternehmen ohne Innovationen in der Industrie:

- Ein hoher Index der Rechtsstaatlichkeit stärkt deutlich beziehungsweise hochsignifikant die grünen Prozessinnovationen (mit Industrie); zudem ergibt sich auch ein signifikanter Einfluss – Signifikanz auf dem 5%-Niveau – auf umweltfreundliche Patente.
- Die Internet-Dichte (Breitband-Dichte) wirkt hochsignifikant – auf dem 1%-Signifikanz-Niveau – auf die Prozessinnovationen (mit Industrie; ohne Industrie signifikant auf dem 5%-Niveau) und auch positiv auf die Produkt-Innovationen ohne Industrie; hier auf dem 5%-Signifikanzniveau.

- Auf die grünen Prozessinnovationen wirkt die Inlands-Direktinvestitionsquote (Relation ausländischen Kapitalbestandes relativ zum Kapitalbestand des Gastlandes) hochsignifikant positiv – Fall ohne Industrie. Hier dürften die Prozessinnovationen vom internationalen Technologietransfer profitieren.
- Auf die grünen Produktinnovationen (ohne Industrie) wirken die Auslandsdirektinvestitionsquoten deutlich negativ; das ließe sich dadurch erklären, dass aus einem Ansatz der Technoglobalisierung her – multinationale Unternehmen haben Forschung & Entwicklung für Innovationen im Hauptquartiers-Land und in ausländischen Tochterfirmen – verstärkte Direktinvestitionen im Ausland dazu führen, dass im Hauptquartierland weniger in dortige Produktinnovationen investiert wird.
- Es gibt einige weitere signifikante Einflussfaktoren, wobei der „grüne internationale Wettbewerbsvorteil RCA" positiv wirkt: Wenn Länder beim relativen Exportanteil von umweltfreundlichen Produkten dort einen Vorteil haben beziehungsweise positiv spezialisiert sind, erhöhen sich die Produktinnovationen signifikant (auf dem 1%-Niveau; ohne Industrie) beziehungsweise steigt die Zahl gemischter Fälle mit Prozess- und Produkt (positiver Einfluss auf dem 5%-Niveau).

Wenn also bei den Direktinvestionen multinationaler Unternehmen – als Teilelement von Globalisierung – Ansiedlungserfolge erzielt werden können, so bringt das auch ein Mehr an nachhaltigkeitsförderlicher Innovationsdynamik im EUplus-Wirtschaftsraum (35 Länder; ohne USA). Ob diese Zusammenhänge auch in anderen Weltregionen in ähnlicher Weise gelten, ist zunächst nicht bekannt; erst weitere Forschungsarbeiten könnten hier wünschenswerte Befunde erbringen. Natürlich sind multinationale Unternehmen aus den USA, Europa, Japan, Korea, China und anderen Ländern Teil der globalen Innovations- und Wirtschaftsdynamik. Tendenziell bedeutet der Abbau von Handelshemmnissen und internationalen Investitionsbarrieren, dass sich internationale Spezialisierungsgewinne in der Produktion und damit auch Realeinkommensgewinne ergeben sollten.

Außerdem können bei stärker integrierten Märkten die Fixkosten von Firmen im Bereich Forschung & Entwicklung über größere Produktions- beziehungsweise Absatzvolumina leichter verteilt werden, was mehr Innovationsdynamik und damit Wohlfahrtsgewinne bedeutet. Umgekehrt bedeutet eine denkbare Deglobalisierung im Nachgang zum Ukraine-Russland-Krieg einen internationalen Wohlfahrtsverlust für viele Länder und die Weltwirtschaft insgesamt. Ob sich eine Deglobalisierungsphase ergeben wird, bleibt zunächst abzuwarten. Dabei werden viele Einflussfaktoren eine wichtige Rolle spielen. Es ist unter anderem denkbar, dass gerade auch Länder unter starkem strukturellen Anpassungsdruck wie etwa die OPEC-Länder im Zuge der Anstrengungen auf dem Weg hin zur Klimaneutralität bis 2050, wesentlich zur Globalisierung beitragen.

Auch können einzelne Länder sich im Verlauf weniger Jahrzehnte international im Einkommensranking deutlich verbessern. Hier ist China selbst ein wichtiges Beispiel. Aber man kann auch an die Ukraine und Polen denken, die beide etwa 42 Millionen Einwohner haben und dennoch war das reale Bruttoinlandsprodukt in Polen in 2020 viel höher als in der Ukraine. Das lag wesentlich daran, dass die Transformationspolitik und die Verfassungsreformen in Polen – auch unter dem Eindruck der EU-Mitgliedschaft – ökonomisch gesehen erfolgreicher als in der Ukraine waren. Natürlich könnte auch ein Land wie Südafrika bei klugen Politikreformen ökonomisch mittelfristig international stark aufholen.

Ökonomische Vernetzungsmacht-Perspektiven

Wie stark ist der Westen, verstanden als die westlichen Industrieländer unter US-Führung in Verbindung mit einflussreichen Ländern in Lateinamerika, Asien und Afrika? Die USA standen 2020 selbst für 16% des Welt-Einkommens, die EU27 steht für 15%, UK für 2% und die lateinamerikanische Mercosur-Gruppe für 3% des Welteinkommens (siehe Tab. 17).

Tab. 17. Reales Bruttoinlandsprodukt (in Kaufkraftparitäten) in 2020; in Millionen US-Dollar und als Anteil am Welteinkommen im Jahr 2020

Land	2020 GDP KKP in 2017 US$	Anteil am 2020 Welt-BIP
IPEF* countries	**36.010.613,55**	**35,43%**
China	23.020.463,49	18,32%
USA	19.863.485,37	15,81%
EU27	18.666.106,83	14,86%
Eurozone	15.049.527,61	11,98%
Indien	8.508.757,58	6,77%
ASEAN	7.812.936,88	6,22%
Japan	5.062.661,21	4,03%
Deutschland	4.276.401,02	3,40%
Mercosur	4.046.361,18	3,22%
Russland	3.875.685,90	3,08%
Indonesien	3.130.467,09	2,49%
Brasilien	2.989.431,81	2,38%
Großbritannien	2.868.465,20	2,28%
Frankreich	2.851.553,02	2,27%
Italien	2.322.896,05	1,85%
Mexiko	2.301.753,89	1,83%
Südkorea	2.194.532,03	1,75%
Kanada	1.752.155,42	1,39%
Spanien	1.715.070,84	1,36%
Polen	1.227.880,78	0,98%
Südafrika	751.193,93	0,60%
Ukraine	516.637,61	0,41%
Welt	125.653.507,41	100,00%

*IPEF: USA, Japan, Australien, Neuseeland, Südkorea, Singapur, Malaysia, Indonesien, Vietnam, Philippinen, Thailand, Brunei, Indien

Quelle: Eigene Darstellung; Daten von der Weltbank (Link: https://data.worldbank.org/indicator/NY.GDP.MKTP.PP.KD)

China repräsentierte in 2020 rund 18% des Welteinkommens und könnte um 2040 rund 30% des globalen Einkommens ausmachen. Der Westen ist um 2020 gerade noch stark genug, dass er die Technologiestandards in wichtigen Feldern dominant setzen kann; aber kaum noch in der Kommunikationstechnologie.

Die ärmere Hälfte der Weltwirtschaft wird eine Neigung haben, sich auf die relativ preiswerteren Telekom-Infrastrukturangebote chinesischer Anbieter verlassen zu wollen: Auch wenn es ein gewisses Risiko gibt, dass der chinesische Staat in einer Krisensituation sich Zugang zu in den Telekomnetzen und -geräten vorhandenen Informationen privater und staatlicher Kunden von Bestell-Ländern verschafft. Ein solches Risiko wollen die USA und die EU nicht eingehen. Macht im 21. Jahrhundert basiert auf Einkommen, Vermögen, Militärkapazitäten und Datenzugängen sowie Wissen. Wenn der Westen 50% des Welteinkommens – zu Kaufkraftparitäten – sowie (legal und illegal) 70% der globalen Informationen hätte, so könnte der Westen die Weltwirtschaft im 21. Jahrhundert noch dominieren. Dabei muss der Westen nicht unbedingt die USA als Führungsmacht beinhalten.

Es ist natürlich kaum vorzustellen, dass die Vereinigten Staaten ihre westliche und globale Führungsrolle verlieren könnten. Bei einer anhaltenden innenpolitischen Polarisierung der USA, die den für globale Führung unerlässlichen breiten Politikkonsens zerstört, könnte diese neue Lage aber sehr wohl eintreten. Es ist ausgeschlossen, dass Großbritannien – mit seiner historisch unsäglichen BREXIT-Entscheidung (sie steht weitgehend für ein ökonomisch unrationales und politisch egozentrisches Verhalten, zu dem natürlich eine britische Bevölkerungsmehrheit jedes Recht hat) – eine neue Führungsrolle in Westeuropa beziehungsweise dem Westen haben wird. Nicht wirklich vorstellbar ist im Übrigen auch, dass die EU27 – nach einer Ukraine-Erweiterung eine EU28 – unter Führung Frankreichs geeint werden könnte, die neben UK die zweite Atommacht in Westeuropa ist. Deutschland als Atommacht ist aus historischen Gründen nicht sinnvoll vorstellbar.

Wenn die USA in eine politische Abwärtsspirale geraten sollten – oder auch eine längere Phase des politischen Populismus –, dann könnte man sich einen neuen Westen als Neue Europäische Union durchaus vorstellen. Das liefe hinaus auf eine Politische Europäische Union mit einer Sozialen Marktwirtschaft, die im Kern eine Art Mischung des deutschen und französischen Politikmodells und dabei eine EU-Verteidigungsgemeinschaft inklusive Atombewaffnung darstellen könnte. Dass sich eine Neue Europäische Union tatsächlich in einer solchen Weise entwickeln wird, werden viele Staaten sicherlich zu verhindern suchen; und Selbstüberschätzung, Mangel an politischer Professionalität oder schlechte Wirtschafts- oder Verteidigungspolitik könnten sich einerseits als entscheidende Hemmnisse für eine solche Neue Europäische Union erweisen. Andererseits ist zu bedenken, dass in einer ökonomischen Sicht das deutsch-französische Wirtschaftsmodell bei einer sorgfältigen Berechnung der relevanten Kennzahlen dem US-Wirtschaftsmodel überlegen ist:

- Die Höhe der Pro-Kopf-Zahlen beim effektiven Lebenszeit-Pro-Kopf-Einkommen und beim effektiven Pro-Kopf-Konsum sind für Deutschland/Frankreich im Vergleich zu den USA gleich hoch; das zeigen neuere Untersuchungen klar, indem man nämlich die USA- und die EU-Kern-Zahlen (EU-Kern=Deutschland/Frankreich) um die strukturell unterschiedlichen Gesundheitsausgaben auf beiden Seiten des Atlantik korrigiert und den Wert des höheren Freizeitbudgets in Westeuropa einbezieht (Welfens, 2019; 2020; auch zu den beiden folgenden Punkten siehe diese Literaturstelle).
- Die Lebenserwartung in der EU ist höher als in den USA.
- Die Säuglingssterblichkeit in der EU ist geringer als in den USA.

Das sollte natürlich nicht übersehen lassen, dass die USA in Sachen Militärtechnologie und zivile Hochtechnologie global führend sind. Eine politisch wenig stabile USA wird allerdings mit ihrer Führungsposition in ihrer Militärtechnologie nicht viel anfangen können. Im Übrigen dürfte Westeuropa sich dem Thema Neue Europäische Union kaum verschließen können, wenn denn rund eine halbe Milliarde Menschen in der EU28 – nach einer Aufnahme der Ukraine in die EU – nach Sicherheit, Wohlstand und Stabilität im 21. Jahrhundert verlangen. Mit EU-Reformen hat Europa viele Jahrzehnte Erfahrung und nachdem sich mit Großbritannien ein politisch offenbar in Europa-Fragen so unsicherer Kantonist aus der EU in einem opportunistischen Politikmanöver verabschiedet hat (Welfens, 2017a; 2017b; 2018), wird man in der EU wohl kaum auf eine alternative Abhängigkeitsposition von Russland oder China warten wollen.

Sofern man denkbare Situationen einer Neuen Europäischen Union nicht weiter thematisieren muss, wird unmittelbar die Frage aufkommen, was der „Alte Westen" – unter US-Führung im 21. Jahrhundert – wird erreichen können. Der Westen plus das „Demokratische Asien" könnten langfristig 60% der Weltwirtschaft darstellen, was vermutlich ausreichend als ökonomische Stärke ist, um China als autokratisches Land halbwegs zu kontrollieren.

Was die historische Perspektive für China in Sachen Demokratisierung angeht: Chinas historische Chance, eine normale Demokratie zu werden – etwa in den Jahren 1911-1920 – ließen die USA (und die führenden Länder Europas) ungenutzt verstreichen. Der US-Kongress war damals nicht bereit, die Demokratie-Bewegung auch nur mit einem bescheidenen finanziellen Betrag zu unterstützen. Daher stellt sich für den Westen und das demokratische Asien erst im 21. Jahrhundert neu die Frage, wie man Sicherheit, Stabilität und Demokratie global mit China sichern kann; einstweilen ist das ein autoritäres China: mit einem autokratischen Russland unter dem „jungen Putin" und dann einem „totalitären älteren Putin" an der Seite. Nachdem man in China zunächst nach der ökonomischen Öffnung des Landes die USA als Vorbild und starkes Führungsland des Westens einstufte, erfolgte mit der Transatlantischen Bankenkrise 2008/08 eine Neueinstufung durch Pekings Führung, wonach die Vereinigten Staaten als latent instabile Marktwirtschaft eingestuft wurden. In den USA sah die Politik den ökonomischen Aufstieg Chinas lange Zeit mit Wohlwollen, zumal anhaltendes US-Exportwachstum und starke US-Direktinvestitionen in China sowie hohe preiswerte US-Importe aus China auf eine ökonomische Win-Win-Situation hindeuteten: Beide Seiten konnten hier gleichzeitig profitieren. Mit dem steigenden bilateralen US-Handelsbilanzdefizit und der langfristig deutlich steigenden chinesischen Militärausgabenquote sowie den Expansionsbestrebungen Chinas im Pazifik beziehungsweise in Asien, ergaben sich um 2010 allerdings auch zunehmende politische Spannungen zwischen Washington und Peking.

Das chinesische Projekt Neue Seidenstraße, das eine landbasierte und eine maritime Infrastrukturmodernisierung mit Endpunkt in Westeuropa anstrebte, zeigte zudem, dass Chinas Expansionsdrang auch Richtung Europa zielte. Chinas Führung wurde unter der Trump-Administration allerdings durch das Ausmaß der kurzfristigen US-Gegenreaktion beunruhigt: Trump war nicht nur auf einen Handelskrieg aus, sondern bezichtigte China vor allem auch, US-Hochtechnologie in großem Umfang illegal an sich gebracht zu haben.

Das frühe 21. Jahrhundert aber natürlich auch durch einen allmählichen Zerfall des Westens geprägt sein, dessen Startpunkt man dann wohl auf 2016 setzen kann: Das Jahr des britischen EU-Referendums bzw. von BREXIT. Das autokratische Russland, das ja auch Atom-Macht ist, könnte eine Politik der Nadelstiche gegen den Westen fortsetzen und dabei neben geografischen alten sicherheitspolitischen Stoßregionen wie Afghanistan und Naher Osten (Syrien) auf neue Destabilisierungspunkte in Afrika setzen (z.B. in Mali, wo Deutschland und Frankreich als Ordnungs-Hilfsmächte verdrängt werden; teilweise mit Unterstützung der Wagner-Söldner-Truppen, die von Russland finanziert werden). Auch Lateinamerika bietet für Russland Destabilisierungsansatzpunkte, da bei oft schwachem Rechtsstaat und populistischen Regierungen ein stabiles westliches System kaum langfristig zu realisieren ist: mit einer Nebenwirkung, die für die USA ein großes Problem darstellen kann, nämlich erhöhte Flüchtlingsströme bzw. neuer hoher Immigrationsdruck.

Was die westlich-asiatische Achse mit China und Russland zusammenbringen könnte, das wäre vermutlich ein gemeinsames Interesse daran, Klimaschutz zu erreichen: also Klimaneutralität bis 2050 durch einen kooperativen Politikansatz zu erreichen. Im Ukraine-Russland-Krieg geht es daher auch um die Frage, zu welchen Ausgangsbedingungen künftige globale Kooperation hierbei stattfinden kann. Dass Russland durch eine starke Kooperation mit China viel auf Dauer wird erreichen können, ist zu bezweifeln, denn die ökonomische Größenrelation von 6:1 zugunsten von China in 2020 und vermutlich 10:1 in 2040 bedeutet, dass Russland eine relativ schlechte Position haben wird. Dass Russland von China eine breite Anerkennung als Supermacht des 21. Jahrhunderts erfahren wird, ist wenig wahrscheinlich. Dazu ist die technologische Dynamik Chinas und sind die Eigeninteressen Chinas zu groß. Wenn China wiederum sich an die Seite Russlands drängt, so wird sich China in der Weltpolitik zu seinem Nachteil in eine Isolationsposition bringen. Es könnte sich für China die Frage stellen, ob man sich nicht politisch freiwillig zu einem bestimmten Zeitpunkt für eine Demokratisierung in einem chinesisch-westlichen Modell entscheiden will.

China seinerseits hat mit dem 15 Länder umfassenden Abkommen „Regional Comprehensive Economic Partnership" – zum 1. Januar 2022 in Kraft getreten (RCEP) – einen regionalen Ansatz zur Handelsintegration verankert; und zwar mit den Ländern Australien, Brunei, Kambodscha, China, Indonesien, Japan, Süd-Korea, Laos, Malaysia, Myanmar, Neuseeland, Philippinen, Singapur, Thailand und Vietnam. Hier kann China versuchen, sich als multilateraler Akteur in der Region Asien+ positiv in Szene zu setzen. Aber China hat zugleich das Problem, dass das Land ökonomisch so viel größer als alle anderen Länder ist – und noch mehr sein wird in den Jahrzehnten bis etwa 2060 –, sodass auch im RCEP nicht nur politisch-ideologische Spannungen einerseits und Handelsvorteile andererseits angelegt sind. Vielmehr könnten auch die USA versuchen, über ihre Verbündeten im RCEP Störmanöver gegen Chinas regionale Integrationspläne aufzusetzen.

Mit dem Ukraine-Russland-Krieg schwappen aus Europa her politische Spannungen zwischen dem Westen und Russland in alle Integrationsräume über. China, das abgesehen von seiner Mitgliedschaft in der Welthandelsorganisation (WTO) seit 2001 wenig Erfahrung mit dem Multilateralismus hat, musste bereits durch US-Präsident Trump erfahren, dass auch eine etablierte Internationale Organisation wie die WTO keineswegs ein stabiler Aktionsraum ist. Trump versuchte vielmehr, die WTO in 2016-2019 zu blockieren, die kleine Länder ebenso wie große Länder vor handelspolitischer Willkür von einzelnen Mitgliedern schützen soll. China hat auch eine beschränkte Erfahrung mit der multilateralen Bank Asian Infrastructure Investment Bank, deren Sitz in Peking ist; sie ist aktiv seit 2016 und hat enorme Möglichkeiten, um internationale Infrastrukturprojekte zu finanzieren. Durch die Protektionismuspolitik der USA unter Präsident Trump geriet China zeitweise in einr sonderbare, ungewohnte Rolle: Dass Chinas Staatspräsident auf dem Davoser Wirtschaftsgipfel in 2017 sich als großer Verteidiger des internationalen Freihandels präsentierte (Parker, 2017).

Man kann hier im Rückblick den Eindruck erhalten, als sei durch das Zusammentreffen von BREXIT und Trump-Wahl im Jahr 2016 mit der Gründung der Asian Infrastructure Investment Bank (ohne USA als Gründungsland, während UK, Frankreich und Deutschland neben China Mitbegründer sind) eine kritische Weggabelung der Globalisierung erreicht worden. Ob die Globalisierung – schon zeitweise gestört durch die Corona-Pandemie und technische Probleme bei den internationalen Wertschöpfungsketten im Kontext von Zero-Covid-Aktionen in China (z.B. Lockdown von Shanghai im Frühjahr 2022) – längerfristig tatsächlich als Internationalisierungsmodell im 21. Jahrhundert fortgeführt werden kann, bleibt abzuwarten. Die Exportquote Chinas ist im Übrigen schon im Zeitraum 2014-2019 rückläufig gewesen, was aber nicht unbedingt auf eine problematische Deglobalisierung hindeutet.

Vielmehr ist auch denkbar, dass Chinas Strukturwandel beziehungsweise die Zunahme des Anteils des Dienstleistungssektors an der gesamtwirtschaftlichen Wertschöpfung hier ein wichtiger Erklärungsfaktor ist. Allerdings könnte man auch erwarten, dass die Zunahme digitalen Dienstleistungshandels – inklusive Business Process Outsourcing – längerfristig auch bei China einen weiteren Anstieg der Exportquote mit sich bringen wird; sofern denn nicht die Handelsglobalisierung insgesamt in eine Krise gerät.Wohl aber ist denkbar, dass die bestehenden führenden regionalen Integrationsräume EU, ASEAN, Mercosur (in Latainamerika), ECOWAS (in Afrika) verstärkt untereinander kooperieren und dabei jeweils die USA, Japan und Australien einbeziehen. Entstehen könnte eine Art Hanse-Länder-Gruppe, die sich gegenseitige Handelsvergünstigungen und Direktinvestitionsvergünstigen einräumen sowie bei der Verteidigung zusammenarbeiten.

Dabei ist nicht ausgeschlossen, dass sich nach einer Reihe von Jahren der Außenhandel des Westens mit Russland neu entwickelt; allerdings hat Putins Überfalls auf die Ukraine die ökonomischen Perspektiven Russlands deutlich in mittlerer Sicht gemindert – hier ist politisches Vertrauen von Seiten Russlands auf Jahrzehnte gegenüber dem Westen massiv beschädigt worden. Die Furcht vor einer militärischen Bedrohung durch China dürfte viele Länder in Asien nach einer Stärkung militärischer Kooperation mit Großbritannien und den USA sowie Australien suchen lassen; mit der EU nur in geringem Umfang, da die geografischen Gegebenheiten und auch die Kolonialgeschichte hier die USA und Großbritannien bevorzugen dürften. Innerhalb der EU dürfte Frankreichs Rolle als Militärmacht und Rüstungsexporteur Richtung Asien zunehmen. Für Deutschland beziehungsweise die EU gilt, dass man in Asien in der ASEAN-Ländergruppe einen wichtigen „Ausweichpartner" finden kann, gegenüber dem man die Wirtschaftsbeziehungen noch relativ leicht ausbauen könnte. Auch Indien rückt hier in den Blickpunkt, soweit die Handels- und Investitionsbeziehungen gegenüber China für einige Zeit aus westlicher Sicht nur noch gedämpft wachsen können. Führende ASEAN-Länder hatten in 2021 (nach Kaufkraftparitäten gerechnet; Weltbank-Angaben) schon ein Pro-Kopf-Einkommen wie osteuropäische EU-Länder und das Gewicht der ASEAN-Länder insgesamt ist immerhin ein Drittel der globalen Nr. 1: China. Die USA lagen im internationalen Vergleich – nach Kaufkraftparitäten gerechnet – 2020 etwa zwei Prozentpunkte hinter China. Wenn Chinas Exportwachstum und das Wirtschaftswachstum sich verlangsamen sollte, kann das wiederum in China zu politischer und ökonomischer Instabilität führen; Chinas Interesse an einer breiten außenwirtschaftlichen Kooperation mit der EU und den USA dürfte von daher mittelfristig hoch sein, wobei die Kooperation vermutlich schwieriger wird – je mehr die USA von einer Auseinandersetzung der Demokratien und des Autoritarismus sprechen.

14
Freihandel, Freiheit, Rechtsstaat und Demokratie gehören zusammen

Nato-Generalsekretär Stoltenberg hat auf dem Davos-Gipfel 2022 verlautbart, dass mit Blick auf den Ukraine-Russland-Krieg ein Widerspruch zwischen Freihandel und Freiheit bestehe. Das soll offenbar besagen, dass man seitens der Nato-Länder nicht auf die Regeln der Welthandelsordnung und des Multilateralismus setzen soll und tendenziell auf Handel mit Russland verzichten müsse; und wenn diese Logik so allgemein gelten sollte, dann kann es auch keinen Handel mit China geben – oder am Ende vielleicht auch keine Direktinvestitionen dort. Zwar gibt es mit China keinen Krieg des Westens; aber Chinas Führung achtet die Menschenrechte in einem Teil des Staatsgebietes nicht und vermutlich gibt es in Peking Blaupausen für einen Militärangriff auf Taiwan in naher oder ferner Zukunft. Die Stoltenberg-These ist aber eine Einladung zu einer gedanklichen Verwirrung im Westen und weltweit.

Jens Stoltenberg, der ehemalige Regierungschef Norwegens, steht also Ende Mai auf der Weltbühne von Politik & Kapital (ohne Russland in 2022), im Schweizerischen Davos, um eine falsche Logik zu propagieren: Ohne überzeugende Sicht der komplizierten Zusammenhänge von Freiheit, Freihandel, Pro-Kopf-Einkommen, Rechtsstaat und Demokratie.

Dabei gilt immer noch die Gleichung, dass eine Erhöhung der Handelsintensität zu einem Weniger an Kriegsfällen führt, wie die empirische Konfliktanalyse zeigt; und wie dies auch schon der britische Ökonom David Ricardo in seinem Buch On the Principles of Political Economy and Taxation (Zu den Grundlagen von Politischer Ökonomie und Besteuerung) als Hypothese zum Verhältnis von Handel und Kriegsneigung als notwendiger Bedingung für Frieden formulierte. Natürlich ist eine Zunahme von Außenhandel allein keine Garantie für die Abwesenheit von Krieg. Hätte Ricardo Zeit für die Formulierung eines zweiten Bandes seiner Principles gehabt, wären weitere Einsichten zu erhoffen gewesen – vielleicht eine Hypothese, dass es Großbritannien in seinen außenpolitischen Top-Politikbeziehungen nicht nur auf einen Staatsbesuch alle 129 Jahre ankommen lassen sollte; selbst wenn London sich als Insel-Großmacht solch ein Verhalten, zu dem im Blick auf Russland natürlich zwei Köpfe gehören, notfalls auch leisten könnte. Die Rede ist von Putin und seinem UK-Staatsbesuch in 2003.

Es geht aktuell um jenen Staatspräsidenten Russlands, der nicht viel an Wirtschaftserfolgen für sich verbuchen kann; auch wenn seine ersten zwei Amtszeiten immerhin für Russlands Erfolg stehen, die Wirtschaftskrise von 1998 überwunden zu haben. 1874 leistete sich das Vereinigte Königreich einen Zarenbesuch in London; der Zar Alexander II. reiste auf Einladung der Queen mit seiner Yacht aus St. Petersburg an.

Das Ende der Sowjetunion war 1991 und nach erst mehr als einer Dekade kam Russlands Präsident dann nach London. Man kann schon Argumente nach 2014 finden, dass die UK-Russland-Beziehungen aus britischer Sicht herunterzufahren waren. Aber in den Jahren 2003-2013 hatte man immerhin auch eine ganze Dekade für hochrangigen Besuchsverkehr. Ministerpräsident Tony Blair und seine Nachfolger sowie Theresa May und der unermüdliche Boris Johnson flogen nicht nach Moskau; nach Russland überhaupt nur, wenn G7 – 1998 bis 2013: G8 – oder G20-Besuche das quasi unvermeidlich in einem größeren Rahmen machten. Der G8-Gipfel fand 2006 in St. Petersburg statt. Da war Russland schon faktische Autokratie.

Schuld an der historischen Wirtschaftskrise in Russland im Jahr 1998 mit einem Realeinkommensverlust von rund 6% des Bruttoinlandsproduktes hatten Boris Jelzins miserable Wirtschaftspolitik beziehungsweise eine Wechselkursfixierung des Rubels gegenüber dem allmächtigen US-Dollar. Dabei steht in jedem westlichen Lehrbuch der Makroökonomik, dass in einem Land mit klarer Exportdominanz von ganz wenigen Gütergruppen – bei Russland: Öl, Gas, Metalle – flexible Wechselkurse unbedingt einem Fix-Kursregime vorzuziehen sind, da man so früh grundsätzlich unabhängige Geldpolitik kombinieren kann mit frühen Impulsen für notwendigen Strukturwandel.

Das daraus resultierende Wirtschaftsdesaster in Russland ergab sich zunächst in der Vorphase in der Form der Asienkrise 1997, wo der Ausgangspunkt Thailand – mit quasi-autokratischem Regime – bei zunächst gutem Konjunkturwetter war; aber mit einem teilweise korrupten System, bei dem große politische Unternehmerfreunde auf hohe Kredite von politisch beeinflussten Banken hoffen konnten.

Die Regierung in Bangkok und anderen ASEAN-Ländern hatte eine stillschweigende Wechselkursfixierungs-Politik vollzogen und lud seitens der Politik so die Wirtschaft über Jahre dazu ein, sich günstige Dollarkredite in New York zu besorgen; oft auch noch kurzfristige Kredite für langfristige Projekte, was ein doppeltes Risiko darstellte: Zinsänderungs- und Abwertungsrisiko, was der Ökonom Ricardo Hausmann als Erbsünden-Problem bezeichnete. Eine Mega-Abwertung in Indonesien bedeutete eine enorme Erhöhung der Auslandsschulden von Unternehmen dort – in inländischer Währung gerechnet –, während die Zentralbank zwecks Wechselkursstabilisierung den Zinssatz kräftig, aber rezessionsförderlich anhob. So zog es gleich auch schon Indonesien als damals wichtiges Ölexportland nach unten. Es gab ein Regionalisierungssyndrom der Wirtschaftskrise in Asien einerseits, aber auch internationale Krisen-Übertragungseffekte nach Russland via Mexiko.

Die Asienkrise bedeutete eine Asien-Rezession und damit einen massiven Rückgang der globalen Öl-Nachfrage. Da aber Länder wie Indonesien, aber auch Russland und Mexiko bei massiv sinkenden Ölpreisen in 1998 auf steigende Ölförderung und erhöhte Exportmengen setzten, sank der Ölpreis rasch noch tiefer und die genannten drei Länder, deren Staatshaushalte alle stark auf Öl-Exporte angewiesen waren, fanden sich im Nu in größten Schwierigkeiten. Mexiko wurde von den USA und dem IWF gerettet; Thailand und Indonesien sowie weitere Länder in Asien von der Asiatischen Entwicklungsbank, dem IWF, Japan und den USA. Die Osteuropa-Bank in London half Russland in 1998 nur wenig.

Staatspräsident Jelzin meinte angesichts eines großen Haushaltsdefizits bei Rezession, Russlands Staat nur noch durch eine Oligarchen-Privatisierung vor dem Bankrott retten zu können: mehr als die Hälfte des staatlichen Industrievermögens wurde binnen 18 Monaten an drei Dutzend Oligarchen verkauft, womit Russland den Absturz in den Staatsbankrott vermied, während ihm nun der Weg in eine normale Demokratie aber verbaut war. Auf den Zusammenbruch einer in den 1980er Jahren unglaublich korrupten Sowjetunion folgte die Einführung eines Oligarchen-Wirtschaftsregimes, das natürlich für Wettbewerb auf Güter- und Faktormärkten nichts übrighatte – mit der passiven Ausnahme des Falls handelsfähiger Güter beziehungsweise unvermeidlichen Importwettbewerbs. Kaum Qualitätswettbewerb gab es bei Rohstoffen, aber ökonomisch sehr relevant war das wegen der geringfügigen Wertschöpfung ohnehin eher nicht, wenn man von der ansonsten enormen Größe der Rohstoff-Exporte relativ zum Nationaleinkommen absah. Und immerhin: es kam rund die Hälfte der Staatseinnahmen aus den Sektoren Energie/Metalle. Den Energiesektor konnte man produktivitätsmäßig auch dank hoher Direktinvestitionen westlicher Länder und aus Japan mittelfristig stabilisieren.

Man weiß natürlich, dass sich selbst in den USA der Kongress und der Präsident in der immerhin zweihundertjährigen US-Demokratie oft nur schwach gegen starke Industrie-Lobbying-Interessen haben verteidigen können; inklusive des militärisch-industriellen Komplexes, den Verteidigungsminister McNamara einst beklagte. Dass sich im neuen Russland als dem Nachfolgestaat des aufgelösten Sowjetimperiums – mit seinen vielen Republiken – der Staat kaum gegen die wenigen Oligarchen-Familien sinnvoll werde aufstellen können, war Putin nicht nur wegen seines sicher enormen FSB-geprägten Wissens um Korruption in Sachen Wirtschaft und Politik klar. Putin als Ex-Chef des Inlandsgeheimdienstes gab dann als Präsident ab 2000 die Parole aus, dass die Politik sich wenig in die Wirtschaft einmischen werde: wenn denn die Oligarchen sich aus dem schmalen politischen Wettbewerb heraushielten.

Was als Eintrittsverbot in den russischen politischen Markt mit Blick auf die wirtschaftsmächtigen Oligarchen von Putin vorgegeben wurde – in der Verfassung war ein politisches Betätigungsverbot für reiche Wirtschaftsführer ja nicht enthalten –, war natürlich faktisch auch ein Verbot an konkurrierende Parteien, sich mit Hilfe russischen oder ausländischen „Finanzkapitals" massiv im Wahlkampf zu positionieren. Wenn aber der Präsident (bei zunächst nur einmaliger Wiederwahlmöglichkeit) immer nur faktisch Putin heißen konnte, dann gab es natürlich gar keine richtige Demokratie in Russland; womöglich auch nicht das von Putin immer wieder beschworene Risiko eines wirtschaftlich-politischen Chaos im Land. Da die Krim-Annexion in 2014 Putin hohe Popularitätswerte bescherte und die führenden EU-Länder sogar im Jahr darauf das russisch-europäische Ostsee-Pipeline-Projekt Nord Stream 2 politisch beschlossen, sah Russlands Präsident neue Möglichkeiten zur Verwirklichung seines Russland-Ukraine-Projektes; oder des Zusammenzwingens von Russland und „Kleinrussland", wie er die Ukraine gelegentlich bezeichnete.

Die Ukraine selbst war in Sachen Demokratie-Entwicklung stark von Oligarchen-Faktoren und massiver Korruption geprägt. Aber Putin sah unter anderem aus seiner Russland-Sicht vor allem die Gefahr, dass eintreten könnte, wovor sein so geschätzter russischer Philosoph Iwan Iljin – einst eine Art intellektueller Hauptberater der „Weißen" beim Kampf um Russland und die Oktober-Revolution – gewarnt hatte in verschiedenen Schriften: Dass der Westen unter der Überschrift Sicherung der Demokratie die doch eigentlich unverbrüchlich zu Russland stehende Ukraine – siehe gemeinsame Geschichte, Kultur und Sprache – aus der Sowjetunion oder deren Nachfolgestaat (eben dem neuen Russland) herauszubrechen versuchen werde. Der Westen werde ein solches Manöver als pro-Demokratie geleitet darstellen, in Wahrheit aber vor allem die Schwächung der Sowjetunion oder – falls existent – dessen Nachfolgestaates zu bewirken suchen. Es ist sicherlich kein Zufall, dass Putin ein Buch von Iljin mit solchen Thesen in 2014 fünftausendfach an hohe Bürokraten, diverse Oligarchen und enge Freunde verschenkte und im Übrigen in den Jahren 2003, 2004 und 2005 seine Reden an den Föderationsrat mit Iljin-Zitaten schmückte.

Es ist wiederum wohl auch kein Zufall, dass die ideologischen Wandlungen des Wladimir Putin an den führenden Regierungen im Westen vorbeizogen, ohne dass etwa die Russland-Forschung oder die großzügig ausgestatteten Geheimdienste frühzeitig – also etwa 2015 – auf die Iljin-Einflüsse und die Rolle anderer russischer Philosophen der 1920er Jahre (beziehungsweise russischer Auslandsphilosophen, die erst ab 1991 wieder in Russland buchmäßig neu verlegt wurden) aufmerksam wurden. Immerhin veröffentlichte Michel Eltchaninoff, ein bekannter französischer Philosoph aus Paris, sein Buch „*Dans la tête de Vladimir Poutine*" in 2015: ein Jahr später als „In Putins Kopf. Die Philosophie eines lupenreinen Demokraten" in Deutsch verfügbar und 2018 dann auch in englischer Sprache (*Inside the Mind of Vladimir Putin*). Aber über vier Jahre gesehen gab es keine 25 Zitierungen in der ganzen englischsprachigen Wissenschaftswelt, wenn man Google-Zitierinfos denn glauben darf (Eltchaninoff, 2015, 106; 2018).

Zu den weniger überzeugenden Schlussfolgerungen nach einigen Monaten sieglosen Ukraine-Russland-Krieges gehört sicher die Behauptung, dass Wandel durch Handel schon immer eine falsche These war – und eben neuerdings: Freihandel und Freiheit nicht zusammengingen. Aus einer vernünftigen ökonomischen Analysesicht ist der Zusammenhang eher ganz anders: Freiheit entsteht wirtschaftlich sinnvoll (nachhaltig) im Wettbewerb auf in- und ausländischen Märkten und mit den so steigenden Pro-Kopf-Einkommen können sich die Menschen – so schon Adam Smith, der schottische Ökonom und Philosoph – mehr als die Grundbedürfnisse leisten: Kulturelle Bedürfnisse, Zeit zum Nachdenken und politisches Streiten in der Öffentlichkeit erhalten größeren Raum.

Mit dem im Konjunktur-auf-und-ab regelmäßig in der Rezession steigenden Druck in wichtigen Wirtschaftssektoren zu Monopolisierung beziehungsweise Unternehmenszusammenschlüssen, ergibt sich für die Politik in der Demokratie eine mächtige Herausforderung: Wettbewerb nachhaltig zu verteidigen. Wenn man der Chicago-School der Wettbewerbspolitik folgen wollte, sollte man dem qualitativ neuartigen Druck zu Größe in der Wirtschaft nachgeben; Monopolisierung ist unter Effizienzaspekten ok. Aber das ist nun wirklich eine politische Fehlsicht, denn den Umzug der Marktwirtschaft mit Wettbewerb und Mittelstand in einen digitalen Monopolisierungsraum verträgt die Demokratie wiederum nicht – sie aber soll den Rechtsstaat schützen.

Digitale Monopolfirmen, noch dazu womöglich im Medienmarkt (oder doch Mega-Firmen mit wenig Wettbewerbsdruck), können das Zentrum des politischen Spektrums oder auch seine polaren Endpunkte verschieben beziehungsweise hinausdehnen. Eine Polarisierung der Politik aber schwächt auch den Grundkonsens der Demokratie und damit die Demokratie selbst, da zum politischen Konsens und zum Kompromiss knappes politisches Reputationskapital der Parteien notwendig ist. Je mehr von diesem Kapital für die innerparteiliche Parteiprofilierung in einer polarisierten Gesellschaft auf beiden Enden des Politikspektrums eingesetzt werden muss, desto schwieriger wird es, politische Kompromisse zu finden und jenen inländischen Konsens der Gesellschaft zu erarbeiten, der für globale Führungsmächte auf der internationalen Politikbühne eine unerlässliche Kraftbasis ist. Der Sektor der Informations- und Kommunikationswirtschaft wächst gerade in westlichen Führungsländern wie den USA und Großbritannien und Deutschland relativ stark, was wiederum die Einkommensunterschiede in den Gesellschaften der USA und Großbritanniens seit etwa 2000 enorm ansteigen ließ; zum Teil auch besonders bei den Einkommenspositionen im Ausland.

Auch in der Schweiz war in den 15 Jahren nach 2000 der größte Treiber der Einkommensungleichheit der Zuwachs der Einkommen aus dem Ausland – kein Wunder, da in der digitalen Wirtschaft nationale Landesgrenzen im Zeitablauf eine immer geringere Rolle spielen, während die digitale Unternehmensgröße überproportional zunimmt (man denke z.B. an Amazon, Alphabet, Microsoft, Meta usw.). Der steigenden Einkommensungleichheit setzen die USA und Großbritannien wenig entgegen, zumal die staatlichen Ausgaben für Weiterbildung und Training kaum 0,1% des Nationaleinkommens in den beiden Jahrzehnten nach 2000 erreichte. Da stehen die Schweiz, aber auch Deutschland, Niederlande, Dänemark und einige andere EU-Länder doch deutlich besser dar.

In den USA wiederum fehlt politisch weithin die Bereitschaft, das laut US-Umfragen große politische Wähler-Ärgernis, nämlich hohe Einkommensungleichheit durch eine sinnvolle Bildungs-, Steuer- und Sozialpolitik zu bekämpfen; nicht erstaunlich angesichts der relativen Mehrheitsmeinung der Wählerschaft, die eine Art Eingriffsbarriere der Wirtschaftspolitik bedeutet: Nämlich die Überzeugung, dass die Großunternehmen eine die Einkommensunterschiede mindernde Lohnpolitik bei Management und Belegschaft durchführen sollten. Das aber ist in einer Wirtschaft der Aktiengesellschaften ein Wunschdenken, das der Politik eine unlösbare Aufgabe zur Quadratur des Kreises abverlangt.

Der Bedarf an Rechtssicherheit steigt mit der Akkumulation von Vermögen, das zunächst bei einer unternehmerischen Minderheit anzeigt, dass man das Existenzminimum überwunden hat. Mehr Rechtssicherheit ist aber gerade ein Fördermittel der Märkte, denn erst mit dem Vertrauen in Verträge als Teil von Marktaktivität und deren Durchsetzbarkeit – notfalls vor unabhängigen Gerichten – können Märkte ihre Produktivität stark entfalten: Idealerweise in einer politisch demokratisch bestimmten Rahmenordnung, die Investitionen und Bildung stimuliert und der Vielfalt von Ideen und Produkten von Menschen im Wettbewerb der Köpfe und Kaufleute Raum sichert. In Sachen Rechtsstaat können viele Länder in Europa und den USA auf großen Traditionen aufbauen, Russland jedoch nicht. Abgesehen von einer kurzen Semstwo-Kommunalverwaltung in der frühen zweiten Hälfte des 19. Jahrhunderts sind in Russland auch kaum saubere unkorrupte Politikstandards im Inland als Tradition entstanden.

Man weiß immerhin aus der modernen Entwicklungs-Fachliteratur, dass eine Öffnung des Landes für Außenhandel und für Direktinvestoren – siehe etwa Südkorea und Japan – politische Verhaltensstandards sinnvoll verändern kann: Hin zu weniger Korruption, zu mehr Wettbewerb im politischen System, letztlich auch zu einem gestärkten Rechtsstaat. Eine Justiz, die wie in den USA vor 1880 allzu sehr mit lokaler Gewalttätigkeit und Korruption sowie Monopolisierung in der Wirtschaft zu tun hat, erlebte in der Politik nur wenig Freiraum, um demokratische Reformpolitik zugunsten der Mehrzahl der Schichten verlässlich durchzuführen. Bis Anfang der 1930er Jahren waren die Vereinigten Staaten ein relativ gefestigter Rechtsstaat, auf den die Investoren aus dem Inland setzen konnten.

Für Investoren aus dem Ausland verbesserten sich die Bedingungen auch, nochmals deutlich im Zug der Gründung der Welthandelsorganisation Mitte der 1990er Jahre. TTIP, das Projekt eines Transatlantischen Handels- und Investitionsschutzabkommens, hätte bis 2015 eine glückliche Vollendung der westlichen Reforminitiativen auf Seiten der USA und der EU werden können. Durch eine institutionelle Zufälligkeit aber war die Europäische Kommission beim Lissabon-Vertrag (der Quasi-Verfassung vom 1. Dezember 2009) an die Zuständigkeit für Direktinvestitionen – als Ergänzung zu ihrer supranationalen Kompetenz beim EU-Außenhandel – gekommen. Dadurch kamen ausgerechnet bei den transatlantischen Liberalisierungsverhandlungen nicht nur Handelsfragen, etwa im Bereich der Nicht-Zoll-Hemmnisse, auf die Agenda. Vielmehr musste US-Präsident Obama gegenüber den 28 EU-Ländern auch das Thema Investitionsschutzabkommen auf den Verhandlungstisch schieben, das nur deshalb da zu finden war, weil einerseits die EU die neue Kompetenz der Investitionsschutzabkommen gewonnen hatte und weil andererseits neun osteuropäische EU-Beitrittsländer vor dem Start der TTIP-Verhandlungen gegenüber den USA Investitionsschutzabkommen bilateral geschlossen hatten: Natürlich aus dem Interesse, dadurch verstärkt US-Direktinvestitionen zu gewinnen. Hingegen waren etwa Großbritannien, Frankreich, Deutschland und Italien noch nie mit den USA durch ein Investitionsschutzabkommen verbunden gewesen.

Da ins Zentrum der europäischen TTIP-Kritik aber gerade die Investitionsschutzfragen rückten, die national und supranational – in Brüssel – als nicht mehrheitsfähig erschienen, ergab sich das Paradoxon, dass auf unglückliche Weise die osteuropäischen EU-Beitrittsländer indirekt eine TTIP-Einigung unter der Obama-Präsidentschaft verhinderten. Mit Trump ergab sich dann geradezu ein Absturz bei Freihandelsthemen, zumal dem Populisten Trump eine Unterstützung durch kompetente Berater fehlte.

Nicht immer werden Freihandel und Freiheit kurzfristig für eine Win-Win-Situation der beteiligten Länder stehen. Aber es ist ja nicht von ungefähr, dass des neuen Russlands ökonomische Blütezeit dank positiver Antizipationen im Vorfeld des 2012 erfolgten russischen Beitritts zum globalen Handels-Regelwerk der Welthandelsorganisation als einer der globalen institutionellen Doppelpfeiler der Weltmarktwirtschaft sichtbar wurde. Es ist tragisch, dass 2016 mit dem populistischen US-Präsidenten Trump ausgerechnet ein Gegner des regelbasierten Wirtschaftssystems an die Macht in Washington DC kam; und Russlands Gastspiel bei der wichtigen G8-Runde schon 2013 wieder beendet war – der geplante G8-Gipfel in Sotschi, fand nie statt, man traf sich in der G7-Runde in 2014 in Brüssel (2014 fand die Annexion der Krim durch Russland statt).

Es kann kein Zweifel bestehen, dass eine große, geschlossene Koalition des Westens plus Japans, Koreas und Australiens sowie Neuseelands den Abwehrkampf der Ukraine gegen Putins Russland unterstützen wird; einen wirklichen Erfolg wird Putin nicht erringen können. Ohne Selbstkritik sollte der Westen am Ende nicht sein; wenn es eine neue Chance für ein neues Russland in einem europäischen Frieden geben sollte, wird man hoffentlich aus der Wirtschaftsgeschichte die richtigen Lehren diesmal wirklich gezogen haben. Die Asean-Länder mögen ökonomisch und politisch ein wichtiges Gegengewicht aus EU- und US-Sicht zu China in Asien bilden. Gerade auch mit Blick auf die Asean-Länder gilt, dass der Westen und speziell die EU gut beraten wäre, langfristige Politik- und Wirtschaftsbeziehungen mit einem Fokus auf Freiheit, Freihandel, Rechtsstaat und Demokratie zu entwickeln; die EU könnte endlich mit der großen

Mehrzahl der Asean-Länder Integration über ein multilaterales Freihandelsabkommen entwickeln.

Es mag für die transatlantische Handels- und Sicherheitskooperation seit 2021 nach dem Scheitern des Integrationsprojektes TTIP unter der Obama-Regierung mit dem Trade and Technology Council (TTC) einen neuen institutionellen Rahmen geben; dabei soll es im Kern um mehr Digitalisierung, Innovation und digitale Sicherheit für die EU und die USA gehen (Welfens und Hanrahan, 2022). In Asien haben die USA im Rahmen ihrer Indo-pazifischen Strategie am 23. Mai 2022 in Japan einen Handelsvertrag mit 12 Indo-pazifischen Ländern als Gegenblock zu China unterschrieben (Indo-Pacific Economic Framework: IPEF). Neben Japan, Australien, Neuseeland und Süd-Korea werden als mitwirkende Länder in diesem auf Handelsintegration und technologische Kooperation ausgerichteten Vertrag Singapur, Malaysia, Indonesien, Vietnam, die Philippinen, Thailand und Brunei erwartet, die inklusive USA rund 40% der Weltwirtschaft ausmachen (Weißes Haus, 2022). Der Druck auf China, sich nicht an die Seite Russlands zu stellen, nimmt damit weiter zu. Die Schwerpunkte der Weltwirtschaft könnten sich dabei auch zugunsten der EU verschieben, falls diese stärker als bisher Kooperationsabkommen mit anderen Kooperationsräumen wie Mercosur und Asean vorantreiben könnte. Damit sind die mittelfristigen Herausforderungen für die USA, die EU sowie Asien bzw. die Weltwirtschaft skizziert.

Der Ukraine-Russland-Krieg ist eine historische Tragödie, die unerwartet neue Antworten beziehungsweise Verhaltensweisen und Reaktionen gezeigt hat. Dabei auch eine große Geschlossenheit des Westens. Es bleiben schwierige Fragen, nämlich wie man Russland wieder in die Völkergemeinschaft als akzeptierten Partner – mit hoher Glaubwürdigkeit – zurückführen kann. Auch die Frage des Wiederaufbaus der Ukraine beziehungsweise der Finanzierung wird sich stellen, inklusive die Frage nach Möglichkeiten, Russland an den Wiederaufbaukosten in der Ukraine angemessen zu beteiligen. Der Westen sollte sich dabei hüten, willkürliche Schritte vorzunehmen. Es geht vielmehr gerade in der Westen-Russland-Auseinandersetzung auch darum, dass der Westen unverändert auf die drei Pfeiler der Stabilität aufbaut: Rechtsstaat, Demokratie und Marktwirtschaft. Im Übrigen hat die vorgelegte Analyse eine Reihe von neuen Einsichten gebracht und dabei auch empirische Evidenz zur Bedeutung des Rechtsstaates gerade auch für grüne Innovationsdynamik aufgenommen sowie wichtige Überlegungen zu Fragen eines Energieembargos beziehungsweise eines Importzolls auf russisches Gas entwickelt. Die angesprochenen Integrationsfragen –

sowohl Flüchtlinge beziehungsweise Gastarbeiter als auch eine Ukraine-Erweiterung betreffend – sind von grundlegender Bedeutung.

Dass sich die Weltordnung im Kontext des Ukraine-Russland-Krieges (aber nicht nur von Seiten dieses Schocks her) im frühen 21. Jahrhundert deutlich verändern wird, ist absehbar. Was Brüssel beziehungsweise die EU angeht, so wäre es wünschenswert, mit mehr Selbstkritik eigene frühere Aktionen zu reflektieren – von BREXIT bis zur Impfstoffbeschaffung; und dabei künftig auf mehr kompetente Analysen auch und gerade von Seiten der Wissenschaft zu setzen. Im Kontext des Ukraine-Russland-Krieges spielen wohl nicht zu Unrecht auch Emotionen gelegentlich in der Politik eine Rolle, aber der Maßstab tragfähiger Lösungen sollte mittel- und langfristig eine hinreichende Analyse von Problemen und Lösungsalternativen sein. Zum Pessimismus besteht keinerlei Grund. Gerade Deutschland und Frankreich könnten bei einer verstärkten Zusammenarbeit – und sinnvollen Reformen – profitieren und mehr Selbstbewusstsein hinsichtlich der effektiven Lebenszeit-Pro-Kopf-Einkommenssituation im transatlantischen Vergleich wäre dabei durchaus angebracht; für viele EU-Länder gilt dies gerade im Vergleich zu den USA. Dass große Länder wie Deutschland, Frankreich, Italien und Spanien gut daran täten, die Politikinteressen auch der anderen Länder in der EU beziehungsweise deren Interessen angemessen mit zu berücksichtigen, sei hier als Gebot politischer Vernunft betont.

Der Westen hat den Kalten Krieg zu Ende der 1980er Jahre haushoch gewonnen, aber ein nachhaltiger Sieg mit fortgesetzter Stabilisierung der US-Führungsmacht war das nicht. Erst recht ist es dem Westen und der erweiterten EU nicht gelungen, mit Russland zusammen ein effizientes und stabiles Miteinander zu entwickeln. Der Ukraine-Russland-Krieg ist eine Zeitenwende, die weltweite Bedeutung hat und für viele Jahre die Weltwirtschaft prägen wird. Unter ungünstigen Bedingungen könnten der Westen, Japan, Russland und China ins 19. Jahrhundert zurückfallen; einer neuen Zeit des Imperialismus will der Westen erkennbar mit seinen Interventionen gegenüber Russland vorbauen. Schwächen in wichtigen Politikfeldern, bei wesentlichen Institutionen, gibt es im Westen deutlich festzustellen; das betrifft die USA, Großbritannien und die Europäische Union. Das neue Russland ist nach einer Übergangszeit von gut zehn Jahren als eine in Europa oft wenig konstruktive Kraft erschienen, allerdings hat der Westen auch keine sinnvolle Strategie zur Einbindung des neuen Russlands entwickelt. Russland unter Putin ist von einem autokratischen zu einer fast totalitären Macht geworden, die eine produktive Rolle in der Staatengemeinschaft nachhaltig erst noch suchen muss.

Die Russland-Forschung in großen Teilen der westlichen Welt – von wenigen Ausnahmen abgesehen – ist seit vielen Jahren in einer schwachen Verfassung. Es gilt nicht nur mehr Mittel für die Landesverteidigung in EU-Ländern bereitzustellen, sondern vor allem auch eine nachhaltigere Strategie in der Russland-Forschung auf den Weg zu bringen; einfach nur mehr Mittel kann dabei keine sinnvolle Devise sein, mehr Qualitätsforschung durch mehr Wettbewerb in einem international ausgerichteten Forschungsansatz ist ebenfalls sehr wichtig. Eine Modernisierung der ökonomischen Forschung in Russland – in einem liberalisierten Russland – wäre sicherlich wünschenswert.

Der Ukraine-Russland-Krieg weist indirekt auf die Beziehungen des Westens zu China. Für China gibt es keine dynamische Wirtschaftsentwicklung, wenn sich das Land quasi an Russland anhängen wollte. Dass die USA und der Westen China nach 2022 nicht dieselbe einfache Kooperation wie in den Jahren zuvor anbieten wird, ist aus vielerlei Gründen absehbar:

- Die USA gehen mit ihrem Ansatz zu einer Kooperation mit der Europäischen Union bei dem EU-US Trade and Technology Council einen eher bilateralen Kooperationsweg und versuchen faktisch, die Welthandelsorganisation nicht aufzuwerten bzw. zu einer global wenig wirksamen Organisation zu machen; nachdem US-Präsident Trump die Welthandelsorganisation zum Ende seiner Amtszeit fast lahmgelegt hatte. In Asien haben die Vereinigten Staaten noch während des Ukraine-Russland-Krieges mit dem neuen Indo-pazifischen Handelsvertrag einen neuen Pfeiler der Kooperation eingeschlagen; mit einem prominenten Platz für Indien.
- Die Menschenrechtslage in Teilen Chinas ist offenbar problematisch – jedenfalls schlechter als einige Akteure der chinesischen Führung den Westen glauben machen wollen. Dennoch ist die Vorstellung nicht sinnvoll, dass man seitens der OECD-Länder den Außenhandel mit China am besten morgen beenden sollte. Außenhandel erhöht im OECD-Raum und in China das Pro-Kopf-Einkommen; ein höheres reales Pro-Kopf-Einkommen stärkt die Nachfrage nach dem Rechtsstaat und international verlässlichen Regeln. Aus Sicht des Westens ist das Paradoxon des 21. Jahrhunderts, dass man digital fast überall die Fakten und Debatten aufnehmen kann; aber entschlossener Regierungspropaganda, die eine digitale Gegenwelt schafft, kann man nicht ohne Weiteres kritische Reflexion in Dialogform entgegenstellen. Die Realität ist keine globale digitale Welt, sie wird politisch fragmentiert und das verzerrt den Wettbewerb der Politik- und Wirtschaftssysteme. Eine Annahme

der Führung autokratischer Systeme ist erkennbar die, dass ein politisch zentral kontrolliertes Internet politische Macht nach innen und außen erhöh Der massive Diebstahl digitaler Daten in China zur Jahresmitte 2022 zeigt allerdings, dass staatliche Datensammlungen womöglich bei einem erfolgreichen Hacker-Angriff auch Basis für einen politischen Ansehensverlust nach innen und außen sein können.

- Zu den unerfreulichen Befunden im Westen gehört die Einsicht, wie wenig ausgeprägt die Fähigkeit der USA und Großbritanniens sowie der EU (und von China in Sachen Corona-Impfaktion) ist, frühzeitige Selbstkritik als Teil von institutionellem Lernen zu verankern. Die Asien-Krise 1997 hatte eigentlich mit dem neuen IWF-Instrument Financial Sector Assessment Programme (FSAP) eine freiwillige Basis geschaffen, um eine nächste Asien-Krise zu verhindern. Tatsächlich war das nicht der Fall, weil die FSAPs eben nicht routinemäßig vorgeschrieben waren, sodass Präsident Bush Jr. ernsthaft meinen konnte, dass ein FSAP für die USA ja reinste Geldverschwendung sei – ein Irrtum, der 2008 für jedermann sichtbar wurde und dann erst 2010 einen US-FSAP brachte, nachdem Präsident Bush Jr. schon abgetreten war. Es ist aber auch so, dass der IWF mit seinen FSAP-Teams gelegentlich arg in der Analyse danebenliegt – und dann wird es nicht einmal immer sichtbar und die entsprechenden Analyseprozeduren werden auch nicht routinemäßig verbessert: Der FSAP-Bericht der Schweiz einige Jahre vor 2008 war offenbar im Erläuterungsteil sonderbar, da der Großbank UBS beste Gesundheit bescheinigt wurde, während ihre in Wahrheit gefährliche Risikoposition dann in der Bankenkrise die UBS-Rettung durch die Schweizerische Zentralbank erforderte. 2006, kurz vor der Bankenkrise, veröffentlichte der IWF einen FSAP-Bericht zu Irland, wonach Irlands Bankensektor durchgehend gesund sei und es nur im Bereich Rückversicherungen in Irland Anlass zur Sorge gebe. Dabei war zu diesem Zeitpunkt für jedes vernünftige makroökonomisch-finanzielle Prüferteam schon klar, dass Irlands Hauptbanken gewaltige Risiken in Immobilienmärkten in den Büchern stehen hatten. In der Eurokrise mussten neben Griechenland auch Irland und Portugal sowie Spanien und Zypern vom neuen EU-Rettungsfonds (neuer Name zuletzt ESM) gerettet werden. Musste deswegen etwa einer der Top-Verantwortlichen beim IMF gehen? Nicht wirklich.

Als die Britische Queen bei einem Besuch der London School of Economics im Herbst 2008 fragte, warum denn niemand die Krise habe kommen sehen, gab es einige Wochen später einen etwas verwirrenden Antwortbrief mehrerer Ökonomen – nicht mit einer wirklich überzeugenden Antwort. Die Antwort hätte eigentlich lauten müssen, dass Raghuram Rajan in 2005 ein Arbeitspapier auf einem bekannten Workshop in Jackson Hole vorgetragen habe, das auf allzu große Risiken bei westlichen Großbanken doch klar hinwies. Die Zentralbanker der westlichen Welt, die in Jackson Hole der Präsentation von Rajan zuhörten, fanden dessen Präsentation zu pessimistisch – obwohl die Analyse ja durchaus, sorgfältig gelesen, in der Substanz sehr fundiert scheinen musste. Bei mehr Lernfähigkeit der Top-Zentralbanker der westlichen Welt und der wichtigen Bankenaufseher hätte man die Bankenkrise relativ leicht vermeiden können.

Warum die führenden Politikwissenschaftler und Nachrichten-Leute der westlichen Welt das Eltchaninoff-Buch „In Putins Kopf" nicht aufgenommen haben und dann wenigsten in 2018 – im Jahr der englischen Ausgabe – die Präsidenten und Staatschefs der G7 zu einem Krisentreffen nach Russland fuhren, ist schwer zu verstehen. Wenn nicht grundlegende Fragen neu gestellt werden, sehr kritisch in Russland und auch kritisch in den G7-Ländern, dann wird womöglich der nächste X-Land-Russland-Krieg bald ausbrechen.

Dass Krieg noch eine ernste Option der Politik ist, hat der Westen im Kosovo-Krieg und im Irak-Krieg vorgeführt. Aus den Widersprüchen des UN-Systems und der Sicherheitsanalyse kann man nicht einfach herausfinden; Innenpolitik ist dabei auch ein Treiber der Außenpolitik. Dass Russland unter Putin den Krieg in der Ukraine offenbar besonders grausam führen lässt, wirft die Frage nach juristischer Verantwortlichkeit jener Akteure auf, die Kriegsverbrechen in der Ukraine zu verantworten haben. Das internationale Rechtssystem allein kann hier nur Teilantworten liefern. Es bleibt am Ende der Analyse vielleicht die Hoffnung, dass das globale Kollektivgut Klimaschutzpolitik die großen und mittelgroßen Länder der Welt wieder zusammenführen wird. Es geht um ein großes gemeinsame Erfolgsprojekt, das am Ende viele Väter haben könnte. Das Kreative und Subversive des Internets wird am Ende hoffentlich ausreichen, um innovative Problemlösungen doch noch rechtzeitig gemeinsam zu erarbeiten. Das alte Europe könnte viel zur Lösung der neuen Probleme beitragen. Bevor das geschehen kann, sollte in Brüssel ein wenig mehr an Selbstkritik einziehen; Antworten etwa auf die Frage formulieren, wieso BREXIT so überraschend erfolgen und die Corona-Impfbeschaffung so schwach verlaufen konnte. Dann könnten die neuen Herausforderungen wohl doch zu einer besonderen Chance der EU werden.

Die EU wird noch unter erheblichen Anpassungsdruck durch die hohe Eurozonen-Inflationsrate kommen. Die Europäische Zentralbank hat am 9. Juni

2022 eine erste Zinserhöhung der Zentralbank nach elf Jahren – seit der Transatlantischen Bankenkrise – vorgenommen: um 0,25%. Damit folgt die EZB der US-Notenbank mit einer Verzögerung von einigen Monaten. Die Tatsache, dass in der Eurozone die Inflationsrate historisch hoch zur Mitte 2022 ist (allerdings schon erhöht in 2021), führt zu einer künstlichen Beschäftigungserhöhung auf mittlere Frist – einige Jahren dürften die Nominallohnerhöhungen unter der Inflationsrate liegen; die Eurozone und die ganze OECD ist praktisch zurückgestoßen in die 1970er Jahre, als Energiepreiserhöhungen und hohe Inflationsraten große Probleme waren. Ob es allerdings auch ein Stagflationsproblem gibt, mag man bezweifeln. Es gibt nämlich durchaus Chancen, dass die EU weiterhin Wirtschaftswachstum erzielt; nicht zuletzt wegen des hohen Wachstums aus fast ganz Asien, das es in den 1970er Jahren nicht vergleichbar gab.

Interessenausgleich USA-Russland-Ukraine-EU und neue internationale Städte-Netzwerkpolitik

Wie kann der Ukraine-Russland-Krieg beendet werden? Wenn man den Worten des ehemaligen US-Außenministers Henry Kissinger auf dem Davoser Gipfel 2022 folgt, dann sollte der Westen versuchen, den Ukraine-Russland-Krieg durch einen Interessenausgleich zu stoppen; dabei sollte Russland sich zurückziehen auf die Grenzen von vor dem 24. Februar 2022 – und das hieße, dass der Westen bereit wäre, die Krim-Annexion durch Russland anzuerkennen. Als Zeithorizont hielt Kissinger die nächsten beiden Monate (offenbar bis Ende Juli 2022) für kritisch, um einen Waffenstillstand zu erreichen. Wenn man über Grenzkorrekturen sprechen wollte, wo Russland faktisch Teile der Krim-Landgewinne aufgäbe, so wäre das eine Art neuer Krieg gegenüber Russland. Die New York Times schrieb (Bilefsky, 2022; Übersetzung PJJW):

> *„Verhandlungen müssen in den nächsten zwei Monaten [stattfinden], bevor Unruhen und Spannungen entstehen, die schwer zu überwinden wären", sagte er [Anm.: gemeint ist Kissinger]. Idealerweise sollte die entscheidende Linie sein, auf den vorherigen Status zurückzugehen," setzte er hinzu, wobei er offensichtlich auf die Grenzen der Ukraine vor dem Krieg im Februar abstellte. „Wenn man jenseits dieses Punktes den Krieg führen wollte, so wäre das nicht über die Freiheit der Ukraine, sondern ein neuer Krieg gegen Russland selbst".*

In gewissem Sinn steht auch Frankreichs Präsident Macron für die These, dass ein Frieden zwischen der Ukraine und Russland nicht auf eine Demetütigung Russlands hinauslaufen dürfe. Im Berliner Kanzleramt gibt es Überlegungen in dieselbe Richtung. Die USA und Großbritannien dürften eher für eine andere Sichtweise stehen, wonach der Ukraine-Russland-Krieg dahin gehen sollte, dass Russland auf lange Sicht geschwächt werden soll. Das dürfte aus US-Sicht auch eine Botschaft an China – mit Blick auf die Taiwan-Frage – sein.

Offenbar notwendig sind letztlich Verhandlungen zwischen Russland, der Ukraine, den USA und Großbritannien sowie der EU und vermutlich auch China. Dabei wären China und die EU (deutlich mehr als Frankreich und Deutschland darstellend) ein neuer diplomatischer Akteur am Tisch, wenn man die Lage mit den Verhandlungen in Versailles nach dem Ersten Weltkrieg sieht. Die Tatsache ist bemerkenswert, dass ein solcher Interessenausgleich eher in einem politisch-architektonischen Kontext des Versailler Vertrages als in der Schlussphase des Zweiten Weltkrieges vorstellbar ist. Damit aber ist man auch näher am 19. Jahrhundert als imperialistische Phase. Immerhin ist vorstellbar, dass die UN für einen Ukraine-Russland-Friedensschluss eine wichtige Rolle spielt. Aus Sicht der EU und der USA wäre ein wichtiger Zweck eines Interessenausgleichs,

- dass erstens der Krieg beendet wäre;
- dass zweitens Russland einen erheblichen Preis für die Übernahme der Krim zu bezahlen hätte, wobei eine Volksabstimmung in der Region – mit den dort im Frühjahr 2022 lebenden Menschen – nach fünf Jahren durchzuführen wäre, und zwar unter internationaler Aufsicht;
- dass drittens Russlands eine Aufnahme des Landes in die OECD anstreben müsste, also letztlich auch den Nachweis zu erbringen hätte, dass Russland eine Demokratie ist – hierbei müsste die OSZE wesentlich eingebunden sein; ob ein Nachfolger Putins hierfür zu gewinnen ist, bleibt abzuwarten.
- und dass viertens die EBWE, die Osteuropabank in London, einen marktwirtschaftlichen Normalisierungsprozess analytisch und praktisch begleiten sollte, der Russland binnen einer Dekade zu einer umfassenden neuen Privatisierung mit Stärkung des Wettbewerbes und einer massiven Rückführung der Korruption führen sollte. Ohne Änderungen im politischen System Russlands wird das kaum möglich sein.

Ein solcher Interessenausgleich dürfte nur relativ wenig die Sichtweise der Ukraine einbeziehen – die ukrainische Bevölkerung möchte letztlich einen Sieg gegen Russland erzielen; natürlich mit westlicher Militärhilfe. Eher wenig für eine diplomatischen Sicht in Sachen rasche Friedensverhandlungen mit großem Interessenausgleich werden viele osteuropäische EU-Länder sein. Deren Hauptinteresse ist es aus einer wirtschaftsgeografischen Sicht heraus, Russland als Militärmacht dauerhaft zu schwächen. Dabei kann Russland durchaus mit China und Indien kooperieren – bei beiden Ländern kann Russland ein wichtiges Lieferland von Militärtechnologie sein; eher bei Indien als bei dem neuen Hochtechnologie-Land China. Für beide Länder kann Russland ein wesentliches Lieferland von fossilen Energien und von Atomstrom sein, was nur dann wenig von Bedeutung ist, wenn die Erneuerbaren Energien rasch an globaler Bedeutung gewinnen. Tatsächlich werden die Schritte hin zu einem Mehr an erneuerbaren Energien relativ schwierig sein. Russland selbst hat wohl eher wenig Interesse daran, das die Weltwirtschaft Schritte hin zur Klimaneutralität schnell vollzieht. Hier gibt es nur einen Vorbehalt: nämlich die relativ großen Fähigkeiten von Russlands Atomindustrie, Atomkraftwerke herkömmlicher Bauart und neuartige kleine Atomkraftwerke zu bauen.

Die Alternative wäre womöglich ein sich über viele Jahre hinziehender Krieg zwischen Russland und der Ukraine, der Europa langfristig destabilisieren könnte; auch die EU-Länder, die immer wieder neu Rüstungsgüter und Finanzhilfe an die Ukraine liefern müssten. Russland könnte seinerseits versuchen, die Öl- und Gasförderung zurückzufahren und speziell den Export nach Westeuropa zu vermindern. Ein Nebenziel Russlands könnte es dabei sein, die EU-Länder durch immer neue interne Konflikte zur Ukraine- und Russlandfrage zu destabilisieren und auch durch eine anhaltend hohe Inflationsrate zu politischen Konflikten beizutragen. Ein mehrjähriger Ukraine-Russland-Krieg könnte im Übrigen auch aus Russlands Sicht Zeit kaufen, die Rolle von Rechtsparteien im Schatten eines expandierenden Nationalismus zu stärken. Vermuten kann man, dass der Populist Putin strategisch auf ein neues Europa im 19. Jahrhundert setzt, in dem dann Russland eine imperialistische Macht darstellt – angereichert um die USA und China sowie gegebenenfalls Indien.

Ein grundlegend neuer Ansatz könnte am Ende eines Waffenstillstandes sein, dass man in Russland eine neue Marktwirtschaft – mitsamt Demokratie und Rechtsstaat – zu verankern sucht. Das wird eher möglich sein, wenn Russland in der Ukraine eine erhebliche Niederlage erreicht; und wenn die USA und die EU zusammen mit internationalen Organisationen, inklusive EBWE (Osteuropabank in London), über Jahrzehnte eine durchdachte Modernisierungspolitik in Russland unterstützen. Ob hierzu wiederum auf Seiten westlicher Länder eine hinreichende Bereitschaft besteht, mag man bezweifeln. Die Neigung in manchen medialen Darstellungen, Russland zu dämonisieren, ist wenig angemessen und sicherlich gibt dies auch keine Basis, um eine Integration Russlands in die Weltwirtschaft dauerhaft zu erzielen. Mit als erstes Zwischenziel sollte es dabei sein, die Wirtschaftsbeziehungen mit Russland neu aufzubauen; allerdings nicht mit einem Hauptfokus auf den Energiesektoren, sondern mit einem deutlichen Schwerpunkt bei industrieller und digitaler Modernisierung in Russland. Schwierig wird es sein, sowohl in der Ukraine wie in Russland mehr nachhaltigen Wettbewerb auf Märkten zu verankern und die Rolle der Oligarchen zurückzudrängen.

Der Aufbau einer stabilen und modernen Zivilgesellschaft in Russland (und der Ukraine) wird eine wesentliche Herausforderung für viele Jahrzehnte sein – eine Aufgabe, die machbar ist; die aber ein ganz besonderes Engagement verlangt und vermutlich auch nur möglich sein wird, wenn man neben der großen Politik von oben auch Städtenetzwerke von unten baut und in einem konstruktiven Miteinander belebt.

Es bleibt die wichtige Frage, seit wann Russland vermutlich für die Demokratie – zunächst – verloren ist (mit im Übrigen interessanten Argumentationen zur Problematik wirtschaftliche Machtkonzentration und Demokratie bei Walter Eucken), und zudem, welche beispielhaften Autoren, komplementär zu Eltchaninoff, den aggressiven neuen Imperialismus Russlands teilweise erkannten. Dabei bezog sich der Putin-Imperialismus etwa ab 2005 primär auf die ehemaligen 14 Sowjetrepubliken (zu dieser Thematik siehe Anhang 21).

Die alte Idee der europäischen Hanse, die bis 1200 zurückgeht, ist 1980 – von der holländischen Stadt Zwolle her – wiederbelebt worden im Alten Europa; 2022 gab es mehr als 190 Hansestädte in mehr als 20 Ländern, die in gemeinsamen Projekten zusammenwirkten; dabei waren auch 16 russische Städte. Kommunale Netzwerke können die große Politik nicht ersetzen. Aber aktive städtische Netzwerke in Europa könnten durchaus ein wichtiges Element für eine friedliche und gedeihliche Zukunft in einer realen und digitalen Weltwirtschaft sein. Hier gibt es neue Chancen für friedliche und marktwirtschaftliche Kooperation, die ein Mehr an Außenhandel und Direktinvestitionen in Europa und Asien sichern könnten; die Aufnahme von Ländern aus Asien könnte in einem ersten Schritt über vorhandene Städtepartnerschaften indirekt und in einem zweiten Schritt durchaus auch direkt erfolgen – sodass zum Beispiel langfristig bestehende Städtepartnerschaften von deutschen Städten mit Städten in

China auch zu einem erweiterten Hansenetzwerk werden könnten. Ein solches Städte-Netzwerk Europas könnte nicht nur Richtung Asien offen sein, sondern auch Verbreiterungschancen Richtung USA und andere Weltregionen haben, wobei wiederum bestehende Städtepartnerschafts-Verbindungen ein wichtiger Ausgangspunkt wären. Eine friedliche und wirtschaftlich gedeihliche Weltwirtschaft gilt es daher sowohl durch die „große Politik von oben" wie durch die pragmatische Netzwerkpolitik von Städten von unten zu entwickeln, was eine neue Perspektive für das 21. Jahrhundert sein kann. Die langfristigen Erfahrungen europäischer Hanse-Städte sollte hierbei das Kern-Fundament sein, wobei neben kontinentaleuropäischen Städten sicherlich auch das historisch wichtige London seine alte Pfeilerrolle wieder spielen sollte: durchaus auch als Überwindungselement mit Blick auf den BREXIT. So ergäbe ein sinnvoller Rückblick in die europäische Geschichte institutionelle Innovationen und positive Impulse für ein gedeihliches und friedliches 21. Jahrhundert.

Klimaneutralitätsfragen und der Ukraine-Russland-Krieg

Wenn sich die EU und einige andere G20-Länder geopolitisch Klimaneutralität bis 2050 als wichtiges strategisches Ziel auf ihre Fahnen geschrieben haben, dann wird man aus Sicht westlicher Länder nicht umhinkommen, im Rahmen eines G20-Ansatzes für Klimaschutzpolitik vernünftige Weichen zu stellen; am Ende auch mit China und Russland. Im Buch Klimaschutzpolitik (engl: Global Climate Change Policy) hatte ich bereits darauf verwiesen, dass eine global effiziente CO_2-Minderungspolitik darin besteht, nationale CO_2-Zertifikatehandelssysteme zu schaffen, die man im nächsten Schritt international integriert (möglichst mit 90% jeweiliger Abdeckung der nationalen CO_2-Emissionen und einer gemeinsamen jährlichen CO_2-Emissions-Minderung"svorgabe, z.B. 4%). Das führt zu minimalen Kosten zu globaler Klimaneutralität, wenn alle UN-Länder am Ende mitmachen.

Es gibt aber möglicherweise ein Problem „Grünes Paradoxon" – von Hans Werner Sinn in seinem gleichnamigen Buch so genannt –, das folgendes Problem betrifft: Wenn grüne Klimaschutzpolitik in vielen Industrieländern die CO_2-Emissionen deutlich vermindert hat, indem Energie in diesen Ländern mittelfristig überwiegend aus erneuerbaren Energien kommt, dann werden die Besitzer von Öl-, Gas- und Kohlelagerstätten beziehungsweise die entsprechenden Länder interessiert sein – nehmen wir an, im Jahrzehnt 2040-50 – vorhandene fossile Energielagerstätten rasch auszubeuten und die entsprechenden Energieressourcen zu einem Schleuderpreis auf dem Weltmarkt zu verkaufen.

Diese Absenkung des Relativpreises für fossile Energien stimuliert dann weltweit in vielen Ländern einen steigenden Energieverbrauch herkömmlicher Energien, was wiederum den globalen CO_2-Ausstoß massiv erhöht. Das ist ein für den Klimaschutz höchst problematisches Risiko Grünes Paradoxon, das es zu vermeiden gilt.

Roeger/Welfens (2022) zeigen in ihrer EIIW-Studie „Carbon Taxes versus CO_2 Emission Trading Systems: A New Paradigm for Climate Change Policy", dass man mit Blick auf die alternativen Klimaschutz-Instrumente CO_2-Steuersatz oder CO_2-Zertifikate-Handel nur durch das Setzen auf das letztgenannte Instrument das Grüne Paradoxon vermeiden kann. Es gibt viele Länder, die mit CO_2-Besteuerung arbeiten – manchmal neben beziehungsweise ergänzend zu Sektoren, die im Rahmen eines CO_2-Zertifikate-Handels aktiv sind. Bei einem solchen Handel müssen Unternehmen, die CO_2-intensive Produktion haben, im entsprechenden Markt (etwa in der EU, wo dieser Markt seit 2005 besteht; anfänglich mit vielen staatlichen Gratis-Zertifikate-Ausstattungen für Exportunternehmen) CO_2-Zertifikate kaufen, damit eine geplante Produktionsmenge realisierbar ist. Besonders innovative Unternehmen, die mit neuen Technologien CO_2-Emissionen einsparen können, werden einen Überschuss an Zertifikaten haben und eben diesen im CO_2-Zertifikate-Markt verkaufen. So ergibt sich aus Angebot und Nachfrage von Zertifikaten ein Marktpreis für CO_2-Emissionen in der EU; ein solcher Preis entsteht auch in Kalifornien, das das EU-Handelssystem kopiert und dann sogar ausgebaut hat – fast 90% der CO_2-Emissionen in Kalifornien werden vom CO_2-Handelssystem Kaliforniens abgedeckt, wobei 2018/19 der Zertifikatepreis dort gut 10 €/Tonne CO_2 niedriger war als in der EU: also kann man durch internationale Integration von Zertifikatehandelssystemen nochmals Effizienzgewinne heben; wenn also etwa die EU und Kalifornien ein integriertes Zertifikatehandelssystem realisierten. Indem der Staat beziehungsweise die EU (im EU-Fall) eine jährliche Minderungsvorgabe beim CO_2-Ausstoß insgesamt macht (EU als Beispiel: -2,2%), erreicht die Politik zu gewünschten Zeitpunkten eine vorgegebene Minderung der Emissionen.

Die jährliche Minderungsvorgabe bei einem hier angedachten G20-Emissionszertifikate-Handelssystem für CO_2 muss mathematisch mit Blick auf das

Zieljahr so beim jährlichen Minderungssatz in Prozent festgelegt werden, dass bis 2050 die CO2-Emissionen bei Null sind. Eine CO2-Steuer als alternatives Politikinstrument – vom Sachverständigenrat Wirtschaft in Deutschland und anderen Ökonomen als gleichwertig zu CO2-Emissionszertifikaten bezeichnet – kann das aber nicht zuverlässig erreichen. Denn eine solche Steuer wird auf Seiten der Exporteure fossiler Energierohstoffe nur dazu führen, dass diese Anbieter ihren Netto-Preis – also den Preis vor der Steuerbelastung (oder Zollbelastung) im Absatzland – weiter absenken und immer weiter fossile Energien exportieren, die etwa von armen Ländern importiert werden; das Problem Grünes Paradoxon wird dann als Barriere beim Erreichen von globaler Klimaneutralität relevant, während es bei dem von Roeger/Welfens vorgeschlagenen globalen CO2-Zertifikatehandel vermieden wird.

Nur die Einführung eines globalen CO2-Zertifikate-Handelssystems kann das Problem des Exports fossiler Energien zu Schleuderpreisen vermeiden, sofern die G20-Länder alle veranlasst werden können, solche Handelssysteme einzuführen. Energieimport-Länder unter den G20 müssten wohl großen fossilen Energieproduzenten-Ländern wie Saudi-Arabien und Russland (zwei der G20-Länder) eine finanzielle Kompensation anbieten, damit diese auf die Nutzung fossiler Energien im Land weitgehend verzichten und tatsächlich auf Emissions-Handelssysteme überwechseln, die in ein internationales G20-Handelssystem zu integrieren sind.

Die Herstellung vernünftiger Politikbeziehungen unter den G20-Ländern, die für rund 80% der CO2-Emissionen weltweit stehen, ist also für globalen Klimaschutz eine sehr wichtige Erfolgsbedingung. Daraus ergibt sich die Schlussfolgerung, dass der Westen und Russland sich über eine dauerhafte Beilegung des Ukraine-Russland-Konfliktes verständigen sollten. Hier sind sinnvolle Politik und natürlich auch Diplomatie als Staatskunst in Sinn von Henry Kissinger verlangt. Der Ukraine-Russland-Krieg, der 2022 die G20-Treffen sichtbar belastet hat, zeigt vor dem Hintergrund der Gesamtanalyse also viel mehr Problem- und Politikfacetten, als ein knapper Blick auf diesen Kriegsfall nahelegt.

Literatur

ADB / Asian Development Bank (2022), Asian Development Outlook 2022, Manila: April.

Antezza, A.; Frank, A.; Frank, P.; Franz, L.; Rebinskaya, E.; Trebesch, C. (2022), Which countries help Ukraine and how? Introducing the Ukraine Support Tracker, Kiel Working Paper No. 2218 April 2022, Kiel Institute for the World Economy.

ARD (2021), Osterweiterung; Russland veröffentlicht Forderungen an NATO (Eastern Enlargment), Stand: 17.12.2021 23:50 Uhr; online: https://www.tagesschau.de/ausland/europa/ukraine-konflikt-russland-ende-nato-osterweiterung-101.html (zuletzt am 27.04.2022).

Åslund, A. (2007), Russia's Capitalist Revolution: Why Market Reform Succeeded and Democracy Failed, Washington DC: Peterson Institute for International Economics.

Åslund, A. (2009), How Ukraine Became a Market Economy and Democracy, Washington DC: Peterson Institute for International Economics.

Astrov, V. et al. (2022a), Possible Russian Invasion of Ukraine, Scenarios for Sanctions, and Likely Economic Impact on Russia, Ukraine and the EU, WIIW Policy Notes and Reports 55, Wien.

Astrov, V. et al (2022b), Russia's Invasion of Ukraine: Assessment of the Humanitarian, Economic and Financial Impact in the Short and Medium Term, International Economics and Economic Policy, 19(2), 331-381. DOI: https://doi.org/10.1007/s10368-022-00546-5.

Auffhammer, M.; Rubin, E. (2018), Natural gas price elasticities and optimal cost recovery under consumer heterogeneity: Evidence from 300 million natural gas bills, NBER Working Paper No. w24295, National Bureau of Economic Research.

Bachmann, R. et al. (2022), What if? The Economic Effects for Germany of a Stop of Energy Imports from Russia (Studie in deutscher Sprache), ECONtribute Policy Brief Nr. 028, online: https://www.econtribute.de/RePEc/ajk/ajkpbs/ECONtribute_PB_028_2022.pdf (zuletzt am 30.03.2022).

BCG – Boston Consulting Group (2021), Klimapfade 2.0, Ein Wirtschaftsprogramm für Klima und Zukunft, Gutachten für Bundesverband der deutschen Industrie e.V. (BDI), online: https://www.bcg.com/de-de/klimapfade (zuletzt am 30.03.2022).

Becker et al., 2022, CEPR Ukraine Reconstruction Report, London.

Behringer, J., et al. (2022), Ukraine-Krieg erschwert Erholung nach Pandemie. Prognose der wirtschaftlichen Entwicklung 2022/23, IMK Report Nr. 174, März 2022, Düsseldorf: IMK, online: https://www.imk-boeckler.de/fpdf/HBS-008284/p_imk_report_174_2022.pdf (zuletzt 04.04.2022).

Bilefsky, D. (2022), Kissinger suggests that Ukraine give up territory to Russia, drawing a backlash, New York Times, May 24, 2022.

Blegala, E. (2022). La France renforce son niveau d'alerte et déploie trois sous-marins nucléaires en mer, online: https://www.franceinter.fr/monde/la-france-renforce-son-niveau-d-alerte-et-deploie-trois-sous-marins-nucleaires-en-mer (zuletzt am 30.03.2022).

Boettcher, W. (2002), Russland und der Westen, 2. A., Jüchen: Romeon.

BP (2021), Statistical Review of World Energy, London.

Chami, R.; Barajas, A.; Cosimano, T.; Fullenkamp, C.; Gapen, M.; Montiel, P. (2008), Macroeconomic Consequences of Remittances, International Monetary Fund, Occasional Paper 259, Washington, D.C.

Commander, S.; Nikolaychuk, O.; Vikhrov, D. (2013), Migration from Ukraine: Brawn or Brain? New Survey Evidence, IZA Discussion Paper No. 7348, Bonn. DOI: https://dx.doi.org/10.2139/ssrn.2257198.

Cortes, K. E. (2004), Are Refugees Different from Economic Immigrants? Some Empirical Evidence on the Heterogeneity of Immigrant Groups in the United States, *The Review of Economics and Statistics,* 86, 465–480. DOI: https://doi.org/10.1162/003465304323031058.

David, M. (2018), UK-Russia relations: poisoned chalice or silver linings?, London: Palgrave Communications, 4, 113 https://doi.org/10.1057/s41599-018-0168-7

Dena – Deutsche Energie-Agentur (2021), dena-Leitstudie Aufbruch Klimaneutralität, online: https://www.dena.de/fileadmin/dena/Publikationen/PDFs/2021/Abschlussbericht_dena-Leitstudie_Aufbruch_Klimaneutralitaet.pdf (zuletzt am 30.03.2022).

Deutsche Bundesbank (2022), Zu den möglichen gesamtwirtschaftlichen Folgen des Ukrainekriegs: Simulationsrechnungen zu einem verschärften Risikoszenario, Monatsbericht der Deutschen Bundesbank, April, Frankfurt/M. 15-31.

Docquier, F. (2014), The brain drain from developing countries, IZA World of Labor 2014: 31, online https://wol.iza.org/articles/brain-drain-from-developing-countries/long (zuletzt am 30.03.2022). DOI: http://dx.doi.org/10.15185/izawol.31.

Docquier, F.; Rapoport, H. (2012), Globalization, brain drain, and development. Journal of economic literature, 50(3), 681-730. DOI: http://dx.doi.org/10.1257/jel.50.3.681.

Dragneva-Lewers, R.; Wolczuk, K. (2015), Ukraine Between the EU and Russia: The Integration Challenge, London: Palgrave Macmillan.

EBRD (2018), Transition Report 2018-19, London, online: https://www.ebrd.com/news/publications/transition-report/transition-report-201819.html (zuletzt am 30.03.2022).

ECB / European Central Bank (2022), Economic Bulletin – Issue 2, 2022, online: https://www.ecb.europa.eu/pub/pdf/ecbu/eb202202.en.pdf.

Economist, The (2022), Which countries have pledged the most support to Ukraine?, veröffentlicht am 2. Mai 2022, https://www.economist.com/graphic-detail/2022/05/02/which-countries-have-pledged-the-most-support-to-ukraine (zuletzt am 05.05.2022).

Eltchaninoff, M. (2016), In Putins Kopf, 2. A. 2022, Stuttgart: Klett-Cotta.

Emerson, M.; Blockmans, S.; Movchan, V.; Remizov, A. (2022), Opinion on Ukraine's Application for Membership of the European Union, CEPS Policy Insights No. 2022-16 / April 2022.

Eucken, W. (1952), Grundsätze der Wirtschaftspolitik, Stuttgart: UTB.

European Commission, Directorate-General for Migration and Home Affairs (2011), Temporary and circular migration: empirical evidence, current policy practice and future options in EU Member States, Publications Office, online: https://op.europa.eu/en/publication-detail/-/publication/f20ccc9d-44c5-4bf2-8072-51b8c8409b39/language-en/format-PDF/source-117503538 (zuletzt am 30.03.2022). DOI: http://dx.doi.org/10.2837/67921.

Europäische Kommission (2022), Accession criteria, online: https://ec.europa.eu/neighbourhood-enlargement/enlargement-policy/glossary/accession-criteria_de (zuletzt am 19.04.2022).

FAO / Food and Agriculture Organization of the United Nations (2022a), Ukraine: Note on the impact of the war on food security in Ukraine, 25 March 2022, online: https://www.fao.org/documents/card/en/c/cb9171en/ (zuletzt am 25.05.2022).

FAO / Food and Agriculture Organization of the United Nations (2022b), CL 169/3. Hundred and sixty-ninth Session 8 April 2022 – Impact of the Ukraine-Russia conflict on global food security and related matters under the mandate of the Food and Agriculture Organization of the United Nations (FAO), online: https://www.fao.org/3/ni734en/ni734en.pdf (zuletzt am 25.05.2022).

Fertig, M.; Kahanec, M. (2015), Projections of potential flows to the enlarging EU from Ukraine, Croatia and other Eastern neighbors, IZA Journal of Migration, 4(1), 1-27. DOI: http://dx.doi.org/10.1186/s40176-015-0029-8.

Fischer, A.; Küper, M. (2022), Die Bedeutung russischer Gaslieferungen für die deutsche Energieversorgung. Untersuchung bestehender Lieferbeziehungen und Ausblick auf die weitere Entwicklung, Gutachten im Auftrag der Atlantik Brücke e.V., Köln.

Fraunhofer ISI; ECOFYS; et al. (2015), Stromkosten der energieintensiven Industrie. Ein internationaler Vergleich. Zusammenfassung der Ergebnisse, online: https://www.bmwi.de/Redaktion/DE/Publikationen/Studien/stromkosten-der-energieintensiven-industrie.pdf?__blob=publicationFile&v=5 (zuletzt am 04.04.2022).

Froot, K. A.; Stein, J. C. (1991), Exchange rates and foreign direct investment: an imperfect capital markets approach, *The quarterly journal of economics*, *106*(4), 1191-1217.

German, T. (2016), UK–Russia relations and the Brexit debate: advancing integration or mutual mistrust?, Global Affairs, Vol. 2, Issue 5, 503-511 https://doi.org/10.1080/23340460.2017.1286944

Gros, D. (2002), Optimal Tariff Versus Optimal Sanction, The case of European gas imports from Russia, CEPS Policy Insights, No. 2022-12, Brussels, online: https://www.ceps.eu/ceps- publications/optimal-tariff-versus-optimal-sanction/ (zuletzt am 13.04.2022).

Hamilton, J. (2022), On Sanctions, Energy Prices and the Global Economy, Princeton Economics Webinar Presentation, March 17, 2022, online: https://bcf.princeton.edu/events/james-hamilton-on-sanctions-energy-prices-and-the-global-economy/ (zuletzt am 04.04.2022).

Hausmann, R. (2002), The Case for a Punitive Tax on Russian Oil, Project Syndicate, dated Feb. 26th, 2022. Online: https://www.project-syndicate.org/commentary/case-for-punitive-tax-on-russian-oil-by-ricardo-hausmann-2022-02 (zuletzt am 13.04.2022).

Hecking, H.; John, C.; Weiser, F. (2015), An Embargo of Russian gas and security of supply in Europe, *Zeitschrift für Energiewirtschaft*, 39(1), 63-73. DOI: https://doi.org/10.1007/s12398-014-0145-9.

Hubert, F.; Cobanli, O. (2015), Pipeline power: A case study of strategic network investments, Review of Network Economics, 14(2), 75-110.

IEA (Internationale Energieagentur, 2022), How Europe Can Cut Natural Gas Imports from Russia Significantly within a Year, Press Release, Paris, online: https://www.iea.org/news/how-europe-can-cut-natural-gas-imports-from-russia-significantly-within-a-year (zuletzt am 30.03.2022).

IHS (2014), A More Competitive Energiewende: Securing Germany's Global Competitiveness in a New Energy World. Main Report, IHS Report March 2014.

IMF (2016), Emigration and Its Economic Impact on Eastern Europe, IMF Staff Discussion Note 16/07.
IMF (2021), Ukraine. IMF Country Report No. 21/250, Washington DC.
IMF (2022a), IMF Staff Statement on the Economic Impact of War in Ukraine, online: https://www.imf.org/en/News/Articles/2022/03/05/pr2261-imf-staff-statement-on-the-economic-impact-of-war-in-ukraine (zuletzt am 30.03.2022).
IMF (2022b), World Economic Outlook. War Sets Back Global Recovery, April 2022, International Monetary Fund, Washington DC.
IMF (2022c), Ukraine – IMF Country Report No. 22/74, March 2022, International Monetary Fund, Washington DC.
IMF (2022d), Ukraine: At a glance, online: https://www.imf.org/en/Countries/UKR#ataglance (zuletzt am 22.06.2022).
IMF (2022e), Russian Federation: At a glance, online: https://www.imf.org/en/Countries/RUS (zuletzt am 22.06.2022).
IMF (2022f), World Economic Outlook. Update: Gloomy and More Uncertain, July 2022, International Monetary Fund, Washington DC.
Kappeler, A. (2022), Ungleiche Brüder. Russen und Ukrainer vom Mittelalter bis zur Gegenwart, 2. A., München: Beck.
Kapur, D.; McHale, J. (2012), Economic effects of emigration on sending countries, in: Rosenblum, M.; Tichenor, D.J. (Hrsg.), Oxford Handbook of the Politics of International Migration, Oxford, 131-147. DOI: http://dx.doi.org/10.1093/oxfordhb/9780195337228.013.0006.
Kirsch, W. (2022), The Distribution of Power within the EU: Perspectives on a Ukrainian Accession, erscheint in Special Issue (No. 2), Journal *International Economics and Economic Policy*.
KfW Research (2022a), KfW-Digitalisierungsbericht Mittelstand 2021, online: https://www.kfw.de/PDF/Download-Center/Konzernthemen/Research/PDF-Dokumente-Digitalisierungsbericht-Mittelstand/KfW-Digitalisierungsbericht-2021.pdf (zuletzt am 04.04.2022).
KfW Research (2022b), Erwartete Verschiebung der Nachfrage hin zu digitalen Angeboten beschleunigt die Digitalisierung im Mittelstand, Nr. 372, 23.03.2022, online: https://www.kfw.de/PDF/Download-Center/Konzernthemen/Research/PDF-Dokumente-Fokus-Volkswirtschaft/Fokus-2022/Fokus-Nr.-372-Maerz-2022-Digi-Nachfrage.pdf (zuletzt am 04.04.2022).
Klein, M. (2022), Das Ende der Neuen Seidenstraße?, *Wirtschaftsdienst* 103(3), 157. DOI: http://dx.doi.org/10.1007/s10273-022-3142-3.

Kone, Z.L.; Özden, Ç. (2017), Brain drain, gain and circulation, KNOMAD Working Paper 19, online: https://www.knomad.org/sites/default/files/2017-04/KNOMAD%20WP19_Brain%20Drain%20gain%20and%20circulation.pdf (zuletzt am 30.03.2022).

Kremer, M. (2016), Macroeconomic effects of financial stress and the role of monetary policy: a VAR analysis for the euro area, International Economics and Economic Policy, 13(1), 105-138. DOI: https://doi.org/10.1007/s10368-015-0325-z.

Kuzio, T. (2020), Crisis in Russian Studies? Nationalism (Imperialism), Racism and War, E-International Relations, online: https://www.e-ir.info/publication/crisis-in-russian-studies-nationalism-imperialism-racism-and-war/.

Leopoldina/Nationale Akademie der Wissenschaften (2022), Wie sich russisches Erdgas in der deutschen und europäischen Energieversorgung ersetzen lässt, Ad-Hoc-Stellungnahme vom 08.03.2022, Halle, online: https://www.leopoldina.org/publikationen/detailansicht/publication/wie-sich-russisches-erdgas-in-der-deutschen-und-europaeischen-energieversorgung-ersetzen-laesst-2022/ (zuletzt am 30.03.2022).

Louven, S. (2022), Gas aus Spanien soll Nordeuropa helfen, Handelsblatt, 18.3.2022.

Lucas, E. (2009), The New Cold War: How the Kremlin Menaces Both Russia and the West, London: Bloomsbury Publishing Plc.

Makarow, I; Morozkina, A. (2014), Regional Dimension of Foreign Direct Investment in Russia, Discussion Paper No. 3, Higher School of Economics, Moskau/Economic Policy Forum (EPF), Berlin.

Malakhovskaya, O.; Minabutdinov, A. (2014), Are commodity price shocks important? A Bayesian estimation of a DSGE model for Russia, *Int. J. Computational Economics and Econometrics*, Vol. 4, Nos. 1/2, 2014, 148-180. DOI: https://doi.org/10.1504/ijcee.2014.060294.

McWilliams, B.; Sgaravatti, G.; Tagliapietra, S.; Zachmann, G. (2022). Can Europe survive painlessly without Russian gas?. *Bruegel-Blogs*, online: https://www.bruegel.org/2022/01/can-europe-survive-painlessly-without-russian-gas/ (zuletzt am 30.03.2022).

Ostausschuss der deutschen Wirtschaft (2022), Neuer Rekord im Osthandel – Halbe Billion geknackt, online: https://www.ost-ausschuss.de/de/neuer-rekord-im-osthandel-halbe-billion-geknackt (zuletzt am 30.03.2022).

OECD (2022), OECD Economic Outlook, Interim Report. Economic and Social Impacts and Policy Implications of the War in Ukraine, Paris. DOI: https://doi.org/10.1787/4181d61b-en.

Petro, N. (2017), Ukraine in Crisis, London: Routledge.

Pienkowski, J. (2020), The Impact of Labour Migration on the Ukrainian Economy, DG EFIN Discussion Paper 123, EU, Brussels. DOI: https://doi.org/10.2765/450169.

Plokhy, S. (2017), The Gates of Europe: A History of Ukraine, New York: Basic Books.

Prognos; Öko-Institut e.V.; Wuppertal-Institut (2021), Klimaneutrales Deutschland 2045, Wie Deutschland seine Klimaziele schon vor 2050 erreichen kann, im Auftrag von Stiftung Klimaneutralität, Agora Energiewende und Agora Verkehrswende, online: https://www.agora-verkehrswende.de/veroeffentlichungen/klimaneutrales-deutschland-2045-langfassung/ (zuletzt am 30.03.2022).

Putin, W. (2021), Article by Vladimir Putin "On the Historical Unity of Russians and Ukrainians", July 15, Presidential Website (zuletzt am 13.05.2022).

Rochlitz, F.; Wunsch, C. (2022), Within-Firm Wage Gaps Between Foreign and Domestic Workers, Universität Basel, Paper presented at the Brown Bag Seminar/Schumpeter School of Business and Economics, May 3, 2022.

Roeger, W.; Welfens, P.J.J. (2021), Foreign Direct Investment and Innovations: Transmission Dynamics of Persistent Demand and Technology Shocks in a Macro Model, EIIW Discussion Paper No. 300, European Institute for International Economic Relations, Wuppertal.

Roeger, W.; Welfens, P.J.J. (2022a), The Macroeconomic Effects of Import Tariffs in a Model with Multinational Firms and Foreign Direct Investment, *International Economics and Economic Policy*, forthcoming.

Roeger, W.; Welfens, P.J.J. (2022b), EU Gas Import Tariff Under Duopoly: A Contribution to the Energy Sanctions Debate on Russia, EIIW Working Paper No. 314, European Institute for International Economic Relations (EIIW), University of Wuppertal, April.

Rürup, B. (2022), Warum das Geschäftsmodell der deutschen Wirtschaft am Ende ist, Handelsblatt, 1.4.2022

Sabadus, A. (2022), Bold Ukrainians Defy Putin's Invasion and Join European Electricity Grid, Atlantic Council, online: https://www.atlanticcouncil.org/blogs/ukrainealert/bold-ukrainans-defy-putins-invasion-and-join-european-electricity-grid/ (zuletzt am 30.03.2022).

Schrader, K.; Laaser, C.-F. (2022), Deutschlands Russlandhandel und der Krieg in der Ukraine: Was steht zur Disposition?, Kiel Policy Brief 163, Kiel Institut für Weltwirtschaft.

Shore, M. (2018), The Ukrainian Night: An Intimate History of Revolution, New Haven: Yale University Press.

Smith, B. (2012), UK relations with Russia, International Affairs and Defence Section, House of Commons Library, SNIA/6449, published 24th October 2012, available at https://researchbriefings.files.parliament.uk/documents/SN06449/SN06449.pdf (zuletzt am 07.06.2022).

Smith, B. (2022), Digital Technology and the War in Ukraine, blog from Brad Smith, President and Vice-Chair, published 28th February 2022, available at https://blogs.microsoft.com/on-the-issues/2022/02/28/ukraine-russia-digital-war-cyberattacks/ (zuletzt am 30.03.2022).

Smith, C. M. (2022), Ukraine's Revolt, Russia's Revenge, Washington, DC: Brookings Institution Press.

Sonnenfeld, J.; Tian, S.; Sokolowski, F.; Wyberowski, M.; Kasprowicz, M. (2022), Business Retreats and Sanctions are Crippling the Russian Economy, Yale University.

Srivastava, M.; Murgia, M.; Murphy, H. (2022), The Secret US Mission to Bolster Ukraine's Cyber Defences ahead of Russia's Invasion, online: https://www.ft.com/content/1fb2f592-4806-42fd-a6d5-735578651471 (zuletzt am 30.03.2022).

Statistisches Bundesamt (2022), Fakten zum Außenhandel mit Russland, Pressemitteilung Nr. N 010 vom 24. Februar 2022, online: https://www.destatis.de/DE/Presse/Pressemitteilungen/2022/02/PD22_N010_51.html (zuletzt am 30.03.2022).

Strzelecki, P.; Growiec, J.; Wyszynski, R. (2020), The Contribution of Immigration from Ukraine to Economic Growth in Poland, NBP Working Paper No 322, Warschau.

Temprano Arroyo, H. (2019). Using EU aid to address the root causes of migration and refugee flows, European University Institute, online: https://cadmus.eui.eu/bitstream/handle/1814/61108/EUaidMIgration_2019.pdf?sequence=1&isAllowed=y (zuletzt am 30.03.2022).

Timmermans, F. (2022), Opening remarks by Executive Vice-President Timmermans and Commissioner Simson at the press conference on the REPowerEU Communication, March 8/Press Statement, Brussels.

UNHCR (2022), Operational Data Portal. Ukraine Refugee Situation, online: https://data2.unhcr.org/en/situations/ukraine (zuletzt am 30.03.2022).

Welfens, N. (2021), Categories on the Move. Governing Refugees in Transnational Admission Programmes to Germany, Amsterdam: Ipskamp Printing.

Welfens, P.J.J. (2017a), BREXIT aus Versehen, Heidelberg: Springer.

Welfens, P.J.J. (2017b), An Accidental BREXIT, London: Palgrave.

Welfens, P.J.J. (2019), Klimaschutzpolitik, Heidelberg: Springer. DOI: https://doi.org/10.1007/978-3-658-27884-7.

Welfens, P.J.J. (2022a), Global Climate Change Policy, London: Palgrave. DOI: https://doi.org/10.1007/978-3-030-94594-7.

Welfens, P.J.J. (2022b), Russia's Attack on Ukraine: Economic Challenges, Embargo Issues & a New World Order, EIIW Discussion Paper No. 312, online: https://eiiw.wiwi.uni-wuppertal.de/fileadmin/eiiw/Daten/Publikationen/Gelbe_Reihe/disbei312.pdf.

Welfens, P.J.J.; Gloede, K.; Strohe, H.G.; Wagner, D. (1999), Systemtransformation in Deutschland und Russland. Erfahrungen, ökonomische Perspektiven und politische Optionen, Berlin/Heidelberg: Springer. DOI: https://doi.org/10.1007/978-3-662-13075-9.

Welfens, P.J.J.; Hanrahan, D. (2022), The EU-US Trade and Technology Council: Developments, Key Issues and Policy Options, EIIW Diskussionspapier Nr. 316, https://eiiw.wiwi.uni-wuppertal.de/fileadmin/eiiw/Daten/Publikationen/Gelbe_Reihe/disbei316.pdf.

Welfens, P.J.J.; Xiong, T.; Hanrahan, D. (2022), An Analysis of the Determinants of Green Innovation Dynamics in the EU+ and Climate Neutrality-related Policy Options, EIIW Diskussionspapier Nr. 318, https://eiiw.wiwi.uni-wuppertal.de/fileadmin/eiiw/Daten/Publikationen/Gelbe_Reihe/disbei318.pdf

Weltbank (2022), World Development Indicators, https://databank.worldbank.org/source/world-development-indicators (zuletzt am 05.05.2022).

Wikipedia (2022), 2022 Ukraine Refugee Crisis, https://en.wikipedia.org/wiki/2022_Ukrainian_refugee_crisis (zuletzt am 05.05.2022).

Wissenschaftliche Dienste des deutschen Bundestages (2019), Zur Geltendmachung nationaler Sicherheitsinteressen beim Aufbau des 5G-Netzes, Berlin, online: https://www.bundestag.de/resource/blob/657800/a839ff5d440a7fa626c9c-165ca6b636b/WD-2-079-19-pdf-data.pdf (zuletzt am 30.03.2022).

Wood, E. A.; Pomeranz, W.E.; Merry, E.W.; Trudolyubov, M. (2015), Roots of Russia's War in Ukraine, Washington, DC: Woodrow Wilson Center Press / Columbia University Press.

Wynnyckyj, M. (2019), Ukraine's Maidan, Russia's War: A Chronicle and Analysis of the Revolution of Dignity, Washington, DC: Columbia University Press.

Yermakov, V.; Kirova, D. (2017), Gas and Taxes: The Impact of Russia's Tinkering with Upstream Gas Taxes on State Revenues and Decline Rates of Legacy Gas Fields, Energy Insight 20, The Oxford Institute for Energy Studies, October 2017, https://www.jstor.org/stable/resrep33915.

Zimmermann, K. (2014), Circular migration. IZA World of Labor, online: https://wol.iza.org/articles/circular-migration/long (zuletzt am 30.03.2022). DOI: https://doi.org/10.15185/izawol.1.

Zygar, M. (2022), Wie der Atomkrieg in Russland populär wurde, Kolumne vom 14.05.2022, online: https://www.spiegel.de/ausland/wladimir-putin-wie-der-atomkrieg-in-russland-populaer-wurde-kolumne-von-mikhail-zygar-a-e8e0eb6d-d247-4609-892a-15a8d39be19e (zuletzt am 20.06.2022).

Anhang

Anhang 1: Deutsch-russische Wirtschaftsbeziehungen in 2021 (Statistisches Bundesamt, 24.2.2022)

Wiedergegeben wird hier die Pressemitteilung Nr. N 010 vom 24. Februar 2022:

> *„Außenhandel mit Russland steigt 2021 um 34 % zum Vorjahr*
> *Wegen gestiegener Energiepreise legen vor allem Importe deutlich zu (+54 %)*
> *Erdöl und Erdgas machen rund 59 % aller Importe aus Russland aus*

WIESBADEN – Trotz wachsender politischer Spannungen hat der Handel zwischen Deutschland und Russland im Jahr 2021 gegenüber dem ersten Pandemiejahr 2020 wieder deutlich zugenommen. Wie das Statistische Bundesamt (Destatis) mitteilt, wurden 2021 Waren im Wert von rund 59,8 Milliarden Euro zwischen beiden Staaten gehandelt – 34,1 % mehr als im Vorjahr. Aus der Russischen Föderation wurden Waren im Wert von 33,1 Milliarden Euro importiert, dorthin gingen Exporte im Wert von gut 26,6 Milliarden Euro. Damit lag der Außenhandelsumsatz zwischen Deutschland und Russland 3,4 % über dem Vorkrisenniveau des Jahres 2019.

Importe übersteigen 2021 wieder die Exporte – im Gegensatz zu 2020

2021 legten vor allem die Importe aus Russland kräftig zu: Sie stiegen um +54,2 % gegenüber 2020. Der Wert der nach Russland exportierten Waren nahm im selben Zeitraum ebenfalls zu – mit +15,4 % jedoch deutlich moderater. Damit überstieg der Wert der deutschen Importe aus Russland 2021 im Gegensatz zum Vorjahr wieder den Wert der Exporte nach Russland. 2020 hatte Deutschland erstmals seit 1993 einen Exportüberschuss erzielt. Ein Grund dafür: Im ersten Corona-Jahr war vor allem der Wert der Rohöl- und Erdgasimporte deutlich gesunken.

Erdöl und Erdgas machen 59 % aller Importe aus Russland aus

Zwischen Russland und Deutschland werden primär Rohstoffe, Fahrzeuge und Maschinen gehandelt. Deutschland importierte 2021 vor allem Erdöl und Erdgas im Wert von 19,4 Milliarden Euro – das war ein Zuwachs um 49,5 % und machte 59 % aller Einfuhren aus Russland aus. Außerdem lieferte Russland vor allem Metalle (4,5 Milliarden Euro, +72,1 % gegenüber 2020), Mineralöl- und Kokereierzeugnisse (2,8 Milliarden Euro, +23,0 %) sowie Kohle (2,2 Milliarden Euro, +153,0 %) nach Deutschland.

Dagegen exportierte Deutschland im Jahr 2021 vor allem Maschinen (5,8 Milliarden Euro, +5,7 %), Kraftwagen und Kraftwagenteile (4,4 Milliarden Euro, +31,8 %) sowie chemische Erzeugnisse (3,0 Milliarden Euro, +19,7 %) nach Russland.

Russland zählt mit einem Anteil von 2,3 % am deutschen Außenhandel insgesamt zu den 15 wichtigsten Handelspartnern Deutschlands im Jahr 2021. Außerhalb der Europäischen Union war Russland 2021 für Deutschland der viertwichtigste Importpartner sowie der fünftwichtigste Abnehmer deutscher Waren. Zum Vergleich: Den größten Teil ihres Handels außerhalb der EU treibt die Bundesrepublik mit der Volksrepublik China (9,5 %) gefolgt von den USA (7,5 %). Die Bedeutung Russlands für den deutschen Außenhandel ist im vergangenen Jahrzehnt jedoch gesunken: Im Rekordjahr 2012, das ebenfalls durch hohe Energiepreise geprägt war, hatten die aus und nach Russland gehandelten Waren noch einen Anteil von 4,1 % am deutschen Außenhandel ausgemacht.

Russisch geführte Unternehmen in Deutschland erwirtschafteten knapp 32 Milliarden Euro

Die Verflechtungen zwischen deutschen und russischen Unternehmen sind auf einem ähnlichen Niveau wie der Außenhandel. 1,9 % des Umsatzes aller auslandskontrollierten Unternehmen in Deutschland erwirtschafteten im Jahr 2019 jene mit Hauptsitz in Russland. Zum Vergleich: Auf Unternehmen mit Hauptsitz in den USA entfielen 17,9 % des Umsatzes. 164 russisch geführte Unternehmen gab es 2019 in Deutschland. Sie beschäftigten gut 8 100 Menschen und erwirtschafteten dabei einen Umsatz in Höhe von 31,6 Milliarden Euro.

Umgekehrt wurden 2019 nach Angaben der Deutschen Bundesbank 472 Unternehmen in Russland von deutschen Investoren kontrolliert. Diese beschäftigten knapp 129 000 Menschen und erwirtschafteten einen Jahresumsatz in

Höhe von gut 38,1 Milliarden Euro. Dies entspricht einem Anteil von 1,5 % des weltweiten Jahresumsatzes, den Unternehmen deutscher Investoren 2019 im Ausland erzielten. Zum Vergleich: 21,1 % dieses weltweiten Umsatzes von Unternehmen deutscher Investoren entstand in den USA (545,4 Milliarden Euro).

Methodische Hinweise:

Die Statistik der Unternehmen unter ausländischer Kontrolle umfasst in Deutschland ansässige Unternehmen, die von einer Muttergesellschaft mit Sitz im Ausland kontrolliert werden. Kontrolle liegt vor, wenn ein Unternehmen direkt oder indirekt mehr als 50 % der Anteile eines anderen Unternehmens besitzt."

Quelle: DeStatis (2022), Fakten zum Außenhandel mit Russland, Statistisches Bundesamt, Pressemitteilung Nr. N 010 vom 24. Februar 2022, online: https://www.destatis.de/EN/Press/2022/02/PE22_N010_51.html;jsessionid=BE99A7ABE55B771D0E1A17DCECCE1117.live732 (zuletzt am 25.05.2022).

Anhang 2: NATO-Flugzeuge für die Ukraine?

Russland hat offenbar in den ersten zwei Wochen des Krieges gegen die Ukraine eine klare Luftüberlegenheit erreicht – vor allem indem Flughäfen in der Ukraine zerstört wurden. Die Regierung der Ukraine hat die Lieferung von Waffen aus westlichen Ländern gefordert. Ein kritischer Punkt war Mitte März unter anderem die Frage der möglichen Lieferung von 29 Flugzeugen aus sowjetischer Produktion, die in Polen bei der Luftwaffe im Einsatz sind. Nachrichten-Meldungen in Deutschland am 8. März besagten, dass die zunächst hier zögerliche Regierung Polens bereit sein soll, die besagten Maschinen an die USA zu liefern (auf den Flughafen Ramstein in Deutschland zu fliegen); Polens Regierung soll gefordert haben, dass auch andere NATO-Länder hier mitwirken, wobei die Luftwaffe in Bulgarien und der Slowakei ebenfalls noch Flugzeuge aus sowjetischer Produktion nutzt. Polens Regierung wollte keinesfalls von polnischen Flughäfen die geforderten Flugzeuge an die Ukraine liefern, da man fürchtet, sonst aus der Sicht der politischen Führung Russlands als Kriegspartei im Ukraine-Krieg eingestuft zu werden. Die USA sollen im Übrigen zugesagt haben, dass Polen aus den USA moderne Flugzeuge zur Auffüllung der entstehenden Verteidigungslücke erhalten soll. Ein solches Versprechen lässt sich allerdings erst nach einigen Monaten einlösen, selbst wenn die US-Luftwaffe bereit wäre, an Polen gebrauchte US-Maschinen – etwa F16 – zu liefern. Denn die polnischen Militärpiloten müssten ja erst auf den neuen US-Maschinen geschult werden. Polens Regierung hat im Übrigen gefordert, dass seine Flugzeuge nur mit einem einstimmigen NATO-Beschluss an die Ukraine weitergegeben werden könnten.

Grundsätzlich könnte sich bei einer Weitergabe von Flugzeugen von NATO-Ländern an die Ukraine eine geringe Gegenwehr der dann „neuen ukrainischen Luftwaffe" gegen die russische Luftüberlegenheit ergeben. Mit etwa 40 Flugzeugen, die kaum unter dem russischen Radar und der Weltraumgestützten Satellitenaufklärung in die Ukraine zu verfrachten wären, dürfte man im Ukraine-Krieg wenig in Sachen Stärkung der ukrainischen Verteidigungsfähigkeit erreichen, während Russland darauf hinweisen dürfte, dass solche ukrainischen Flugzeuge auch Ziele in Russland angreifen könnten: NATO-Länder könnten vor diesem Hintergrund rasch zum aktiven Teil des Ukraine-Russland-Krieges werden, was die NATO in den ersten Tagen des Krieges als unbedingt zu vermeiden bezeichnet hatte. Schließlich bestünde dann die Gefahr eines Nuklear-Krieges zwischen Russland und den USA sowie Großbritannien plus Frankreich, sobald eine Eskalation im Rahmen einer konventionellen Kriegsführung eine kritische Schwelle überschritten haben sollte.

Dass Deutschland der Verfrachtung von 29 Militärjets Polens nach Ramstein nicht zugestimmt hat, ist von daher nicht überraschend. Letzlich haben auch die USA Polens Vorschlag zurückgewiesen. Zu offensichtlich ist das Problem: Bringt man ukrainische Piloten nach Ramstein, sodass sie von dort zu einer militärischen Aktion im Luftraum der Ukraine starten, so wird das Deutschland und die NATO ins Fadenkreuz des russischen Militärs ziehen. Die Ukraine, Polen und die USA hätten sich Fragen zur Stärkung der ukrainischen Luftwaffe schon im Frühjahr 2021 stellen können, als Russlands Streitkräfte seine Manöver an der Grenze der Ukraine startete.

Anhang 3: Kommentar: Das Neo-Nazi-Problem der Ukraine (Cohen, 2018); Text, der bei der britischen Nachrichtenagentur REUTERS am 19. März 2018 erschien (Übersetzung PJJW)

„Kommentar: Das Neo-Nazi-Problem der Ukraine
Von Josh Cohen, Kommentar

„(…) Während die Ukraine ihren Kampf gegen Russland und ihre Stellvertreter-Gruppierungen führt (das bezieht sich in 2018 auf die militärischen Auseinandersetzungen in der Ostukraine beziehungsweise die regionalen Kriegshandlungen zwischen den beiden selbsternannten unabhängigen Donbas-Regionen – mit russischer Bevölkerungsmehrheit, Donetsk und Luhansk – und dem Militär der Ukraine; Hinweis PJJW), muss Kiew auch mit einem wachsenden Problem hinter den Front-Linien fertigwerden: rechts-radikale Wächtergruppierungen, die bereit sind, Einschüchterung und sogar Gewalt zu nutzen, um ihre Pläne umzusetzen und die dabei oft die stillschweigende Zustimmung der Gesetzesorgane genießen. (…)"

Über den Autor: Josh Cohen ist ein ehemaliger USAID-Projektbeamter, der bei der Umsetzung ökonomischer Reformprojekte in der ehemaligen Sowjetunion mitwirkte."

Quelle: Cohen, J. (2018), Ukraine's Neo-Nazi Problem, veröffentlicht bei Reuters am 19. März 2018, online: https://www.reuters.com/article/us-cohen-ukraine-commentary-idUSKBN1GV2TY (zuletzt am 24.05.2022).

Anhang 4: EU-Sanktionen gegen Russland (von EU-Website zur Ukraine-Unterstützung, März 2022)

„Die Sanktionen umfassen:

- finanzielle Sanktionen, die Russland den Zugang zu den Kapitalmärkten der EU erschweren, Vermögenswerte einfrieren und Transaktionen mit drei russischen Banken unterbinden sowie wichtige Banken vom SWIFT-System abkoppeln
- Sanktionen im Energiesektor, um Russland den Ausbau seiner Erdölraffinerien zu erschweren und teurer zu machen
- Export-, Verkaufs- und Lieferverbot von Luftfahrzeugen und zugehöriger Ausrüstung an russische Luftfahrtunternehmen sowie aller damit zusammenhängenden Reparatur-, Wartungs- oder Finanzdienstleistungen
- Sperrung des EU-Luftraums für alle in russischem Besitz befindlichen, in Russland registrierten oder von Russland kontrollierten Luftfahrzeuge. Diese Flugzeuge werden nicht mehr in der Lage sein, im Hoheitsgebiet der EU zu landen, vom Hoheitsgebiet der Union aus zu starten oder über das Hoheitsgebiet der Union zu fliegen.
- Ausweitung der Ausfuhrkontrollen auf Güter mit doppeltem Verwendungszweck, um den Zugang Russlands zu wichtigen Technologien wie Halbleitern oder Spitzensoftware zu beschränken
- EU-Einreisebeschränkungen für russische Diplomaten und ähnliche Gruppen sowie für Geschäftsleute
- EU-weite Aussetzung der Übertragungs- und Senderechte für die Staatsmedien Russia Today und Sputnik sowie für deren Tochtergesellschaften."

Quelle: Europäische Kommission (2022), online: https://ec.europa.eu/info/strategy/priorities-2019-2024/stronger-europe-world/eu-solidarity-ukraine_de.

Anhang 5: OECD Interim Economic Outlook, March 2022 (Ökonomische Modell-Analyse zum Russland-Ukraine-Krieg/Hauptannahmen und ausgewählte Ergebnisse)

Anmerkung: Deutsche Übersetzung angefügt, s.u.

"The main text incorporates simulations of the potential economic impact of the Russia-Ukraine conflict using the NiGEM global macroeconomic model. The simulations consider the impact of the shocks to commodity and financial markets seen in the first two weeks since the invasion by Russia, and large up-front declines in domestic demand in Russia and Ukraine.

The commodity price shocks are the percentage difference in the average price of selected commodities over February 24 to March 9 from the average price in January 2022. Translating these into the global commodity price aggregates included in NiGEM:

- World oil prices are increased by 33% and coal prices by 80%.
- Gas prices are raised by 85% in Europe, 10% in North America and 20% in the rest of the world.
- World metals prices are increased by 11%, based on a weighted average of changes in prices for copper, gold, zinc, iron ore, nickel, aluminium, palladium and platinum.
- World food prices are raised by a weighted average of 6%, with wheat prices up by 90%, corn prices by 40% and all other index components assumed to remain unchanged.
- Fertiliser prices are assumed to be 30% higher.

The financial market shocks are also calibrated on the average changes seen since the start of the war relative to January 2022. They include:

- A 50% depreciation of the rouble against the US dollar, and an initial increase of 10.5 percentage points in Russian policy interest rates, with smaller bilateral US dollar currency depreciations of 5% in the Czech Republic, Hungary, Poland, Romania and Turkey. These shocks imply small effective exchange rate appreciations in the major advanced economies.

- Greater financial market uncertainty and diminished risk appetite has pushed up investment risk premia by around 1000 basis points in Russia, 500 basis points in Ukraine, 100 basis points in Turkey, 50 basis points in Bulgaria, Czech Republic, Hungary, Poland and Romania, and 25 basis points in all other emerging-market economies.

The potential scale of the likely hit to domestic demand in Russia and Ukraine is extremely uncertain, but is likely to be large. Past episodes in Russia, such as the financial crisis in 1998 and the aftermath of the annexation of Crimea in 2014 were accompanied by sizeable domestic demand declines of between 10-15 per cent. The stronger sanctions applied following the invasion of Ukraine suggest that the downturn in Russia could be even larger than these past episodes. Sharp downturns have also occurred in other countries subject to international sanctions, including Iran. In Ukraine, the scale of the damage caused by the war is likely to be greater still. Other conflicts have resulted in annual GDP declines of between 25-40% in some countries, including Iraq, Syria and Yemen.

- The simulations incorporate ex-ante domestic demand declines of 15% in Russia and 40% in Ukraine. Domestic demand is left endogenous to reflect other factors that are adjusting in the simulation.

All shocks are assumed to last for at least one year. The simulations are undertaken on the NiGEM model in backward-looking mode. This means that consumers and companies do not make their current spending choices with certainty about the future evolution of the conflict. Policy interest rates are endogenous and adjust according to the balance of the shocks to growth and inflation.

The fiscal scenario considers the impact of an increase in final government spending of 0.5% of GDP in all OECD economies. In practice, the measures taken could vary across countries, reflecting a combination of stronger investment and defence spending and cash transfers targeted on lower income households or refugees with a high marginal propensity to consume. In countries less directly affected by the conflict, the additional spending could also reflect temporary delays in some previously-planned discretionary consolidation."

Quelle: OECD Economic Outlook, Interim Report March 2022, S. 13.

Deutsche Übersetzung (PJJW):

„Der Haupttext enthält Simulationen der möglichen wirtschaftlichen Auswirkungen des Russland-Ukraine-Konflikts unter Verwendung des globalen makroökonomischen Modells NiGEM. Die Simulationen berücksichtigen die Auswirkungen der Schocks auf den Rohstoff- und Finanzmärkten, die in den ersten zwei Wochen nach dem Einmarsch Russlands zu beobachten waren, sowie einen starken Rückgang der Inlandsnachfrage in Russland und der Ukraine im Vorfeld.

Bei den Rohstoffpreisschocks handelt es sich um die prozentuale Differenz des Durchschnittspreises ausgewählter Rohstoffe zwischen dem 24. Februar und dem 9. März gegenüber dem Durchschnittspreis im Januar 2022. Diese werden in die in NiGEM enthaltenen globalen Rohstoffpreisaggregate umgerechnet:

- Die Weltölpreise werden um 33% und die Kohlepreise um 80% erhöht.
- Die Gaspreise werden in Europa um 85%, in Nordamerika um 10% und im Rest der Welt um 20% angehoben.
- Die Weltmetallpreise werden um 11% erhöht, basierend auf einem gewichteten Durchschnitt der Preisänderungen für Kupfer, Gold, Zink, Eisenerz, Nickel, Aluminium, Palladium und Platin.
- Die Weltnahrungsmittelpreise werden um einen gewichteten Durchschnitt von 6% angehoben, wobei die Weizenpreise um 90% und die Maispreise um 40% steigen und alle anderen Indexkomponenten unverändert bleiben sollen.
- Die Düngemittelpreise werden um 30% höher angenommen.

Die Finanzmarktschocks sind ebenfalls auf die durchschnittlichen Veränderungen seit Beginn des Krieges im Vergleich zum Januar 2022 kalibriert. Sie umfassen:

- Eine 50%ige Abwertung des Rubels gegenüber dem US-Dollar und eine anfängliche Anhebung der russischen Leitzinsen um 10,5 Prozentpunkte, mit kleineren bilateralen Abwertungen des US-Dollars um 5% in der Tschechischen Republik, Ungarn, Polen, Rumänien und der Türkei. Diese Schocks führen in den wichtigsten fortgeschrittenen Volkswirtschaften zu einer geringen effektiven Aufwertung der Wechselkurse.
- Die größere Unsicherheit auf den Finanzmärkten und die geringere Risikobereitschaft haben die Risikoprämien für Investitionen in Russland um etwa 1000 Basispunkte, in der Ukraine um 500 Basispunkte, in der Türkei um 100 Basispunkte, in Bulgarien, der Tschechischen Republik, Ungarn, Polen und

Rumänien um 50 Basispunkte und in allen anderen Schwellenländern um 25 Basispunkte ansteigen lassen.

Das potenzielle Ausmaß der wahrscheinlichen Beeinträchtigung der Binnennachfrage in Russland und der Ukraine ist äußerst ungewiss, dürfte aber groß sein. Frühere Episoden in Russland, wie die Finanzkrise im Jahr 1998 und die Folgen der Annexion der Krim im Jahr 2014, waren von einem beträchtlichen Rückgang der Inlandsnachfrage um 10-15% begleitet. Die verschärften Sanktionen nach dem Einmarsch in die Ukraine deuten darauf hin, dass der Abschwung in Russland noch stärker ausfallen könnte als in den vergangenen Jahren. Auch in anderen Ländern, gegen die internationale Sanktionen verhängt wurden, wie z.B. im Iran, kam es zu einem drastischen Abschwung. In der Ukraine dürfte das Ausmaß des kriegsbedingten Schadens noch größer sein. Andere Konflikte haben in einigen Ländern, darunter Irak, Syrien und Jemen, zu jährlichen BIP-Rückgängen von 25-40% geführt.

- Die Simulationen berücksichtigen einen Ex-ante-Rückgang der Inlandsnachfrage von 15% in Russland und 40% in der Ukraine. Die Inlandsnachfrage bleibt endogen, um andere Faktoren widerzuspiegeln, die in der Simulation angepasst werden.

Es wird angenommen, dass alle Schocks mindestens ein Jahr lang andauern. Die Simulationen werden mit dem NiGEM-Modell im rückwärtsgerichteten Modus durchgeführt. Dies bedeutet, dass Verbraucher und Unternehmen ihre aktuellen Ausgabenentscheidungen nicht mit Gewissheit über die zukünftige Entwicklung des Konflikts treffen. Die politischen Zinssätze sind endogen und passen sich entsprechend dem Gleichgewicht der Schocks für Wachstum und Inflation an.

Das fiskalische Szenario berücksichtigt die Auswirkungen einer Erhöhung der staatlichen Endausgaben um 0,5% des BIP in allen OECD-Ländern. In der Praxis könnten die ergriffenen Maßnahmen von Land zu Land unterschiedlich ausfallen und eine Kombination aus höheren Investitions- und Verteidigungsausgaben und Bargeldtransfers für Haushalte mit niedrigem Einkommen oder Flüchtlinge mit einer hohen marginalen Konsumneigung widerspiegeln. In Ländern, die weniger direkt von dem Konflikt betroffen sind, könnten die zusätzlichen Ausgaben auch vorübergehende Verzögerungen bei einigen zuvor geplanten diskretionären Konsolidierungen widerspiegeln."

Quelle: OECD Economic Outlook, Interim Report March 2022, S. 13 (eigene Übersetzung).

Anhang 6: Gemeinsame Erklärung der Führungen internationaler Finanzorganisationen mit Programmen für die Ukraine und benachbarte Länder (17. März, 2022)

In einer ungewöhnlichen Gemeinschafts-Stellungnahme der Führungen internationaler Finanzorganisationen kommt eine besondere Kooperation dieser Organisationen bei der Hilfe für die Ukraine im Frühjahr 2022 zum Ausdruck.

Joint Statement of Heads of International Financial Institutions with programs in Ukraine and neighboring countries

Statement from Odile Renaud-Basso, President of the European Bank for Reconstruction and Development (EBRD), Werner Hoyer, President of the European Investment Bank (EIB), Carlo Monticelli, Governor of the Council of Europe Development Bank (CEB), Kristalina Georgieva, Managing Director of the International Monetary Fund (IMF), and David Malpass, President of the World Bank Group (WBG).

We, the heads of the EBRD, EIB, CEB, IMF, and WBG, met today to discuss impacts on the global economy of the ongoing war in Ukraine and our respective and collective response to this crisis. We are horrified and deeply concerned about the Russian invasion of Ukraine and the ensuing crisis. The attacks on civilians and civilian infrastructure are causing tremendous suffering, creating massive population displacements, threatening international peace and security, and endangering basic social and economic needs for people around the world.

In addition to the devastating human catastrophe unfolding in Ukraine, the war is disrupting livelihoods throughout the region and beyond. The impacts will be extensive—from reduced energy and food supplies, to increases in prices and poverty and a massive undertaking of Ukraine's reconstruction, all of which will hamper the post-pandemic recovery around the world.

The entire global economy will feel the effects of the crisis through slower growth, trade disruptions, and steeper inflation, harming especially the poorest and most vulnerable. Higher prices for commodities like food and energy will push inflation up further. Countries, particularly those neighboring Ukraine will suffer disruptions in trade, supply chains and remittances as well as surges in refugee flows. Reduced confidence and higher investor uncertainty will impact asset prices, tighten financial conditions, and could even generate capital outflows from emerging markets.

Our institutions have responded with emergency support to Ukraine and its neighbors.

The **EBRD** has approved a "War on Ukraine – EBRD Resilience Package", initially sized at EUR 2 billion, to respond to the immediate needs of the people affected by the war and – when conditions permit – support the substantial reconstruction of Ukraine. The EBRD's package comprises an immediate Resilience and Livelihoods program covering the areas of energy security, nuclear safety, municipal services, trade finance support and liquidity for SMEs in Ukraine and in neighboring affected countries. Once conditions permit, the EBRD will also be prepared to take part in a reconstruction program for Ukraine, to rebuild livelihoods and businesses; restore vital infrastructure; support good governance; and enable access to services. It envisages working with international partners including the EU and U.S., as well as bilateral donors and other international financial institutions.

The **EIB** has prepared an emergency solidarity package for Ukraine of EUR 2 billion, including the provision of EUR 668 million in immediate liquidity assistance to the Ukrainian authorities. This has been developed in close collaboration with the European Commission. As part of this package, the Bank is also accelerating the delivery of an additional EUR 1.3 billion of commitments made for infrastructure projects. Of the emergency liquidity assistance, EUR 329 million has been disbursed in the past week. An additional EUR 329 million will be disbursed over the coming days. In parallel, the Bank is developing a multi-billion euro package for the EU Eastern and Southern Neighborhood, the EU Enlargement Region and Central Asia to mitigate the consequences of the refugee crisis, and help address the social and economic fallout caused by the war. Within the EU, EIB will work closely with Member States, National Promotional Banks and the European Commission to prepare an action plan to help alleviate the impact of the refugee crisis on EU countries hosting refugees.

The **CEB**, according to its membership and special social mandate, has provided emergency grants to Ukraine's neighboring countries to cover immediate needs of refugees, including transportation and orientation. The CEB stands ready to also provide flexible, fast-disbursing loans to address the significant financial needs of neighboring and other countries hosting large inflow of refugees, while remaining focused on the social sector.

The **IMF** disbursed emergency assistance of US$1.4 billion to Ukraine on March 9 under the Rapid Financing Instrument (RFI) to help meet urgent financing needs including to mitigate the economic impact of the war. IMF staff remains closely engaged with the authorities to provide policy support as they continue to design and implement effective crisis mitigation measures. The IMF is also currently working with Moldova, which has requested an augmentation of its existing IMF-supported program. The Fund stands ready to support neighboring and other countries affected by the spillovers of the war through all its relevant instruments.

The **World Bank Group** has already mobilized more than US$925 million for Ukraine, including fast-disbursing budget support to help the government provide critical services to Ukrainian people, of which US$350 million has been disbursed. This financing is part of a US$3 billion package of support planned for Ukraine in the coming months. The World Bank also set up a multi-donor trust fund (MDTF) that is among the most rapid, targeted, and secure mechanisms to facilitate channeling grant resources from donors to Ukraine, with contributions of US$145 million thus far. The World Bank Group is also working on options to assist neighboring countries, including to support refugee populations, and will continue to provide trade finance to support the private sector.

We acknowledge the importance of working together to coordinate our respective responses to support Ukraine and neighbors on the financing and policy fronts and maximize impact on the ground. We are committed to strengthening international cooperation and solidarity in the face of this enormous challenge.

Quelle: World Bank (2022a), Joint Statement of Heads of International Financial Institutions with Programs in Ukraine and Neighboring Countries, published 17th March 2022, online: https://www.worldbank.org/en/news/statement/2022/03/17/joint-statement-of-heads-of-international-financial-institutions-with-programs-in-ukraine-and-neighboring-countries (zuletzt am 24.05.2022).

Anhang 7: Intra-EU-Solidaritätserfordernisse der Mitgliedsländer gemäß EU-Richtlinie für den Gas-Versorgungsnotfall (Auszüge; 2017)

Die Richtlinie nimmt unmittelbar unter anderem Bezug auf Belieferungsprobleme aus Russland im Jahr 2009; unklar dürfte sein, welche Solidaritätsanforderungen in einem Fall gelten, wenn EU-Mitgliedsländer – einzeln oder gemeinschaftlich – einen Gasimport-Boykott realisieren. Dennoch dürfte etwa auf Deutschland eine besondere Hilfsverpflichtung in der EU zukommen, wenn die EU einen Gasimport-Boykott gegen Russland beschließen sollte.

Nachfolgend Auszüge aus der EU-Richtlinie:

„(^{1}) Verordnung (EU) Nr. 312/2014 der Kommission vom 26. März 2014 zur Festlegung eines Netzkodex für die Gasbilanzierung in Fernleitungsnetzen (ABl. L 91 vom 27.3.2014, S. 15).

28.10.2017
Amtsblatt der Europäischen Union L 280/7 (Amtsblatt der Europäischen Union 28.10.2017)

Mit der vorliegenden Verordnung werden hinreichend harmonisierte Standards für die Versorgungssicherheit festgelegt, mit denen zumindest eine Situation wie im Januar 2009 bewältigt werden kann, als die Gaslieferungen aus Russland unterbrochen wurden. Diese Standards tragen den Unterschieden zwischen den Mitgliedstaaten sowie den gemeinwirtschaftlichen Verpflichtungen und dem Kundenschutz gemäß Artikel 3 der Richtlinie 2009/73/EG Rechnung. Die Standards für die Versorgungssicherheit sollten zur Gewährleistung der notwendigen Rechtssicherheit stabil sein, sie sollten klar definiert sein und die Erdgasunternehmen nicht unangemessen und unverhältnismäßig belasten. Außerdem sollten sie einen gleichen Zugang der Erdgasunternehmen der Union zu nationalen Kunden gewährleisten. Die Mitgliedstaaten sollten Maßnahmen festlegen, mit denen in wirksamer und verhältnismäßiger Weise sichergestellt wird, dass Erdgasunternehmen diese Standards erfüllen, wozu auch die Möglichkeit gehört, Geldstrafen gegen Lieferanten zu verhängen, wenn sie es für zweckmäßig halten.

Die Aufgaben und Zuständigkeiten aller Erdgasunternehmen und zuständigen Behörden sollten genau festgelegt werden, damit insbesondere auch im Fall von Versorgungsstörungen und Krisen ein ordnungsgemäß funktionierender Gasbinnenmarkt aufrechterhalten werden kann. Die Festlegung der Aufgaben und Zuständigkeiten sollte so erfolgen, dass sichergestellt ist, dass dabei ein Ansatz auf drei Ebenen verfolgt wird, wonach in einem ersten Schritt die betreffenden Erdgasunternehmen und Wirtschaftsbranchen, in einem zweiten Schritt die Mitgliedstaaten auf nationaler oder regionaler Ebene und in einem dritten Schritt die Union tätig werden. Diese Verordnung sollte Erdgasunternehmen und Kunden in die Lage versetzen, sich im Falle von Versorgungsstörungen so lange wie möglich auf Marktmechanismen verlassen zu können. Sie sollte jedoch auch Mechanismen vorsehen, auf die zurückgegriffen werden kann, falls die Märkte allein eine Störung der Gasversorgung nicht mehr angemessen bewältigen können.

Im Fall einer Störung der Gasversorgung sollten die Marktteilnehmer ausreichend Gelegenheit erhalten, mit marktbasierten Maßnahmen auf die Lage zu reagieren. Sind die Marktmaßnahmen ausgeschöpft und reichen sie immer noch nicht aus, so sollten die Mitgliedstaaten und ihre zuständigen Behörden Maßnahmen ergreifen, um die Auswirkungen der Störung der Gasversorgung zu beheben oder einzudämmen.

Wenn Mitgliedstaaten beabsichtigen, nicht-marktbasierte Maßnahmen zu ergreifen, sollte der Einführung der Maßnahmen eine Beschreibung der wirtschaftlichen Folgen beigefügt werden. Dadurch wird gewährleistet, dass die Kunden die von ihnen benötigten Informationen über die Kosten solcher Maßnahmen erhalten und dass die Maßnahmen transparent sind, insbesondere bezüglich ihrer Auswirkungen auf den Gaspreis.

Die Kommission sollte befugt sein sicherzustellen, dass neue nicht-marktbasierte Präventivmaßnahmen die sichere Gasversorgung anderer Mitgliedstaaten oder der Union nicht gefährden. Da derartige Maßnahmen äußerst nachteilig für die Gasversorgungssicherheit sein können, ist es angebracht, dass sie nur in Kraft treten, wenn sie von der Kommission gebilligt wurden oder im Einklang mit einem Kommissionsbeschluss geändert wurden.

Nachfrageseitige Maßnahmen wie der Brennstoffwechsel oder eine Verringerung der Gaslieferungen an industrielle Großkunden in einer wirtschaftlich effizienten Reihenfolge können einen wertvollen Beitrag zur Sicherung der Gasversorgung leisten, sofern sie als Reaktion auf eine Störung der Gasversorgung schnell umgesetzt werden können und die Nachfrage spürbar reduzieren. Es sollte mehr getan werden, um eine effiziente Energienutzung zu fördern, insbesondere dann, wenn nachfrageseitige Maßnahmen notwendig sind. Die Umweltauswirkungen vorgeschlagener nachfrage- und angebotsseitiger Maßnahmen sollten angemessen berücksichtigt werden, und es sollte so weit wie möglich den Maßnahmen der Vorzug gegeben werden, die die Umwelt am wenigsten belasten. Gleichzeitig sollten die Gesichtspunkte der Gasversorgungssicherheit und der Wahrung des Wettbewerbs berücksichtigt werden.

Es ist notwendig, die Vorhersehbarkeit der in einem Notfall zu treffenden Maßnahmen zu gewährleisten, damit alle Marktteilnehmer ausreichend Gelegenheit haben, darauf zu reagieren und sich auf solche Umstände vorzubereiten. Grundsätzlich sollten die zuständigen Behörden deshalb gemäß ihren Notfallplan handeln. Unter ausreichend begründeten besonderen Umständen sollte es ihnen aber erlaubt sein, Maßnahmen zu ergreifen, die von diesen Plänen abweichen. Ferner ist es wichtig, die Art und Weise, wie Notfälle bekannt gegeben werden, transparenter und vorhersehbarer zu machen. Hierbei können Informationen über den Netzbilanzierungsstatus (den Gesamtstatus des Fernleitungsnetzes) — der entsprechende Rahmen ist in der Verordnung (EU) Nr. 312/2014 der Kommission (1) festgelegt — eine wichtige Rolle spielen. Diese Informationen sollten den zuständigen Behörden und den nationalen Regulierungsbehörden, soweit sie nicht die zuständigen Behörden sind, in Echtzeit zur Verfügung stehen.

Wie im Zusammenhang mit dem Stresstest im Oktober 2014 über die kurzfristige Widerstandsfähigkeit des Europäischen Gassystems deutlich wurde, ist Solidarität vonnöten, um die Gasversorgungssicherheit in der Union zu gewährleisten. Dadurch werden die Auswirkungen gleichmäßiger verteilt und die Gesamtwirkung einer schweren Störung wird gelindert. Mit dem Solidaritätsmechanismus sollen Extremsituationen bewältigt werden, in denen die Versorgung von durch Solidarität geschützten Kunden als wesentliche Notwendigkeit und unabdingbare Priorität in einem Mitgliedstaat auf dem Spiel steht. Solidarität stellt die Zusammenarbeit mit den stärker gefährdeten Mitgliedstaaten sicher. Solidarität ist zudem ein letztes Mittel, das nur im Notfall und unter eingeschränkten Voraussetzungen zum Einsatz kommt. Bei Ausrufung des Notfalls in einem Mitgliedstaat sollte daher abgestuft und verhältnismäßig vorgegangen werden, um die Sicherheit der Gasversorgung zu gewährleisten. Der Mitgliedstaat, der den Notfall ausgerufen hat, sollte insbesondere zunächst alle in seinem Notfallplan vorgesehenen Notfallmaßnahmen ergreifen, um die Gasversorgung seiner durch Solidarität geschützten Kunden sicherzustellen. Gleichzeitig sollten alle Mitgliedstaaten, die einen erhöhten Versorgungsstandard eingeführt haben, diesen zeitweise auf den normalen Versorgungsstandard absenken, um die Liquidität des Gasmarkts zu erhöhen, wenn der den Notfall ausrufende Mitgliedstaat erklärt, dass grenzüberschreitende Maßnahmen erforderlich sind. Führen diese beiden Maßnahmenpakete nicht zu der erforderlichen Versorgung, so sollten von den direkt verbundenen Mitgliedstaaten Solidaritätsmaßnahmen ergriffen werden, um die Gasversorgung von durch Solidarität geschützten Kunden in dem Mitgliedstaat, in dem der Notfall eingetreten ist, auf dessen Antrag sicherzustellen. Solche Solidaritätsmaßnahmen sollten gewährleisten, dass die Gasversorgung von nicht durch Solidarität geschützten Kunden im Hoheitsgebiet des Solidarität leistenden Mitgliedstaats gesenkt oder eingestellt wird, um Gasmengen in benötigtem Umfang und für den Zeitraum verfügbar zu machen, in dem der Gasbedarf der durch Solidarität geschützten Kunden in dem Solidarität anfordernden Mitgliedstaat nicht gedeckt ist. Keinesfalls sollte diese Verordnung so verstanden werden, dass von einem Mitgliedstaat verlangt wird oder ihm die Möglichkeit gegeben wird, in einem anderen Mitgliedstaat hoheitliche Gewalt auszuüben.

39. (39) Solidaritätsmaßnahmen sollten auch als letztes Mittel zur Anwendung kommen, wenn ein Mitgliedstaat mit einem anderen Mitgliedstaat über ein Drittland verbunden ist, sofern der Durchfluss durch dieses Drittland nicht eingeschränkt ist und wenn die betreffenden Mitgliedstaaten zustimmen, die gegebenenfalls den Drittstaat miteinbeziehen sollten, durch den sie verbunden sind.
40. (40) Wenn Solidaritätsmaßnahmen als letztes Mittel zur Anwendung kommen, sollte die Drosselung oder Einstellung der Gasversorgung in dem Solidarität leistenden Mitgliedstaat alle nicht durch Solidarität geschützten Kunden betreffen, wenn das notwendig ist, um seine Solidaritätsverpflichtungen zu erfüllen und um eine diskriminierende Behandlung zu vermeiden, unabhängig davon, ob die Kunden Gas unmittelbar oder über durch Solidarität geschützte Fernwärmeanlagen in Form von Wärme beziehen. Das Gleiche sollte umgekehrt für Kunden gewährleistet werden, die keine durch Solidarität geschützten Kunden in dem Gas über den Solidaritätsme chanismus beziehenden Mitgliedstaat sind.
41. (41) Werden Solidaritätsmaßnahmen als letztes Mittel ergriffen, so sollte vorzugsweise zunächst der Gasverbrauch in dem Mitgliedstaat, der Solidarität leistet, auf freiwilliger Basis gesenkt werden, durch marktba-

sierte Maßnahmen wie freiwillige nachfrageseitige Maßnahmen oder umgekehrte Auktionen, bei denen bestimmte Verbraucher wie industrielle Verbraucher dem Fernleitungsnetzbetreiber oder einer anderen zuständigen Behörde den Preis mitteilen, zu dem sie ihren Gasverbrauch verringern oder einstellen würden. Erweisen sich marktbasierte Maßnahmen als unzureichend, um den Engpass bei der erforderlichen Gasversorgung zu beseitigen, und in Anbetracht der Bedeutung, die der Solidarität als letztem Mittel zukommt, sollte der Mitgliedstaat, der Solidarität leistet, in der Lage sein, als zweiten Schritt nicht-marktbasierte Maßnahmen, einschließlich Lieferkürzungen für bestimmte Verbrauchergruppen, anzuwenden, um seine Solidaritätsverpflichtungen zu erfüllen.

42. (42) Für Solidaritätsmaßnahmen als letztes Mittel sollte Entschädigung geleistet werden. Der Mitgliedstaat, der Solidarität leistet, sollte von dem Mitgliedstaat, dem Solidarität gewährt wird, unverzüglich eine angemessene Entschädigung erhalten, auch für das in sein Hoheitsgebiet gelieferte Gas und für alle sonstigen einschlägigen angemessenen Kosten, die bei der Leistung von Solidarität entstanden sind. Solidaritätsmaßnahmen als letztes Mittel sollten an die Bedingung geknüpft sein, dass sich der Mitgliedstaat, der um Solidarität ersucht, zu angemessener und unverzüglicher Entschädigung verpflichtet. Durch diese Verordnung werden nicht alle Aspekte angemessener Entschädigung harmonisiert. Die betroffenen Mitgliedstaaten sollten die notwendigen Maßnahmen — insbesondere technische, rechtliche und finanzielle Regelungen — ergreifen, um die Bestimmungen für eine unverzügliche und angemessene Entschädigung zwischen ihnen umzusetzen.

43. (43) Die Mitgliedstaaten setzten, wenn sie Maßnahmen gemäß den Bestimmungen dieser Verordnung über Solidarität ergreifen, Unionsrecht um und sind daher gehalten, die durch das Unionsrecht garantierten Grundrechte zu wahren. Solche Maßnahmen können daher für einen Mitgliedstaat zu der Verpflichtung führen, Entschädigung an jene zu leisten, die durch seine Maßnahmen betroffen sind. Die Mitgliedstaaten sollten daher sicherstellen, dass es nationale Bestimmungen über Entschädigung gibt, die mit dem Unionsrecht und insbesondere mit den Grundrechten vereinbar sind. Darüber hinaus sollte gewährleistet sein, dass der Mitgliedstaat, dem Solidarität gewährt wird, letztendlich alle angemessenen Kosten trägt, die dem Mitgliedstaat, der Solidarität leistet, aufgrund der genannten Verpflichtung, Entschädigung zu leisten,

entstanden sind, ebenso wie weitere angemessene Kosten, die durch die Leistung von Entschädigungszahlungen gemäß den genannten nationalen Entschädigungsregelungen entstanden sind.

Da möglicherweise mehr als ein Mitgliedstaat eine Solidaritätsleistung für einen ersuchenden Mitgliedstaat erbringt, sollte es einen Mechanismus für die Lastenteilung geben. Im Rahmen dieses Mechanismus sollte der um Solidarität ersuchende Mitgliedstaat nach Anhörung aller betroffenen Mitgliedstaaten das vorteilhafteste Angebot nach Kosten, Lieferungsgeschwindigkeit, Verlässlichkeit und Diversifizierung der Gasversorgung aus unterschiedlichen Mitgliedstaaten aussuchen. Die Mitgliedstaaten sollten solche Angebote soweit und solange wie möglich auf der Grundlage von freiwilligen Maßnahmen auf der Nachfragenseite machen, bevor sie auf nicht marktbasierte Maßnahmen zurückgreifen.

Durch diese Verordnung wird zum ersten Mal ein solcher Solidaritätsmechanismus zwischen Mitgliedstaaten als Instrument zur Abmilderung der Auswirkungen einer schwerwiegenden Notlage innerhalb der Union eingeführt — einschließlich eines Mechanismus für die Lastenteilung. Die Kommission sollte den Mechanismus für die Lastenteilung und den Solidaritätsmechanismus daher allgemein im Lichte künftiger Erfahrungen mit ihrer Funktionsweise überarbeiten und gegebenenfalls Änderungen an ihnen vorschlagen.

Die Mitgliedstaaten sollten die erforderlichen Maßnahmen zur Durchführung der Bestimmungen über den Solidaritätsmechanismus erlassen, wozu auch gehört, dass die betreffenden Mitgliedstaaten technische, rechtliche und finanzielle Regelungen vereinbaren. Die Mitgliedstaaten sollten die Einzelheiten dieser Regelungen in ihren Notfallplänen beschreiben. Die Kommission sollte rechtlich nicht bindende Leitlinien zu den wichtigsten Elementen, die in diese Regelungen aufzunehmen sind, erstellen.

Solange ein Mitgliedstaat den Gasverbrauch der durch Solidarität geschützten Kunden aus eigener Erzeugung abdecken kann und somit nicht um Solidarität ersuchen muss, sollte er von der Verpflichtung ausgenommen werden, technische, rechtliche und finanzielle Regelungen mit anderen Mitgliedstaaten zum Erhalt einer Solidari tätsleistung festzulegen. Das sollte nicht die Verpflichtung des betreffenden Mitgliedstaats berühren, eine Solidari tätsleistung für andere Mitgliedstaaten zu erbringen.

Es sollte eine Schutzklausel für den Fall geben, dass die Union aufgrund einer anderen Haftung als der für rechtswidrige Handlungen oder für rechtswidriges Verhalten im Sinne von Artikel 340 Absatz 2 AEUV Kosten für Maßnahmen trägt, die die Mitgliedstaaten gemäß den Bestimmungen dieser Verordnung über den Solidaritätsmechanismus ergreifen müssen. In solchen Fällen ist es angebracht, dass der Mitgliedstaat, dem Solidarität gewährt wird, die Kosten der Union erstattet.

Bei Bedarf sollte Solidarität auch durch Hilfe ausgeübt werden, die von der Union und ihren Mitgliedstaaten im Rahmen des Katastrophenschutzes geleistet wird. Solche Hilfsmaßnahmen sollten durch das mit dem Beschluss Nr. 1313/2013/EU eingeführte Katastrophenschutzverfahren der Union erleichtert und koordiniert werden, das die Zusammenarbeit zwischen der Union und den Mitgliedstaaten verstärken und die Koordinierung im Bereich des Katastrophenschutzes erleichtern soll, um die Wirksamkeit der Systeme zur Prävention von Naturkatastrophen und durch Menschen verursachte Katastrophen sowie zur Vorbereitung und Reaktion auf diese Katastrophen zu verbessern.

Für die Beurteilung der Sicherheit der Gasversorgung eines Mitgliedstaats, eines Teils der Union oder der gesamten Union ist der Zugang zu den einschlägigen Informationen wesentlich. Insbesondere benötigen die Mitgliedstaaten und die Kommission einen regelmäßigen Zugang zu Informationen der Erdgasunternehmen über die Hauptparameter der Gasversorgung, einschließlich präziser Messungen der verfügbaren Speicherreserven, als grundlegenden Ausgangspunkt für die Konzeption von Strategien zur Absicherung der Gasversorgung. Unabhängig von der Ausrufung eines Notfalls sollte in begründeten Fällen auch der Zugang zu zusätzlichen Informationen möglich sein, die für die Beurteilung der Gesamtlage der Gasversorgung benötigt werden. Bei solchen zusätzlichen Informationen würde es sich in der Regel um nicht-preisbezogene Gaslieferinformationen, z. B. über Mindest- und Höchstgasmengen, Lieferpunkte oder die Bedingungen für die Aussetzung von Gaslieferungen, handeln.

Ein effizienter und zielführender Mechanismus für den Zugang der Mitgliedstaaten und der Kommission zu wichtigen Gaslieferverträgen sollte eine umfassende Bewertung der einschlägigen Risiken gewährleisten, die zu einer Störung der Gasversorgung führen oder die nötigen Folgenminderungsmaßnahmen beeinträchtigen können, falls es dennoch zu einer Krise kommt. Im Rahmen dieses Mechanismus sollten bestimmte wichtige Gaslieferverträge den zuständigen Behörden der am stärksten betroffenen Mitgliedstaaten automatisch gemeldet werden, unabhängig davon, ob das Gas aus der Union oder aus Drittländern stammt. Neue Verträge oder Änderungen sollten unmittelbar nach ihrem Abschluss gemeldet werden. Zur Gewährleistung der Transparenz und der Zuverlässigkeit sollten bestehende Verträge ebenfalls gemeldet werden. Die

Meldepflicht sollte auch für alle kommerziellen Vereinbarungen gelten, die für die Durchführung des Gasliefervertrags von Bedeutung sind, einschließlich einschlägiger Vereinbarungen, die mit der Infrastruktur, der Speicherung und anderen für die Sicherheit der Erdgasversorgung wichtigen Aspekten im Zusammenhang stehen können.

Jede Verpflichtung, einen Vertrag automatisch an die zuständige Behörde zu melden, muss verhältnismäßig sein. Eine Anwendung dieser Verpflichtung auf Verträge zwischen einem Lieferanten und einem Abnehmer, die mindestens 28 % des nationalen Marktes ausmachen, ist im Hinblick auf die Verwaltungseffizienz und die Transparenz ausgewogen und erlegt den Marktteilnehmern klare Verpflichtungen auf. Die zuständige Behörde sollte den Vertrag unter dem Gesichtspunkt der Gewährleistung der Gasversorgungssicherheit prüfen und die Ergebnisse der Bewertung an die Kommission übermitteln. Wenn die zuständige Behörde Zweifel hat, ob ein bestimmter Vertrag ein Risiko für die Sicherheit der Gasversorgung in einem Mitgliedstaat oder einer Region ist, so sollte sie diesen Vertrag der Kommission zur Prüfung melden. Das bedeutet nicht, dass andere Gaslieferverträge für die Gasversorgungssicherheit nicht von Bedeutung sind. Ist die zuständige Behörde des am stärksten betroffenen Mitgliedstaats oder die Kommission der Auffassung, dass ein Gasliefervertrag, der nicht der automatischen Meldepflicht nach dieser Verordnung unterliegt, aufgrund seiner Besonderheiten, der belieferten Kundengruppe oder seiner Bedeutung für die Sicherheit der Gasversorgung ein Risiko für die Sicherheit der Gasversorgung in einem Mitgliedstaat, in einer Region der Union oder in der Union darstellen könnte, so sollte die zuständige Behörde oder die Kommission die Möglichkeit haben, den Vertrag anzufordern, um seine Auswirkungen auf die Sicherheit der Gasversorgung beurteilen zu können. Diese Informationen könnten beispielsweise angefordert werden, wenn es zu einer Änderung der Muster der bisherigen Gaslieferungen an einen oder mehrere Abnehmer in einem Mitgliedstaat kommt, mit der unter normalen Marktbedingungen nicht zu rechnen wäre und die sich auf die Gasversorgung der Union oder von Teilen der Union auswirken könnte. Mit diesem Mechanismus wird sichergestellt, dass der Zugang zu anderen wichtigen Gaslieferverträgen, die für die Versorgungssicherheit relevant sind, garantiert ist. Eine solche Anforderung sollte angemessen begründet werden und die Notwendigkeit berücksichtigen, den Verwaltungsaufwand dieser Maßnahme so gering wie möglich zu halten."

Anhang 8: Größte Exporteure von Rohöl, Erdgas und Kohle

Tab. A1 Top 15 Exportländer von Rohöl in 2020, exportierter Wert in Tausend US$

Rang	Land	Exportierter Wert in 2020 (Tausend US$)	Anteil an Welt
	Welt	**607.279.930**	**100,00 %**
1	Vereinigte Arabische Emirate	105.123.365	17,31 %
2	Russland	72.564.294	11,95 %
3	Irak	50.907.809	8,38 %
4	USA	49.507.575	8,15 %
5	Kanada	47.605.672	7,84 %
6	Kuwait	28.629.492	4,71 %
7	Nigeria	25.161.351	4,14 %
8	Kasachstan	23.703.746	3,90 %
9	Norwegen	22.671.605	3,73 %
10	Angola	20.227.206	3,33 %
11	Brasilien	19.613.858	3,23 %
12	Großbritannien	16.096.917	2,65 %
13	Oman	15.023.520	2,47 %
14	Mexiko	14.683.691	2,42 %
15	Iran	10.034.998	1,65 %
Gesamt			**85,88 %**

Anmerkung: Produkt Code 2709 – Petroleum oils and oils obtained from bituminous minerals, crude.
Quelle: Eigene Berechnungen (IV); Daten sind ITC-Berechnungen basierend auf UN Comtrade and ITC-Statistiken (2022).

Tab. A2 Top 15 Exportländer von flüssigem Erdgas in 2020, exportierter Wert in Tausend US$

Rang	Land	Exportierter Wert in 2020 (Tausend US$)	Anteil an Welt
	Welt	**77.923.928**	**100,00%**
1	Australien	26.312.442	33,77%
2	USA	13.045.788	16,74%
3	Malaysia	6.865.068	8,81%
4	Russland	6.745.828	8,66%
5	Nigeria	3.748.842	4,81%
6	Oman	3.677.245	4,72%
7	Indonesien	3.609.514	4,63%
8	Papua-Neuguinea	3.310.233	4,25%
9	Trinidad und Tobago	2.341.485	3,00%
10	Brunei Darussalam	2.161.184	2,77%
11	Algerien	2.099.697	2,69%
12	Angola	1.016.229	1,30%
13	Peru	520.027	0,67%
14	Äquatorialguinea	505.253	0,65%
15	Norwegen	466.569	0,60%
Gesamt			**98,08%**

Anmerkung: Product Code 271111 – Natural gas, liquefied.
Quelle: Eigene Berechnungen (IV); Daten sind ITC-Berechnungen basierend auf UN Comtrade and ITC-Statistiken (2022).

Tab. A3 Top 15 Exportländer von Kohle in 2020, exportierter Wert in Tausend US$

Rang	Land	Exportierter Wert in 2020 (Tausend US$)	Anteil an Welt
	Welt	**82.636.102**	**100,00%**
1	Australien	32.725.103	39,60%
2	Indonesien	14.547.621	17,60%
3	Russland	12.388.244	14,99%
4	USA	6.072.849	7,35%
5	Südafrika	3.910.237	4,73%
6	Kolumbien	3.542.690	4,29%
7	Kanada	3.396.095	4,11%
8	Mongolei	2.123.670	2,57%
9	Mosambik	590.789	0,71%
10	Polen	507.316	0,61%
11	Niederlande	437.116	0,53%
12	China	435.278	0,53%
13	Kasachstan	339.784	0,41%
14	Philippinen	231.103	0,28%
15	Großbritannien	180.464	0,22%
Gesamt			**98,54%**

Anmerkung: Product Code 2701 – Coal; briquettes, ovoids and similar solid fuels manufactured from coal.

Quelle: Eigene Berechnungen (IV); Daten sind ITC-Berechnungen basierend auf UN Comtrade and ITC-Statistiken (2022).

Tab. A4 Top 15 Exporteure von Erdgas (in Volumen), Schätzungen von 2017

Rang	Land	Erdgasexporte (in Mio. Kubikmetern), 2017	Anteil an Welt*
	*Welt**	*1.166.342*	*100,00%*
1	Russland	210.200	18,02%
2	Katar	126.500	10,85%
3	Norwegen	120.200	10,31%
4	USA	89.700	7,69%
5	Kanada	83.960	7,20%
6	Australien	67.960	5,83%
7	Algerien	53.880	4,62%
8	Niederlande	51.250	4,39%
9	Malaysia	38.230	3,28%
10	Turkmenistan	38.140	3,27%
11	Deutschland	34.610	2,97%
12	Indonesien	29.780	2,55%
13	Nigeria	27.210	2,33%
14	Trinidad und Tobago	15.490	1,33%
15	Bolivien	15.460	1,33%
Gesamt		1.002.570	**85,96%**

*Anmerkung: *Welt ist berechnet als Summe der 215 im Datenset enthaltenen Länder, von denen 56 Erdgas-Exporte größer null haben.*

Quelle: Eigene Berechnungen (IV); Daten sind ITC-Berechnungen basierend auf UN Comtrade and ITC-Statistiken (2022).

Anhang 9: Zu den wichtigen Branchen mit hoher Stromintensität der Produktion (Gutachten für das Bundesministerium für Wirtschaft, 2015).

Der Einsatz von Gas – und auch Kohle – aus Russland ist für die Stromerzeugung in Deutschland, aber auch in Polen (dort ist vor allem der Kohleimport aus Russland wesentlich) und anderen Ländern wichtig. Stromproduktion über Gaskraftwerke ist relativ flexibel beziehungsweise kurzfristig realisierbar, das Hochfahren von Kohle-Kraftwerken dauert mehr als einen Tag und ist klimapolitisch wegen der relativ hohen CO_2-Emissionen ungünstiger als Stromproduktion in Gas-Kraftwerken. Stark steigende Gas- und Kohlepreise in der EU sind im Fall eines Energieimport-Embargos gegenüber Gas- und Kohlelieferungen aus Russland zu erwarten – und von daher steigen dann auch die Strompreise für die privaten Haushalte und die Industrie. Strompreiserhöhungen werden erst mit einer Zeitverzögerung von einigen Monaten oder Quartalen Unternehmen und private Haushalte treffen. Das Fraunhofer-Institut ISI hat mit Partner-Instituten (ISI et al, 2015) eine Analyse vorgelegt, welche Rolle steigende Energie- beziehungsweise Strompreise für die Wirtschaft in Deutschland hätten; und wie die Politik in Deutschland im Vergleich zu anderen Industrieländern einzuordnen ist. In Deutschland haben relativ stromintensive Unternehmen besondere (regulierte) Strompreis-Vergünstigungen – aus ökonomischer Sicht ist das relativ problematisch.

„Kurzzusammenfassung

Energiepreise sind ein zentraler Faktor für die Wettbewerbsfähigkeit vieler deutscher Unternehmen. Zur Finanzierung der Energiewende werden die Kosten der Förderung erneuerbarer Energien in Deutschland vorwiegend über die Energiepreise, insbesondere die Strompreise, auf die Endverbraucher umgelegt. Eine große Anzahl von Umlagen sowie die Stromsteuer erhöhen den Strompreis und damit die Stromkosten der Industrie. Um die Belastungen insbesondere für die energieintensive Industrie zu begrenzen, hat die Bundesregierung unterschiedliche Ausnahmeregelungen geschaffen.

Aus den gleichen wirtschaftlichen Erwägungen der Wettbewerbsfähigkeit haben auch konkurrierende Volkswirtschaften Sonderregelungen für industrielle Stromverbraucher eingeführt. Die vorliegende Studie untersucht detailliert die Zusammensetzung von Strompreisen in Deutschland und zehn anderen Staaten: den Niederlanden, dem Vereinigten Königreich, Frankreich, Italien, Dänemark, Kanada, den Vereinigten Staaten, China, Korea und Japan. Sie zeigt auf vier Untersuchungsebenen, welche Auswirkungen die Ausnahmeregelungen für die Wettbewerbsfähigkeit von Industrieunternehmen in Deutschland haben. Die Analyse teilt Strompreiskomponenten in drei Kategorien ein:

Strombeschaffungspreise beinhalten die Bezugskosten von Strom auf dem Großhandels-markt und die Margen der Versorger. Über ihre Höhe entscheiden die Zusammensetzung und technischen Eigenschaften des Kraftwerksparks, die Kosten der genutzten Brennstoffe, die Entwicklung der Nachfrage und die Rahmenbedingungen der Strommarktregulierung.

Netzentgelte dienen zur Verteilung der Kosten von Übertragungsnetzbetreibern und Verteilernetzbetreiber für ihre Dienstleistungen.

Weitere, *staatlich regulierte Komponenten* finanzieren die Kosten energiepolitischer Instrumente oder führen dem Staatshaushalt Einnahmen zu. Zu ihnen gehören Steuern und Umlagen, aber auch Kosten für die Erfüllung von vorgegebenen Quoten.

In der Analyse der nationalen Strommärkte zeigt sich der unterschiedliche Regulierungsansatz in den untersuchten Ländern. Während die europäischen Regulierer in Deutschland, den Niederlanden, Frankreich, Italien und Dänemark Kosten energiepolitischer Maßnahmen über Umlagen und Steuern mit definierten Privilegierungskriterien für einzelne Kunden verteilen, setzen die britischen und die nordamerikanischen Regierungen auf Quotensysteme zur Verteilung von Kosten. Sie überlassen damit die Frage der Kostenverteilung weitgehend den Marktakteuren. In allen drei untersuchten asiatischen Ländern werden die Kosten von politischen Eingriffen in das Stromsystem intransparent über staatlich vorgegebene Vollkostenpreise abgerechnet.

Die ermittelten Strombeschaffungspreise, die Netzentgelte, und Privilegierungskriterien bei Steuern und Umlagen werden im Rahmen der Studie auf Beispielfälle in sechs energieintensiven Branchen angewendet: Chemie, Papier, Stahl, Aluminium, Kupfer und Textil. Der Stromverbrauch dieser Branchen umfasst etwa 70% des Stromverbrauchs des verarbeitenden Gewerbes in Deutschland und etwa 27% des Stromverbrauchs insgesamt...

Die Aluminium- und Kupferhersteller, Stahlproduktion in Elektrostahlöfen und chemische Reduktionsprozesse fallen unter nahezu alle analysierten Privilegierungskriterien, die wettbewerbsgefährdete Unternehmen von staatlich regulierten Strompreiskomponenten entlasten sollen. Zu diesen Kriterien gehören:

Absoluter Verbrauch: Die Tarife vieler staatlich regulierter Strompreiskomponenten sind abgestuft oder enthalten fixe Sockelbeträge. Unternehmen mit höherem Verbrauch zahlen somit im Durchschnitt weniger pro Einheit Energie. Beispielsweise zahlen in Deutschland alle Unternehmen in der Besonderen Ausgleichsregelung (BesAR) für die erste Gigawattstunde Verbrauch die volle Umlage des Erneuerbaren Energien Gesetzes (EEG).

Energieintensität: Die Höhe der Stromkosten im Vergleich zu Umsatz oder Bruttowert- schöpfung zeigt, bei welchen Unternehmen die Wettbewerbsfähigkeit besonders stark unter hohen Strompreisen leidet. Bei verschiedenen Regelungen werden Unternehmen ab einem bestimmten Schwellenwert der Energieintensität privilegiert. In der deutschen Regelung zur Besonderen Ausgleichsregelung liegt dieser Schwellenwert 2015 bei 16% der Bruttowertschöpfung.

Sektorzugehörigkeit: Einige Wirtschaftszweige stehen stärker im internationalen Wettbe- werb als andere, deshalb werden Ausnahmeregelungen häufig an eine Sektorzugehörigkeit gebunden. Die Neuregelung der Besonderen Ausgleichsregelung ist auch hier ein Beispiel. Ab- hängig von der Sektorzugehörigkeit müssen Unternehmen unterschiedliche Schwellenwerte für die Energieintensität erreichen, um privilegiert zu werden.

Verwendete Prozesse: Einzelne industrielle Prozesse sind von Natur aus stromintensiv. Der Stromverbrauch definierter Prozesse wird deshalb häufig von Steuern und Umlagen befreit. Ein Beispiel ist der Stromverbrauch in metallurgischen Prozessen, für den in Deutschland keine Stromsteuer entrichtet werden muss.

Energieeffizienzmaßnahmen: Einige Regulierer belohnen effiziente Unternehmen mit niedrigeren Strompreisen durch reduzierte Steuern und Umlagen. Auch die Besondere Ausgleichsregelung stellt die Bedingung, dass Unternehmen Energiemanagementsysteme installieren.

Kostendeckel: Einige Regulierer begrenzen die absoluten Kosten einer Politikmaßnahme für Verbrauch mit einem absoluten oder einem relativen Wert. Auch die neugeregelte Besondere Ausgleichsregelung begrenzt die Zahlungen für die EEG-Umlage auf maximal 4%, bzw. 0,5% der Bruttowertschöpfung eines Unternehmens.

Eigenerzeugung: Energieintensive Unternehmen erzeugen vereinzelt selbst Strom, um Kosten zu sparen. Diese Eigenerzeugung ist häufig von Steuern und Umlagen befreit. Die Besondere Ausgleichsregelung im EEG 2014 beispielsweise sieht vor, dass Unternehmen für Eigenverbrauch 15% der EEG-Umlage zahlen.

Wie das Beispiel der Besonderen Ausgleichregelung zeigt, werden die genannten Kriterien in vielen Fällen miteinander verknüpft, um die Anzahl der privilegierten Endverbraucher zu begrenzen.

Deutschland erhebt im Vergleich zu den anderen untersuchten Ländern besonders viele und hohe Steuern und Umlagen. Ohne die deutschen Privilegierungen wären die Strompreise für einzelne Unternehmen im Jahr 2014 um knapp 8 ct/kWh höher.

Allein die Privilegierung durch die Besondere Ausgleichsregelung im Erneuerbaren Energien Gesetz machte 2014 für einzelne Unternehmen bis zu 6,2 ct/kWh aus. Die Strompreise für Haushalts- und Gewerbekunden und weniger energieintensive Industrieunternehmen wären im Jahr 2014 bei vollständiger Abschaffung der Besonderen Ausgleichsregelung etwa 1,6 ct/kWh niedriger gewesen.

Um die Auswirkungen die deutschen Ausnahmeregelungen für die Wettbewerbsfähigkeit der Industrieunternehmen zu untersuchen, wird zunächst der Anteil der Stromkosten an den Produktionskosten von unterschiedlichen Produkten berechnet und damit die Bedeutung der Ausnahmeregelungen für die Wettbewerbsfähigkeit auf Produktebene ermittelt. Hier zeigt sich, dass insbesondere Aluminiumhersteller und Hersteller von chemischen Grundstoffen bei steigenden Stromkosten sensibel reagieren. Ohne die Besondere Ausgleichsregelung würde sich die Produktion dieser Güter in Deutschland nicht lohnen und über kurz oder lang eingestellt. Dies gilt auch für viele Papierhersteller und Stahlerzeuger.

Auf der zweiten Stufe wird die Bedeutung der Stromkosten für die Wettbewerbsfähigkeit auf der Unternehmensebene untersucht. Die Analyse von Gewinn- und Verlustrechnungen von Beispielunternehmen zeigt, mit welchen Auswirkungen zu rechnen ist, wenn steigende Stromkosten nicht an Kunden weitergegeben werden können. Auch hier zeigt sich die Bedeutung der Ausnahmeregelungen für Metallerzeuger und Papierhersteller, die vergleichsweise stromintensive Produkte herstellen. Diversifizierte Unternehmen, wie beispielsweise integrierte Chemieunternehmen, erwirtschaften einen Großteil ihrer Gewinne in nicht stromintensiven Bereichen. Erhöhte Stromkosten haben bei den untersuchten Beispielunternehmen zwar Auswirkung auf das Spartenergebnis (Division), aber geringere Auswirkungen auf die Unternehmensergebnisse.

Zusätzlich durchgeführte Interviews unterstreichen die große Bedeutung der Nähe zum Kunden sowie der Qualifikation der Arbeitskräfte für die Wettbewerbsfähigkeit der Unternehmen in Deutschland. Diese Standortfaktoren können jedoch nur bis zu einer gewissen Schwelle die Stromkostensteigerung kompensieren. Die Fallanalyse zeigt, dass insbesondere Unternehmen mit einem begrenzten, stromintensiven Produktangebot die Kostensteigerung voraussichtlich nicht kompensieren könnten.

Die Analyse der Bedeutung von Stromkosten für die Wettbewerbsfähigkeit auf Sektorebene er- mittelt die kurzfristigen Auswirkungen auf Produktpreise, Nachfrage und Produktion für den Fall, dass erhöhte Stromkosten in der Wertschöpfungskette vollständig durchgereicht werden. Aufgezeigt wird, wie sich die gegenwärtigen Preise und die Produktion ändern, wenn einzelne Branchen von der BesAR ausgeschlossen würden. Besonders stark steigen die durchschnittlichen Produktpreise in der Papierindustrie und in der Nichteisen-Metallbranche. Dieser Anstieg würde durchschnittlich etwa 5% betragen. Durch die erhöhten Preise würde die Nachfrage nach Exporten in der Metall- und Papierbranche Branche zwischen 16%- 18% sinken. Die Produktion dieser Branchen würde nach den Berechnungen kurzfristig um 11 bis 18% einbrechen. Die Analyse beruht auf statistischen Angaben zu Stromkostenanteilen und geschätzten Preiselastizitäten der Nachfrage. Die Effekte von Schließungen einzelner Unternehmen oder Produktionsstätten in der Wertschöpfungskette können auf Sektorebene nicht abgebildet werden. Diese Analyse unterschätzt deshalb tendenziell die Auswirkungen von Stromkostenerhöhungen, insbesondere in Industrien mit langen und verflochtenen Wertschöpfungsketten wie der Chemieindustrie.

Auf der vierten Stufe werden schließlich die langfristigen gesamtwirtschaftlichen Wirkungen der Ausnahmeregelungen in Deutschland mittels eines makroökonometrischen Modells untersucht. Es wird abgeschätzt, wie sich die gesamtwirtschaftliche Situation verändern würde, wenn Ausnahmeregelungen für alle Branchen abgeschafft würden. In ex-ante und ex-post Szenarien für den Zeitraum von 2007 bis 2020 wird ausgewiesen, wie sich Änderungen der Ausnahmeregelungen in Deutschland auf Produktion, Wertschöpfung, Beschäftigung, Investitionen und Außenhandel auswirken. Die Strompreise in den anderen Ländern werden bei den Szenariorechnungen nicht verändert.

Im ex-ante Szenario (2020) der vollständigen Abschaffung der BesAR steigen die durchschnittlichen Produktionspreise bis zu 3,5%. Bei einzelnen Unternehmen liegen die Produktionskostensteigerungen deutlich höher. Im Vergleich zur Referenz, der Beibehaltung der derzeitigen Regelung, lägen nach dem Ansatz der

Studie die deutschen Exporte im Jahr 2020 bis zu knapp 0,3% oder 4,7 Mrd. Euro niedriger. In den Berechnungen beträgt die negative Gesamtwirkung auf das Bruttoinlandsprodukt 4 Mrd. Euro bzw. 0,15% im Jahr 2020. Auf dem Arbeitsmarkt könnten bei Wegfall der BesAR bis zu 45.000 Beschäftigte ihre Arbeit verlieren. Bei Abschaffung aller Privilegierungen bei Stromsteuer und Umlagen ergeben die Modellrechnungen einen Wegfall von sogar bis zu 104.000 Beschäftigten bis zum Jahr 2020, davon über 70.000 im Verarbeitenden Gewerbe.

Die Abschaffung der Ausnahmeregelungen würde die Umlagen für nicht privilegierte Sektoren senken und so zu einer Kostenentlastung führen. Diese könnte bei Haushalten jährlich über 2 Mrd. Euro betragen. Auch ein Teil der übrigen Industrie (ca. 0,5 Mrd. Euro) sowie GHD (ca. 2 Mrd. Euro) würden durch geringere Umlagen entlastet. Dies schlägt sich in einem höheren privaten Konsum nieder. Im Zeitablauf schwächt sich jedoch der Konsumzuwachs ab, da das Reallohneinkommen geringer wird. Die im Modell ausgelösten negativen Effekte in den privilegierten Unternehmen bei Wegfall geltender Regelungen überwiegen die positiven Effekte bei den leicht entlasteten, nicht privilegierten Verbrauchern. Grund dafür ist vor allem die geringere preisliche internationale Wettbewerbsfähigkeit.

Die Modellierungsansätze weisen Grenzen auf: Entscheidungen über Produktionsverlagerungen werden auf Unternehmensebene getroffen und hängen von unternehmensspezifischen Faktoren, intraindustrieller Verflechtung und produktbezogenen Aspekten ab. Diese können statistisch nicht umfassend abgebildet werden. Zusätzliche qualitative Untersuchung lassen vermuten, dass die hier ausgewiesenen Effekte auf Branchen- und gesamtwirtschaftlicher Ebene eher unterschätzt werden.

Auch mit dieser Einschränkung führen alle Analysen auf den verschiedenen Ebenen zu dem gleichen Ergebnis: Bestehende Ausnahmeregelungen für stromintensive Unternehmen stützen die Wettbewerbsfähigkeit der Industrie und wirken (gesamt)wirtschaftlich positiv.

Quelle: Fraunhofer ISI/Ecofys (2015), Electricity Costs of Energy Intensive Industries An International Comparison, Bericht für das Bundesministerium für Wirtschaft und Klimaschutz, Juli 2015, online: https://www.isi.fraunhofer.de/content/dam/isi/dokumente/ccx/2015/Electricity-Costs-of-Energy-Intensive-Industries.pdf (zuletzt am 25.05.2022).

Anhang 10: Sanktionen gegen Russland (gemäß Spisak (2022), Tony-Blair-Institut)

Figure 1 – An overview of sanctions against Russia (as of 22 March, non-comprehensive list)

Restrictions on the Central Bank of Russia and the Russian government

- Freezing of the foreign reserves of the Central Bank of Russia (UK, US, EU and Canada)
- Ban on transactions with the Central Bank of Russia (UK, US, EU and Canada), and with the National Wealth Fund and Ministry of Finance (UK and US)

Financial sanctions

- Exclusion from SWIFT, the global financial messaging system, for several large Russian financial institutions (UK, US, EU and Canada), including SberBank and VTB (US and UK), and several Belarusian banks, including Bank Dabrabyt, Development Bank and Belagroprombank (EU)
- Freezing of the assets of leading Russian banks and other financial institutions, and blocking sanctions, including on: VTB Bank (US and UK); SberBank (US); Alfa-Bank, Otkritie (EU and US); Bank Rossiya (EU, UK, US and Japan); Promsvyazbank (EU, UK, Switzerland, Japan and Canada); Sovcombank, Novikombank, Russian Agricultural Bank, Central Bank of Moscow, Gazprombank (US); Is Bank, GenBank, Black Sea Bank for Development and Reconstruction (UK); VEB.RF (EU, UK, US, Switzerland, Japan and Canada); and others
- Freezing of assets of state-owned Belarusian banks, including Belinvestbank and Bank Dabrabyt (US)
- A ban on Russian deposits above €100,000 in EU banks, on Russian accounts held by EU central-securities depositories and on selling euro-denominated securities to Russian clients (EU)
- A ban on listing the shares of Russian state-owned entities (EU); on the issuance of new Russian sovereign bonds (Japan); on sterling clearing through UK and Russian companies from the issuing of transferable securities and money-market instruments (UK); and on the dollar clearing for Russian financial institutions (US)

Economic and trade restrictions

- A ban on commercial activities with selected Russian companies, particularly in the aerospace, defence and energy sectors, and with most publicly owned and controlled Russian companies (UK, US, EU, Switzerland, Canada and Australia)
- Export ban on an array of goods and technologies aimed at the transport, telecoms, energy and commodities sectors, and wider sectors (UK, US, EU, Switzerland and Australia)
- Ban on dual-use items and high-end technologies, covering key sectors such as defence, aerospace and maritime (US, EU, UK and Japan). Limited exemptions for international organisations, pandemic-related deliveries, overflight and emergency landings, and energy
- Restrictions on providing certain services that relate to some sanctioned goods and activities, including technical assistance and engineering services related to selected sectors and the supply of tourism services (UK, US, EU, Switzerland and Australia)
- A wide range of import restrictions, including a ban on Russian crude oil imports (US, Canada and Australia); the phasing out of gas by the end of 2022 (UK); and a ban on natural gas and coal, and other raw materials (US)
- A ban on the import of targeted goods from Russia, such as agri-food products and raw materials including steel (EU, US and Canada); plus all goods originating from Russia (Australia)
- Withdrawal of the "most favoured nation" status for Russia and Belarus from the World Trade Organisation (UK, US, EU, South Korea, Canada, Australia, Japan and eight other WTO members)

Restrictions on persons

- Restrictions on providing assets to designated persons and on dealing with the assets of designated persons (asset freezes), covering the Russian elite and including members of the government, the State Duma and businesspeople (UK, US, EU, Switzerland, Australia and Canada); plus lists of designated persons that varies country by country
- Travel bans on designated persons (UK, US, EU, Switzerland, Australia and Canada)

Other

Source: TBI
- Territorial sanctions already imposed on Crimea extended to Donetsk and Luhansk (UK and EU)
- Ban on Russian planes using airspace (UK, US, EU and Switzerland)
- Ban on Russian ships using ports (UK, EU and Canada)

Quelle: Spisek (2020) Abb. 1.

Anhang 11: Auszug aus dem Notfallplan Gas für die Bundesrepublik Deutschland (2019)

„Die privaten Haushalte werden als vorrangig gegenüber von Industriefirmen mit Gasbelieferung betrachtet. Gaslieferaspekte bei der Industrie werden gegebenenfalls parallel zu Fragen der Gasnutzung in der Stromwirtschaft betrachtet. Beim Notfallplan wird ein dreistufiges Schema der Krise verwendet: Frühwarnstufe (in Deutschland am 30. März 2022 ausgerufen), Alarmstufe, Notfallstufe. Als wichtige Punkte stellt der Notfallplan Gas fest:

…"**Inhalt des Notfallplans**

3.1 Anforderungen gemäß Art. 10 der SoS-VO

Die Anforderungen an den Inhalt der nationalen Notfallpläne definiert Art. 10 SoS-VO. Entsprechend müssen die Notfallpläne folgenden Kriterien genügen:

a) Sie stützen sich auf drei Hauptkrisenstufen:

⓾ *Frühwarnstufe (Frühwarnung)* ⓾ *Alarmstufe (Alarm)*
⓾ *Notfallstufe (Notfall)*

b) Sie legen die Aufgaben und Zuständigkeiten der Erdgasunternehmen und gewerblichen Gaskunden einschließlich relevanter Stromerzeuger fest, wobei sie berücksichtigen, inwieweit diese jeweils durch eine Unterbrechung der Gaslieferung betroffen sind, und regeln ihre Zusammenarbeit mit den zuständigen Behörden und gegebenenfalls mit den nationalen Regulierungsbehörden auf jeder der definierten Krisenstufen.

c) Sie legen Aufgaben und Zuständigkeiten der zuständigen Behörden und der anderen Stellen fest, an die Aufgaben (…) auf jeder der definierten Krisenstufen delegiert wurden.

d) Sie stellen sicher, dass Erdgasunternehmen und gewerbliche Gaskunden ausreichend Gelegenheit erhalten, auf jeder Krisenstufe zu reagieren.

e) In ihnen sind gegebenenfalls die zu ergreifenden Maßnahmen festgelegt, mit denen die möglichen Auswirkungen einer Störung der Erdgasversorgung auf Fernwärme und auf die Versorgung mit durch Gas erzeugtem Strom eingegrenzt werden sollen, was, falls angezeigt, auch eine Gesamtbetrachtung der gegenseitigen Abhängigkeiten von Strom und Gas beim Betrieb des Energiesystems umfasst.

f) In ihnen sind die für die einzelnen Krisenstufen geltenden Verfahren und Maßnahmen detailliert festgelegt sowie die entsprechenden Pläne für den Informationsfluss.

g) Sie bezeichnen einen Krisenmanager oder ein Krisenteam und legen dessen Aufgaben fest.

h) Sie zeigen auf, wie die marktbasierten Maßnahmen dazu beitragen können, im Falle einer Alarmstufe die Situation zu bewältigen und im Falle einer Notfallstufe die Situation einzudämmen.

i) Sie zeigen auf, welchen Beitrag die nicht marktbasierten Maßnahmen, die für die Notfallstufe vorgesehen sind oder umgesetzt werden, leisten können, und bewerten, inwieweit der Rückgriff auf solche Maßnahmen für die Krisenbewältigung notwendig ist; sie bewerten ihre Auswirkungen und legen die Verfahren für ihre Umsetzung fest. Hierbei ist zu berücksichtigen, dass nicht marktbasierte Maßnahmen nur dann angewendet werden, wenn Lieferungen, insbesondere an die geschützten Kunden, mit marktbasierten Mechanismen allein nicht mehr gewährleistet werden können oder wenn Artikel 13 Anwendung findet.

j) Sie enthalten eine Darlegung der Mechanismen, die für die Zusammenarbeit mit anderen Mitgliedstaaten je nach Krisenstufe gelten.

k) Sie legen im Einzelnen dar, welchen Berichtspflichten die Erdgasunternehmen auf der Alarm- und der Notfallstufe unterliegen.

l) Sie beschreiben die geltenden technischen oder rechtlichen Regelungen, mit denen ein ungerechtfertigter Verbrauch durch Kunden verhindert werden soll, die an ein Gasverteilernetz oder Gasfernleitungsnetz angeschlossen, aber keine geschützten Kunden sind.

m) Sie beschreiben die geltenden technischen, rechtlichen und finanziellen Regelungen für die Erfüllung der in Artikel 13 festgelegten Solidaritätsverpflichtungen.

n) Sie enthalten eine Schätzung der Gasmengen, die von durch Solidarität geschützten Kunden verbraucht werden könnten, wobei mindestens die in Artikel 6 Absatz 1 beschriebenen Fälle einzubeziehen sind.

o) In ihnen ist eine Aufstellung der vorab festgelegten Maßnahmen enthalten, die ergriffen werden müssen, damit im Notfall Gas zur Verfügung steht, dies beinhaltet geschäftliche Vereinbarungen der an solchen Maßnahmen beteiligten Parteien und gegebenenfalls Kompensationsmechanismen für Erdgasunternehmen, unter gebührender Berücksichtigung der Vertraulichkeit sensibler Daten. Zu diesen Maßnahmen gehören gegebenenfalls auch grenzübergreifende Vereinbarungen zwischen Mitgliedstaaten und/oder Erdgasunternehmen."

Quelle: Bundesministerium für Wirtschaft und Energie (2019), Notfallplan Gas für die Bundesrepublik Deutschland, online: https://www.bmwk.de/Redaktion/DE/Downloads/M-O/notfallplan-gas-bundesrepublik-deutschland.pdf?__blob=publicationFile&v=9 (zuletzt am 25.05.2022).

Anhang **333**

Anhang 12: Indirekte Arbeitsplatzeffekte wichtiger Sektoren in Deutschland (pro 100 direkte Jobeffekte im jeweiligen Sektor)

Abb. A1. Indirekte Arbeitsplatzeffekte wichtiger Sektoren in Deutschland (indirekte Jobs in anderen Industrien in absoluten Zahlen pro 100 direkte Jobs in den Sektoren selbst)

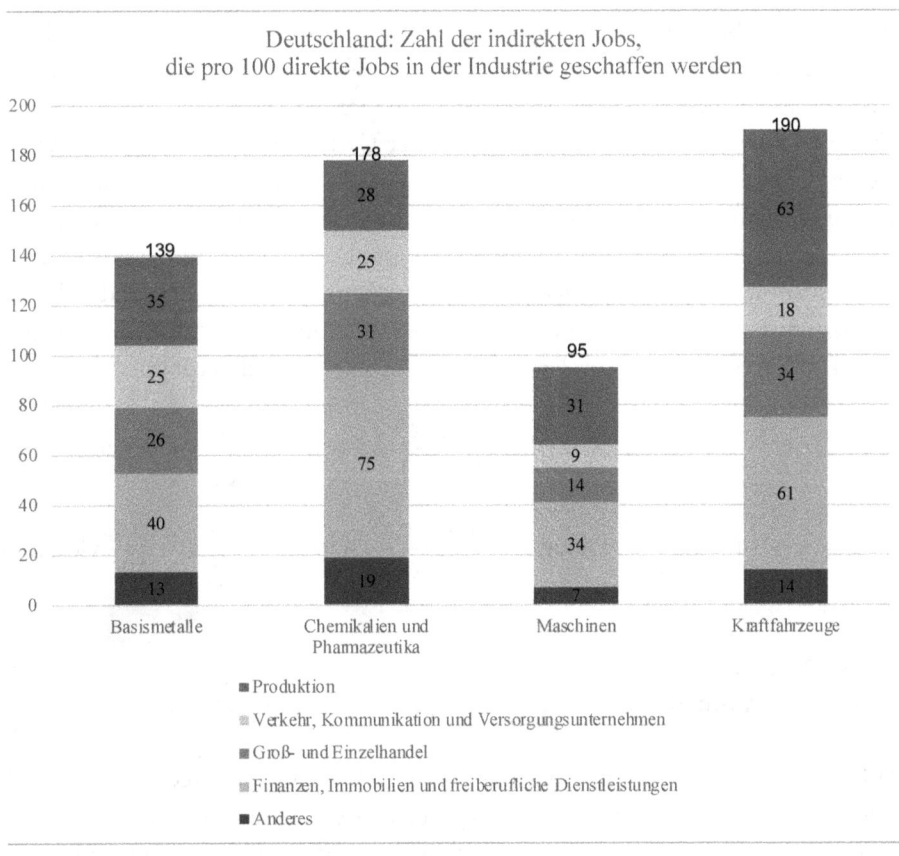

Quelle: Eigene Darstellung; IHS Economics.

Anhang 13: Konzeptioneller Rahmen – Schlüsselgrößen im Modell von Bachmann et al.

Hinweis: Die nachfolgenden Gleichungen stammen aus der Präsentation von David Baqaee und Ben Moll am 7. April 2022 im Princeton Webinar von Markus Brunnermeier

Nachfolgend bezeichnet C den realen Konsum, p den Preis, w den Nominallohnsatz, m die Importmenge an Energie (z.B. Gas), x die Exportmenge, L den Arbeitseinsatz, GNE das Bruttonationaleinkommen: Die nachfolgende Gleichung ist eine Taylor-Approximation zweiter Ordnung für die Konsumeffekte, wobei die relevanten Terme in der ersten Zeile die Ausgabenanteile und Änderungen der Importmenge, der Exportmenge bzw. des sektoralen Arbeitseinsatzes (und anderer Inputs) betreffen; der zweite Term bezieht sich auf die Auswirkungen von Änderungen der Ausgabenanteile von Importen, Exporten und Arbeitseinsatz (und auch anderer Inputs) sowie die Änderungen der Importmenge, der Exportmenge und des sektoralen Arbeitseinsatzes (und anderer Inputs):

$$\Delta \log C \approx \sum_{j \in \text{imports}} \frac{p_j m_j}{GNE} \Delta \log m_j - \sum_{i \in \text{exports}} \frac{p_i x_i^X}{GNE} \Delta \log x_i^X + \sum_{f \in \text{factor}} \frac{w_f L_f}{GNE} \Delta \log L_f$$
$$+ \frac{1}{2} \left[\sum_{j \notin D} \Delta \frac{p_j m_j}{GNE} \Delta \log m_j - \sum_{i \in D} \Delta \frac{p_i x_i^X}{GNE} \Delta \log x_i^X + \sum_{f \in F} \Delta \frac{p_f L_f}{GNE} \Delta \log L_f \right]$$

Wichtige Unsicherheit:
$\Delta \log m$: Ausmaß des Schocks – Rückgang der Energieimporte

Wie groß wird das Volumen der kurzfristigen Energieimportreduzierung sein? Dies bezieht sich auf die Entscheidung der deutschen Regierung, ob sie einen Boykott russischer Energieimporte beschließt – und die damit verbundene kurzfristige Umverteilung der Nutzung verschiedener Energieformen sowie Veränderungen bei den Gesamtimporten (z. B. zusätzliche Gas- und Ölimporte Deutschlands aus anderen Ländern).

Reihenfolge der Größenordnungen: Basisberechnung im Papier von Bachmann et al.

Annahme ist eine Reduktion der Gasverfügbarkeit: ist -30 Prozent;
Der Anteil von Gas am BNE/BIP beträgt 1,2 Prozent; Es wird angenommen, dass sich der Ausgabenanteil vervierfacht (etwa vergleichbar mit der Ölkrise in den 1970er Jahren); dann

$$\Delta \log C \approx \frac{p_j m_j}{GNE} \Delta \log m_j + \frac{1}{2} \Delta \frac{p_j m_j}{GNE} \Delta \log m_j$$
$$= 1.2\% \times \log(0.7) + \frac{1}{2} \times 3.6\% \times \log(0.7) \approx -1\%$$

Weitergehend verwenden die Autoren eine Reihe von Strukturmodellen (grundsätzlich 40 Länder mit 30 Industriesektoren für jedes Land)

$\Delta \frac{p_j m_j}{GNE}$: Veränderung der Ausgaben – Komplementarität / Wesentlichkeit.

Anhang 14: Zitierhäufigkeit (2018 bis 10. April 2022) von Eltchaninoff, M. (2018), Inside the Mind of Vladimir Putin, C. Hurst & Co. Publishers, London

Man hätte dem ausgezeichneten Putin-Buch von Eltchaninoff in der englischen Ausgabe (und der französischen Originalausgabe) früh zahlreiche Leser weltweit und entsprechend häufige Zitierungen und damit eine Aufnahme in die politisch-wirtschaftliche Analyse der westlichen Welt und von Asien/Indien etc. gewünscht. Für eine breite internationale Rezeption gibt es aber gemäß Google-Zitierauswertung keine Indizien, was darauf hinzudeuten scheint, dass es bei der wissenschaftlichen Diffusion neuen Wissens in den Sozialwissenschaften Ineffizienzen bzw. sonderbare und letztlich gefährliche Barrieren zu geben scheint. Es gibt bei den Zitierungen nur einen offensichtlichen direkten militärischen bzw. politischen Bezug bei der englischen Ausgabe: eine von 2019 stammende technische Anmerkung von US Army Major Francesca Graham mit dem Titel *«Putins Political Philosophy: Implications for Future Russian Military Activity»*, publiziert in der Reihe US Army School of Advanced Military Studies – der Autor kommt zu Schluss, dass Putin gegenüber der Ukraine keine weitere künftige militärische Eskalation realisieren werde (ziemlich das Gegenteil dessen, was die Ausführungen im Buch eigentlich nahelegen).

Es gibt im Übrigen zwei weitere Beiträge in Russisch/Ukrainisch und ein Analysepapier auf Portugiesisch, das die englische Buch-Version zitiert hat; weitere Zitierbefunde, die allerdings bis Anfang 2022 auf eine sonderbare geringe weltweite Diffusion des Wissens zum englischen Buch hinweisen; vielleicht ist das auch ein Hinweis darauf, dass zumindest in der angelsächsischen Welt wissenschaftliche Buchpublikationen gegenüber Veröffentlichungen in Fachzeitschriften tendenziell einen geringen Stellenwert haben – letztlich wäre das ein bedenklicher Befund zur „Intelligenz des modernen Westens".

2021

Cronin, G. (2021), Disenchanted Wanderer: The Apocalyptic Vision of Konstantin Leontiev, Cornell University Press, https://muse.jhu.edu/book/94427

Oskanian, K. (2021), Hybrid Exceptionalism in Contemporary Russia, in: Russian Exceptionalism between East and West. Palgrave Macmillan, Cham. https://doi.org/10.1007/978-3-030-69713-6_5

Pynnöniemi, K., (2021), Ivan Il′in and the Kremlin's strategic communication of threats: Evil, worthy and hidden enemies, in: Pynnöniemi, K. (Ed.), Nexus of patriotism and militarism in Russia: A quest for internal cohesion. Helsinki University Press, Helsinki. https://doi.org/10.33134/HUP-9-4

van der Zweerde, E. (2021), Russian Political Philosophy: Between Autocracy and Revolution. In: Bykova, M.F., Forster, M.N., Steiner, L. (eds) The Palgrave Handbook of Russian Thought. Palgrave Macmillan, Cham. https://doi.org/10.1007/978-3-030-62982-3_4

2020

Beck, C. (2020), The rise of Strongmen leaders: a threat to global security, submitted as Master Thesis for a Degree in Political Science at Stellenbosch University, 2020, https://scholar.sun.ac.za/handle/10019.1/108215

Langdon, K.C., Tismaneanu, V. (2020), The Intellectual Origins of Putinism. In: Putin's Totalitarian Democracy. Palgrave Macmillan, Cham. https://doi.org/10.1007/978-3-030-20579-9_4

Löhlein, A. (2020), Biopolitical Conservatism: Identity-Making Projects in Poland and Russia vis-à-vis gender and sexuality, Master Thesis submitted for Degree in Development and International Relations at Aalborg University, https://projekter.aau.dk/projekter/files/334968282/Master_Thesis_Alena_Lohlein.pdf

Sakwa, R. (2020), Russian Politics and Society, 5th Edition, Routledge, London https://doi.org/10.4324/9781003053569

Sakwa, R. (2020), The Putin Paradox, IB Taurus/Bloomsbury Publishing, London https://kar.kent.ac.uk/80013/1/9781788318303_Final_Revised_Proofs.pdf

2019

Berezovenko, A. (2019). CULT OF PERSONALITY OF VLADIMIR PUTIN IN POST-MODERN CONTEXT. *Strategic Priorities*, *49*(1), 117-132 https://niss-priority.com/index.php/journal/article/view/245 (paper in Ukrainian, abstract in English)

Graham, F.A. (2019), Putins Political Philosophy: Implications for Future Russian Military Activity, US Army School of Advanced Military Studies, https://apps.dtic.mil/sti/pdfs/AD1083386.pdf (conclusion on Ukraine – **Putin would seek to maintain status quo (annexation Crimea and proxy-war in eastern Ukraine) rather than try to topple government or threaten the rest of Ukraine).**

O'Meara, P. (2019), The Russian Nobility in the Age of Alexander I, Bloomsbury Publishing, London (paperback edition 2021)

Pilkington, M. (2015-2019), The Political Economy of the Russian Religious Renaissance – The Place of Putinism Between Spirituality and Modernity (*last revised 17 December 2019*) http://dx.doi.org/10.2139/ssrn.2659422

Syrovátka, J. (2019), Taylor, Brian D.: The Code of Putinism, *Czech Journal of Political Science*, Issue 3, 217-219 https://www.politologickycasopis.cz/userfiles/file/2019/3/Polcas_2019_3_pp_217-219.pdf **(a review of Taylor's 2018 book The Code of Putinism – see below)**

Worth, O. (2019), Morbid Symptoms: The Global Rise of the Far-Right, Zed Books Ltd., London

2018

Taylor, Brian D. (2018), The Code of Putinism, Oxford University Press, Oxford

Anhang 15: IWF World Economic Outlook Projections, April 2022

Abb. A2. Übersicht über die Prognosen zum World Economic Outlook

(Percent change, unless noted otherwise)

	2021	Projections 2022	Projections 2023	Difference from January 2022 WEO Update[1] 2022	Difference from January 2022 WEO Update[1] 2023	Difference from October 2021 WEO[1] 2022	Difference from October 2021 WEO[1] 2023
World Output	6.1	3.6	3.6	–0.8	–0.2	–1.3	0.0
Advanced Economies	5.2	3.3	2.4	–0.6	–0.2	–1.2	0.2
United States	5.7	3.7	2.3	–0.3	–0.3	–1.5	0.1
Euro Area	5.3	2.8	2.3	–1.1	–0.2	–1.5	0.3
Germany	2.8	2.1	2.7	–1.7	0.2	–2.5	1.1
France	7.0	2.9	1.4	–0.6	–0.4	–1.0	–0.4
Italy	6.6	2.3	1.7	–1.5	–0.5	–1.9	0.1
Spain	5.1	4.8	3.3	–1.0	–0.5	–1.6	0.7
Japan	1.6	2.4	2.3	–0.9	0.5	–0.8	0.9
United Kingdom	7.4	3.7	1.2	–1.0	–1.1	–1.3	–0.7
Canada	4.6	3.9	2.8	–0.2	0.0	–1.0	0.2
Other Advanced Economies[2]	5.0	3.1	3.0	–0.5	0.1	–0.6	0.1
Emerging Market and Developing Economies	6.8	3.8	4.4	–1.0	–0.3	–1.3	–0.2
Emerging and Developing Asia	7.3	5.4	5.6	–0.5	–0.2	–0.9	–0.1
China	8.1	4.4	5.1	–0.4	–0.1	–1.2	–0.2
India[3]	8.9	8.2	6.9	–0.8	–0.2	–0.3	0.3
ASEAN-5[4]	3.4	5.3	5.9	–0.3	–0.1	–0.5	–0.1
Emerging and Developing Europe	6.7	–2.9	1.3	–6.4	–1.6	–6.5	–1.6
Russia	4.7	–8.5	–2.3	–11.3	–4.4	–11.4	–4.3
Latin America and the Caribbean	6.8	2.5	2.5	0.1	–0.1	–0.5	0.0
Brazil	4.6	0.8	1.4	0.5	–0.2	–0.7	–0.6
Mexico	4.8	2.0	2.5	–0.8	–0.2	–2.0	0.3
Middle East and Central Asia	5.7	4.6	3.7	0.3	0.1	0.5	–0.1
Saudi Arabia	3.2	7.6	3.6	2.8	0.8	2.8	0.8
Sub-Saharan Africa	4.5	3.8	4.0	0.1	0.0	0.0	–0.1
Nigeria	3.6	3.4	3.1	0.7	0.4	0.7	0.5
South Africa	4.9	1.9	1.4	0.0	0.0	–0.3	0.0
Memorandum							
World Growth Based on Market Exchange Rates	5.8	3.5	3.1	–0.7	–0.3	–1.2	0.0
European Union	5.4	2.9	2.5	–1.1	–0.3	–1.5	0.2
Middle East and North Africa	5.8	5.0	3.6	0.6	0.2	0.9	0.1
Emerging Market and Middle-Income Economies	7.0	3.8	4.3	–1.0	–0.3	–1.3	–0.3
Low-Income Developing Countries	4.0	4.6	5.4	–0.7	–0.1	–0.7	–0.1
World Trade Volume (goods and services)	10.1	5.0	4.4	–1.0	–0.5	–1.7	–0.1
Imports							
Advanced Economies	9.5	6.1	4.5	–0.2	0.0	–1.2	0.4
Emerging Market and Developing Economies	11.8	3.9	4.8	–1.7	–0.9	–3.2	–0.9
Exports							
Advanced Economies	8.6	5.0	4.7	–1.1	0.0	–1.6	0.7
Emerging Market and Developing Economies	12.3	4.1	3.6	–1.7	–1.5	–1.7	–1.4
Commodity Prices (US dollars)							
Oil[5]	67.3	54.7	–13.3	42.8	–5.5	56.5	–8.3
Nonfuel (average based on world commodity import weights)	26.8	11.4	–2.5	8.3	–0.6	12.3	–1.0
Consumer Prices							
Advanced Economies	3.1	5.7	2.5	1.8	0.4	3.4	0.6
Emerging Market and Developing Economies[6]	5.9	8.7	6.5	2.8	1.8	3.8	2.2

Source: IMF staff estimates.
Note: Real effective exchange rates are assumed to remain constant at the levels prevailing during February 7, 2022–March 7, 2022. Economies are listed on the basis of economic size. The aggregated quarterly data are seasonally adjusted. WEO = *World Economic Outlook*.
[1] Difference based on rounded figures for the current, January 2022 WEO *Update*, and October 2021 WEO forecasts.
[2] Excludes the Group of Seven (Canada, France, Germany, Italy, Japan, United Kingdom, United States) and euro area countries.
[3] For India, data and forecasts are presented on a fiscal year basis, and GDP from 2011 onward is based on GDP at market prices with fiscal year 2011/12 as a base year.

(Percent change, unless noted otherwise)

	Year over Year				Q4 over Q4[8]			
			Projections				Projections	
	2020	2021	2022	2023	2020	2021	2022	2023
World Output	−3.1	6.1	3.6	3.6	−0.3	4.6	2.5	3.5
Advanced Economies	−4.5	5.2	3.3	2.4	−2.7	4.7	2.5	2.0
United States	−3.4	5.7	3.7	2.3	−2.3	5.6	2.8	1.7
Euro Area	−6.4	5.3	2.8	2.3	−4.3	4.6	1.8	2.3
Germany	−4.6	2.8	2.1	2.7	−2.9	1.8	2.4	2.5
France	−8.0	7.0	2.9	1.4	−4.3	5.4	0.9	1.5
Italy	−9.0	6.6	2.3	1.7	−6.1	6.2	0.5	2.2
Spain	−10.8	5.1	4.8	3.3	−8.8	5.5	2.3	4.0
Japan	−4.5	1.6	2.4	2.3	−0.8	0.4	3.5	0.8
United Kingdom	−9.3	7.4	3.7	1.2	−6.3	6.6	1.1	1.5
Canada	−5.2	4.6	3.9	2.8	−3.1	3.3	3.5	2.2
Other Advanced Economies[2]	−1.8	5.0	3.1	3.0	−0.4	4.5	2.5	2.8
Emerging Market and Developing Economies	−2.0	6.8	3.8	4.4	1.7	4.4	2.5	4.9
Emerging and Developing Asia	−0.8	7.3	5.4	5.6	3.7	4.2	4.4	5.8
China	2.2	8.1	4.4	5.1	6.4	3.5	4.8	4.7
India[3]	−6.6	8.9	8.2	6.9	1.5	5.6	2.7	9.0
ASEAN-5[4]	−3.4	3.4	5.3	5.9	−2.5	4.5	5.1	5.3
Emerging and Developing Europe	−1.8	6.7	−2.9	1.3	0.0	6.3	−6.0	3.3
Russia	−2.7	4.7	−8.5	−2.3	−1.7	5.0	−14.1	3.3
Latin America and the Caribbean	−7.0	6.8	2.5	2.5	−3.2	3.8	1.6	2.5
Brazil	−3.9	4.6	0.8	1.4	−1.0	1.6	0.8	1.9
Mexico	−8.2	4.8	2.0	2.5	−4.4	1.1	3.3	1.9
Middle East and Central Asia	−2.9	5.7	4.6	3.7	...	...	...	...
Saudi Arabia	−4.1	3.2	7.6	3.6	−3.8	6.7	6.9	3.6
Sub-Saharan Africa	−1.7	4.5	3.8	4.0	...	...	...	...
Nigeria	−1.8	3.6	3.4	3.1	−0.2	2.4	2.1	2.3
South Africa	−6.4	4.9	1.9	1.4	−3.4	1.8	2.3	1.1
Memorandum								
World Growth Based on Market Exchange Rates	−3.5	5.8	3.5	3.1	−0.9	4.5	2.6	2.9
European Union	−5.9	5.4	2.9	2.5	−4.1	5.0	1.8	2.7
Middle East and North Africa	−3.3	5.8	5.0	3.6	...	...	...	...
Emerging Market and Middle-Income Economies	−2.2	7.0	3.8	4.3	1.8	4.5	2.4	4.9
Low-Income Developing Countries	0.2	4.0	4.6	5.4	...	...	...	...
World Trade Volume (goods and services)	−7.9	10.1	5.0	4.4	...	...	...	...
Imports								
Advanced Economies	−8.7	9.5	6.1	4.5	...	...	...	...
Emerging Market and Developing Economies	−7.9	11.8	3.9	4.8	...	...	...	...
Exports								
Advanced Economies	−9.1	8.6	5.0	4.7	...	...	...	...
Emerging Market and Developing Economies	−4.8	12.3	4.1	3.6	...	...	...	...
Commodity Prices (US dollars)								
Oil[5]	−32.7	67.3	54.7	−13.3	−27.6	79.2	28.6	−11.6
Nonfuel (average based on world commodity import weights)	6.8	26.8	11.4	−2.5	15.4	17.3	9.4	−2.5
Consumer Prices								
Advanced Economies[6]	0.7	3.1	5.7	2.5	0.4	4.9	4.8	2.2
Emerging Market and Developing Economies[7]	5.2	5.9	8.7	6.5	3.3	6.0	8.8	5.3

[4]Indonesia, Malaysia, Philippines, Thailand, Vietnam.
[5]Simple average of prices of UK Brent, Dubai Fateh, and West Texas Intermediate crude oil. The average price of oil in US dollars a barrel was $69.07 in 2021; the assumed price, based on futures markets, is $106.83 in 2022 and $92.63 in 2023.
[6]The inflation rates for 2022 and 2023, respectively, are as follows: 5.3 percent and 2.3 percent for the euro area, 1.0 percent and 0.8 percent for Japan, and 7.7 percent and 2.9 percent for the United States.
[7]Excludes Venezuela. See the country-specific note for Venezuela in the "Country Notes" section of the Statistical Appendix.
[8]For world output, the quarterly estimates and projections account for approximately 90 percent of annual world output at purchasing-power-parity weights. For Emerging Market and Developing Economies, the quarterly estimates and projections account for approximately 80 percent of annual emerging market and developing economies' output at purchasing-power-parity weights.

Quelle: IMF World Economic Outlook 2022, S. 6f.

Abb. A3. Überblick über die Prognosen des World Economic Outlook zu Marktwechselkursgewichten

(Percent change)

	2021	Projections 2022	Projections 2023	Difference from January 2022 WEO Update[1] 2022	Difference from January 2022 WEO Update[1] 2023	Difference from October 2021 WEO[1] 2022	Difference from October 2021 WEO[1] 2023
World Output	5.8	3.5	3.1	−0.7	−0.3	−1.2	0.0
Advanced Economies	5.1	3.3	2.3	−0.6	−0.2	−1.2	0.2
Emerging Market and Developing Economies	6.8	3.8	4.2	−0.8	−0.3	−1.2	−0.3
Emerging and Developing Asia	7.4	5.0	5.4	−0.5	−0.2	−1.0	−0.1
Emerging and Developing Europe	6.4	−2.1	0.8	−5.6	−2.1	−5.8	−2.1
Latin America and the Caribbean	6.6	2.4	2.4	0.2	−0.1	−0.6	−0.1
Middle East and Central Asia	5.1	4.6	3.4	0.5	0.2	0.7	0.0
Sub-Saharan Africa	4.5	3.8	3.9	0.2	0.1	0.1	0.0
Memorandum							
European Union	5.3	2.8	2.4	−1.1	−0.2	−1.5	0.2
Middle East and North Africa	5.0	4.8	3.2	0.7	0.2	0.9	0.1
Emerging Market and Middle-Income Economies	7.0	3.7	4.2	−0.8	−0.3	−1.3	−0.3
Low-Income Developing Countries	4.0	4.6	5.3	−0.6	−0.1	−0.6	−0.1

Source: IMF staff estimates.
Note: The aggregate growth rates are calculated as a weighted average, in which a moving average of nominal GDP in US dollars for the preceding three years is used as the weight. WEO = *World Economic Outlook*.
[1] Difference based on rounded figures for the current, January 2022 WEO *Update*, and October 2021 WEO forecasts.

Quelle: IMF World Economic Outlook 2022, S. 8.

Anhang 16: Importzoll auf EU-Gas-Markt in traditioneller Betrachtung

Betrachtet man die Wirkung eines Importzollsatzes in Höhe der Strecke FH, so erhöht sich der Marktpreis inklusive Zoll von p_0 auf p_1', während der Nettopreis (ohne Zoll) im Fall gewinnmaximierender Unternehmen bei p_1 liegt – die Absatzmenge ist von q_0 auf q_1 gesunken; es entsteht durch den Importzoll eine Gas-Lücke aus Sicht des Importlandes. Bei einer solchen Konstellation hat das importierende Land Zolleinnahmen (Rechteck $p_1'FHp_1$), aus denen es die Preiserhöhungseffekte bei den Konsumentinnen und Konsumenten kompensieren kann. Die Gasexport-Firma Gazprom erleidet durch den EU-Importzoll eine Minderung des Preises von anfänglich p_0 auf (netto: ohne Zoll) p_1. Handelt das betrachtete Unternehmen – hier Gazprom als Gas-Exportfirma Russlands – nicht als Gewinnmaximierer, sondern erhöht einfach in einer Art politischen Verfolgung der Kreml-Ziele (hier: die EU zu schädigen) den Preis um den Importzoll, so wird die ökonomische Last des Zolls nicht länger zwischen der Nachfrageseite (DD_0 ist die EU-Gas-Nachfrage) und der Anbieterseite (siehe Grenzkostenkurve k'*; k'^*_1 steht für eine künstliche Minderung der russischen Gasexporte) geteilt; vielmehr werden im Grenzfall die Konsumentinnen und Konsumenten die gesamte Zollbelastung ökonomisch tragen müssen (siehe auch die Mengenminderung auf q_2 in der folgenden Abbildung) und eine einfache Umverteilungsmöglichkeit aus den Zolleinnahmen – als Kompensationsleistung des Staates – ist auch nicht mehr möglich. In diesem Fall kann man Deutschland beziehungsweise der EU nicht zu einer Verhängung eines speziellen Importzolls auf Gas aus Russland raten. Wenn man den Gas-Markt in der EU eher als Oligopol-Markt einstuft, so ist die Modellierung anzupassen und einige Effekte beziehungsweise Befunde sind zu modifizieren.

Abb. A4. EU-Gas-Markt und Gas-Importzoll gegenüber Gazprom bzw. Russland

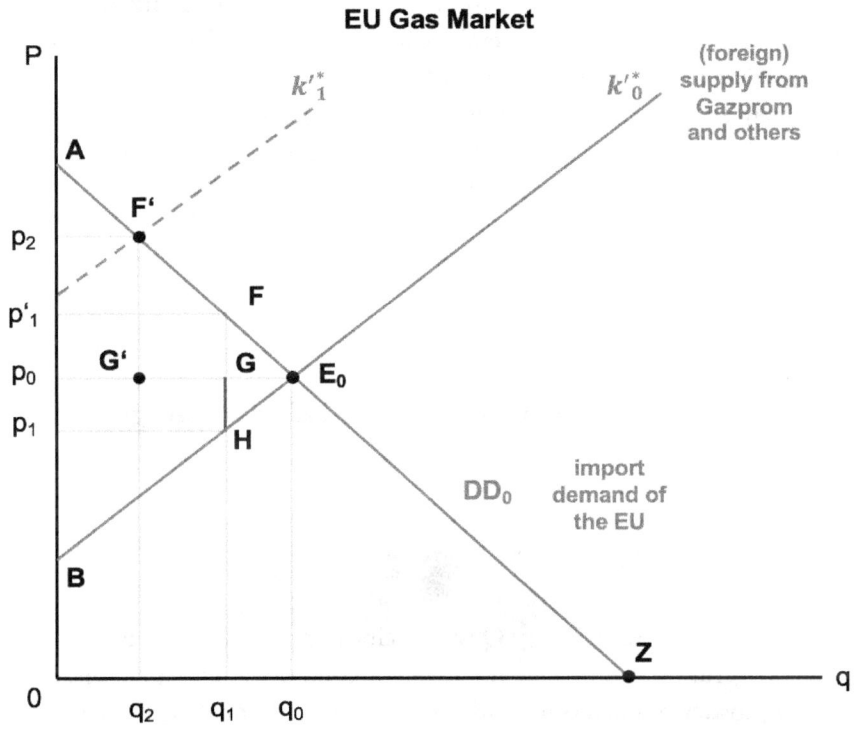

Quelle: Eigene Darstellung.

Was die Inflationsrisiken betrifft, so ist der Inflationsauftrieb durch den massiven Anstieg der Ölpreise in 2021 und 2022 deutlich gestiegen – paradoxerweise kann allerdings ein Zinsanstieg seitens der Notenbank mittelfristig die ölpreisbedingten Inflationsimpulse aus bestimmten Gründen, die mit der Hotelling-Preissetzungsregel zusammenhängen, zeitweise dämpfen. Geht man von einem intertemporalen Gewinnmaximierungskalkül einer Ölförderfirma aus, so erfordert Gewinnmaximierung (mit P" für Ölpreis, H" für Grenzkosten der Ölförderung, i Nominalzinssatz, wobei i = Realzins r + Inflationsrate π; $\pi = v'\pi' + v''\pi''$, wobei π'' bezeichnet die „Ölpreis-Inflationsrate", π' die Preisänderungsrate der Nicht-Öl-Güter und v' und v" positive Gewichtungsfaktoren, die in der Summe 1 ergeben und die Ausgabenanteile für Nicht-Öl-Güter und Öl bei den Haushalten angeben; P''^E ist der erwartete Ölpreis, t der Preisindex):

(A1) $\quad i(P" - H") = dP"^E/dt$

Der Cash flow (P"-H") multipliziert mit dem Nominalzinssatz ist der Grenzgewinn einer marginalen Fördereinheit in der laufenden Periode, während der Grenzgewinn der nächsten Periode dP^E/dt ist. Es sei $H"=h"Q$, wobei Q die Fördermengen ist, h">0 ein positiver Parameter, sodass h" für die Grenzkosten der Ölförderung steht. Dividiert man die obige Gleichung durch P" erhält man $i(1 - h"Q/P") = \pi"^E$. Daher gilt auch:

$\pi"^E/i = 1 - h"Q/P"$

$h"Q/P" = 1 - \pi"^E/i$

Nimmt man an, dass $\pi"E/i$ nahe 0 ist, gilt die Näherungslösung:

$\ln h" + \ln Q - \ln P" = -\pi"^E/i$

$\ln Q = -(\pi"^E/i) - \ln h" + \ln P"$

Die aktuelle Angebotsmenge Q ist also eine negative Funktion der erwarteten Ölpreissteigerungsrate und eine negative Funktion des Nominalzinssatzes sowie des Grenzkostenparameters h"; und eine positive Funktion des Öl-Preises. Da $i = r + \pi$ gilt, kann man schreiben $i = r + v'\pi'^E + v"\pi"^E$.

Daher kann man – mit v'= 1-v" - schreiben $(\pi"^E/i) = 1/(r + (1-v")(\pi'^E/\pi"^E) + v")$ und daher gilt für den Fall eines – langfristig – konstanten Relativpreises und daher gleich hoher Inflationsraten in beiden Sektoren:

$-\ln h" - \ln Q + \ln P" = 1/(1+r)$

$(1+r)\ln(P"/h") = \ln Q$; also gilt für Q>1:

$r + \ln\ln(P"/h") = \ln\ln Q$

Der Logarithmus der langfristigen Angebotsmenge ist also eine positive Funktion des Realzinssatzes und eine positive Funktion des Logarithmus der Relation P"/h". Für ökonometrische Analysen des Logarithmus der Angebotsmenge hat man so eine interessante empirische Schätzgleichung. Gilt für die langfristige Öl-Nachfragegleichung die einfache Funktion:

$\ln Q = -b''\ln P'' + b'\ln Y + b\ln(M/P)$, wobei M die nominale Geldmenge, P das Güterpreisniveau und b, b' und b'' positive Parameter sind, so kann man schreiben:

$(1+r)\ln(P''/h'') = -b''\ln(P''/P) + b'\ln Y + b\ln(M/P)$

$(1+r)\ln P'' + b''\ln P'' = (1+r)\ln h'' + b''\ln P + b'\ln Y + b\ln(M/P)$

$\ln P'' = ((1+r)\ln h'' + (b''-b)\ln P + b'\ln Y + b\ln M)/(1+r+b'')$

Das langfristige Gleichgewichtspreisniveau ist also positiv abhängig vom Grenzkostenparameter h'' und vom Güterpreisniveau P – unter der Annahme b''>b – sowie vom realen Bruttoinlandsprodukt und der nominalen Geldmenge.

Anhang 17: Von der Website der EU-Kommission zur Ukraine im Frühjahr 2022 (Europäische Kommission, 2020b)

"Ukraine
EU trade relations with Ukraine. Facts, figures and latest developments.

Country or region: Ukraine
Trade topics: Negotiations and agreements, Trade policy

The Association Agreement, including a Deep and Comprehensive Free Trade Area (DCFTA) between the EU and Ukraine was negotiated between 2007 and 2011, and signed on 21 March and 27 June 2014.

The DCFTA has been provisionally applied since 1 January 2016. The Association Agreement formally entered into force on 1 September 2017 following ratification by all EU Member States.

The Association Agreement is the main tool for bringing Ukraine and the EU closer together: it promotes deeper political ties, stronger economic links and the respect for common values.

The EU granted Autonomous Trade Measures (ATMs) for Ukraine, topping up the concessions included in the Association Agreement/DCFTA for several industrial goods and agricultural products from October 2017 for a period of three years.

Trade picture

- The EU is Ukraine's largest trading partner, accounting for more than 40% of its trade in 2019. Ukraine is the 18th trading of the EU accounting for around 1,1% of EU's total trade. Total trade between EU and Ukraine reached €43,3 bn in 2019.
- Ukraine exports to the EU amounted to €19.1 bn in 2019. The main Ukraine exports are raw materials (iron, steel, mining products, agricultural products), chemical products and machinery. This is a considerably increase of 48,5% since 2016.

- The EU exports to Ukraine amounted to over €24.2 bn in 2019. The main EU exports to Ukraine include machinery and transport equipment, chemicals, and manufactured goods. EU exports to Ukraine have been subject to a similar impressive increase since 2016 of 48,8%.
- The number of Ukrainian companies exporting to the EU has increased at an impressive rate, from approximately 11,700 in 2015 to over 14,500 in 2019.

(...)

The EU and Ukraine

The AA/DCFTA aims to boost trade in goods and services between the EU and Ukraine by gradually cutting tariffs and bringing Ukraine's rules in line with the EU's in certain industrial sectors and agricultural products.

To better integrate with the EU market, Ukraine is harmonising many of its norms and standards in industrial and agricultural products. Ukraine is also aligning its legislation to the EU's in trade-related areas such as:

- Competition
- Technical barriers to trade (TBT)
- Sanitary and phytosanitary (SPS)
- Customs and trade facilitation
- Protection of intellectual property rights

The EU has banned the import of goods originating in Crimea and Sevastopol, as well as investments and a number of directly related services there until at least 23 June 2020. This is in line with its policy of not recognising the Russian Federation's illegal annexation of Crimea and Sevastopol.

Export ban on unprocessed wood

The EU-Ukraine Association Agreement prohibits any form of export restrictions.

The EU considers therefore that keeping in place since 2005 a permanent ban on exports of sawn wood violates the terms of the agreement.

(...)

Committees and Dialogues

The EU and Ukraine meet regularly to discuss issues and best practices and oversee the proper functioning of the Agreement."

Quelle: European Commission, Ukraine: EU trade relations with Ukraine. Facts, figures and latest developments, online: https://policy.trade.ec.europa.eu/eu-trade-relationships-country-and-region/countries-and-regions/ukraine_en (zuletzt am 13. Mai 2022).

Deutsche Übersetzung (PJJW; keine offizielle EU-Übersetzung vorhanden):

„Ukraine
Handelsbeziehungen zwischen der EU und der Ukraine. Fakten, Zahlen und aktuelle Entwicklungen.

Land oder Region: Ukraine
Handelsthemen: Verhandlungen und Abkommen, Handelspolitik

Das Assoziierungsabkommen, das eine vertiefte und umfassende Freihandelszone (DCFTA) zwischen der EU und der Ukraine umfasst, wurde zwischen 2007 und 2011 ausgehandelt und am 21. März und 27. Juni 2014 unterzeichnet.

Das DCFTA wird seit dem 1. Januar 2016 vorläufig angewendet. Nach der Ratifizierung durch alle EU-Mitgliedstaaten trat das Assoziierungsabkommen am 1. September 2017 formell in Kraft.

Das Assoziierungsabkommen ist das wichtigste Instrument für die Annäherung zwischen der Ukraine und der EU: Es fördert die Vertiefung der politischen Beziehungen, die Stärkung der wirtschaftlichen Verbindungen und die Achtung der gemeinsamen Werte.

Die EU gewährte der Ukraine autonome Handelsmaßnahmen (ATM), mit denen die im Assoziierungsabkommen/DCFTA enthaltenen Zugeständnisse für mehrere Industriegüter und landwirtschaftliche Erzeugnisse ab Oktober 2017 für einen Zeitraum von drei Jahren aufgestockt wurden.

Handelssituation

- Die EU ist der größte Handelspartner der Ukraine, auf den 2019 mehr als 40% des ukrainischen Handels entfielen. Die Ukraine ist der 18. Handelspartner der EU mit einem Anteil von etwa 1,1% am Gesamthandel der EU. Der Gesamthandel zwischen der EU und der Ukraine erreichte im Jahr 2019 einen Wert von 43,3 Mrd. EUR.
- Die Exporte der Ukraine in die EU beliefen sich 2019 auf 19,1 Mrd. EUR. Die wichtigsten ukrainischen Exporte sind Rohstoffe (Eisen, Stahl, Bergbauerzeugnisse, landwirtschaftliche Erzeugnisse), chemische Erzeugnisse und Maschinen. Dies ist ein deutlicher Anstieg um 48,5% gegenüber 2016.
- Die EU-Exporte in die Ukraine beliefen sich 2019 auf über 24,2 Mrd. EUR. Zu den wichtigsten EU-Exporten in die Ukraine gehören Maschinen und Transportausrüstungen, chemische Erzeugnisse und Industrieerzeugnisse. Die EU-Exporte in die Ukraine haben seit 2016 einen ähnlich beeindruckenden Anstieg von 48,8% erfahren.
- Die Zahl der ukrainischen Unternehmen, die in die EU exportieren, ist von rund 11.700 im Jahr 2015 auf über 14.500 im Jahr 2019 in beeindruckendem Maße gestiegen.

(...)

Die EU und die Ukraine

Das AA/DCFTA zielt darauf ab, den Waren- und Dienstleistungsverkehr zwischen der EU und der Ukraine anzukurbeln, indem die Zölle schrittweise gesenkt und die ukrainischen Vorschriften in bestimmten Industriesektoren und für landwirtschaftliche Erzeugnisse an die der EU angeglichen werden.

Um sich besser in den EU-Markt zu integrieren, harmonisiert die Ukraine viele ihrer Normen und Standards für industrielle und landwirtschaftliche Erzeugnisse. Auch in handelsrelevanten Bereichen gleicht die Ukraine ihre Rechtsvorschriften an die der EU an, z.B:

- Wettbewerb
- Technische Handelshemmnisse (TBT)
- Sanitäre und phytosanitäre Vorschriften (SPS)

- Zollwesen und Handelserleichterung
- Schutz der Rechte an geistigem Eigentum

Die EU hat die Einfuhr von Waren mit Ursprung auf der Krim und in Sewastopol sowie von Investitionen und einer Reihe direkt damit verbundener Dienstleistungen bis mindestens 23. Juni 2020 verboten. Dies steht im Einklang mit ihrer Politik, die illegale Annexion der Krim und Sewastopols durch die Russische Föderation nicht anzuerkennen.

Ausfuhrverbot für unverarbeitetes Holz

Das Assoziierungsabkommen zwischen der EU und der Ukraine verbietet jegliche Form von Ausfuhrbeschränkungen.

Die EU ist daher der Ansicht, dass das seit 2005 geltende dauerhafte Verbot der Ausfuhr von Schnittholz gegen die Bestimmungen des Abkommens verstößt. (…)

Ausschüsse und Dialoge

Die EU und die Ukraine treffen sich regelmäßig, um Fragen und bewährte Verfahren zu erörtern und das ordnungsgemäße Funktionieren des Abkommens zu überwachen."

Anhang 18: Britisch-russische Beziehungen aus Sicht des Sonderausschusses für auswärtige Angelegenheiten des House of Commons (Stand 2017)

"Summary

The bilateral relationship between the United Kingdom and Russia is at its most strained point since the end of the Cold war. This is because Russia and the UK have fundamentally different perceptions of recent history and the current international order. UK foreign policy is predicated on the maintenance of the rules-based international order and of international law, self-determination for sovereign nation states and the promotion of human rights and freedom of expression. Russia's post-Soviet experience and the apparent self-interest of the governing elite has led to a Russian foreign policy which more or less explicitly rejects and undermines that order and the principles on which it relies.

Refusal to engage with the Russian Government is, however, not a viable long-term foreign policy option for the UK, because Russia is a European nuclear-armed United Nations Security Council member state. The UK can communicate with the Russian Government without ceding moral and legal legitimacy or sacrificing its values and standards. Such conversations might well prove uncomfortable, but they would at least allow the clarification of specific points of agreement and points of difference on issues such as counter-terrorism and provide a basis for progress towards improving relations, if and when the time is right. To that end, we recommend the commitment of increased FCO resources to enhance analytical and policymaking capacity and the appointment of an FCO Minister with more specific responsibility for Russia.

Russia's actions in Ukraine and Syria constitute the two most urgent foreign policy challenges to the UK-Russia relationship. Ukraine must choose its own future. The UK and its allies should support Ukraine in developing resilience to further Russian encroachment and in building its social, political and physical infrastructure, which will facilitate further engagement with the West and allow Ukraine to engage with Russia on a more level playing field. While it may be increasingly difficult to sustain a unified western position on Ukraine-related sanctions, unilateral sanctions targeted on individuals, as set out in the Criminal

Finances Bill, would enable the Government more effectively to hold to account people associated with the Putin regime who are responsible for gross human rights violations or abuses.

In Syria, UK Government officials have accused Russia of committing war crimes but have not published evidence to support their claims. The Government is right to call out the Russian military for actions that potentially violate International Humanitarian Law. However, if the Government continues to allege that Russia has committed war crimes in Syria without providing a basis for its charge, it risks bolstering the Kremlin's narrative that Russia is held to unfair double standards by hostile and hypocritical western powers.

The British and Russian people have healthy cultural relations despite the ongoing political difficulties. Bearing that point in mind, the Government must look beyond President Putin and reach out to the Russian people through mechanisms such as educational exchanges and support for small businesses in Russia in non-sanctioned sectors. A people-to-people strategy building bridges with the next generation of Russian political and economic leaders could underpin improved UK-Russia relations in the future."

Übersetzung ins Deutsche (PJJW) :

„Zusammenfassung

Die bilateralen Beziehungen zwischen dem Vereinigten Königreich und Russland sind so angespannt wie seit dem Ende des Kalten Krieges nicht mehr. Das liegt daran, dass Russland und das Vereinigte Königreich die jüngere Geschichte und die gegenwärtige internationale Ordnung grundlegend unterschiedlich wahrnehmen. Die Außenpolitik des Vereinigten Königreichs basiert auf der Aufrechterhaltung der auf Regeln basierenden internationalen Ordnung und des Völkerrechts, der Selbstbestimmung souveräner Nationalstaaten und der Förderung von Menschenrechten und Meinungsfreiheit. Russlands postsowjetische Erfahrungen und das offensichtliche Eigeninteresse der Regierungselite haben zu einer russischen Außenpolitik geführt, die diese Ordnung und die Grundsätze, auf denen sie beruht, mehr oder weniger ausdrücklich ablehnt und untergräbt.

Die Weigerung, mit der russischen Regierung in Kontakt zu treten, ist jedoch für das Vereinigte Königreich langfristig keine praktikable außenpolitische Option, da Russland ein mit Atomwaffen ausgestattetes europäisches Mitglied des Sicherheitsrates der Vereinten Nationen ist. Das Vereinigte Königreich kann mit der russischen Regierung kommunizieren, ohne seine moralische und rechtliche Legitimität aufzugeben oder seine Werte und Normen zu opfern. Solche Gespräche könnten sich durchaus als unangenehm erweisen, aber sie würden zumindest die Klärung spezifischer Übereinstimmungen und Differenzen in Fragen wie der Terrorismusbekämpfung ermöglichen und eine Grundlage für Fortschritte bei der Verbesserung der Beziehungen bieten, falls und wenn die Zeit reif ist. Zu diesem Zweck empfehlen wir die Bereitstellung von mehr Ressourcen für das Außenministerium, um die Analyse- und Politikgestaltungskapazitäten zu verbessern, sowie die Ernennung eines Außenministers mit einer spezifischeren Zuständigkeit für Russland.

Das Vorgehen Russlands in der Ukraine und in Syrien sind die beiden dringendsten außenpolitischen Herausforderungen für die Beziehungen zwischen Großbritannien und Russland. Die Ukraine muss ihre eigene Zukunft wählen. Das Vereinigte Königreich und seine Verbündeten sollten die Ukraine dabei unterstützen, sich gegen weitere russische Übergriffe zu wappnen und ihre soziale, politische und physische Infrastruktur aufzubauen, was eine weitere Annäherung an den Westen erleichtern und es der Ukraine ermöglichen wird, mit Russland auf gleicher Augenhöhe zu verhandeln. Auch wenn es immer schwieriger wird, eine einheitliche Position des Westens zu Sanktionen im Zusammenhang mit der Ukraine aufrechtzuerhalten, würden einseitige, auf Einzelpersonen ausgerichtete Sanktionen, wie sie in der Criminal Finances Bill vorgesehen sind, die Regierung in die Lage versetzen, Personen, die mit dem Putin-Regime in Verbindung stehen und für schwere Menschenrechtsverletzungen verantwortlich sind, wirksamer zur Rechenschaft zu ziehen.

In Syrien haben Beamte der britischen Regierung Russland beschuldigt, Kriegsverbrechen zu begehen, aber keine Beweise zur Untermauerung ihrer Behauptungen veröffentlicht. Die Regierung hat Recht, wenn sie das russische Militär für Aktionen anprangert, die möglicherweise gegen das humanitäre Völkerrecht verstoßen. Wenn die Regierung jedoch weiterhin behauptet, dass Russland in Syrien Kriegsverbrechen begangen hat, ohne eine Grundlage für ihre Anschuldigung zu liefern, riskiert sie, die Darstellung des Kremls zu untermauern, dass bei Russland von feindseligen und heuchlerischen westlichen Mächten mit zweierlei Maß gemessen wird.

Das britische und das russische Volk haben trotz der anhaltenden politischen Schwierigkeiten gesunde kulturelle Beziehungen. Vor diesem Hintergrund muss die Regierung über Präsident Putin hinausblicken und das russische Volk durch Mechanismen wie den Bildungsaustausch und die Unterstützung von Kleinunternehmen in Russland in nicht sanktionierten Sektoren ansprechen. Eine „People-to-People"-Strategie, die Brü

cken zur nächsten Generation russischer politischer und wirtschaftlicher Führungskräfte schlägt, könnte die Beziehungen zwischen Großbritannien und Russland in Zukunft verbessern.

Quelle: Sonderausschuss für auswärtige Angelegenheiten des House of Commons (2017), The United Kingdom's relations with Russia, Seventh Report of Session 2016-17, London, online: https://publications.parliament.uk/pa/cm201617/cmselect/cmfaff/120/120.pdf

Veröffentlichung am 21.02.2017.

Anhang 19: Karte – Ukraine und Russland zwischen US, EU und China

Abb. A5. Ukraine und Russland zwischen US, EU27 (+ UK) und China

Quelle: Created using https://www.mapchart.net/index.htm

Anhang 20: IWF World Economic Outlook Projections, Juli 2022

Abb. A6. Wachstumsdynamik und Inflation in ausgewählten Ländern bzw. Regionen 2020-2022 nach IWF (Juli 2022)

Table 1. Overview of the *World Economic Outlook* Projections
(Percent change, unless noted otherwise)

| | \ | \ | Year over Year | | | |
| | | | Projections | | Difference from April 2022 WEO Projections 1/ | |
	2020	2021	2022	2023	2022	2023
World Output	−3.1	6.1	3.2	2.9	−0.4	−0.7
United States	−3.4	5.7	2.3	1.0	−1.4	−1.3
Euro Area	−6.3	5.4	2.6	1.2	−0.2	−1.1
Germany	−4.6	2.9	1.2	0.8	−0.9	−1.9
France	−7.9	6.8	2.3	1.0	−0.6	−0.4
Italy	−9.0	6.6	3.0	0.7	0.7	−1.0
Spain	−10.8	5.1	4.0	2.0	−0.8	−1.3
United Kingdom	−9.3	7.4	3.2	0.5	−0.5	−0.7
Russia	−2.7	4.7	−6.0	−3.5	2.5	−1.2
World Trade Volume (goods and services) 6/	−7.9	10.1	4.1	3.2	−0.9	−1.2
Advanced Economies	−8.8	9.1	5.3	3.2	−0.3	−1.4
Emerging Market and Developing Economies	−6.2	11.7	2.2	3.3	−1.8	−0.9
World Consumer Prices 8/	3.2	4.7	8.3	5.7	0.9	0.9
Advanced Economies 9/	0.7	3.1	6.6	3.3	0.9	0.8
Emerging Market and Developing Economies 8/	5.2	5.9	9.5	7.3	0.8	0.8

Note: Real effective exchange rates are assumed to remain constant at the levels prevailing during May 30, 2022–June 27, 2022. Economies are listed on the basis of economic size. The aggregated quarterly data are seasonally adjusted. WEO = World Economic Outlook.
1/ Difference based on rounded figures for the current and April 2022 WEO forecasts. Countries whose forecasts have been updated relative to April 2022 WEO forecasts account for approximately 90 percent of world GDP measured at purchasing-power-parity weights.
2/ For World Output (Emerging Market and Developing Economies), the quarterly estimates and projections account for approximately 90 percent (80 percent) of annual world (emerging market and developing economies') output at purchasing-power-parity weights.
3/ Excludes the Group of Seven (Canada, France, Germany, Italy, Japan, United Kingdom, United States) and euro area countries.
4/ For India, data and forecasts are presented on a fiscal year basis and GDP from 2011 onward is based on GDP at market prices with fiscal year 2011/12 as a base year.
5/ Indonesia, Malaysia, Philippines, Thailand, Vietnam.
6/ Simple average of growth rates for export and import volumes (goods and services).
7/ Simple average of prices of UK Brent, Dubai Fateh, and West Texas Intermediate crude oil. The average price of oil in US dollars a barrel was $69.07 in 2021; the assumed price, based on futures markets (as of June 29, 2022), is $103.88 in 2022 and $91.07 in 2023.
8/ Excludes Venezuela.
9/ The inflation rate for the euro area is 7.3% in 2022 and 3.9% in 2023, that for Japan is 1.9% in 2022 and 1.3% in 2023, and that for the United States is 7.7% in 2022 and 3.0% in 2023, respectively.

Anmerkung: Die Tabelle ist eine verkürzte Darstellung von Tab. 1, World Economic Outlook, Juli 2022 (IMF, 2022f, S. 7).

Quelle: IMF World Economic Outlook 2022, S. 7 (IMF, 2022f).

Anhang 21: Hintergrund zu den politisch-wirtschaftlichen Beziehungen zwischen der Ukraine und Russland

Ein breiterer Hintergrund zu den politisch-wirtschaftlichen Beziehungen zwischen der Ukraine und Russland und die wichtigsten Verbindungen zwischen Oligarchen und dem Problem der Errichtung einer Demokratie

Hätten Beiträge aus der Wissenschaft die westlichen Staats- und Regierungschefs nicht schon viel früher alarmieren können als im Jahr 2021, als die US-Sicherheitsbehörden eindeutig davon ausgingen, dass eine russische Invasion in der Ukraine innerhalb von etwa einem Jahr oder früher stattfinden würde? Es gibt ein Buch, auf das ich in diesem Zusammenhang verweisen möchte, nämlich das Buch „Inside the Mind of Putin" von Michel Eltchaninoff, das 2015 auf Französisch und 2018 auf Englisch (und auch in anderen Sprachen) erschienen ist. Man könnte argumentieren, dass nicht ein einziges Buch das analytische Verständnis des Westens für Putins Denken über Russland und die Ukraine entscheidend geschärft haben könnte. Weitere Forschungen könnten hier eine eindeutige Antwort geben, aber dieses Buch leistet in der Tat einen sehr nützlichen, kritischen Beitrag zu Putins ideologischer Entwicklung im Laufe der Zeit und weist unter anderem auf die Tatsache hin, dass Iwan Iljin nach 2000 zum bevorzugten „neuen" Philosophen Putins wurde (viele von Iljins Büchern wurden in den 1920er und 1930er Jahren geschrieben, aber viele wurden in Russland erst in den späten 1990er Jahren veröffentlicht; und Iljins Fokus auf Russland und die Ukraine in einer potenziellen postsowjetischen Perspektive ist bemerkenswert). Wenn ein US-Präsident das Buch seines „neuen" bevorzugten Philosophen in einer Auflage von mehr als 10 000 Exemplaren – etwas mehr als in Russland, um der größeren US-Bevölkerung im Vergleich zu Russland Rechnung zu tragen – an führende Mitarbeiter seiner Verwaltung sowie an Manager von Spitzenunternehmen und einige persönliche Freunde verschenken würde, würden Wissenschaftler und Journalisten sowie viele Politiker im Ausland davon Notiz nehmen. Das Buch, das Putin in 5000 Exemplaren an sein Netzwerk und seine Freunde verschenkte, wurde in den westlichen Medien kaum behandelt und offenbar nur von zwei Handvoll Wissenschaftlern im Zeitraum 2018-2021 zur Kenntnis genommen. Inwieweit sich westliche Geheimdienste rechtzeitig mit diesem Buch befasst haben, ist dem Autor nicht bekannt (Historiker:innen werden dies in Zukunft herausfinden). Es ist wichtig zu betonen, dass die Forschung zu Russland und der Ukraine – insbesondere mit dem Fokus auf Russlands Imperialismus (z.B. Galeotti und Bowen, 2014; Soroka und Stepniewski, 2020) und mit dem Verständnis der strategischen außenpolitischen Ziele Russlands unter Putin im zweiten Jahrzehnt des 21. Jahrhunderts (z.B. Kuzio, 2020) – darauf hingewiesen hat, dass friedliche Beziehungen zwischen Russland und der Ukraine eher unwahrscheinlich erscheinen. Die Bücher von Anders Åslund (2007, 2009) und Dragneva-Lewers und Wolczuk (2015) sind ebenfalls wichtige Beiträge zur breiteren Russland-Ukraine-EU-Debatte, in denen die Autor:innen die erfolgreichen marktwirtschaftlichen Reformen im neuen Russland hervorheben, während ein nachhaltiges demokratisches System nicht etabliert werden konnte. Man kann das „Share-for-loans"-Geschäft unter Präsident Jelzin hinzufügen – er sah sich mit einem sehr hohen staatlichen Haushaltsdefizit konfrontiert und nahm Kredite von reichen Russen auf, um das erwartete Defizit zu verringern, wobei große staatliche Unternehmen in den entsprechenden Kreditverträgen mit den „Oligarchen" als Sicherheiten gestellt wurden. Als die Regierung es für unmöglich hielt, die von diesen erhaltenen Kredite zurückzuzahlen, hatte eine kleine Gruppe von weniger als 40 reichen Familien 1995/96 eine sehr profitable stille Privatisierung von großen Firmen in Russland erreicht, und von da an war eine normale Variante einer westlichen Demokratie im neuen Russland unmöglich zu realisieren (es ist interessant, dass in den einflussreichen Schriften von Walter Eucken (1952) über Deutschland und die Marktwirtschaft – Grundsätze der Wirtschaftspolitik – auf die Gefahr für Demokratie und Wettbewerbspolitik hingewiesen wird, wenn die wirtschaftliche Macht in Deutschland in den Händen weniger Eigentümer der großen Unternehmen konzentriert wird). Es gibt eine Reihe interessanter und aufschlussreicher Publikationen zur jüngeren Geschichte der Ukraine – und auch einige historische Analysen –, die nicht nur das wichtige Ereignis der ukrainischen Maidan-Revolution von 2013/14, sondern auch andere kritische Aspekte der russisch-ukrainischen Politik und der expansiven Außenpolitik Russlands einbeziehen (z.B. Wood et al., 2015; Petro, 2017; Plokhy, 2017; Shore, 2018; Wynnyckyj, 2019; Smith, 2022).

GPSR Compliance

The European Union's (EU) General Product Safety Regulation (GPSR) is a set of rules that requires consumer products to be safe and our obligations to ensure this.

If you have any concerns about our products, you can contact us on

ProductSafety@springernature.com

In case Publisher is established outside the EU, the EU authorized representative is:

Springer Nature Customer Service Center GmbH
Europaplatz 3
69115 Heidelberg, Germany